国家出版基金项目

“十三五”国家重点出版物规划项目

中央高校建设世界一流大学学科和特色发展引导专项资金资助项目

中央高校基本科研业务费资助项目

中国土地所有制“二元结构”研究

（公元前16世纪—1840年）

王永长 著

中国经济专题史研究丛书

上海财经大学出版社

图书在版编目(CIP)数据

中国土地所有制"二元结构"研究(公元前16世纪—1840年)/王永长著. —上海:上海财经大学出版社,2020.6

(中国经济专题史研究丛书)

ISBN 978-7-5642-3487-4/F·3487

Ⅰ.①中… Ⅱ.①王… Ⅲ.①封建土地所有制-研究-中国
Ⅳ.①F329

中国版本图书馆CIP数据核字(2020)第037336号

□ 责任编辑 江 玉

□ 装帧设计 钱宇辰

中国土地所有制"二元结构"研究

(公元前16世纪—1840年)

王永长 著

上海财经大学出版社出版发行

(上海市中山北一路369号 邮编200083)

网 址:http://www.sufep.com

电子邮箱:webmaster@sufep.com

全国新华书店经销

江苏凤凰数码印务有限公司印刷装订

2020年6月第1版 2020年6月第1次印刷

710mm×1000mm 1/16 20.75印张(插页:2) 298千字

定价:118.00元

中国经济专题史研究丛书

作者简介

王永长　副编审，主要研究领域为中国经济史。多年来公开出版(发表)、撰写二百余万字著作、论文以及课题报告。

论文：在《上海经济研究》《编辑学刊》《上海证券报》等杂志、报纸发表几十篇论文。其中，《核心竞争力：企业理论的新发展》一文在同类文献检索中名列前茅，被中国人民大学复印报刊资料全文转载。

著作：《中国经济发展史（1949—2005）》，参与撰写“中国商业发展史”，该书获得第二届“三个一百”原创图书出版工程、上海市第七届邓小平理论研究和宣传优秀成果奖、2007—2009上海图书奖、中国大学出版社图书奖首届优秀学术著作奖；《中国经济发展史（1840—1949）》，独立撰写“近代轻工业发展史”编(约17万字)，该书为“十二五”国家重点图书、国家出版基金资助项目，并获得第七届中华优秀出版物奖提名奖、上海图书奖、上海市第十四届哲学社会科学优秀成果奖(2016—2017)学科学术奖著作类一等奖；《中国经济发展史（公元前16世纪—1840）》，独立撰写“古代土地制度发展史”编(约18万字)，该书为“十三五”上海市重点图书、国家出版基金资助项目；《中国经济发展史（1949—2019）》(副主编)，参与撰写“综述”部分(约30万字)，该书为“十三五”国家重点图书、上海市促进文化创意产业发展财政扶持资金项目资助、上海市纪念新中国成立70年研究丛书。此外，还撰写投资类著作《B股投资战略》(第一作者)、《操盘手七大必杀技》(第二作者)、《战略投资开放式基金》(参与编写)。

课题报告：参与上海市“纪念新中国成立70周年”等三个课题研究与报告撰写。

总序

经济史学学科具有引领经济学发展和创新、传承历史文化的功能，同时也能够为我国当前经济社会转型发展提供必要的理论基础和历史经验。经济史学界在全球史视野和"计量史学"革命引领下，近年来已经取得丰硕的学术成果。中国经济史学界的学术研究也在不断向纵深发展，在货币金融、财政、土地制度等领域不断涌现出新的研究成果。为了进一步推进对中国经济长期发展脉络的研究，深入理解经济发展思想与经济实践之间的关系，在各兄弟院校和研究机构的大力支持下，众多专家学者群策群力，共同推出这套《中国经济专题史研究丛书》。

第一，在指导思想上，本丛书坚持以马克思主义历史观为指导，用现代学术研究方法，吸收与传承中国经济史学的研究成果，突出中国经济史学研究的民族性和原创性，彰显中国主见，发出中国声音，挖掘整理中国经济史料，回溯中国经济历史，为当代社会经济现实服务。

第二，本丛书采用经济专题史的形式，在时段上涵盖从古至今各个时期的研究，或断代研究，抑或某个朝代某个领域的研究，在内容上则包括中国经济史和经济思想史学科各个不同的专题领域。凡入选本丛书的专题研究，均由作者自主选题，唯以研究质量和创新性为准绳。

第三，本丛书第一辑共计七册，已经列入"十三五"国家重点出版物规划、2020 年度国家出版基金资助出版计划，将从 2020 年开始陆续出版。第一辑的选题主要分为三类：一是关于中国土地制度的演变、货币经济的长期发展之类长时段、大跨度的研究；二是聚焦于近代中国的金融发展、内债管理、房地产业发展和近代经济思想演化的研究；三是对改革开放前国防经济思想的专门探讨。

第四，中华民族五千年的文明生生不息，延续至今，其值得研究的内容十分广泛，也具有现实意义。本丛书从经济史学的视角，来探讨经济发展规律，以期达到“以史为鉴”的研究效果，因此，选题具有开放性、包容性和延展性。

我们期待这套丛书的出版能够对中国经济史学的研究做出新的贡献，并进一步凝聚经济史学学术共同体，推进经济史学学科的持续发展。

编委会

2020年2月

前　言

马克·吐温说过："历史不会重演，但总会有惊人的相似。"中华民族有文字记载的历史长达5000多年，从三皇五帝开始，经历的朝代数以百计。泱泱五千年，朝代的更迭，社会经济的兴衰，总是不断地重演着"昨天的故事"，但是在"惊人的相似"中，又有些许不同。无论秦皇、汉武，还是唐宗、宋祖都在想方设法地让"历史不会重演"，让江山永在、皇帝万年，可是历史的车轮滚滚向前，是不会以某一个人的意志为转移的。我们做中国经济史的研究，就是要总结"昨天的故事"，挖掘其"惊人的相似"，"以史为鉴"给当代人以警示，从而推动社会经济的发展，推动社会文明的进步。这是我们做中国经济史研究应该遵循的宗旨。

至于怎么做中国经济史的研究，一代史学大师范文澜先生说："我经常勉励研究所的同志们下'二冷'的决心。一冷是坐冷板凳，二冷是吃冷猪肉（从前封建社会某人道德高尚，死后牌位可以入孔庙，供于两庑之下，分些冷猪肉吃）。意思就是劝同志们要苦苦干、慢慢来。一个做学问的人，有这样的决心，下这样的功夫，如果真有成绩的话，总会有人来承认你，请你去吃冷猪肉，何必汲汲于当前的名利呢！"（《历史研究中的几个问题》，《北京大学学报》1957年第2期）范文澜先生一直强调史学研究一定要有"二冷"精神。"板凳宁坐十年冷，文章不写半句空"是其一生治学的真实写照。这句话用到我们今天做经济史研究也是恰如其分的。

本书从立意构思、收集资料、开始"爬格子"到现在完稿，历经四年多的时间。不敢说"文章不写半句空"，但"板凳宁坐十年冷"的甘苦冷暖，我还是深切体会到了——一度连续60天在单位工作、写稿。2014年完成了上海财经大学重点课题“211三期”项目——“中国经济发展史(1840—1949)”(承担子项目“中国近代轻工业发展史”)的撰写工作(后来入选国家出版基金资助项目和“十二五”国家重点图书)后,2015年,我们课题组又申请到了上海财经大学“双一流”学科建设重点项目——“中国经济发展史(公元前16世纪—1840)”课题(承担子项目“中国古代土地制度发展史”),经过近三年艰苦卓绝的工作,到2017年初,总算如期完成任务(后来入选国家出版基金资助项目、上海市新闻出版专项基金资助项目和“十三五”国家重点出版物规划项目)。说是“艰苦卓绝”,是指本人并非一个专业的研究人员,而是在每天上班做好编辑工作之余,晚上或是节假日才能腾出闲暇工夫,在故纸堆里寻找一点“蛛丝马迹”。几十万字的书稿,完全靠自己一个人在一千多个晚上、几乎所有的国家法定长假里敲打出来的。“功夫不负有心人”,经过几年积累,在完成“中国经济发展史(公元前16世纪—1840)”课题的出版之后,总算对中国古代土地所有制的演变有了整体的研究。“窃谓今日治史要端,厥当先从通史入门。”诚如钱穆先生所说,“窃谓治史者当先务大体,先注意于全时期之各方面,而不必为某一时期某些特项问题而耗尽全部之精力,以偏见概全史。当以全史之各方面,从大体上融会贯通,然后见其之系统,乃为较近实际。其所持之简介,乃得较符真实”。遵从钱老先生的治学方法,笔者在对“中国古代经济发展史”有了全面、深入、系统的学习之后,对土地制度演变进行了深入、全面的研究,且形成了自己的思考,有了新的看法,才开始思考中国古代土地所有制演变及其特征这一许多前辈一直在研究且有争议的问题。

土地问题是“研究中国三千年历史的钥匙”。对中国古代土地所有制的研究是经济史学的一个热门话题,尤其是关于土地国有还是私有的区分以及其起始年代,一直都有争议。在20世纪三四十年代,就有学者对中国古代的田制问题展开了研究。比如,陈寅恪的《隋唐制度略论稿》对于均田制为何诞生在北朝,而南朝却没有均田制进行了分析。万国鼎的《中国田制史》则论述了中国古代田制的演变。陈伯瀛的《中国田制丛考》对井田、王田、均田，以及永业田、口分田、宋金元田制、鱼鳞与庄田和地丁制度等内容作了详细的考证。他们只是从资料考证的角度对中国古代田制作了研究，并没有提出与争论土地所有制的“国有”还是“私有”问题。而到 20 世纪 50 年代，我国著名的历史学家侯外庐先生在《历史研究》创刊号上发表《中国封建社会土地所有制形式的问题》一文，则揿开了关于中国古代土地所有制度性质的大讨论。侯外庐先生既是第一个提出中国古代土地“王有制”观点的人，也是主张“君王是主要的土地所有者”的代表人物。其 1959 年发表《封建主义生产关系和中国的封建主义》一文，更是旗帜鲜明地提出“区别开封建的所有权、占有权和使用权的性质，区别开封建的土地所有权和资本主义的自由的土地私有权，规定了封建的所有权的历史特点”的观点。此后，李埏也撰文肯定了侯外庐先生“封建的土地国有制曾在我国封建主义时期存在的说法，是很正确的”。当时持相反观点的代表人物是胡如雷先生，他从根本上就否定了漫长的封建社会土地“国有制”，认为“中国封建土地所有制包括国家土地所有制及地主土地所有制，而占主导地位的却是地主土地所有制”。关于中国古代土地所有制的第一次大讨论并未产生压倒性的结论，而六七十年代对于封建土地所有制的讨论讳莫如深。80 年代改革开放以后，尤其是 2000 年以来，对于中国古代土地所有制的讨论重新成为中国古代经济史研究的热门话题。其研究的范围更加广，论争的观点也就更加多元化了，归纳起来不外乎有三种说法：一是王有制（公有制、国有制）；二是私有制；三是二者兼而有之，同时存在。

中国古代土地所有制是渐进的演变过程。它的发展变化主要基于三个基本要素：一是从土地上获得物质需要的不断提升；二是科学技术的重大突破；三是皇权专制下的土地政策变化。它们共同作用，推动土地所有制发生变化，形成了独一无二的土地所有制形式——“二元结构”。中国古代土地所有制“二元结构”形成历经了三个阶段：氏族部落土地所有制—王朝土地所有制—王朝土地所有制与私人土地所有制并存。中国古代土地所有制“二元结构”的形成有两个标志性时点：一是秦始皇统一全国。秦始皇于公元前 221 年建立了中国历史上第一个统一的、多民族的专制主义中央集权政府。统一之前的夏商周,甚至漫长的原始部落社会时期,都属于氏族部落土地所有制时期。二是唐朝中后期爆发的“安史之乱”。它也称为天宝之乱,因为发生在唐代玄宗末年至代宗初年(公元755—763年)。“安史之乱”是唐朝由盛而衰的转折点。秦朝至唐朝中叶这一段时期,乃是王朝土地所有制占据主导地位。唐朝中叶以后,均田制崩坏,私人土地所有制正式确立,土地所有制“二元结构”正式形成,此后的一千多年,中国土地所有制一直延续这样的结构。这是本书所要表达的核心观点,也是本书的主要研究思路。

本书另一个显著特点是,认为中国古代私人土地所有制确立于唐朝中后期,并认为此后土地所有制以一种“二元结构”形式长期存在。那种依据“用商鞅之法,改帝王之制,除井田,民得卖买”(《汉书·食货志》)就认为私人土地所有制开始于秦朝的观点是值得商榷的。侯外庐先生认为,在中国漫长的传统社会中,由于“溥天之下,莫非王土”,因而“作为耕作者的农民只有占有权、使用权而无所有权”。笔者认为,在唐朝之前的土地买卖是占有权、使用权和经营权的转移,而不是所有权的买卖。直到唐朝中后期之后,均田制崩坏,且土地买卖的法律十分完备,私人土地所有制才在法的层面完全确立,而且自此以后的朝代,土地制度的调整再没有以王朝政府颁授的形式,而只是以赋税的形式进行。这种土地所有制“二元结构”形式的长期存在,一方面保证了国家对土地资源的绝对控制权,并以此来调节君臣、王侯以及大地主之间的关系;另一方面也有利于王朝政府调动地主、自耕农、半自耕农从事农业生产的积极性,稳定并增加国家的赋税收入,同时维护社会的稳定。

本书观点乃一家之言,而且很多论述都是在参阅了许多前辈的论著和观点的基础上进行的。尤其是我的恩师郭庠林教授,从本书的资料收集到写作提纲,都给予我许多直接的指导、鼓励和无微不至的关怀,这是无法用语言来表达的。

中共十八大以来,以习近平总书记为核心的党中央提出了“实现中华民族伟大复兴中国梦”的伟大思想,对中华优秀传统文化的整理与挖掘给予了充分的支持与鼓励。我们应该感恩这个伟大的时代。2020年是我国国民经济发展第十三个五年计划的收官之年。本书作为“十三五”国家重点出版物规划项目——《中国经济专题史研究丛书》的一部分，能在2020年出版，我感到十分荣幸。“传承中华文化，绝不是简单复古，也不是盲目排外，而是古为今用、洋为中用，辩证取舍、推陈出新，摒弃消极因素，继承积极思想，‘以古人之规矩，开自己之生面’，实现中华文化的创造性转化和创新性发展。”研究中国古代经济史的目的，是要挖掘整理我国古代优秀的社会经济管理经验，“以古鉴今，以史明智”，实现中华文化繁荣兴盛。希望本书的出版能够给人以启示。

《中国经济专题史研究丛书》入选2020年度国家出版基金资助项目，使我更加惶恐，生怕有辱使命。因此，我要投入更多的精力，要有更大的责任和义务把这套书完成，这样才能不辱使命，顺利完成国家出版基金项目的出版任务。

本书能够入选上海财经大学“双一流”学术著作培育项目，也是作为一个编辑的无上光荣。作为财大校友，我愿意为上海财经大学“双一流”学科建设奉献自己微薄的力量。

前已叙及，由于本人编辑工作十分繁忙，加之才疏学浅，书中难免有错漏之处，仅当抛砖引玉，恳请方家批评指正。

王永长

2020年2月

目　录

前言 …………………………………………………………………… 1

第一章　综论：千年帝国土地所有制演化之谜 ……………………… 1

第一节　研究对象与选题意义 …………………………………… 1

第二节　研究文献回顾 …………………………………………… 12

第三节　研究思路分析 …………………………………………… 20

第四节　研究方法与基本框架 …………………………………… 37

第二章　氏族部落与夏商西周时期土地所有制 ……………………… 42

第一节　氏族部落的形成 ………………………………………… 42

第二节　夏商西周时期氏族部落土地所有制 …………………… 44

第三节　氏族部落土地所有制的经营形式——井田制 …………… 49

第三章　王朝土地所有制雏形：春秋战国时期土地变革 ………… 58

第一节　春秋战国时期土地制度变革的时代背景 ……………… 58

第二节　周宣王改革及其历史意义 ……………………………… 60

第三节　春秋战国时期土地制度变革及其成果 ………………… 65

第四节　王朝土地所有制雏形 …………………………………… 69

第四章　王朝土地所有制确立及田制思想 …… 72
第一节　王朝土地所有制确立:“六合之内,皇帝之土” …… 72
第二节　“本富”与“末富”——土地兼并溯源及其影响 …… 78
第三节　秦汉至晋王朝抑制土地兼并的政策与措施 …… 83

第五章　王朝土地所有制下的均田制政策及其演化 …… 93
第一节　北朝时期北魏均田制:背景、内容与意义 …… 93
第二节　北齐、北周的均田制及其变化 …… 111
第三节　隋朝均田制及其变化 …… 116

第六章　土地所有制“二元结构”初步形成 …… 120
第一节　唐朝均田制及其演化 …… 120
第二节　唐朝土地买卖法律规定 …… 130
第三节　唐朝私人土地所有制的正式确立 …… 133
第四节　土地所有制“二元结构”及其特征 …… 139

第七章　土地所有制“二元结构”进一步发展(上) …… 148
第一节　有关宋朝土地政策的文献 …… 148
第二节　宋朝土地官田“买扑制” …… 153
第三节　私人土地所有制形式进一步发展 …… 164
第四节　多民族融合下的辽、金时期土地制度演化 …… 174

第八章　土地所有制“二元结构”进一步发展(下) …… 181
第一节　元朝初期政治经济措施与土地制度 …… 181
第二节　明朝田制与赋役改革 …… 188

第九章 土地所有制“二元结构”下的清朝田制 …………………… 203
第一节 清初“圈地运动” …………………………………… 204
第二节 旗地制度:形式及其管理 ……………………………… 206
第三节 汉族地区土地私有制:“更名田” …………………… 218

第十章 中国屯田制度及其演进 ……………………………… 220
第一节 屯田概念与屯田起源争议及辨析 …………………… 220
第二节 秦汉至唐宋时期屯田制度 …………………………… 227
第三节 元朝时期屯田制度 …………………………………… 235
第四节 明朝屯田制度 ………………………………………… 243
第五节 清朝屯田制度 ………………………………………… 252

第十一章 中国古代土地租赁关系 …………………………… 261
第一节 土地租赁关系概论 …………………………………… 261
第二节 山地租赁关系:以盐矿为例 ………………………… 262
第三节 农地租赁关系:以宋朝农地租佃契约为例 ………… 276

第十二章 古代自耕农地位与人身依附关系解除 …………… 286
第一节 古代自耕农的发展演变 ……………………………… 286
第二节 自耕农土地权属问题 ………………………………… 290
第三节 “摊丁入亩”与农民土地人身依附关系的解除 …… 296

参考文献 ……………………………………………………… 304

后记 …………………………………………………………… 312

第一章

综论:千年帝国土地所有制演化之谜

第一节　研究对象与选题意义

一、研究对象

《经济大辞典》将土地所有制定义为“人类社会一定发展阶段中土地所有关系的总称,是生产资料所有制的一个重要组成部分。包括土地的所有、占有、支配和使用诸方面的关系”。本研究中的中国土地所有制,是指公元前16世纪到清朝1840年这一历史时期的土地所有制。对土地所有制的研究,既包括这一时期土地所有关系的研究,也包括某一个时期或具体朝代的土地制度、土地政策以及与当时社会经济发展的关系的研究。所谓中国土地所有制“二元结构”,是借鉴了美国经济学家刘易斯提出的“二元经济结构”理论的说法。刘易斯“二元经济结构”,是指发展中国家现代化的工业和技术落后的传统农业并存的经济结构(传统经济与现代经济并存)。中国土地所有制“二元结构”,是指从公元前16世纪到清朝1840年三千多年的土地所有制形式——王朝土地所有制和私人土地所有制。中国土地所有制“二元结构”变迁是指王朝土地所有制和私人土地所有制的形成、发展过程及其特征。

本书将从中国古代土地所有制变迁的角度,研究中国土地所有制“二元结构”的形成及发展过程。中国有悠久的历史和光辉灿烂的文明。从夏朝的建立[“由于夏朝实行帝位世袭制度,自禹至桀十七帝(十四世)世系分明,制度益趋巩固,形成了一个高出众小邦之上的原始政治机构,也就成为中国历史上第一个朝代”[①]],到清朝前期(道光二十年,1840年),有三千多年的历史,在这一历史进程中,中国土地所有制经历了三个主要的发展阶段:一是氏族部落土地所有制;二是王朝土地所有制;三是王朝土地所有制与私人土地所有制“二元结构”并存。氏族部落经历了漫长的历史时期,在这一历史长河中,土地所有制形式为氏族部落土地所有制,其社会历史阶段也就是原始公社时期。春秋战国时期,是土地所有制由氏族部落土地所有制向王朝土地所有制过渡的时期。秦国的统一标志着王朝土地所有制的诞生。王朝土地所有制的显著特征,就是土地所有权归王朝政府所有,王朝政府是土地资源的垄断者。自秦始皇建立秦王朝到唐朝以前,土地一直为政府所垄断,私人是没有土地所有权的。但是,唐朝时期以法律的形式规定了土地买卖行为,确立了土地私人所有制。至此,中国土地所有制“二元结构”——王朝土地所有制与私人土地所有制形成了。自此以后,土地所有权、使用权都可以买卖,土地经营权可以转让,无地的佃农可以租种地主的土地而享受土地的收益权。这种土地“四权分置”形式一直沿用下来,成为一千多年中国社会小农经济发展的特有模式。

围绕中国土地所有制“二元结构”这一观点,本书首先研究氏族部落土地所有制的形成。它是中国土地所有制“二元结构”的基础,也就是说,中国土地所有制“二元结构”是在氏族部落土地所有制基础上形成的。引用恩格斯关于氏族部落土地制度的观点,在秦始皇统一中国之前,中国土地所有制主要就是氏族部落土地所有制。氏族部落土地制度有两个主要特征:一是土地为部落集体所有,“好多家庭共同地和共产主义地经营”,“土地乃是全部落的财产”;二是个人占有并经营,虽然土地所有权归部落

① 范文澜:《中国通史》第一册,人民出版社1994年版,第30页。在此书中,范文澜先生关于夏朝的建立时间也只是推测于公元前2033年,且认为夏朝的建立只是传说,而没有真实可考的文字记载。

集体所有，但是氏族成员可以占有一定数量的土地，并自行耕作，其耕作所获除供部落公共使用外，归其家庭或个人使用。这两个特征构成了氏族部落土地所有制。

王朝土地所有制形成的标志就是秦始皇于公元前 221 年建立了中国历史上第一个统一的、多民族的、专制主义中央集权政府。从秦王朝建立一直到隋朝灭亡，土地制度与土地政策随着朝代的更迭而发生变革。但是，王朝土地所有制的性质始终没有改变。王朝土地所有制有两个主要特征：一是王朝政府以征收“田赋”的方式表示对土地的所有权；二是皇帝可以自由行使对土地的分配权，任意处置其统治范围内的土地，如分封土地、征收农税、组织屯垦等。

王朝土地所有制贯穿于整个中国古代社会。而私人土地所有制形成于唐朝。有些学者从《汉书·食货志》中的“除井田，民得卖买”这句话推断私人土地所有制始于春秋战国时期，这是值得商榷的。尽管唐朝以前，土地买卖的确是一直存在，且时有发生的，但是其买卖的并非所有权，而是使用权、经营权或收益权。唐朝开始颁布了完备的土地买卖法令，尤其是在唐朝中叶以后，土地均田制遭到了前所未有的破坏以后，土地买卖法令更加齐备。这在《通典》《新唐书·食货志》《唐律疏议》等文献中都有非常详细的记载。因此，笔者认为，唐朝才是中国古代社会正式确立私人土地所有制的朝代。

唐朝确立私人土地所有制，并不意味着王朝土地所有制的消亡，而是自此以后，中国土地所有制形成了王朝土地所有制和私人土地所有制“二元结构”并存的格局。这种土地所有制“二元结构”并存形式，直到清朝(1840 年)一直没有发生变化，尽管有些朝代强化了王朝土地所有制，有些朝代强化了私人土地所有制。

因此，沿着这样的路径，本书将氏族部落土地所有制—王朝土地所有制—王朝土地所有制与私人土地所有制“二元结构”并存作为研究对象，贯穿始终。

二、选题意义

选择中国土地所有制(公元前 16 世纪—1840 年)“二元结构”作为研

究对象,其实笔者也略感忐忑不安,因为关于中国古代土地问题的研究文献汗牛充栋,大家辈出,因此,其挑战性可想而知;但是,正是因为如此,迎难而上,提出对中国古代几千年土地所有制变迁的看法与观点,就显得更加有理论价值和现实意义,就算是再次抛砖引玉。研究中国土地所有制(公元前16世纪—1840年)“二元结构”的意义概括起来表现为两个方面:

其一,可以揭示中国古代几千年土地所有制发展演变过程及其对中国古代朝代更迭和经济周期变化的影响。以中国古代几千年土地所有制发展演变作为研究对象,可以展示中央帝国千年土地制度的演变,解开几千年中国古代社会经济生生不息的谜团。中华民族有五千年的文明历史,自有文字记载算起也有三千多年的历史,从春秋战国时期到清朝也有近两千七百年的历史。

在这一漫长的历史期间,中华民族经历了从分裂到统一,再分裂再统一的过程;社会经济也经历了从大乱到大治,再大乱再大治的周期循环。在这一历史时期,中国古代经济史周期循环经历了三个分裂与混乱和三个统一与和平时期。第一个分裂与混乱时期,是从公元前1066年武王姬发(姬姓,是年克殷)开始到秦始皇统一中国前。诸侯长期混战,为了立于不败之地,诸侯各国纷纷变革,励精图治,形成了百家争鸣、百花齐放的局面。这为秦国的统一奠定了政治与思想基础,也由此迎来了中国历史上第一个统一与和平的秦汉时期(公元前255—公元220年)。秦始皇于公元前221年灭齐而统一六国,建立起强大的秦王朝,但是由于种种历史原因,秦王朝很短命,于公元前206年被灭亡。虽然秦王朝短暂统一,但是它为中国历史上第一次繁荣昌盛的汉朝留下了丰富的政治遗产和坚实的经济基础。第二个分裂与混乱时期(公元220—589年)是三国两晋和南北朝时期。这又是一个中国古代历史上的重要转变时期,分裂的各个国家为了获得问鼎中原的统治地位,在各个朝代纷纷推行变革,加强水利基本建设,民族融合进一步发展,农业生产力和科学技术进一步发展,这一切为中国古代第二个统一与和平时期的到来奠定了基础。第二个统一与和平时期(公元589—907年)包括隋朝和唐朝。经历了三百六十多年的长期分裂与动荡,公元589年,隋文帝杨坚灭陈,统一全国,建立起又一个统一与和平的国家,史称隋朝。隋朝建立统一的国家虽然只有短短几十年(公元589—618年),但是其对中国古代社会经济的影响却是巨大的。其他的不说,单就大运河的建造、科举制度的建立以及大科学家郭守敬的诞生等,就足以看出其对中国以后尤其是唐朝社会经济的巨大影响力。唐朝作为中世纪全球最具影响力的国家,就诞生于第二个统一与和平时期。第三个分裂与混乱时期(公元907—1280年)包括五代十国、宋和辽、金、西夏时期。宋朝虽然是在统一五代十国的基础上建立起来的,但是宋朝并不是完整意义上的大一统的中华民族帝国,因为宋朝虽然问鼎中原,但同一时期还存在几个独立的国家——辽、金、西夏,它们分别雄踞在宋朝的北面、东北和西北。北方的少数民族还经常骚扰宋朝的边疆,战争也时有发生。因此,这一时期还是一个分裂与混乱的阶段。但是,由于宋朝的统治者总结历史经验,以史为鉴,其社会经济的发展却达到了历史上的又一个鼎盛时期,其社会文明、文学艺术、科学技术等均处于世界领先水平。第三个统一与和平时期(公元1280—1911年)包括元、明、清三代。虽然元朝统治中国的时间不到百年(公元1280—1368年),但是其国家版图之大,影响之广,却是"前无古人后无来者"。"元朝灭宋后,结束了诸国并立的局面,形成多民族的统一的国家,北极漠北,南到海南,都入于版图。元朝建号的诏书中说:'舆图之广,历古所无。'"[①]《元史·地理志》记载:"自封建变为郡县,有天下者,汉、隋、唐、宋为盛,然幅员之广,咸不逮元。""其地北逾阴山,西极流沙,东尽辽左,南越海表。"元朝建立的幅员辽阔的多民族国家,奠定了中华民族的版图,其历史意义无论怎么评价都不为过。此后的明清两个朝代的疆域都无法超越元朝。

综观中国古代历史的三个分裂与混乱和三个统一与和平时期,社会经济的周期繁荣与衰落虽然与之密切相关,但是其中似乎有一个历史规律不容忽视,那就是分裂与混乱和统一与和平总是辩证地统一。也就是说,每一次分裂总是为统一奠定了政治思想与社会经济基础,而社会统一和平经历一段时间之后,又总会陷入一个分裂与混乱的动荡不安之中,如

① 蔡美彪等:《中国通史》第七册,人民出版社1994年版,第97页。

此循环,而中华民族总是生生不息。也许这就是中华民族的韧性与伟大之处。

另外一个因素是受到钱穆先生治史方法的影响。钱穆先生在《中国历史研究法》中认为:“窃谓今日治史要端,厥当先从通史入门。中国今日尚无一部适合于时代需要之通史,但以研读通史之方法治史,为又一事。此两事虽属相关,然无第一事不妨其可有第二事。”“窃谓治史者当先务大体,先注意于全时期之各方面,而不必为某一时期某些特项问题而耗尽全部之精力,以偏见概全史。当以全史之各方面,从大体上融会贯通,然后见其之系统,乃为较近实际。其所持之简介,乃得较符真实。”①因此,把中国古代几千年土地所有制变迁脉络弄清楚,才能对中国几千年土地制度某个朝代的具体土地政策、土地问题展开研究,以求达到“治古史本求通今,苟能于史乘有通识,始能对当身时务有贡献,如是乃为史学之真贡献”②之目的。

研究中国古代经济史最为重要的意义当是“以史鉴今”,诚如钱穆先生所说,“要能发挥中国民族文化以往之真面目和真精神,阐明其文化经历之真过程,以期解释现在,指示将来”③。

其二,土地与土地制度对于几千年中国社会经济发展的重要性无可比拟。谁都知道土地是经济之母。土地是一个国家重要的经济资源,是构成国民经济的重要命脉。土地制度是整个社会经济结构的基础。土地制度的变迁始终贯穿于中国几千年古代社会经济发展和演变中。正如范文澜先生所说,土地问题是“研究中国三千年历史的钥匙”。“土地是任何一个社会的最基本的也是最重要的自然资源。没有土地资源,社会也就不会存在,因为土地是人类赖以生存和生产的最基本条件。土地资源对于中国封建时代来说,尤显重要。”④土地制度对于几千年以来的中国来说,既是最重要的经济制度,也是最重要的政治制度,无论怎么强调其重要性,都不为过。“中国的土地制度,是中国社会、经济、政治的根源。中

① 钱穆:《中国历史研究法》,三联书店2001年版,第153页。
② 钱穆:《中国历史研究法》,三联书店2001年版,第153页。
③ 钱穆:《中国历史研究法》,三联书店2001年版,第159页。
④ 郭庠林:《中国古代宏观经济管理》,上海财经大学出版社2001年版,第14页。

国的治乱，基于土地制度的兴废，国民生活的安危，也基于土地制度的整理与否；其次，农业国的中国，以农业为其经济的主要部分，自然是不消说的。因之，对于想了解中国的社会、经济、政治之任何方面的人们，都应该先知道一下中国土地制度的情形，这是很重要的一件事。”①“土地问题影响于国计民生至巨。年来农村凋敝，盗匪横行，各方益感其重要，亟亟谋有以解决之。然其关系复杂，不容轻易试验，失之毫厘，则差以千里，而遗毒且及数世。故改革之先，必须明了现状，察其所以然，证以前人经验，然后慎思远虑，妥为规划，庶几弊少而利多。易词言之，学理之研究，现实之调查，历史之探讨，均为不可或缺之准备。今国内于此数者，方在经始。历史犹无善本。吾侪生中国，亟待解决者中国土地问题，先民经验，尤不可忽。而欲明现状之造因，亦必追溯已往。用是不惴谫陋。”②“土地是一切物质财富的源泉。我们使用的一切物品，或取得一切有价值的东西都来自土地；无论是食物、衣服、燃料、房屋、金属还是宝石，这些都与土地密切相关。我们生活在土地上，靠土地养家糊口；而当我们告别人世的时候，土地还是我们肉体（或者说我们的骨灰）的最终归所。能否有效地从土地上获得收益是人类生死存亡的关键所在，而土地的分配和使用状况则同样至关重要。”③

很多学者在研究土地问题之前，都十分强调研究土地问题对于社会经济发展的重要性。土地与土地问题对于几千年中国古代社会经济发展的重要性，具体来说，主要体现在以下几个方面：

土地之路是农业之路。农业发展的首要条件就是土地，没有土地就没有农业。中国是一个有着悠久历史的传统农业大国，农业历来是社会经济最为重要的部门，是国民经济的基础。中华民族祖先在农业生产方面积累了十分丰富的经验，为人类古代农业文明做出了重要的贡献。远古的农业文明，我们只能从只言片语的传说中得知一二。在我国古史传说中，“昼拾橡栗，暮栖木上”的“有巢氏”，“钻燧取火，以化腥臊”和“教民

① ［日］长野郎著，强我译：《中国土地制度的研究》，中国政法大学出版社 2004 年版。

② 万国鼎：《中国田制史》，商务印书馆 2011 年版，第 1 页。

③ ［荷兰］何·皮特（Peter Ho）著，林韵然译：《谁是中国土地的拥有者：制度变迁、产权和社会冲突》，社会科学文献出版社 2014 年版，第 1 页。

以猎"的"燧人氏",以及"作结绳而为网罟,以佃以渔"和"教民以渔"的"包牺氏"等,反映了当时远古时期的农业状况。《礼记·礼运》描述当时的情形是:"未有火化,食草木之实,鸟兽之肉,饮其血,茹其毛;未有麻丝,衣其羽皮。"远古原始人群经过漫长的发展过程后,形成了一个个原始部落,人类发展进入了氏族部落阶段。这一阶段有了考古的发现,是我国的石器时代。这一时期的土地所有制形式为氏族部落所有,其土地经营方式为井田制。进入春秋战国时期,"百家争鸣,百花齐放",无论是政治体制,还是经济制度纷纷进行变革,土地制度作为政治经济制度变革的重要内容也掀起了变革的浪潮。齐国算是改革土地制度比较早的一个诸侯国。公元前685年,齐国宰相管仲推行"相地而衰征"。《国语·齐语》记载:"相地而衰征,则民不移;政不旅旧,则民不偷;山泽各致其时,则民不苟;陆、阜、陵、墐、井、田、畴均,则民不憾;无夺民时,则百姓富;牺牲不略,则牛羊遂。"此后,鲁国"初税亩"与秦国"初租禾"相继推行,尤其是秦国的商鞅变法,更是推动了土地制度的大变革,从而使其农业有了大的发展,为秦国的一统天下奠定了坚实的社会经济基础。

农业赖以生存的土地,从古至今,虽然其根本性质没有变化,但是历朝历代的土地政策以及所导致的土地上收获物品的分配方式的变革,却是不断地发生变化。土地制度有利于调动农民的积极性,则会促进农业的发展,从而促进社会经济的进步;反之,如果土地制度不利于调动农民的积极性,则会损害农业的发展,从而使得社会经济倒退。这种土地制度与农业生产的关系在中国几千年的传统农业阶段[①]表现得更为突出。整个古代社会政治经济的"治"与"乱"与土地制度的好坏密切相关,与农业的发展也息息相关。

土地之路是赋税之路。中国几千年土地制度改革始终是与赋税制度改革联系在一起的,历代王朝土地政策、土地制度的变化与赋税制度变化

---

① 学术界一般把农业发现的历史形态划分为三个阶段:原始农业、传统农业和现代农业。原始农业的基本特征为:生产工具以石质和木质为主,广泛使用砍伐工具,刀耕火种,实行撂荒耕作制,种植业、畜牧业和采猎业并存。传统农业的基本特征是:生产工具变革,尤其是以铁器农业工具的出现与使用为标志,农业生产技术大幅度提高,土地耕种面积大幅度增加。这个阶段从中国春秋战国时期开始贯穿整个中国古代社会。现代农业的基本特征是以农业大机器生产为主要标志。

是相辅相成的。土地制度变革之路就是赋税制度改革之路。无论是增加赋税之后老百姓负担的增加，还是减轻赋税之后的休养生息政策，都与土地改革密切相关。而土地改革的成败关乎王朝的兴衰。无论是齐国“相地而衰征”，还是鲁国的“初税亩”、秦国早期的“初租禾”，无论是西汉王莽的“王田制”改革，还是唐朝杨炎的“两税法”、宋朝王安石的“青苗法”，无论是明朝的“一条鞭法”，还是清朝的“摊丁入亩”，从表面上看，它们都是赋税制度的变革，其实质乃是土地占有方式发生了深刻的变化。而宋朝的土地官田买扑制是值得深入研究的土地制度。明朝人邱浚在《大学衍义补》中指出，宋代的买扑制度就是一种包税制度。“所谓扑买者，通计坊务该得税钱总数，俾商先出钱与官买之，然后听其自行取税以为偿也；所谓承买者，凡有坊场、河渡去处，先募人入钱于官承买，然后听其自行收税以自偿也。”[①]也就是说，宋朝政府把官田通过公开拍卖的方式，让私人承租官田，缴纳税收，增加政府的财政收入。这是宋朝市场经济发展的产物，也是宋朝土地制度的一大特色。原有的氏族部落土地所有制，在诸侯各国开疆拓土的征战过程中，在不断的变革中，土地占有方式发生变化，从而推动了赋税制度的变革；而赋税制度的变革，又推动了本国经济的发展。无论哪个朝代，国家的税赋制度改革始终是与土地制度的变革相一致的。土地占有方式的变化，推动政府的税赋制度改革，国家赋税制度的改革，又推动了（确立）土地制度的变革，二者互为影响，相互制约。

土地之路是财富之路。几千年的自然经济时代，人们拥有财富的象征不是家藏多少金银，而是以家有多少良田为标志的。富裕的基础一向以土地作为标榜，或者说衡量财富的多寡是以占有土地的多少为标准的，即所谓“有土此有财”。在我国秦汉时期就开始了“本富”与“末富”争论。司马迁在《史记》中对古代的财富观念就有深入的论述。“本富”代表土地致富；“末富”则是除土地财富之外的其他致富方式。“以末致财，用本守之”道出了“本富”与“末富”的辩证关系。“用贫求富，农不如工，工不如商，刺绣文不如移市门”则道出了我国古代致富的窍门。“虽许工商为用

① 《大学衍义补》卷三十二。

贫求富较易之方法，然需保持长久之富力，仍以农田为本。"①

现代比较早地论述土地财富观的是李剑农先生。他认为："而农田之基础在土地，则土地实为'本富'之本，故其述农工商贾之收入享乐，谓其可与千户侯之封君相等者，首先列举各种大地主。曰：'陆地，牧马二百蹄。牛蹄角千，千足羊；泽中，千足彘；水居，千石鱼陂；山居，千章之材；安邑，千树枣；燕秦千树栗；蜀汉江陵千树橘；淮北常山以南河济之间千树萩；陈夏千亩漆；齐鲁千亩桑麻；渭川千亩竹及名国万家之城，带郭千亩，亩钟之田，若千亩卮茜，千畦姜韭，此其人皆与千户侯等。然是富给之资也，不窥市井，不行异邑，坐而待收，身有处士之义而取给焉。'"②

"土地即富之根本。"古代人们总是想方设法地占有土地。只要拥有大量的土地，不管是何种类型的土地，"土地连千亩以上，或陆地，或薮泽，或山居或水居，或附郭"，"经营牧畜、池鱼，林业，果园、穀粟、蔬圃、服物器材"，皆可以"坐而待收"，"无须远走他乡市场，营求工商之利，所以土地实为本富之本"。几千年的古代社会概莫如是——士农工商的活动只是手段，取得大量土地才是"守富"之路。土地之路就是财富之路。

土地之路是土地兼并与反兼并之路。正是因为中国古代"土地即财富"的观念根深蒂固，所以不管是官僚，还是富商，抑或是普通的农民，对于土地的渴望从未停止，从来都是不择手段。哪怕是一个佃农，拥有"一亩三分地"都是一生的梦想。"末业"致富、"用本守之"的财富思想所导致的结果无论何时、无论何地都必然是大量收购兼并土地。人们对土地渴望所导致的社会恶果，最终伤害的是无权无势的农民。农民流离失所，无地可耕，才是千百年来社会动荡的根源。同时，如果土地大量被政府要员、地方豪强所兼并，掌握在地主手里就会影响王朝政府的财税收入，就会危及统治者的地位，王朝政府就可能岌岌可危。秦汉以后历代王朝政权颠覆，无不与土地大量兼并、农民流离失所、王朝政府财税困难这一根本原因密切相关；秦汉以后历代王朝政权兴盛，也无不与政府改革土地分配政策，关心农民利益疾苦，推行休养生息政策息息相关。王朝政府的土

① 李剑农：《先秦两汉经济史稿》，(台北)华世出版社1981年版，第239—240页。

② 李剑农：《先秦两汉经济史稿》，(台北)华世出版社1981年版，第240页。

地兼并与反兼并政策是中国古代社会经济周期兴衰最重要的因素。“土地为本富之本”的思想观念深入人心,土地的分配与再分配拉开的历史大幕,犹如打开的“潘多拉”魔盒一直忽隐忽现地飘浮在中国几千年的古代社会上空。土地之路就是兼并与反兼并之路。

土地之路是兴亡之路。所谓兴亡,是指一个朝代兴盛与衰亡。中国古代朝代的更迭总是与土地这个“神秘的幽灵”有关。秦孝公元年(公元前 361 年),商鞅因秦孝公求贤才而入秦,被秦孝公重用,辅佐秦孝公实行变法。商鞅变法的内容十分丰富,与土地制度相关的内容一是“僇力本业,耕织致粟帛多者复其身。事末利及怠而贫者,举以为收孥”,二是“为田开阡陌封疆,而赋税平”,三是“招徕三晋之民”。就此三项土地政策,为秦国奠定战国时期的霸主地位立下了汗马功劳,从而成就了一个强大的统一的秦国。秦末陈胜吴广以“王侯将相,宁有种乎”的口号掀开了中国大规模农民起义的篇章。汉朝初期休养生息、轻徭薄赋、抑制土地兼并的土地政策,开启了汉朝几百年的兴盛与强大。而后每一个朝代的衰落与灭亡都与土地兼并严重、百姓民不聊生有关。土地乃财富之母。当一个朝代统治者歌舞升平之际,统治集团总是利用手中的特权,加快土地兼并的步伐,从而使得民不聊生,社会开始动荡。农民起义者或者统治阶级的反对者总是以“均贫富”作为吸引广大农民参与斗争的口号,“均贫富”也总是具有强大的吸引力,而“均贫富”最为重要的内容就是可以重新分配土地或是获得土地。千百年来的农民起义以“均贫富”为口号总是能够调动其积极性。重新分配土地,调整土地资源分配对象,使普通的农民能够获得更多的土地使用权与占有权,对于统治者来说总能够获得农民的支持,农业生产的积极性就能提高,社会经济就能够获得发展,国家也就能够繁荣富强;反之,则反是。

土地之路是自由之路。所谓自由之路,是指农民从附着于土地之上、成为土地的“奴隶”,到走向自由,成为“自由人”的发展道路。几千年来,中国农民一直依附于土地,成为土地的“奴隶”。从氏族部落的原始社员到王朝土地所有制下的佃农,从佃农到自耕农、半自耕农,从自耕农到“地丁合一”制度的推行——农民的土地人身依附关系彻底解除而成为“自由人”,农民的身份随着土地制度改革的不断深入而发生了变化。土地改革不断发展,依附于土地的农民也不断地获得解放,得到“自由”。清朝雍正时期,实施“地丁合一”制度,即把原定康熙五十年(公元1711年)的丁银数额平均摊入各地田赋银中一起征收,才使得束缚了农民几千年的土地人身依附关系得到解除,农民成为“自由人”。农民成为“自由人”是中国进入近代化的重要基础,是中国千百年的传统农业阶段向现代农业转型的必由之路。

土地之路是变革之路。中国几千年的土地所有制的发展史就是一部改革史。从商朝时期氏族部落土地所有制的变革到春秋战国时期各诸侯国的土地制度改革,从秦国商鞅变法到汉朝时期各种土地改革措施,从三国时期魏国的屯田制到北魏的均田制,从唐朝均田制到宋元明时期的租佃制,无一不体现了各个朝代对土地制度的重视,同时也反映了土地制度变革脉络。可以说,中国古代土地所有制的变迁,就是一部土地制度的改革发展史。

土地问题是中国古代经济社会的基础,是以农业为基础的中国古代社会经济的核心。从春秋战国时期的分裂到秦汉帝国的崛起,从三国两晋南北朝的分裂到隋唐帝国的崛起,从五代十国、宋、夏、辽、金的分裂到元、明、清帝国的巩固,每一个长周期经济的繁荣与衰败都与重要的土地制度变革密切相关。

第二节　研究文献回顾

土地问题一直是经济、政治、法律研究领域的重要内容,各种史料可谓卷帙繁富、浩如烟海,它们从不同的角度提出了对土地问题的看法。想在有限的篇幅内对所有涉及中国土地所有制问题的文献进行整理是不切实际的。这里只是回顾了与本书研究视角相契合的古代文献史料以及有关土地方面的著作。

在中国几千年的传统社会中,农业始终是中国古代社会经济最重要的部门。在农业生产中,土地是最主要的生产资料。对于土地的所有权、占有权、使用权以及经营权的变革，既是王朝政权制定国家政策的主要出发点，也是构成整个古代社会经济的基石。因此，在古代文献中，对土地制度（当然这是现代化的术语，古代文献中一般称作“田制”）的叙述往往占有重要的篇幅。

在中国古代浩如烟海的文献史料中，本研究选取了一些有关土地方面的论述，其中既有正统的《二十五史》，也有《文献通考》《通典》《续文献通考》等文献，此外，翦伯赞《中国通史参考资料》古代部分第一至八册、《中国历代食货志汇编简注》等也是重要的参考资料。

笔者在对有关中国古代土地制度论述文献进行梳理和取舍时重点考虑两个方面：一是有关中国土地制度历史沿革的研究成果，这些文献提供了充实的研究资料；二是围绕某些时段（朝代）土地问题和土地所有制度的某些专题研究，对这些资料进行梳理，也为中国土地所有制变迁提供了某些分析视角和可供借鉴的观点。具体来说，这些研究成果分类如下：

有关中国土地制度历史沿革的研究成果，主要从文献资料整理的角度梳理文献，并提出了自己的观点。例如，李剑农先生的经济史稿《先秦两汉经济史稿》《魏晋南北朝隋唐经济史稿》《宋元明经济史稿》，其中有专门的有关土地问题的论述。李剑农先生只是整理古代土地史料，并未提出关于土地所有制的观点。

关于土地所有制问题的研究，归纳起来不外乎有三种说法：一是王有制（公有制、国有制）；二是私有制；三是二者兼而有之，同时存在。

有关土地王有制的论述还是比较多的。1954 年，我国著名的历史学家侯外庐先生在《历史研究》创刊号上发表《中国封建社会土地所有制形式的问题——中国封建社会发展规律商兑之一》一文，掀开了 20 世纪 50 年代关于中国古代土地所有制度性质的大讨论。侯外庐先生首先提出了传统中国社会的土地“王有制”的观点，认为“君王是主要的土地所有者”①。该文指出：“中国中古封建是以皇族地主的土地垄断制为主要内容，而土地私有权的法律观念是没有的。这里所谓法律观念是指所有权

① 侯外庐：《中国封建社会土地所有制形式的问题——中国封建社会发展规律商兑之一》，《历史研究》1954 年第 1 期。

在法律上的规定,至于法律之外的事实,如由于特权而得的占有权是另外一件事。”[①]

1959年,侯外庐先生又在《新建设》第4期发表《封建主义生产关系和中国的封建主义》一文,提出“区别开封建的所有权、占有权和使用权的性质,区别开封建的土地所有权和资本主义的自由的土地私有权,规定了封建的所有权的历史特点”。这一观点同样适用于古代土地所有制形式的问题。侯先生比较早地提出了土地四权分立问题,即土地的所有权、占有权、使用权和经营权的问题。

在侯外庐先生主张土地“国有论”的文章发表后,李埏于1956年6月撰写了《论我国的“封建土地国有制”》一文,肯定了侯外庐先生“封建的土地国有制曾在我国封建主义时期存在的说法,是很正确的”[②]。但是,他同时又对侯外庐先生“皇族土地所有制”的说法提出了不同的意见。他认为,“皇族”“专制帝王”“君王”不能等同于“国家”。

胡如雷先生于1956年9月发表《试论中国封建社会的土地所有制形式》一文,对侯外庐先生的“皇族土地所有制”提出了批评,他非但不同意以“皇族”代替“国家”,而且从根本上就否定了漫长的封建社会土地“国有制”。他认为,“中国封建土地所有制包括国家土地所有制及地主土地所有制,而占主导地位的却是地主土地所有制”。从汉末到唐中叶,土地国有制始终未占支配地位,在土地关系总和中占绝对支配地位的是地主土地所有制,是决定社会面貌的土地制度。[③] 屯田、占田、均田制所有权性质变化的总趋势是私有性的加强,均田制本身通过反复还授,成为土地私有化的自然通路,划分中国封建土地制度两个阶段的标志就是唐中叶均田制的最后破坏,从此地主土地所有制就占压倒性的优势。[④]

孔经纬认为,秦汉以来的中国是没有“土地私有权”的,唐前期采用均田制,施行的是公有,崩溃后就走向“私有制”。而唐朝后期封建土地所有

---

① 侯外庐:《中国封建社会史论》,人民出版社1979年版,第10页。

② 原载《历史研究》1956年第8期。

③ 胡如雷:《魏晋南北朝时期的封建土地所有制形式》,见《隋唐五代社会经济史论稿》,中国社会科学出版社1996年版。

④ 胡如雷:《中国封建社会经济形态研究》,生活·读书·新知三联书店1979年版。

制形式的发展,是中国封建土地所有制形式发展新时期的开始,宋元明清都是与此一脉相承的。[①]

为了回应当时对土地"国有论"的质疑,侯外庐先生在《封建主义生产关系和中国的封建主义》一文中进一步阐明了他的观点,"认为在中国封建时代,土地权利是一种'品级结构',君王是主要的土地所有者,官僚、权贵有占有权,而农民则只有使用权"[②]。

随着时间的推移,20 世纪 50 年代关于中国古代土地所有制度性质的大讨论并未有定论。而六七十年代对于封建土地所有制的讨论讳莫如深。80 年代改革开放以后,尤其是 2000 年以来对于土地所有制的讨论继续成为中国古代经济史研究的热门话题,不过,这时有关土地所有制的谈论开始放弃了意识形态的判断,且所谓的禁区更少,观点也就更加多元化了。综合起来看,其对于土地问题的研究更加深入细分,当然对有关土地所有制形式的研究依然是围绕土地国有或私有展开的。

金宝祥认为,在中国封建社会的土地所有制形式中,可以作为社会主要基础的只有封建主的土地所有制,"中唐以前主要的是世族地主所有制,中唐以后则变为庶族地主所有制"[③]。李如钧认为,唐宋时期的土地所有制形式从国有制走向私有制,这也是唐宋时期变革的重要内容。[④]王毓铨在深入研究数千年中国皇权专制社会的土地制度后,也提出了土地王权所有的观点。"在传统中国社会中,土地的所有权最终属于朝廷,而所有百姓则根本不可能在个人'私有'意义上获得真正的'所有权',那种认为中国皇权社会中的土地是地主、自耕农拥有的,可以自由买卖之私产的说法,完全是皮相之论。"[⑤]王家范则认为,过去我国史学界所认识到的那种传统社会的"私产"现象,实际上只是"私人占有",因为在皇权之

---

① 孔经纬:《关于唐朝土地所有制形式的发展变化问题》,《新史学通讯》1955 年第 7 期。转引自耿元丽:《唐宋土地制度与政策演变研究》,商务印书馆 2012 年版。

② 李锡厚:《均田制兴废与所有制变迁》,社会科学文献出版社 2016 年版,第 11 页。

③ 金宝祥:《论唐代的土地所有制》,见《唐代史论集》,甘肃人民出版社 1982 年版。

④ 李如钧:《唐宋土地交易法律变革初探——由〈天圣・田令〉说起》,见中国台湾师范大学历史系等主编《新史料・新观点・新视角:〈天圣令论集〉》上册,(台北)元照出版有限公司 2011 年版。转引自耿元丽:《唐宋土地制度与政策演变研究》,商务印书馆 2012 年版。

⑤ 韦森:《观念体系与社会制序的生成、演化与变迁》,《学术界》2019 年第 5 期。

下,没有任何个人——豪强地主或自耕农能够防止权力对权利的掠夺。缺乏制度保障的“私产”不能称为“私有制”,其实质仍然是“国家主权是最高产权”。[①] 程念祺认为,中国古代是土地国有制,但并不稳定,因为“中国古代的土地国有制,强调的是国家主权及其意识形态。它在本质上,是把土地的所有权从属于国家主权,把土地制度纯粹地意识形态化。而它所忽视的,是制度制定的法理,以及必要的制度安排与组织”[②]。程念祺认为,中国古代土地国有制不稳定,那是历史的必然,因为朝代的更迭无法确保土地长期稳定,但是“皇帝轮流做”,江山换了人,土地国有制依然如故。韦森则认为,“在两三千年前的西周时期,中国就曾出现过‘溥天之下,莫非王土’的‘国有经济’及与之相适应的财产归属观念,在西周之后漫长的封建社会中,虽然屡屡出现社会的大动乱和王朝更迭,经济和政治制度也发生了一定的演变,但总的来看,王朝官僚政治机器一直对经济过程有着超强的一体化的控制力量”[③]。也就是说,春秋战国以后,尽管政治和经济制度发生了一定的变化,但是,王朝官僚的统治没有变化,土地“王有”没有随着王朝政权的更迭而发生变化。

马克思指出:“如果不是私有土地的所有者,而像在亚洲那样,国家既作为土地所有者,同时又作为主权者而同直接生产者相对立,那末,地租和赋税就会合为一体,或者不如说,不会再有什么同这个地租形式不同的赋税。在这种情况下,依附关系在政治方面和经济方面,除了所有臣民对这个国家都有的臣属关系以外,不需要更严酷的形式。在这里,国家就是最高的地主。在这里,主权就是在全国范围内集中的土地所有权。但因此那时也就没有私有土地的所有权,虽然存在着对土地的私人的和共同的占有权和使用权。”马克思所指的像亚洲那样的国家,主要是古老的中国,土地存在着“私人的和共同的占有权和使用权”,而“没有私有土地的

① 王家范:《中国传统社会农业产权“国有”性质辩证》,《华东师范大学学报(哲学社会科学版)》1999年第3期。转引自韦森:《观念体系与社会制序的生成、演化与变迁》,《学术界》2019年第5期。

② 程念祺:《论中国古代土地国有制基础的不稳定性》,《史林》1998年第2期。转引自韦森:《观念体系与社会制序的生成、演化与变迁》,《学术界》2019年第5期。

③ 李维森:《“硬化”企业的财产关系是建立完备的市场机制的先决条件》,《东岳论丛》1987年第1期。

所有权”。这其实也符合中国古代自秦朝开始后漫长的社会状况。[①]

有关土地私有制产生时间及其发展，也有很多学者论及。这些学者认为，土地私有制诞生论述的主要依据是《汉书·食货志》中关于商鞅变法对于土地改革的论述。“孝公用商君坏井田，开阡陌”，“用商鞅之法，改帝王之制，除井田，民得卖买”。“民得卖买”的意思是说，百姓可以自由地买卖土地了，所以土地私有制就开始了。对“民得卖买”这句话，我们应该辩证地分析。如果认为“民得卖买”之后，中国古代土地私有制即诞生且普遍存在，则未免有点武断了。侯外庐等哲学家和历史学家认为，在中国漫长的传统社会中，由于“溥天之下，莫非王土”，因而“作为耕作者的农民只有占有权、使用权而无所有权”。[②]

龙登高教授在其《地权市场与资源配置》一书中认为，唐代以前，中国土地制度经历了从实田制、占田制到均田制的曲折历程。井田制瓦解后，土地私有产权逐渐确立，成为战国秦汉时期的基本制度。[③] 他还认为，秦从法律上进一步确认“废井田，民得卖买”土地之后，中国的土地交易市场一直存在且活跃，成为中国传统市场不同于欧洲传统市场的一个重要特征。赵冈和陈钟毅在《中国经济制度史论》一书中认为，先秦时期的西周阶段实行井田制，是奴隶社会的经济基础，是一种土地国有制。但是，他们认为，“公地私有化在战国时期已是普遍存在的事实，但是还不能算是法定的土地制度。到了秦孝公时期，利用商鞅变法，‘废井田，开阡陌’，私有土地合法化，私人正式获得了政府认可的土地所有权。从此以后，土地私有是中国历史上最主要的土地所有权制度。各朝各代也有各种形式的公有土地，但数量上都远不及私有土地多”[④]。“土地私有制的产权，原则上应该包括自由使用权（出租或自营）、自由买卖及遗赠之权。不过有的朝代的法律对于上述产权之行使曾多少设有一些限制。土地买卖，自秦汉开始已经是公开而合法的，但是有些学者竟然不承认这个时期有土地

① 《马克思恩格斯全集》第25卷，人民出版社1974年版，第891页。
② 侯外庐：《中国思想通史》第四卷，人民出版社1959年版，第27页。
③ 龙登高：《地权市场与资源配置》，福建人民出版社2012年，第3页。
④ 赵冈、陈钟毅：《中国经济制度史论》，（台北）联经出版事业公司1997年版，第2页。

私有制。”[①]他们两位学者至少认为土地私有化起始于战国时期，而秦国商鞅变法就已经实行了土地私有制，其主要依据依然是《汉书·食货志》中关于商鞅变法对于土地改革论述的那句话。

认为土地王有制和私有制二者兼而有之且同时存在的学者也大有人在，而且在目前经济史学界还较为流行。他们认为，自秦“废井田，开阡陌”“令黔首自实田”之后，皇帝允许土地私人交易和买卖，中国历朝历代的“土地私有”全面实行，出现土地国有(皇帝和政府所有)、官僚地主和自耕农私有。中国历朝历代的官僚地主和自耕农“土地私有”、王朝政府土地国有的局面同时存在。如果从现代产权意义上讲，也是要一分为二地分析。土地王朝政府所有权属毫无疑问一直存在着，确立土地私有制是指有了稳定的土地“私有财产”制度。

赵俪生就提出了这样的观点。他在《中国土地制度史》中认为，先秦时期特别是西周阶段，从土地制度史的角度，应该称为农村公社新时期，井田制不仅存在，而且具有公有制和私有制两重性。“井田制到头来只可能是不完整的公社‘公有制’和不完整的‘王有’和贵族私有制的混合体，一句话，它是比较标准的‘亚细亚’式的古代土地所有制。”[②]同时，他又认为，秦汉时期，形成了国有、地主所有、小农所有三足鼎立的局面。李埏先生等认为，北魏以来实行的均田制也具有国有和私有两重性质。其主要依据就是均田制下的口分田和永业田具有两重性。也就是说，口分田是王朝政府分配的，其性质是国有的；永业田是政府分配的，可以继承给子孙，因而具有私有属性。[③]

以上只是从土地所有制的性质来区分学者们的观点，未免有点牵强附会，但是从有关土地所有制的特征来看，还是可以看出学术界对中国古代土地所有制认识的分歧。

其他有关土地问题研究的文献还有很多。这里简单地以文献资料出版时间作为依据将其分为两类，即以中华人民共和国成立前后为分界线。

---

① 赵冈、陈钟毅：《中国经济制度史论》，(台北)联经出版事业公司1997年版，第16页。

② 赵俪生：《中国土地制度史》，齐鲁书社1983年版，第35页。

③ 李埏、武建国：《中国古代土地国有制史》，云南人民出版社1997年版。

中华人民共和国成立以前，关于土地问题研究的文献资料也有许多（肯定挂一漏万）。比如，陈寅恪的《隋唐制度略论稿》分析了均田制为何诞生在北朝，而南朝却没有均田制的记载。万国鼎的《中国田制史》分朝代论述了中国古代田制的演变。与许多研究不同的是，他认为中国古代田制中根本不存在井田制，认为井田制只是后来的学者由古代文献只言片语的记载而作的推测。陈伯瀛的《中国田制丛考》分别对井田有无考、王田前后考、均田前后考，以及永业田、口分田、宋金元田制、鱼鳞与庄田和地丁制度等内容作了详细的考证。此外，还有（日）长野郎的《中国土地制度的研究》、聂国青的《中国土地之史的发展》、潘楚基的《中国土地政策》、姚素昉的《中国古代土地制度研究》、谢天堂的《中国古田制考》、张霄鸣的《中国历代耕地问题》、王效文和陈传钢的《中国土地问题》、曾资生和吴云端的《中国历代土地问题述评》、徐士圭的《中国田制史略》、吴文晖的《中国土地问题及其对策》、谢无量的《中国古田制考》等文献对中国古代田制也做了许多探讨。这些研究文献大多数是在中华人民共和国成立前对土地制度进行了深入研究。

中华人民共和国成立以后，对中国古代土地问题的研究依然是一个热门话题。这里列举部分著作（排名不分时间先后），包括傅衣凌的《明清封建土地所有制论纲》、赵俪生的《中国土地制度史》、乌廷玉的《中国历代土地制度史纲》、陈守实的《中国古代土地关系史稿》《中国土地制度史》、樊树志的《中国封建土地关系发展史》、林甘泉的《中国土地制度史》、岳琛的《中国土地制度史》、侯绍庄的《中国古代土地关系史》、张履鹏等人的《中国农田制度变迁与展望》等。他们对中国古代土地制度或土地问题进行了总体考察，揭示了“中国土地制度发展史”。此外，还有一些学者对一些个别朝代或者某一种土地制度展开了研究。比如，刘正山的《大国地权：中国五千年土地制度变革》、韩国磐的《北朝隋唐的均田制度》、秦佩珩的《明清社会经济史论稿》、臧知非的《秦汉土地赋役制度研究》、张传玺的《契约史买地券研究》、徐喜辰的《井田制研究》、孙文政和高月的《中国屯垦研究史》、钟怀宇的《中国土地制度演变的历史与逻辑》、赵云旗的《唐代土地买卖研究》、李锡厚的《均田制兴起与所有制变迁》、武建国的《五代十国土地所有制研究》、邹昌林的《晋国土地制度》、李朝远的《西周土地关系论》、耿元骊的《唐宋土地制度与政策演变研究》、王永兴的《唐代土地制度研究:以敦煌吐鲁番田制文书为中心》、郦家驹的《宋代土地制度史》、武建国的《均田制研究》、杨永兵的《宋代买扑制度研究》、张印栋的《屯田史话》、赵冈的《永佃制研究》、杨国桢的《明清土地契约文书》、杨际平的《北朝隋唐均田制新探》、谷霁光的《秦汉隋唐间之田制》、于千千的《唐代国家土地政策变迁与土地制度演进》等。

当然还有一些与土地制度相关的综合性文献也给人许多灵感和启发。比如,钱穆先生的《国史大纲》《中国历史研究方法》、冀朝鼎的《中国历史上的基本经济区》、赵靖先生的《中国经济思想通史》等。

中国古代土地所有制(这是一个现代的术语,古代最接近的词应为“田制”)变迁是一个漫长的过程,很难用现代意义的产权制度理论来解释其是“公有”还是“私有”。因此,“公说公有理,婆说婆有理”也是很正常的,但是厘清土地所有制变迁对当时经济发展的作用还是有现实借鉴意义的。

第三节 研究思路分析

古代中国是一个多民族的国家,各个民族有各自的土地制度。比如北方游牧民族、西南少数民族、藏族地区的土地制度与汉族居住地区的土地制度是不一样的。因此,本书所要研究的土地所有制问题,主要是汉族居住地区的土地所有制问题,尽管对秦朝统一中国之前的土地所有制,比如氏族部落土地所有制也有一定的研究,但是整个研究思路(主要篇幅)还是围绕土地所有制“二元结构”的形成而展开的。

一、土地是经济之母

在中国古代,土地是王朝政府重要的经济资源,是构成国民经济的重要命脉。研究中国古代土地所有制对研究古代经济史具有极其重要的意义。“土地是任何一个社会的最基本的也是最重要的自然资源。没有土地资源,社会也就不会存在,因为土地是人类赖以生存和生产的最基本条件。土地资源对于中国封建时代来说,尤显重要。"[①]正如范文澜先生所说,土地问题是"研究中国三千年历史的钥匙"。中国古代土地所有制的形成是一个发展变化的过程。从氏族部落土地所有制到王朝土地所有制的形成,经过了漫长的历史时期。从"食不果腹,衣不蔽体""刀耕火种"的单个家庭成员的独居生活,到氏族群居的生活,经过了几万年。随着氏族社会的形成,人们从土地上索取的越来越多了,衣食住行无不来自土地。因此,约束与限制的土地制度也就诞生了。春秋战国时期,铁器生产工具被广泛应用,取代了骨、陶、青铜器等生产工具,从而极大地提高了社会生产力,推动了社会经济的进步,加速了生产力与生产关系的变革,使社会生产关系和社会经济结构发生了巨大而深刻的变化。

各个氏族部落迅速扩张,形成了大大小小的诸侯国。诸侯国为了开疆拓土,抢夺更多的土地与人口,纷纷出台新的土地政策,制定新的土地制度。秦国秦孝公任用商鞅变法,其土地制度改革最为彻底也最得人心。商鞅变法为秦始皇统一六国建立中国历史上第一个统一的王朝帝国奠定了基础。秦国的统一标志着中国古代王朝土地所有制的诞生。王朝土地所有制的显著特征,就是土地所有权归王朝政府所有。自秦始皇建立秦王朝到唐朝中叶以前,土地一直为政府垄断,私人是没有土地所有权的。"正是因为当时的土地所有权属于封建国家所有,私人没有土地所有权,因此私人之间竞相争夺土地的本质是争夺对土地的占有权。"[②]唐朝均田制不但规定了口分田可以买卖,而且规定永业田同样可以买卖。唐朝以法律的形式规定了土地的买卖行为,这样,中国古代土地私人所有制在唐朝中叶以后正式确立。

二、土地所有制变迁的"三阶段说"

土地制度是整个社会经济结构的基石。土地所有制"二元结构"的形成是一个渐进的过程。它的发展变化主要基于三个方面的因素:一是人

---

① 郭庠林:《中国古代宏观经济管理》,上海财经大学出版社 2001 年版,第 14 页。

② 郭庠林:《中国封建社会经济研究》,上海财经大学出版社 2001 年版,第 196 页。

们从土地上获得物质的需要的不断提升;二是科学技术的重大突破;三是皇权专制下的土地政策变化。而三者又不是单一因素在起作用,而是密不可分、相辅相成的,它们共同作用,推动土地所有制发展变化。土地所有制“二元结构”的形成经历了三个阶段:氏族部落土地所有制,王朝土地所有制,王朝土地所有制与私人土地所有制并存。

(一)氏族部落土地所有制

氏族部落土地所有制是指在漫长的氏族部落时期形成的土地制度的统称。它不是指某一个单一氏族部落,而是指秦国统一全国之前的漫长历史时期形成的一种农耕土地所有制。

在研究氏族部落土地所有制之前,有必要了解氏族制度。恩格斯认为,“这种氏族制度,就其一切纯朴的简单性来说,是一种如此美妙的组织呵!没有军队、宪兵和警察,没有贵族、国王、总督、知事及审判官,没有监狱,没有诉讼,而一切都是有条有理的。一切纷争和误会,都由有关系者的全体——氏族或部落来集体解决,或各个氏族相互之间来解决;血的复仇仅当作极端的、很少应用的手段。我们今日的死刑,只是这种复仇的文明形式,而带有文明的一切好处与弊害”[①]。

据有关史料记载,中国最早的氏族部落诞生于黄河流域,那里的先民建立了自己的氏族部落。中国最早的农耕传说是从炎帝、黄帝开始,此所谓中华民族乃炎黄子孙。“太史公依世本、大戴礼,以黄帝、颛顼、帝喾、唐尧、虞舜为五帝。谯周、应劭、宋均皆同。而孔安国尚书序,皇甫谧帝王世纪,孙氏注世本,并以伏羲、神农、黄帝为三皇,少昊、颛顼、高辛、唐、虞为五帝。”[②]“神农氏作,因天之时,相地之宜,制耒耜,教艺谷,而民始知粒食。”[③]炎黄子孙定居在黄河流域以后,就开始从事耕作。当时的氏族部落遍布各地,数目众多且大小不一。大的氏族部落在逐渐强大起来后,就四处掠夺土地与人口,强者征服近邻的弱者,形成了强大的部落势力。此时氏族部落对立抗争的关系仍然存在。有关原始公社遗址挖掘的仰韶文

① 恩格斯著,张仲实译:《家庭、私有制和国家的起源》,人民出版社1955年版,第92页。

② 《史记》卷一,《五帝本纪一》。

③ 李剑农:《先秦两汉经济史稿》,(台北)华世出版社1981年版,第3页。

化可以说明氏族部落最初形成的概况。"仰韶文化散布在广大西北地区的新疆维吾尔自治区和甘肃、青海、陕西等省以及华北、中原等地区。从这些遗址和多量的遗物里,可以推想当时人们的生活状况。"①陕西西安半坡遗址挖掘的文物也能反映这种氏族部落形成的概况。我国远古时期氏族部落的形成经过了漫长的历史时期,到了夏商时期已经演变成许许多多、大大小小的氏族部落了。"当游牧人变为土著,住成村落,村中人民概为一血族团体。族之小者,一族住成一村,大者或成数村。世界各地初入村落经济时,大抵如此。商民族亦不为例外。土地所有权之观念,始于人类住定于村落之后。惟最初之土地所有权,属于村落团体,抑分属于村落中之各家,学者意见不一,大抵因地而异。考之卜辞,当时商人正在父系氏族社会甚发达之时期,犹无后世所谓家。"②《左传》定公四年记曰:"昔武王克商,成王定之,选建明德,以藩屏周……分鲁公以……殷民六族,条氏、徐氏、萧氏、索氏、长勺氏、尾勺氏……分康叔以……殷民七族,陶氏、施氏、繁氏、锜氏、樊氏、饥氏、终葵氏。"③

由此可见,商朝时期主要的社会组织与社会制度依旧是氏族部落制度。社会是由各个氏族部落集合而成的。"卜辞有曰'王□□令五族伐羊',又有'令某族……'及'令某族从某侯……'之文,是当时军事编制及分配职务,亦以族为单位,益可见族为组成社会之基础。准此以推,同村落(即邑)之人必为同族。一族居成一村或数村,营其共同生活。"④

由是观之,商朝时期社会组织与社会制度是氏族部落制度,于此,史学家们没有太大的分歧。此后漫长的历史中,尤其是到周朝时期,氏族部落慢慢地演变为一个一个诸侯王国。我们把作为社会组织与社会制度基础的土地所有制称作氏族部落土地所有制。

既然我们把秦国统一之前的漫长历史时期的土地所有制归纳为氏族部落土地所有制,那么就应该先探讨一下氏族部落土地所有制的形态特

① 范文澜:《中国通史》第一册,人民出版社 1994 年版,第 8 页。

② 万国鼎:《中国田制史》,商务印书馆 2011 年版,第 10 页。

③ 万国鼎:《中国田制史》,商务印书馆 2011 年版,第 11 页。

④ 程憬:《商民族的氏族社会》,《中山大学语言历史学研究所周刊》1928 年第 4 集第 40 期。转引自万国鼎:《中国田制史》,商务印书馆 2011 年版,第 11 页。

征与经营方式。

首先,来谈谈氏族部落土地所有制形态特征。关于氏族部落土地制度,恩格斯认为,"虽然当时的公共事务比今日更多——要知道家庭经济都是由好多家庭共同地和共产主义地经营的,土地乃是全部落的财产,仅有小小的园圃归家庭经济暂时使用——可是,(丝)毫没有今日这样肿胀复杂的管理机关。一切问题,由有关者自己解决,在大多数场合下,多年来的习惯就把一切调整好了"[①]。由此,我们归纳氏族部落土地制度的主要特征为两个方面:一是土地为部落集体所有,"好多家庭共同地和共产主义地经营","土地乃是全部落的财产";二是土地由个人占有并经营,虽然土地所有权归部落集体所有,但是氏族成员可以占有一定数量的土地,并自行耕作,其耕作所获除供部落公共使用外,其余归其家庭或个人使用。《尚书·多士》篇记载:"周既以异民族克商及其他东方诸国,于是迁殷顽民于雒邑。分殷民六族于鲁,七族于卫。后约三百年桓公受封于郑,犹携殷民与俱,以垦郑土。"《左传》记载:"昭公十六年,子产曰:'昔我先君桓公,与商人皆出自周,庸次比耦以艾杀此地,斩之蓬蒿藜藋而共处之。世有盟誓,以相信也。曰,尔无我叛,我无强贾,毋或匄夺,尔有利市宝贿,我勿与知。恃此质誓,故能相保,以至于今。'自来解者以商人为商贾之商,实即殷顽民之遗裔也。"[②]

其次,来看看氏族部落土地所有制的经营形式——井田制。井田制作为氏族部落土地所有制的经营形式,其形成经过了漫长的时间。任何时期的土地关系都是随着社会关系的变化而改变的。氏族部落形成之后,其土地所有制的经营形式——井田制随之诞生了。

记载井田制的文献比较多,最早的当属《孟子·滕文公上》。孟子答滕文公问为国之政时,作过如下回答:"夫世禄,滕固行之矣。《诗》云:'雨我公田,遂及我私。'惟助为有公田。""使毕战问'井地'。孟子曰:……夫仁政必自经界始;经界不正,井地不均,谷禄不平,是故,暴君污吏,必慢其经界。经界既正,分田制禄,可坐而定也。夫滕,壤地偏小。……请野九

① 恩格斯著,张仲实译:《家庭、私有制和国家的起源》,人民出版社1955年版,第92页。
② 万国鼎:《中国田制史》,商务印书馆2011年版,第13页。

一而助,国中什一使自赋。卿以下,必有圭田,圭田五十亩,余夫二十五亩。死徙无出乡,乡田同井,出入相友,守望相助,疾病相扶持,则百姓亲睦。方里而井,井九百亩,其中为公田。八家皆私百亩,同养公田。公事毕,然后敢治私事,所以别野人也。”[①]这就是“孟子井田说”,也是最早的论述井田制的文献。

自从孟子“井田说”提出之后,后世不断有“专家学者”对井田展开论述。西汉时期的董仲舒曰:“秦用商鞅之法,除井田,民得卖买,富者田连阡陌,贫者无立锥之地,小民安得不困。古井田法,虽难卒行,宜稍近古,限民名田,以赡不足,塞并兼之路。”[②]“除井田”意即废除井田制。“古井田法,虽难卒行”,意指到了西汉之际,古代的井田制难以推行了。即使到了宋朝,还有人谈起井田制,例如苏老泉曰:“井田废,田非耕者之所有,而有田者不耕也。耕者之田,资于富民。富民之家,地大业广,阡陌连接,募召浮客,分耕其中,鞭笞驱役,视以奴仆,安坐四顾,指麾其间。而役属之民,夏为之耨,秋为之获,无有一人,违其节度以嬉。而田之所入,已得其半。耕者得其半,有田者一人,而耕者十人,是以田主日累其半,以至于富贵,耕者日食其半,以至于穷饿而无告。”有关古代文献对井田制的论述,除了《孟子・滕文公(上)》外,还有《国语》中的《周语上》《鲁语上》,《周礼・地官》中的《大司徒》《小司徒》《遂人》,《周礼・冬官考工记》,《谷梁传》,《韩诗外传》,《汉书・食货志》,《汉书・刑法志》等古代文献中有只言片语的记载。有关井田制的具体描述,下文会展开论述,这里就不一一赘述。

以上文献记载给我们描述了井田制的分配形式和形态,而《孟子・滕文公上》中“夫世禄,滕固行之矣。《诗》云:‘雨我公田,遂及我私。’惟助为有公田”的语句,则反映了井田制的所有制形态。也就是说,井田制下的土地分为公田和私田。公田就是氏族部落社会的公有土地。这些公田用于维护氏族部落社会的一切开支以及氏族部落贵族的生活需要。也就是说,公田是由氏族成员耕种,其收成要全部上缴氏族部落的管理者。私田

---

① 《孟子・滕文公上》。
② 《汉书・食货志上》。

是氏族部落成员的自有土地。所谓自有,并非氏族部落成员能够完全拥有私田的所有权,他们只有占有权和使用权以及部分收益权,因为他们的自有土地按照制度要定期进行交换。

井田制作为氏族部落土地所有制的经营形式,经历了很长的时间。到了春秋战国时期,这种土地所有制形式开始变化。这种变化是与当时社会经济的发展变化密不可分的。这时的社会经济变化表现在三个方面:一是政治的变化。“周既以异民族克商及其他东方诸国。”周朝打败商朝之后,分封了众多的诸侯小国。这些诸侯国经过长期发展,相互之间征伐不断,尤其是经过春秋战国时期的诸侯混战,有的诸侯国版图不断增大,诸侯以及贵族之间相互争夺地盘,土地拥有者也不断地变更。二是经济的变化。此时各诸侯国经济的变化表现为两个方面:一方面,大的诸侯国或通过战争或通过经济政策,人口数量不断增加,土地供应不足。另一方面,科学技术已经发生了深刻变革。到了春秋战国时期,冶金术已经发明,铁器生产工具诞生,促进了社会劳动生产率的提高。归根结底,生产力的发展已经获得突破,这就要求与之相适宜的生产关系也要发生根本性的变革了。三是社会关系的变化。氏族部落时期的社会关系是立足于“互助协同”精神之上的,但是随着社会进步,私产观念诞生,人的思想与行为方式也发生了重大变化。而作为社会经济结构基石的土地所有制,在以上三个方面变化的同时也必然会随之发生变革。

(二)王朝土地所有制

氏族部落土地所有制在政治、经济与社会关系发生巨大变革之后,也就被另一种土地所有制——王朝土地所有制取代而寿终正寝了。科学技术的突破,必然导致生产力突飞猛进;生产力的发展,必然要求与之相适应的生产关系(制度)发生深刻变革。当然,王朝土地所有制的形成既与农业生产力的提高密不可分,也与当时的社会观念变革密切相关。

春秋战国时期,“百家争鸣,百花齐放”,迎来了中国古代第一次大动荡、大变革、大解放的高潮。说到春秋战国时的土地所有制改革,有必要了解周宣王的改革,因为是周宣王的改革措施,才推动了此后诸侯各国的土地制度改革。

周宣王的改革开创了诸侯国变革的先河。周宣王即位以后推出了两项重大的社会经济改革措施——“不籍千亩”和“料民于太原”。

“王籍千亩”是西周文、武、成、康的根本大法，或者说是西周时期的一项根本制度。“王籍千亩”是指周天子带领三公、九卿、大夫等大小官吏，在孟春之月，用农具拨几下泥土，由奴隶们进行耕作。“王籍千亩”从表面上看是一种农业祭祀仪式，而其实质却表明了以下几种制度含义：一是土地所有制度。它是“溥天之下，莫非王土”的具体内容。“王籍千亩”说明周天子是祖先、神明的代表，他的土地来自祖先、神明所赐予。周天子要用土地上的收获物祭祀祖先，诸侯也要把土地上的收获物贡纳给周天子。二是土地管理制度。“籍田”是周天子昭告天下的重大的土地管理制度，也是告诫诸侯要“勤以辅事天下”的具体措施。三是农业管理制度。“王籍千亩”也告诫各级奴隶主要像周天子一样重视农业生产，即监督奴隶们去修理阡陌沟洫。因此，“王籍千亩”是三种制度的合一——集土地所有制度、土地管理制度与农业管理制度于一体的国家根本制度之一。

然而，周宣王即位以后却“不籍千亩”。史书说，周宣王“法文、武、成、康之遗风”，因而“诸侯复宗周”，是“中兴贤王”，西周由此开始强大起来了。“中兴周室”的重要政策就是“不籍千亩”，尽管这一政策遭到了周宣王的重臣虢文公的严厉抨击。“宣王即位，不籍千亩。虢文公谏曰：‘不可！夫民之大事在农，上帝之粢盛于是乎出，民之蕃庶于是乎生，事之供给于是乎在，和协辑睦于是乎兴，财用蕃殖于是乎始，敦庞纯固于是乎成，是故稷为大官。古者，太史顺时覛土，阳瘅愤盈，土气震发，农祥晨正，日月底于天庙，土乃脉发。”[①]尽管周宣王的“不籍千亩”政策遭到了当时重臣的坚决反对，但是周宣王还是继续推行下去了。

“料民于太原”是周宣王改革的另一重要措施。《国语》“仲山父谏料民”中记载：“宣王既丧南国之师，乃料民于太原。”[②]“料民”之意，按现代说法，就是调查户口。“料民于太原”就是调查太原地区的户口（包括奴隶主和奴隶）。其本意乃是摸清人口状况，调查土地多寡贫瘠，以利于征收

① 《国语·周语上》。
② 《国语·周语上》。

财物。这也可以算得上是我国人口普查的最早记录了。

“料民于太原”与“不籍千亩”共同构成周宣王重大的改革措施。可以说,周宣王是春秋战国时期诸侯国改革的先驱者,开创了一个改革的新时代——春秋战国时期政治、经济、社会风起云涌的改革浪潮。

诸侯国土地制度的改革措施如下:

一是齐国管仲“相地而衰征”。齐国是改革土地制度比较早的一个诸侯国。公元前685年,齐国宰相管仲推行“相地而衰征”。“相地而衰征”之意,乃是根据土地肥瘠程度定出田税等级,根据田亩等级不同而征收田税。管仲推行的“相地而衰征”的办法,是从当时广大百姓已经在耕种肥瘠不相同的土地的现实出发的,而其政策实施的结果正是肯定了当时正在耕种肥瘠程度不同的土地的百姓对土地经营权的占有。“相地而衰征”的改革,其实质是肯定并发展了社会不同阶层土地经营的私人占有权,注意是私人占有权,而不是私人所有权。在一定程度上,这既是氏族部落土地所有制的部分保留或者延续,更是诸侯国土地政府所有但私人可以占有的强化。齐国的土地改革,既为后来诸侯各国土地制度变革开了历史先河,也为齐国在诸侯各国中率先强大继而成为春秋五霸之一做了历史的注脚。

二是鲁国“初税亩”与秦国“初租禾”。鲁国于公元前594年实行了“初税亩”,秦国也于公元前408年实行了“初租禾”。鲁国实行的“初税亩”和秦国初期实行的“初租禾”与齐国实行“相地而衰征”的土地政策有异曲同工之妙。有关“初税亩”政策,《左传》记载说:“初税亩,非礼也,谷出不过籍。”这里明确说明“初税亩”这一政策违背了西周所肯定的制度。鲁国“初税亩”虽说是一项税赋改革,其实也是土地制度改革,因为古代的税赋改革无不与土地制度改革联系在一起。正是因为土地占有关系发生了巨大的变化,才使得各个诸侯国纷纷推行税赋改革。魏国魏文侯时,李悝提倡“尽地力之教”。在这一时期,社会经济尤其是土地关系发生了巨大的变化。

三是秦国商鞅变法中的土地改革。商鞅变法的内容十分丰富,这里只讲讲与土地制度相关的内容:“僇力本业,耕织致粟帛多者复其身。事未利及怠而贫者，举以为收孥"；"为田开阡陌封疆，而赋税平"；"招徕三晋之民"。这些都是与土地制度密切相关的。商鞅变法的结果，使秦国"道不拾遗，山无盗贼，家给人足，……乡邑大治"。这为秦始皇统一六国奠定了坚实的经济基础。秦孝公以后到秦始皇，其间共历五个君主，逐一并吞了六国，建立了统一的强大的秦王朝。

春秋战国时期诸侯国的变法，尤其是商鞅变法掀开了中国几千年社会制度的新篇章。无论是齐国"相地而衰征"，还是鲁国的"初税亩"，无论是秦国早期的"初租禾"，还是后期的商鞅变法，从表面上看，它们都是赋税制度的变革，但其实质乃是土地占有方式发生的深刻变化。也就是说，原有的氏族部落，在诸侯各国开疆拓土的征战过程中，形成了"战国七雄"。这七个诸侯国划分了自己的势力范围，为了巩固自己的势力范围，纷纷以赋税的形式承认本国范围内子民占有土地的合法性。土地占有方式的变化，推动了赋税制度的变革，而赋税制度的变革，又推动了本国经济的发展，从而使得本国国力强盛。

春秋战国时期土地制度变革既加速了氏族部落土地所有制的衰落，同时也推动了王朝土地所有制的诞生。

秦始皇于公元前221年建立了中国历史上第一个统一的、多民族的、专制主义中央集权政府。"六合之内，皇帝之土；乃今皇帝，一家天下。"这既是显示秦始皇统一中国后到处纪功刻石宣扬其功绩引用较多的一句话，同时也表明秦始皇统一中国后王朝土地所有制的确立。"六合之内，皇帝之土"，其本质是表明王朝政府对土地的所有权。

王朝土地所有制这一土地所有制形式也经历了一个变化发展的过程。从秦王朝建立一直到隋朝的灭亡，尽管每一个朝代更迭之后，土地制度与土地政策随着朝代的更迭而发生变革，也会产生许多有关土地的争论与土地思想，但是，王朝政权特点——中央集权制度始终没有改变。因此，从土地所有制的形式来讲，王朝土地所有制也始终没有改变。尽管以后的社会经济发生了翻天覆地的变化，各朝代的土地制度与土地思想也一再变革，有一点却始终未变——王朝政府的土地所有权以及土地资源是国家的垄断资源。

秦汉以至隋朝王朝土地所有制可以通过征收“田赋”和皇帝行使对土地的分配权来表现。

一方面,王朝政府以征收“田赋”的方式表示对土地的所有权。

我们可以来看看秦国的“田赋”。秦始皇三十一年(公元前216年)确立了“田赋”的征收制度,田赋成了秦朝最主要的税收收入。据《春秋·哀公十二年》记载:“十有二年春,用田赋。”田赋,即土地税。据《汉书》记载:“至于始皇,遂并天下,内兴功作,外攘夷狄,收泰半之赋,发闾左之戍。男子力耕不足粮饷,女子纺绩不足衣服。竭天下之资财以奉其政,犹未足以澹其欲也。海内愁怨,遂用溃畔。”[①]又有:“度不足,下调郡县转输菽粟刍藁,皆令自赍粮食,咸阳三百里内不得食其谷。用法益刻深。”[②]《汉书·食货志》引用董仲舒以过秦名义告诫汉武帝要减轻农民负担时所说的话:“至秦则不然,用商鞅之法,改帝王之制,除井田,民得卖买,富者田连阡陌,贫者无立锥之地。又颛川泽之利,管山林之饶,荒淫越制,逾侈以相高;邑有人君之尊,里有公侯之富,小民安得不困?又加月为更卒,已复为正,一岁屯戍,一岁力役,三十倍于古;田租、口赋、盐铁之利,二十倍于古。或耕豪民之田,见税什五。故贫民常衣牛马之衣,而食犬彘之食。”[③]虽说这是反映秦朝时期所征田赋繁重,农民负担沉重,但也足以表明秦朝开始征收全国统一的“田赋”了。

汉朝时期也同样征收“田赋”。汉高祖接受亡秦的教训,面对战乱灾荒、人亡过半的现实,在组织恢复农业生产的同时,采取了减轻田赋政策。“汉兴,接秦之敝,诸侯并起,民失作业,而大饥馑。凡米石五千,人相食,死者过半。高祖乃令民得卖子,就食蜀、汉。天下既定,民亡盖臧,自天子不能具醇驷,而将相或乘牛车。上于是约法省禁,轻田租,什五而税一。量吏禄,度官用,以赋于民。而山川、园池、市肆租税之人,自天子以至封君汤沐邑,皆各为私奉养,不领于天子之经费。漕转关东粟以给中都官,岁不过数十万石。孝惠、高后之间,衣食滋殖。”[④]惠帝时循而未改,文帝

① 《汉书·食货志上》。
② 《史记·始皇本纪·第六》。
③ 《汉书·食货志上》。
④ 《汉书·食货志上》。

推行重农政策，亲耕籍田，劝课农桑，国家逐渐富足起来。文帝时期，汉逐渐减轻了赋税，实行“轻徭薄赋”政策。“于是文帝从错之言，令民入粟边，六百石爵上造，稍增至四千石为五大夫，万二千石为大庶长，各以多少级数为差……乃下诏赐民十二年租税之半。明年，遂除民田之租税。后十三岁，孝景二年，令民半出田租，三十而税一也。其后，上郡以西旱，复修卖爵令，而裁其贾以招民，及徒复作，得输粟于县官以除罪。始造苑马以广用，宫室、列馆、车马益增修矣。然娄敕有司以农为务，民遂乐业。”[①]武帝时期，“至武帝之初七十年间，国家亡事，非遇水旱，则民人给家足，都鄙廪庾尽满，而府库余财。京师之钱累百钜万，贯朽而不可校。太仓之粟陈陈相因，充溢露积于外，腐败不可食”[②]。王莽时期，“汉氏减轻田租，三十而税一，常有更赋，罢癃咸出”[③]。到了建武六年（公元 30 年），北方统一，征收范围扩大，诏行西汉旧制，曰：“顷者师旅未解，用度不足，故行什一之税。今军士屯田，粮储差积；其令郡国收见田租三十税一，如旧制。”[④]

不管是秦朝时期的田赋“什而税一”，还是汉初的“什五而税一”，抑或是“文景之治”时期的“三十而税一”，都表明秦汉时期征收全国统一的土地税收——田赋。这就足以说明秦汉时期王朝政府对土地的所有权。

另一方面，“皇帝”可以自由行使对土地的分配权。作为王朝政府代言人的“皇帝”，可以任意分封土地，也可以任意改变农民的土地分配与占有方式。这可以从以下几个方面得到反映：

第一，“皇帝”可以按照自己的意志分封诸侯王，使这些被封的诸侯王享受封地的土地收益权——征收赋税。西汉初期，刘邦为了建立高度集权的中央政权，开始打击异姓王，如垓下之战三大功臣楚王韩信、梁王彭越、淮南王英布先后被废黜，同时又不断地分封同姓王国。“汉高帝一面消灭异姓王，一面陆续封儿子刘肥为齐王、刘长为淮南王、刘建为燕王、刘如意为赵王、刘恢为梁王、刘恒为代王、刘友为淮阳王，又封弟刘交为楚王，侄刘濞为吴王。这些王国的重要官吏是汉朝廷派遣去的，法令也是汉

① 《汉书·食货志上》。
② 《汉书·食货志上》。
③ 《汉书·食货志上》。
④ 《后汉书·光武帝纪下》。

朝廷制定的,诸王多是幼童,在封地内权力远不如异姓王那样大,汉朝廷因此有时间来充实自己的统治力,到一定时期消灭这些半割据的同姓王国。”[①]这些被分封的同姓王,其实连同土地一起被分封了。

第二,“皇帝”可以按照自己的意志把土地分配给民众,如北魏、隋朝的“均田”。始于南北朝北魏的均田制,同样说明王朝政府对土地资源的绝对所有权。北魏之后的北齐、北周、隋朝都沿用了均田制的基本思想与分配政策。均田制是由掌握土地的北魏、北齐、北周、隋朝政府对土地进行重新分配。虽说均田制的推行推动了各个朝代社会经济的发展,但是从土地所有制的角度来看,其性质没有发生变化,土地依然为王朝所有,是属于中央政府的,政府才是土地资源的最终拥有者,只不过分配的形式发生了变化而已。

第三,王朝政府组织屯垦,也是土地为王朝政府所有的具体表现。西汉武帝时期就开始了屯田制度。汉武帝一面打击匈奴,一面加强北部边防。其重要措施就是实行屯垦。“在东起朔方西至令居(甘肃永登县)的地区上,设立田官,督戍卒屯田。官供给牛犁谷种,以前的草原牧场,现在变成了使用牛犁的农业区。”[②]此后,三国时期魏国更是兴起了大规模的屯田。从此以后,屯田制度就一直未曾停息。政府把土地分给军队(军屯)和民众(民屯)进行屯种,说明土地是国家的,只有国家才有权力实行屯田耕种。

第四,王莽的“王田”改制更是王朝土地所有制的最好的注脚。王莽的“王田”制改革是王朝土地所有制的极端例子。也就是说,在王莽改制中,干脆把“天下田”都叫“王田”,使得“溥天之下,莫非王土”这一空泛的王朝土地所有制概念更加法制化了。其表象是进一步抑制土地兼并,其实质就是想进一步巩固其统治地位。这里至少可以说明,王朝统治者是可以随意赏赐、变更、分配其土地资源的。

“六合之内,皇帝之土。”如果从土地这个角度来理解的话,其实质就是土地属于王朝政府所有,代表王朝政府的“皇帝”可以任意处置其统治

---

① 范文澜:《中国通史》第二册,人民出版社1994年版,第44页。

② 范文澜:《中国通史》第二册,人民出版社1994年版,第106页。

范围内的土地，如分封土地、征收农税、组织屯垦等。这些都是王朝土地所有制的根本特征。

（三）王朝土地所有制与私人土地所有制并存

"至秦则不然，用商鞅之法，改帝王之制，除井田……"[①]有些学者认为，中国古代社会自商鞅变法以后，民间可以买卖土地，当时的土地制度就是私人土地所有制。而我们认为，直到唐朝才正式确立了私人土地私有制，这是基于以下几个方面的考虑：

第一，唐朝有完备的土地买卖法令。《唐律疏议》卷十二《户婚》记载："'即应合卖者'，谓永业田，家贫卖供葬，及口分田卖充宅及碾硙、邸店之类，狭乡乐迁就宽者，准令，并许卖之。其赐田欲卖者，亦不在禁限。其五品以上若勋官，永业地亦听卖。"

《通典》卷二"田制下"记载："诸庶人有身死家贫无以供葬者，听卖永业田。即流移者，亦如之。乐迁就宽乡者，并听卖口分。卖充住宅、邸店、碾硙者，虽非乐迁，亦听私卖。诸买地者不得过本制，虽居狭乡，亦听依宽制。其卖者，不得更请。……诸田不得贴赁及质，违者财没不追，地还本主。若从远役外任无人守业者，听贴赁及质。其官人永业田及赐田，欲卖及贴赁者，皆不在禁限。"

《新唐书·食货志》记载："凡庶人徙乡及贫无以葬者，得卖世业田；自狭乡而徙宽乡者，得并卖口分田。"

从以上的记载可知，唐朝均田制下规定的土地买卖情况至少可以有以下几种：一是"家贫无以供葬"；二是"由狭乡迁宽乡"；三是"卖充住宅、邸店、碾硙"；四是"官人永业田及赐田"。唐朝这四种土地可以买卖，与前几个朝代相比，显然条件和范围已大为放宽，不仅永业田可以买卖，而且口分田也可以买卖了。

唐朝土地买卖的规定虽然已大为放宽，但是并没有完全放任民间自由买卖，即使是符合田令规定的买卖，亦依然受国家的严格控制。首先，"买地者不得过本制"。所谓"本制"，即指官僚依品阶应受田的数额以及

---

① 《汉书·食货志上》。

一般均田农户等应受田的数额。也就是说,买地者土地占有的总量不能超出本身应受田的数额。其次,土地买卖必须经官司申牒立案,“凡买卖皆须经所部官司申牒,年终彼此除附。若无文牒辄买卖,财没不追,地还本主”[①]。这是为了保证王朝政府对土地买卖的控制,防止土地的违法买卖,即规定只有具有通过政府官司审核的文牒,才算是合法的买卖;反之,则被视为“私窃贸易”或“盗贸易者”,不仅要受到笞杖之刑,而且还要受到“田无文牒,辄卖买者,财没不追,苗子及买地之财并入地主”[②]的处罚。

《唐律疏议》卷十三“户婚”载:“诸占田过限者,一亩笞十,十亩加一等,过杖六十,二十亩加一等,罪止徒一年,若于宽闲之处者,不坐。”

《唐律疏议》对土地买卖的规定十分详细,这里不一一列举了。正是因为唐朝均田制下的土地买卖是有条件和范围的,土地买卖也就有合法与非法之分。唐朝的均田政策中,一方面,土地买卖受到国家法律的严格控制,这是由王朝土地所有制的特征所决定的;另一方面,通过合法手续买卖的土地,也依然会受到国家法令的保护。这就说明,唐朝土地私有制是受到国家法律保护的,同时也是被市场广泛接受的。唐朝土地政策发生了较大变化,如土地买卖的条件和范围都已大为放宽,不仅永业田可以买卖,口分田亦可以买卖,而且受到国家法律的保护。

唐朝时期无论是均田制下土地买卖的条件还是土地买卖的范围,都向着宽松的方向演变,其根本原因是土地私人所有制在法的层面的确立。一方面,这是由于唐朝中期以后,对官僚地主、豪富之家广占田地的客观事实,政府已经无力强行干涉,从而以法的形式予以确认;另一方面,也是由于唐朝的社会经济发展所致,这也是根本原因。也就是说,社会经济发展到唐朝,土地私人所有制形态的发展有其必然性。

第二,(宋)马端临关于水心叶氏的论述。水心叶氏曰:“自古天下之田无不在官,民未尝得私有之……后世但知贞观之法,执之以为据,故公田始变为私田,而田终不可改。盖缘他立卖田之法,所以必至此……唐世虽有公田之名,而有私田之实。其后兵革既起,征敛烦重,遂杂取于民

---

① 《通典》卷二《田制下》。

② 《唐律疏议》卷十二《户婚》。

……”“水心言唐方使民得立券自卖其田，而田遂为私田……”[①]

马端临描述的水心叶氏对于以唐朝为分水岭的田制的比较分析，也正好为唐朝私人土地所有制的确立做了注脚。水心叶氏认为，尽管唐朝之前也存在土地买卖的情况，但是，“盖自秦开阡陌之后，田即为庶人所擅，然亦惟富者贵者可得之。富者有赀可以买田，贵者有力可以占田，而耕田之夫率属役於富贵者也”[②]。也就是说，唐朝以前的土地买卖不是普遍的法律的经济关系，而是“惟富者贵者可得之”。“水心言唐方使民得立券自卖其田，而田遂为私田”充分说明了唐朝土地买卖乃是普遍的法律的经济关系。这才是私人土地所有制确立的关键与充要条件。唐朝私人土地所有制的确立也是缘于唐朝中期以后均田制政策无法适应新的经济形势需要。“田制既坏，至于今，官私遂各自立境界，民有没入官者，则封固之，时或召卖，不容民自籍。所谓私田，官执其契券，以各征其直。要知田制所以坏，乃是唐世使民得自卖其田始。前世虽不立法，其田不在官，亦不在民。唐世虽有公田之名，而有私田之实。”[③]

经济发展的规律一旦形成，就成无法逆转之势。在国家法的层面确立了土地可以自由买卖，土地就有了商品的属性。土地一旦进入流通领域，土地私有权性质就会进一步得以实现和深化。“变成商品的土地财产，从那一瞬间起，大土地所有制的产生，便仅仅是一个时间问题了。”[④]唐朝随着商品经济的发展，工商业不断繁荣，引起了社会经济的巨大变革，庶族地主阶层不断地发展壮大，土地买卖日益频繁，私人土地所有制成了无法逆转的潮流。

综上所述，唐朝中后期均田制的崩坏以及庶族地主阶层的迅速发展壮大，导致社会经济的深刻变革，这是唐朝私人土地所有制最终确立的根本原因。但是，无论如何，王朝土地所有制的属性依然存在。

所谓土地所有制“二元结构”，是指王朝土地所有制与私人土地所有

---

① 《文献通考》卷二《田赋考二》。
② 《文献通考》卷二《田赋考二》。
③ 《文献通考》卷二《田赋考二》。
④ 恩格斯：《德国古代的历史和语言》，人民出版社 1957 年版，第 72 页。

制并存的土地所有制形式。秦始皇统一全国,正式确立了王朝土地所有制;唐朝中后期开始从法的角度确立私人土地所有制。唐朝中后期私人土地所有制的确立,并不意味着王朝土地所有制形式的消亡,恰恰相反,王朝土地所有制依然是土地所有制的主要形式。不过,此时王朝土地所有制与私人土地所有制形式并存,确立了土地所有制的“二元结构”形式。这种土地所有制结构一直存在并延续至清朝。这并非哪一个王朝的一种简单的制度安排,而是经过近千年的时间演变形成的。王朝政府垄断土地与私人占有土地之间的斗争一直此起彼伏。无论是西汉王莽时期的“王田论”,还是西汉时期董仲舒的“限田论”,抑或是西晋时期的“占田制”,还是北魏隋唐的“均田制”,都是这种斗争的表现形式而已。土地所有制“二元结构”的形成并延续,对研究中国古代经济发展的周期兴衰具有重要意义。

唐朝时期中国古代社会经济已经发生了巨大变化。可以说,中国古代社会发展到唐朝是一个非常重要的历史时期,无论社会变革还是经济发展都是一个重要的转折时期。其重要表现就是单一的王朝土地所有制开始向王朝土地所有制和私人土地所有制并存的“二元结构”转化。土地关系是中国古代社会最根本的经济关系。这种土地所有制的存在和变化,对唐朝后期中国社会的发展产生了深远的意义。一方面,由于私人土地所有制的发展,使得一些拥有土地的劳动者比较愿意发挥其生产积极性,改良土地,兴修水利,从而促进社会的发展,这是积极的一面。另一方面,中国社会不时地出现土地由少数人集中垄断的局面,多数农民无地和少地,以致不得不沦为佃农和雇农,丧失生产的积极性,从而阻滞了中国封建社会经济的发展,尤其是商品经济的发展与繁荣。而且,由于这种土地所有制“二元结构”的存在,还使中国古代社会的一些工商业利润转向土地投资(“以末致富,用本守之”的思想始终存在),从而影响了中国古代社会工商业资本的积累,阻滞了中国古代社会工商业的发展。而社会工商业的发展,亦即商品经济的发展,是分解自给自足的自然经济的动力。自然经济的分解,正是资本主义得以发展的根本前提。可以说,土地所有制“二元结构”自唐朝以后长期存在,是此后社会经济周期兴盛的重要因素之一。

第四节　研究方法与基本框架

一、研究方法

五千年的“中国经济史”犹如浩渺无边的海洋，有待研究的内容很多，自然涉及的研究方法也有很多。

马克思很早就对东方古代社会问题进行了深入的研究，并且最先提出“亚细亚生产方式”这一概念。马克思在《政治经济学批判》序言中明确提出：“大体说来，亚细亚的、古代的、封建的和现代资产阶级的生产方式可以看作是经济的社会形态演进的几个时代。资产阶级的生产关系是社会生产过程的最后一个对抗形式。这里说的对抗，不是指个人的对抗，而是指从个人的社会生活条件中生长出来的对抗；但是，在资产阶级社会的胞胎里发展的生产力，同时又创造着解决这种对抗的物质条件。因此，人类社会的史前时期就以这种社会形态而告终。”①

马克思、恩格斯以“亚细亚生产方式”来分析东方的社会结构，认为“亚细亚生产方式”具备一些基本特征，其中，关于土地所有制方面的特征主要体现在两个方面：一是“没有土地私有制。这是了解东方社会的一把钥匙。农村公社的前提是自然形成的家庭和部落共同体，个人没有独立和自由。土地公有制构成这一共同体的基础，在这种财产形式下，单个人从来不能成为所有者，而只不过是占有者。东方社会土地的真正所有者是农村公社，因此，这里不存在土地私有制”②。马克思认为，没有土地私有制是理解亚细亚生产方式的一把钥匙。这说明在中国漫长的古代社会，土地私有制是不存在的。二是土地国有制。尽管亚细亚生产方式具有一系列的特征，但最基本的特征是农业生产条件下的土地国有制。这

① 《马克思恩格斯选集》第2卷，人民出版社1995年版，第33页。

② 赵一红：《马克思的“亚细亚生产方式”理论与东方社会结构》，《马克思主义研究》2002年第5期。

是把握其他特征的基础。“在东方社会,土地国有制和土地私有制的关系,并不像西方那样简单明了。在东方社会,土地历来是同国家主权相联系的,私人(包括封建地主)拥有土地,实际上只是一种对土地占有、使用与具体支配的权利,它固然可以给占有者取得财富提供条件,但是这只是一种相对所有权;土地买卖实际上是土地占有、使用与具体支配的让渡,它并不能否定国家对土地的绝对的所有权。例如,在中国历史上,全国规模的农民起义层出不穷。这主要由于土地分配的不公,农民们使用一种超经济的手段,把先前的土地所有权打得粉碎;而重新调整土地分配权。”[①]无论是春秋战国时期秦国“相地而衰征”,还是秦末陈胜、吴广以“王侯将相,宁有种乎”的口号掀起了中国历史上第一次大规模的农民起义;无论是西汉王莽时期的“王田制”,还是西晋时期的“占田制”;无论是南北朝至唐朝时期的均田制,还是明朝时期的“一条鞭法”,经过一千年的反反复复,都在证明这样的历史事实——农民对土地的渴望和国家对土地的控制,王朝君主或国家才是唯一的土地所有者。这是马克思主义关于亚细亚生产方式下东方社会土地所有制的论述。

本书以马克思主义作为指导思想,运用历史唯物主义分析中国古代土地所有制的形成、演变。历史唯物主义是马克思主义的重要组成部分。历史唯物主义,亦称唯物史观,是哲学中关于人类社会发展一般规律的理论。“一切重要历史事件的终极原因和动力是社会的经济发展,它是生产方式和交换方式的改变,它是由此产生的社会被划分为不同的阶级,也是这些阶级互相博弈的结果。”[②]

习近平同志《在哲学社会科学工作座谈会上的讲话》指出:“坚持以马克思主义为指导,是当代中国哲学社会科学区别于其他哲学社会科学的根本标志,必须旗帜鲜明加以坚持。”构建中国特色哲学社会科学应该具有三个主要特点:一是“体现继承性、民族性”;二是体现原创性、时代性;三是体现系统性、专业性。[③] 同时,习近平同志在致中国社会科学院中国

① 赵一红:《马克思的“亚细亚生产方式”理论与东方社会结构》,《马克思主义研究》2002年第5期。

② 百度百科词条:历史唯物主义。

③ 习近平:《在哲学社会科学工作座谈会上的讲话》,人民网,2016年5月17日。

历史研究院成立的贺信中又提出："历史是一面镜子，鉴古知今，学史明智。重视历史、研究历史、借鉴历史是中华民族五千多年文明史的一个优良传统。当代中国是历史中国的延续和发展。新时代坚持和发展中国特色社会主义，更加需要系统研究中国历史和文化，更加需要深刻把握人类发展历史规律，在对历史的深入思考中汲取智慧、走向未来。"①

以马克思主义唯物史观为指导思想，以习近平同志关于中国哲学社会科学研究思想为遵循，以中国古代社会经济浩如烟海的史料为准绳，提出有关中国古代土地所有制问题的观点，是本书最根本的研究方法。

钱穆先生认为："我们要研究中国政治史，或社会史，或经济史，只当在文化传统之一体性中来做研究，不可分割。我们当从政治史、社会史来研究经济史，亦当从政治思想、社会思想来研究经济思想，又当从政治制度、社会制度来研究经济制度。在此三者之上，则同有一最高的人文理想在作领导。循此以往，中国历史之传统与其特殊性，便不难找出答案来。"②

"在社会科学的研究中，对研究对象进行整体考察，在整体的考察中把系统的多层次性结构与系统的序列性结构有机结合，即把考察对象的横向联系与纵向联系相结合，并进行定性、定量的分析，这就是历史唯物主义的系统方法。"③萧国亮教授认为，历史唯物主义的系统方法包含四个方面的意义：认识事物的整体性；认识事物的层次性；认识事物的全面性；定性与定量分析相结合。

"历史唯物主义的系统方法是研究社会科学的方法论，是马克思所创立的历史唯物主义的重要组成部分。运用历史唯物主义的系统方法来研究中国古代经济史，必然会为总体研究开辟道路。"④

站在巨人的肩膀上，以史实为依据，多维度进行分析，探寻中国古代土地所有制的变迁过程，这也是本书研究的具体方法。

当然，在梳理中国古代经济史料时，不可避免地要运用逻辑演绎、归

---

① 《习近平致中国社会科学院中国历史研究院成立的贺信》，新华网，2019 年 1 月 3 日。
② 钱穆：《中国历史研究法》，三联书店 2001 年版，第 71 页。
③ 萧国亮：《中国社会经济史研究》，北京大学出版社 2005 年版，第 79 页。
④ 萧国亮：《中国社会经济史研究》，北京大学出版社 2005 年版，第 81 页。

纳分析、比较研究等其他研究方法。

二、基本框架

本书遵循经济史研究方法,对中国土地所有制度变迁的研究不以王朝体系为线索,而是通过研究土地制度(土地政策)变化与社会政治经济发展的内在机理,揭示中国几千年经济演化的规律。围绕中国土地所有制“二元结构”变迁这一研究对象,本书分为12章展开论述。

第一章“综论:千年帝国土地所有制演化之谜”。本章综合分析本书的研究对象以及研究意义,回顾了有关土地所有制问题的研究文献,提出了本书的研究思路、研究方法和基本框架。

第二章“氏族部落与夏商西周土地所有制”。本章主要论述氏族部落土地所有制的形成以及井田制,指出了井田制不是一种土地所有制,而是氏族部落时期土地所有制的经营方式。

第三章“王朝土地所有制雏形:春秋战国时期土地变革”。氏族部落经过漫长的发展,进入了春秋战国时期。这一时期,诸侯混战的同时,“百花齐放,百家争鸣”,许多诸侯国进行了一系列改革,其中土地制度变革成为主要内容之一。其结果是秦国的“商鞅变法”最为彻底,也为秦国统一中国奠定了基础,为王朝土地所有制奠定了基础,因此,有了王朝土地所有制雏形。

第四章“王朝土地所有制确立及田制思想”。秦灭六国,统一中国,也就意味着王朝土地所有制确立。陈胜、吴广起义,以“王侯将相宁有种乎”的口号迅速推翻了秦王朝的统治。自汉以降至两晋南北朝,围绕土地兼并与反兼并,制定了许多土地政策,形成了一系列的土地制度,但是王朝土地所有制的性质没有改变。

第五章“王朝土地所有制下的均田制政策及其演化”。本章对北魏均田制的诞生进行政治经济分析,阐述了均田制的演化,进一步论述均田制的历史意义。

第六章“土地所有制‘二元结构’初步形成”。唐朝是中国古代社会的重要转折时期,其经济也发生了深刻的变化。经济上变化的一个重要标志就是从法的层面确立私人土地所有，形成了王朝土地所有和私人土地所有“二元结构”并存的土地所有制形式。

第七章“土地所有制‘二元结构’进一步发展（上）”。唐朝以后，王朝土地所有制依然存在，但是私人土地所有制正式确立。唐宋是中国古代社会经济发生重大变化的历史时期。中外经济史学家对此研究颇多。本章主要研究唐宋时期土地所有制的变化及其特点。

第八章“土地所有制‘二元结构’进一步发展（下）”。元朝在中国历史上颇具争议，其土地所有制也是如此。明朝作为我国历史上又一个统一强大的中华帝国，除了政治制度具有鲜明的特征外，其经济尤其是土地制度也颇有特点。

第九章“土地所有制‘二元结构’下的清朝田制”。本章分析清朝时期的田制及其特点，尤其是对旗人旗田制度作了深入研究。

第十章“中国屯田制度及其演进”。本章探讨了汉朝以后历代屯田制度的发展变迁及其历史意义。

第十一章“中国古代土地租赁关系”。本章将十分复杂的中国古代土地租赁关系归纳为田地、林地和矿山用地三种，并且以我国自贡盐业和宋朝的农地租赁关系为例作了分析研究，以抛砖引玉，探讨中国古代土地租赁关系。

第十二章“古代自耕农地位与人身依附关系解除”。中国是一个有着五千年农耕文明的古老的国家。国家、土地与人的关系变迁十分复杂。“农民”这一称呼并非一成不变，而是随着社会经济的发展不断地变化的。康熙、雍正、乾隆三朝皇帝的“摊丁入亩”“地丁合一”等一系列的制度改革具有深远的影响。它们不仅仅是经济制度的变革，同时也是社会制度的变革，结束了自秦汉以来延续了两千年左右的人头税制，标志着全体臣民不再依附于国家，农民可以自由地离开土地，而成为“自由人”。

第二章

氏族部落与夏商西周时期土地所有制

本章主要围绕氏族部落土地所有制这一线索，整理夏商时期(公元前2033—前1066年)传说或部分文献中只言片语的土地使用概况。夏、商是我国古代有文字记载的最早的一段历史时期。夏是指夏朝(公元前2033—前1562年)，是我国有文字记载以来的第一个朝代。商是指商朝(公元前1562—前1066年)，自汤至纣传30王。[①] 公元前1066年，武王克殷，推翻了商朝，建立了周朝，史称西周。“西周从武王灭商到周幽王亡国凡十一代十二王，据《竹书纪年》说共二百五十七年。”[②]尽管西周时期已经有大大小小的诸侯国家，但并没有形成统一的国家。夏商西周历经千年，在氏族部落漫长的历史时期形成的土地制度统称为氏族部落土地所有制。

第一节 氏族部落的形成

古代人类赖以维持生命的衣、食、住等资源都取自土地，因此，自从盘古开天地以来，没有不重视土地的。中国三千多年以来，一直都是以农业立国的，农业立国，土地为本。据记载，最早的氏族部落诞生于黄河流域，

① 范文澜:《中国通史》第一册，人民出版社1994年版，第29页。

② 范文澜:《中国通史》第一册，人民出版社1994年版，第103页。

那里的先民建立了自己的“国家”。最早的农耕传说从炎帝、黄帝开始。“太史公依世本、大戴礼，以黄帝、颛顼、帝喾、唐尧、虞舜为五帝。谯周、应劭、宋均皆同。而孔安国尚书序，皇甫谧帝王世纪，孙氏注世本，并以伏羲、神农、黄帝为三皇，少昊、颛顼、高辛、唐、虞为五帝。”①“神农氏作，因天之时，相地之宜，制耒耜，教艺谷，而民始知粒食。”②炎黄子孙定居在黄河流域以后，就开始从事耕作。

当时的氏族部落遍布各地，数目众多且大小不一。大的氏族部落逐渐强大起来后，开始四处掠夺土地与人口，强者征服邻近的弱者，就形成了一定的中央势力。此时氏族部落对立抗争的关系仍然存在。我国原始公社时期大约就是新石器时代。有关原始公社遗址挖掘的仰韶文化可以说明氏族部落最初形成的概况。“仰韶文化散布在广大西北地区新疆维吾尔自治区和甘肃、青海、陕西等省以及华北、中原等地区。从这些遗址和大量的遗物里，可以推想当时人们的生活状况。”③“各遗址多有石斧的发现，石斧是用来进行农业生产的一种工具。遗址多在河谷里，那里土地肥沃，便于种植。山西夏县西阴村遗址，东西约五六〇公尺，南北约八〇〇公尺，面积很不小。遗址中有长方形土坑，四面有壁，像个小屋。许多小屋相互接连，形成一个村落。如果当时居民不是从事农业，不可能有这种相当巩固的定居生活。”④在我国陕西西安半坡遗址挖掘的文物佐证了这种氏族部落形成的概况。“卜辞无村字，而有邑字㗊字。当先民由游牧变为土著，必聚住成村落，是为农业时代的开端，亦即村落经济时代。村落之形式，或聚或散，聚则便于防卫，散则便于管理农田。然而时常有战争，为便于防卫计，必聚住成大村落，且必设置防御工程，即无城郭之制，当有堡塞之属。因是窃疑当时普通所谓邑，实即大村落。”⑤这里所说的村落实质上就是氏族部落。

我国远古时期部落的形成其实是经过了漫长的历史时期，到了夏商

---

① 《史记》卷一《五帝本纪一》。
② 李剑农：《先秦两汉经济史稿》，(台北)华世出版社 1981 年版，第 3 页。
③ 范文澜：《中国通史》第一册，人民出版社 1994 年版，第 8 页。
④ 范文澜：《中国通史》第一册，人民出版社 1994 年版，第 8 页。
⑤ 万国鼎：《中国田制史》，商务印书馆 2011 年版，第 9 页。

时期已经演变成许许多多、大大小小的氏族部落了。

“当游牧人变为土著，住成村落，村中人民概为一血族团体。族之小者，一族住成一村，大者或成数村。世界各地初入村落经济时，大抵如此。商民族亦不为例外。土地所有权之观念，始于人类住定于村落之后。惟最初之土地所有权，属于村落团体，抑分属于村落中之各家，学者意见不一，大抵因地而异。考之卜辞，当时商人正在父系氏族社会甚发达之时期，犹无后世所谓家。”①

《左传》定公四年曰：“昔武王克商，成王定之，选建明德，以藩屏周。……分鲁公以……殷民六族，条氏、徐氏、萧氏、索氏、长勺氏、尾勺氏……分康叔以……殷民七族，陶氏、施氏、繁氏、锜氏、樊氏、饥氏、终葵氏。”②

由此可见，商朝时期主要的社会组织与社会制度就是氏族部落制度。社会是由各个氏族部落集合而成的。“卜辞有曰‘王□□令五族伐羊’，又有‘令某族……’及‘令某族从某侯……’之文，是当时军事编制及分配职务，亦以族为单位，可见氏族为组成社会之基础。准此以推，同村落(即邑)之人必为同族。一族居成一村或数村，营其共同生活。”③

关于氏族制度，恩格斯在《家庭、私有制和国家的起源》中有过详细的论述。“这种氏族制度，就其一切纯朴的简单性来说，是一种如此美妙的组织呵！没有军队、宪兵和警察，没有贵族、国王、总督、知事及审判官，没有监狱，没有诉讼，而一切都是有条有理的。一切纷争和误会，都由有关系者的全体——氏族或部落来集体解决，或各个氏族相互之间来解决；血的复仇仅当作极端的、很少应用的手段，我们今日的死刑，只是这种复仇的文明形式，而带有文明的一切好处与弊害。”④

第二节 夏商西周时期氏族部落土地所有制

关于氏族部落土地制度，恩格斯在《家庭、私有制和国家的起源》中也

---

① 万国鼎：《中国田制史》，商务印书馆2011年版，第10页。

② 万国鼎：《中国田制史》，商务印书馆2011年版，第11页。

③ 程憬：《商民族的氏族社会》，《中山大学语言历史学研究所周刊》1928年第4集第40期。转引自万国鼎：《中国田制史》，商务印书馆2011年版，第11页。

④ 恩格斯著，张仲实译：《家庭、私有制和国家的起源》，人民出版社1955年版，第92页。

有提及："虽然当时的公共事务比今日更多——要知道家庭经济都是由好多家庭共同地和共产主义地经营的，土地乃是全部落的财产，仅有小小的园圃归家庭经济暂时使用——可是，丝毫没有今日这样肿胀复杂的管理机关。一切问题，由有关者自己解决，在大多数场合下，多年来的习惯就把一切调整好了。"[①]这里把王朝土地所有制建立之前漫长的氏族部落时期的土地制度统称为氏族部落土地所有制。

如前所述，氏族部落时期（许多历史学家所指的原始公社时期）所经历的时间很长，从夏朝才开始有文字历史记载。根据《尚书》《国语》《墨子》《孟子》《史记》等史书记载，三皇五帝的尧舜禹时期经常发生水患灾害，而禹治水有功，获得各个部落首领的拥戴，进而成为尧舜后夏部落联盟的首领，并建立了中国有历史记载的第一个国家——夏朝（公元前2033—前1562年）。尽管夏朝建立了国家，但是由于详细记载夏朝国家政治经济制度的文献几乎没有，史学家们只能从《左传》《国语》等历史文献中寻找只言片语的记载来推测。有关夏朝的土地所有制，讨论最多的就是夏朝井田制问题。

《左传》哀公元年记载伍员谈到"少康中兴"，少康因躲过尧之逼迫，逃奔有虞时说："虞思于是妻之二姚，而邑诸纶，有田一成，有众一旅，能布其德，而兆（始也）共谋，以收夏众，抚其官职。"这里说的"有田一成"的"成"的确与井田制有关系。《周礼·考工记·匠人》中就有"九夫为井""方十里为成"的说法。方里而井，一井就是一里，方十里而成的"成"，就是百井之意。古文献中也多提到夏朝的井田制问题。杜佑在《通典》中说："昔黄帝始经土设井，以塞争端，立步制亩，以防不足，使八家为井，并开四道，分而八宅，凿井于中……迄乎夏殷，不易其制。"[②]大学问家顾炎武就认为："古来田赋之制，实始于禹。水土既平，咸则三壤。后之王者，不过因其成迹而已。故诗曰：'信彼南山，维禹甸之，畇畇原隰，曾孙田之。我疆我理，南东其亩。'然则周之疆理，犹禹之遗法也。"[③]有关夏朝井田制的文献记

① 恩格斯著，张仲实译：《家庭、私有制和国家的起源》，人民出版社1955年版，第92页。
② 杜佑：《通典》卷3，中华书局1988年版，第3页。
③ 顾炎武：《日知录》。转引自徐喜辰：《井田制研究》，吉林人民出版社1984年版，第44页。

载比较多,这里不一一列举了。

大约在公元前 1562 年,商部落首领汤率领部落讨伐夏桀,经过鸣条之战,打败了夏桀,夏王朝被推翻,在方国部落的支持下,汤在亳(今河南商丘)称王,史称商朝。[①] 中国古代历史进入有文字记载的第二个朝代——商朝。

商灭夏之后,土地制度是有所进步的。尽管缺乏记录商朝土地制度的完整文献,但是我们可以从殷墟出土的甲骨文中发现一些土地制度的端倪。我们看看甲骨文的“田”字,参见图 2—1。

资料来源:刘正山,《大国地权:中国五千年土地制度变革》,华中科技大学出版社 2014 年版,第 86 页。

图 2—1 甲骨文的“田”字

甲骨文的“田”字,早期是“田猎”之意。“田”,即打猎的地方,也就是在氏族部落狩猎时期,规定猎户打猎的专有权限。后来,当氏族部落进入农耕时期,“田”字也随之发生了变化,既有田猎之意,也有田地、耕种之意。根据《简明汉语史》记载,甲骨文中关于“田”字作“田猎”之意解释的比较多;而在周代以后,“田”字作“田猎”之意解释的比较少,表示田地或耕作之意的比较多。显然,甲骨文的“田”字及其衍生的相关字,与土地制度是密切相关的。

从图 2—2 各种甲骨文“田”字的变种象形可以看出,不管哪一种“田”字的象形都有一个共同的特征,那就是将土地分成若干块规整的小方块。

① 刘正山:《大国地权:中国五千年土地制度变革》,华中科技大学出版社 2014 年版,第 86 页。

这些小方块既便于农耕的需要，也便于土地重新分配的需要。这种小方块的土地分配或耕作制度，就是商朝时期的井田制。

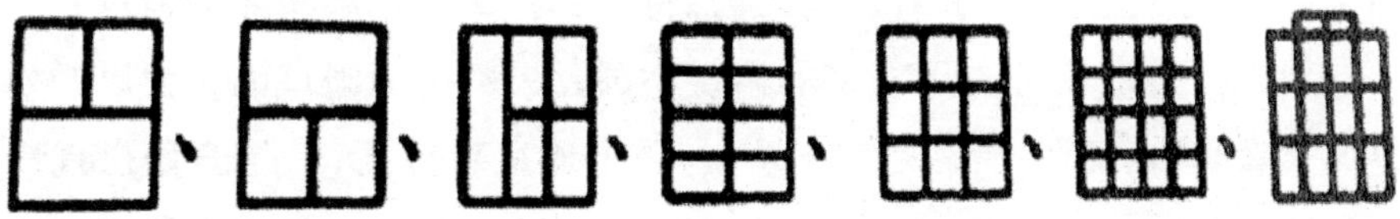

资料来源：刘正山，《大国地权：中国五千年土地制度变革》，华中科技大学出版社2014年版，第87页。

图2—2　甲骨文的各种“田”字

“商代除了按地势高低把土地分为上田和石田两类外，还把不同等级的土地细分为‘品’，商末《作册羽鼎》上有‘省北田四品’之铭文。从1899年甲骨文被发现至今，先后出土达20万片，与农业生产有关的有600多片，其中记录了商代已有专门管理农田耕作的称为‘小耒昔臣’的官吏；甲骨文上镌刻的‘畴’字，实际是作为田界的沟浍，‘疆’字是用以表示田地之间的边界。”①

商朝农业生产技术还停留在氏族部落阶段，较为原始，其开辟土地的方法是烧田法。如果地力消失，则迁徙到新的地方，另辟新的土地，其土地制度也不是很稳固。我们依然把商朝的土地所有制归纳为氏族部落土地所有制。

武王克商以后，开始分封诸侯。“武王、周公、成王先后建立七十一国，其中兄弟（周公的兄弟）十五人（一说十六人），同姓四十人，周子孙一般都得到封地，做大小诸侯。孟子说，周公灭五十国。《逸周书·世浮解》说，自武王以后，周共灭九十九国，降服六百五十二国。上述国数未必可信，但灭多数小国，建立较大的侯国，降服多数小国，使遵守周朝制度，向周王朝贡，则是事实。周初大封建，对商朝原始小邦林立的现象来说，多少含有统一于一尊的意义，显然是一个进步。”②

“《左传》昭公十六年，子产曰：‘昔我先君桓公，与商人皆出自周，庸次

① 刘正山：《大国地权：中国五千年土地制度变革》，华中科技大学出版社2014年版，第87页。

② 范文澜：《中国通史》第一册，人民出版社1994年版，第74页。

比耦以艾杀此地,斩之蓬蒿藜藿而共处之。世有盟誓,以相信也。曰,尔无我叛,我无强贾,毋或匄夺,尔有利市宝贿,我勿与知。恃此质誓,故能相保,以至于今。'自来解者以商人为商贾之商,实即殷顽民之遗裔也。"①

周朝打败商朝分封了众多的诸侯小国。周朝土地疆域的扩大以及农奴的大量出现,必然导致两个结果:一是土地重新分配;二是开始出现阶级与阶级对立。西周经过多次征伐,开拓了大量疆土,必然要把掠夺占领的土地分封给功臣;掠夺来的异姓氏族部落成员,同样要分封给杀伐功臣或本部落成员,于是就形成两个阶层——贵族和庶人,从而就有了阶级对立。被消灭的小国,不独人口,其土田也被征服者分割。占领者不断地把土地和农奴赐给贵族,贵族再把这些土地和农奴自由分授其子孙。有了土地的分配和阶级的对立,就必然会出现一种新的土地制度和社会斗争形式。

《孟子·万章下》中有这样的记载:

"北宫锜问曰:'周室班爵禄也,如之何?'孟子曰:'其详不可得闻也。诸侯恶其害己也,而皆去其籍。然而轲也,尝闻其略也。天子一位,公一位,侯一位,伯一位,子男同一位,凡五等也。君一位,卿一位,大夫一位,上士一位,中士一位,下士一位,凡六等。天子之制,地方千里,公侯皆方百里,伯七十里,子男五十里,凡四等。不能五十里,不达于天子,附于诸侯曰附庸。'天子之卿受地视侯,大夫受地视伯,元士受地视子男;大国地方百里,君十卿禄。卿禄四大夫,大夫倍上士,上士倍中士,中士倍下士,下士与庶人在官者同禄,禄足以代其耕也。"

《周礼》曰:"诸公之地,封疆方五百里,其食者半。诸侯之地,封疆方四百里,其食者三之一。诸伯之地,封疆方三百里,其食者三之一。诸子之地,封疆方二百里,其食者四之一。诸男之地,封疆方百里,其食者四之一。"

既然西周的政体已经开始演变为分封制度,那么其土地制度也随之发生变化。西周的土地制度是建立在"封建制度"基础上的,也就是周天

---

① 万国鼎:《中国田制史》,商务印书馆2011年版,第13页。

子将土地分封给诸侯。这种“分封建制”的土地分封制度，与夏商时期的氏族部落土地所有制已经有所不同了，但是其土地经营方式还没有发生完全的、本质上的变化——各诸侯从周天子那里获得分封的土地，对周天子有纳贡的义务；同时又将受封的土地分封给自己下辖范围的子民，诸侯的子民对诸侯或其臣子有纳贡或耕种“公田”的义务。因此，我们依然把西周时期的土地所有制形式称为氏族部落土地所有制。

第三节　氏族部落土地所有制的经营形式——井田制

井田制作为氏族部落土地所有制的经营形式，其形成与发展经过了漫长的时间。夏商西周历经千年，其土地所有制形式，我们归纳为氏族部落土地所有制。

这一时期的社会制度是以氏族为基础的，而作为经济制度基础的土地制度是氏族部落土地制度。氏族部落土地制度的主要特征表现为两个方面：一是土地为部落集体所有，“好多家庭共同地和共产主义地经营”，“土地乃是全部落的财产”；二是土地由个人占有并经营，虽然土地所有权归部落集体所有，但是氏族成员可以占有一定数量的土地，并自行耕作，其耕作所获除供部落公共使用外，其余归其家庭或个人使用。

尽管西周时期已经开始实行分封建制的土地制度，但其土地所有制形式仍处在氏族部落土地所有制的没落与王朝土地所有制形式的萌芽之中。

为了厘清氏族部落土地所有制的经营形式——井田制，笔者拟从五个方面着手：一是井田制的诞生；二是有关井田制的文献记载；三是井田制的内容；四是井田制的收入分配问题；五是井田制的崩坏。

由于我国目前考古研究出的最早的文字记载就是甲骨文，因此，井田制的诞生无法从具体的时间来论述，它只能是一个漫长的发展与形成过程。至于其结束的大致时间，有文字记载的就是秦国任用商鞅变法“废井田，开阡陌”。可以说，从三皇五帝的传说时期到春秋战国前期，土地所有制形式都归纳为氏族部落土地所有制。

任何时期土地关系的变化,都是随着社会关系的变化而改变的。"而家族从氏族部落中分离出来,原有土地的一部分被各家族分别占有。当家族内部又逐渐发展为个体家庭后,每个家庭也各占有一份耕地。由于计算土地面积的需要和排灌沟洫的限制,各片土地被划分成数目不等的方块,每一个方块的面积大体相等。由于古代居民多聚集于平原地区(邑、里),其居民凿井而饮,井在古代生活中很重要,许多事物都与井相关联。人们居住的房舍、交易的市场都在井附近,故有'庐井''市井'之称。将方块田与井联系起来就成为'井田'。"①于是,作为氏族部落土地所有制的经营形式井田制随之诞生了。井田制并不是一种土地制度所有制形式,而是氏族部落土地所有制的具体耕作方式。

井田制的出现,是在生产工具不断演化的过程中诞生的。中国古代最初的生产工具的演化大抵是由以石、木、骨为原料的生产工具演化到以青铜为原料的生产工具。生产工具的演进,推动了农业生产的飞速发展,农业的发展又促使土地占有方式发生变化。这一系列的变化不是一蹴而就的,而是经历了漫长的时间,它们环环相扣,互为影响又互相促进。

井田制下的土地分为公田和私田。公田就是氏族部落社会的共有土地。这些公田用于维护氏族部落社会的一切开支以及氏族部落贵族的生活。公田由氏族成员耕种,其收成全部上缴氏族部落的管理者。私田是氏族部落成员的自有土地。所谓自有,并非氏族部落成员能够完全拥有所有权,他们只有占有权和使用权以及部分收益权。因为他们的自有土地按照制度定期进行交换。"《公羊传》宣公十五年何休注说'三年一换土易居'。这是周代的定制,说明村社劳动者对私田只有占有权、使用权,私田和公田一样为国家所有。村社农业劳动者占有、使用私田是以在公田上无偿劳动为条件的。"②

记载井田制的古代文献比较多。最早见之于文献记录的当属《孟子·滕文公上》。孟子答滕文公问为国之政时,作过如下回答:

"民事不可缓也……民之为道也,有恒产者有恒心,无恒产者无恒心。

① 张岂之:《中国历史(先秦卷)》,高等教育出版社2011年版,第84页。

② 张岂之:《中国历史(先秦卷)》,高等教育出版社2011年版,第84页。

……是故贤君必恭俭礼下，取于民有制。”

“夫世禄，滕固行之矣。《诗》云：‘雨我公田，遂及我私。’惟助为有公田。”

“使毕战问井地。孟子曰：……夫仁政，必自经界始。经界不正，井地不均，谷禄不平，是故暴君污吏必慢其经界。经界既正，分田制禄，可坐而定也。”

“夫滕，壤地偏小。……请野九一而助，国中什一使自赋。卿以下，必有圭田。圭田五十亩，余夫二十五亩。死徙无出乡，乡田同井，出入相友，守望相助，疾病相扶持，则百姓亲睦。方里而井，井九百亩，其中为公田。八家皆私百亩，同养公田。公事毕，然后敢治私事，所以别野人也。”[①]

滕文公使毕战问井地，孟子咎以“经界正，井地均，谷禄平”，似乎只是讲平均分配土地的问题，而不是专注于井田制的形态。至于最后提出的“方里而井”，也只是孟子的一种设想，并不一定说每一块耕地都必须如此做法，所以“野”与“国中”就有“九一而助”与“什一使自赋”的不同。

自从孟子“井田说”提出之后，不断有“专家学者”对井田展开论述。为了厘清古代文献对于井田制的论述，我们整理辑录有关“专家学者”的论述如下：

董仲舒曰：“至秦则不然，用商鞅之法，改帝王之制，除井田，民得卖买，富者田连阡陌，贫者无立锥之地。……古井田法，虽难卒行，宜少近古，限民名田，以赡不足，塞并兼之路。”[②]

董仲舒字里行间流露出对商鞅变法“除井田”之不满，但不乏对“井田”的溢美之词——认为“古井田法”能够“限民名田，以赡不足，塞并兼之路”。试想董仲舒所处的时代，与春秋战国时期也是相距甚远，且并无详细的记载井田制的文字，也只是推测而已。

苏老泉曰：“井田废，田非耕者之所有，而有田者不耕也。耕者之田，资于富民。富民之家，地大业广，阡陌连接，募召浮客，分耕其中，鞭笞驱役，视以奴仆，安坐四顾，指麾其间。而役属之民，夏为之耨，秋为之获，无

① 《孟子·滕文公上》。转引自徐喜辰：《井田制度研究》，吉林人民出版社1982年版，第13页。
② 《汉书·食货志上》。

有一人,违其节度以嬉。而田之所入,已得其半。耕者得其半,有田者一人,而耕者十人,是以田主日累其半,以至于富贵,耕者日食其半,以至于穷饿而无告。”

苏老泉的这段论述同样表达了对废除井田制的不满,与董仲舒的论述意思相同,都认为废除井田导致了土地兼并,形成了地主阶层的不劳而获、劳作农民的穷苦不堪——“有田者一人,而耕者十人,是以田主日累其半,以至于富贵;耕者日食其半,以至于穷饿而无告”。

颜习齐曰:“天地田,宜天地人共享之。顺彼富民之心,即尽万人之产,给于一人,亦所不厌。王道之顺人情必不如此。”

夏曾佑曰:“昔者黄帝始经土设井,以塞争端,五步制亩,以防不足,使八家为井,开四道以分八宅,凿井于中。一则不泄地气,二则无费一家,三则同风俗,四则齐巧拙,五则通财货,六则存亡更守,七则出入相司,八则嫁娶相媒,九则有无相贷,十则疾病相救,是以性情可得而亲,生产可得而均,欺凌之路塞,斗讼之心残。”

有关井田制内容的文献记载也有很多。其主要参考文献简要列举如下:《孟子·滕文公(上)》,《国语》中的《周语上》《鲁语上》,《周礼·地官》中的《大司徒》《小司徒》《遂人》,《周礼·冬官考工记》,《谷梁传》,《韩诗外传》,《汉书·食货志》,《汉书·刑法志》等。由于年代久远,古代文献记载的井田制内容往往也是根据更早文献中的只言片语来展开的,加之后人对它们的解释也不尽相同,所以有时记载不尽相同,但是大抵还是一致的。下面是整理的《谷梁传》《韩诗外传》《公羊解诂》《周礼》《汉书·食货志》中记载的有关井田制的内容。

第一,《谷梁传》中的井田制。

《谷梁传》一书,何人所写、成于何时,已经无从查考了。“成于何时,未易确定。有人说《谷梁传》的作者谷梁赤是秦孝公时人,又有人说他是《左传》传世后一百多年的人。多数学者认为《谷梁传》的写定,当在西汉时期的《韩诗外传》之前,较为可信。”[①]

---

① 徐喜辰:《井田制度研究》,吉林人民出版社1982年版,第16页。

《谷梁传》记载：

“初者，始也。古者什一，藉而不税，初税亩，非正也。古者三百步为里，名曰井田。井田者，九百亩，公田居一。私田稼不善，则非吏；公田稼不善，则非民。初税亩者，非公之去公田而履亩十取一也。……古者，公田为居，井灶葱韭尽取焉。”①

第二，韩婴《韩诗外传》中的井田制。

“韩婴为汉文景时人，推诗意做内外传，外传中‘中田有庐，疆场有瓜’之条”，在“中田有庐，疆场有瓜”的一节中有关于井田制的论述。②

《韩诗外传》记载：

“古者八家而井，田方里为一井，广三百步，长三百步为一里，其田九百亩。广一步、长百步为一亩，广百步、长百步为百亩。八家为邻，家得百亩，余夫各得二十五亩。家为公田十亩，余二十亩为庐舍，各得二亩半。八家相保，出入更守，疾病相忧，患难相救，有无相贷，饮食相召，嫁娶相谋，渔猎相得，仁恩施行，是以其民和亲而相好。《诗》曰：‘中田有庐，疆场有瓜’。”③

第三，何休《公羊解诂》中的井田制。

何休《公羊解诂》应该是写于东汉时期，李剑农认为，“何休生于晚汉，习见谷梁传、韩诗外传、周礼、食货志诸书之说”④。

《公羊解诂》记载：

“圣人制井田之法而口分之。一夫一妇受田百亩，以养父母妻子五口为一家。公田十亩，即所谓什一而税也。庐舍二亩半。凡为田一顷十二亩半，八家而九顷，共为一井，故曰井田。……井田之义，一曰无泄地气（冬前相助犁），二曰无费一家（田器相通），三曰同风俗（同耕相习），四曰合巧拙，五曰通财货，因井田以为市，故俗语曰市井。多于五口，名曰余夫，余夫以率受田二十五亩。十井共出兵车一乘。司空谨别田之高下、善恶，分为三品。上田一岁一垦，中田二岁一垦，下田三岁一垦。肥饶不得

---

① 李剑农：《先秦两汉经济史稿》，（台北）华世出版社 1981 年版，第 112 页。

②③ 同上。

④ 李剑农：《先秦两汉经济史稿》，（台北）华世出版社 1981 年版，第 117 页。

独乐,墝埆不得独苦。故三年一换土易居,财均力平,兵车素定,是谓均民力,强国家。在田曰庐,在邑曰里。一里八十户,八家共一巷。”[①]

第四,《周礼》中的井田制。

“周礼为西汉末年所出现之书,其传世又在韩诗外传以后。其中所取材料,或多出于战国时人之记载,然其纂辑成书,必由西汉晚年托古改制派之所为,则无可疑。西汉后期之均田运动,屡次发动皆失败,周礼之编纂者,对于井田制之想象故特详密。全书中涉及井田沟洫土地人民分配之事凡数处。”[②]《周礼》一书所记叙的井田制思想比较详细,乃是周时期社会动荡之际对理想的土地制度的向往。

《周礼·地官·小司徒》云:“乃经土地而井牧其田野。九夫为井,四井为邑,四邑为丘,四丘为甸,四甸为县,四县为都,以任地事而令贡赋。”

《周礼·地官·大司徒》云:“凡造都鄙,制其地域而沟封之,以其室数制之。不易之地家百亩,一易之地家二百亩,再易之地家三百亩。”

《周礼·地官·遂人》:“遂人掌邦之野,以土地之图经田野;造县鄙形体之法。五家为邻,五邻为里,四里为酂,五酂为鄙,五鄙为县,五县为遂,皆有地域沟封之。使各掌其政令刑禁,以岁时稽其人民而授之田野。……以土均平政,辨其野之土,上地,中地,下地……上地夫一廛,田百亩,莱五十亩,余夫亦如之;中地夫一廛,田百亩,莱百亩,余夫亦如之;下地夫一廛,田百亩,莱二百亩,余夫亦如之。凡治野,夫间有遂,遂上有径;十夫有沟,沟上有畛;百夫有洫,洫上有涂;千夫有浍,浍上有道;万夫有川,川上有路,以达于畿。”

《周礼·考工记·匠人》云:“匠人为沟洫,耜广五寸,二耜为耦,一耦之伐,广尺深尺谓之甽。田首倍之,广二尺深二尺谓之遂。九夫为井,井间广四尺深四尺谓之沟。方十里为成,成间广八尺深八尺谓之洫。方百里为同,同间广二寻深二仞,谓之浍,专达于川。”[③]

《周礼》中有关井田制的论述,比其他文献更为周详。

---

① 李剑农:《先秦两汉经济史稿》,(台北)华世出版社1981年版,第117页。

② 李剑农:《先秦两汉经济史稿》,(台北)华世出版社1981年版,第113页。

③ 以上引文均出自李剑农:《先秦两汉经济史稿》,(台北)华世出版社1981年版,第113—116页。

第五,《汉书·食货志》中的井田制。

东汉时班固作《汉书》,分上下两篇。上篇注重“食”的问题,“叙述古圣王理民制土之术,条理井然”①。

《汉书·食货志》记载:

“圣王量能授事,四民陈力受职,故朝亡废官,邑亡敖民,地亡旷土。理民之道,地着为本。故必建步立亩,正其经界。六尺为步,步百为亩,亩百为夫;夫三为屋,屋三为井,井方一里,是为九夫;八家共之,各受私田百亩,公田十亩,是为八百八十亩,余二十亩以为庐舍。出入相友,守望相助,疾病则救,民是以和睦而教化齐同,力役生产可得而平也。民受田:上田,夫百亩;中田,夫二百亩;下田,夫三百亩。岁耕种者为不易上田,休一岁者为一易中田;休二岁者为再易下田。三岁更耕之,自爰其处。农民户人已受田,其家众男为余夫,亦以口受田如比。士工商家受田,五口乃当农夫一人。此谓平土,可以为法者也。……民年二十受田,六十归田;七十以上,上所养也;十岁以下,上所长也;十一岁以上,上所强也。……鸡豚狗彘,勿失其时,女修蚕织,则五十可以衣帛,七十可以食肉。在壄曰庐,在邑曰里。五家为邻,五邻为里,四里为族,五族为党,五党为州,五州为乡,乡万二千五百户也……”②

班固在以上文献中描绘的井田制,除了传承《韩诗外传》《周礼》《孟子》“井田说”的一贯思想外,还增加了一些新的内容——“士工商家受田,五口当农夫一人”。也就是说,班固的授田思想有了新的发展,把“士、工、商”户口的授田纳入理想的井田制思想中,且“五口当农夫一人”。这种思想同时也反映了当时“重农抑末”思想的盛行。

综合以上文献所记述的有关井田制的内容来看,《孟子·滕文公(上)》是最早述及井田制的文献资料,后面其他论述多围绕其展开。从成书时间的先后来看,成书越早的,所记叙的内容就越少,比如《谷梁传》与《韩诗外传》;而班固的《汉书·食货志》就已经把井田制思想描绘得十分详细,且似乎认为井田制是一种理想化的土地经营制度。这种“理想化”

---

① 李剑农:《先秦两汉经济史稿》,(台北)华世出版社 1981 年版,第 116 页。
② 李剑农:《先秦两汉经济史稿》,(台北)华世出版社 1981 年版,第 116—117 页。

表现在四个方面:一是土地公有思想。他们认为,土地是天地的所有物,不应当个人私有,应当天下共有。二是土地均分,防止土地兼并的思想。这种思想一直贯穿于几千年的中国整个古代社会。土地兼并是古来为政者最为忧虑的事情,为政者认为"井田法"是能够有效防止土地兼并的。三是相互扶助。孟子所说的"相互扶助"是理想社会。通过实行井田制,人人相安相助的生活可以获得保证。四是"耕者有其田"思想。他们认为,耕者没有土地是贫富悬隔的根源,是使社会不健全的原因,要防止这种弊端的出现,应该采取井田制。

有关土地井田制经营下的收入分配,文献中有"贡""助""彻"的说法。"'贡'是向贵族交纳贡物。'助'是助耕公田,与'借民力以治公田'同义,从劳动者方面说是'助',从贵族方面说是'借'。'彻'的含义历来解释不一。《孟子·滕文公上》说:'夏后氏五十而贡,殷人七十而助,周人百亩而彻,其实皆什一也。'意思是说,夏代一夫授田50亩,收税用'贡'法,殷代一夫授田70亩,收税用'助'法,西周一夫授田百亩,收税用'彻'法,税率都是1/10。依此说,'贡''助''彻'是三代分别实行的不同税法。但实际情况不一定全如此。周初分封时,对鲁、卫'启以商政,疆以周索',对晋国'启以夏政,疆以戎索',治理方法和丈量土地的单位都有不同,剥削方法也会有所不同,西周时有些地区可能保留着夏、商的税法。西周时有'国''野'之分,'国'与'野'的税法也有不同。"①

这里的"贡""助""彻"实质上就是井田制下的收入分配方式,大体的分配方式就是税率"十税一",但也许并不全面,还有其他方式如劳役等。井田制的详细的分配制度也许无法查考,只能从古代文献中窥视一二。

井田制的形成并非一朝一夕之功,应该是经过很长一段时间才形成的。到了春秋战国时期,随着一个个诸侯国家的不断建立,大大小小氏族部落的社会关系逐渐瓦解。经过春秋战国时期的诸侯混战,井田制慢慢地遭到了破坏。而秦国的商鞅变法则完全废除了井田制度。此后,尽管有人希望井田制复活,无奈时势变迁,历史前进的脚步是不以人的意志为

① 张岂之:《中国历史(先秦卷)》,高等教育出版社2011年版,第85页。

转移的。井田制崩坏的根本原因，归纳起来不外乎经济、政治与社会三大因素。[①]

第一，经济的原因。经济的原因表现为两个方面：一方面，随着人口的不断增长，土地供应呈现不足。但随着土地分配种类的增加，比如余夫之田、圭田、贾田、士田等，土地分配形式不断丰富，土地渐告缺乏，对于井田法的实施，便发生困难了。另一方面，随着生产技术的进步，人均可耕种的土地面积增加。周朝以前，农具以木制的耒耜为主，到了春秋战国时期，冶金术的出现、铁器生产工具的诞生，使得劳动生产率提高，土地耕种的能力大大增加，原来井田制下的土地分配原则就被大大突破了，土地的兼并活动越来越频繁，这是井田制崩坏的主要经济因素。

第二，政治的原因。经过春秋战国的诸侯混战，有的诸侯国的版图不断扩大，诸侯以及贵族之间相互争夺地盘，土地拥有者也不断地变更。因此，井田制度的维持就更加困难了。诸侯国混战的另一方面的影响是农村经济被破坏，且政府支出膨胀，以致濒临破产。因此，只依靠公田的收入来维持诸侯国开支是不足的了，于是对公田以外的私田开始征收租税。对私田征税，这就在一定程度上肯定了私田主对私田的占有权与经营权以及收益权了。因此，井田制的崩溃就是必然的了。

第三，社会的原因。井田制是形成于氏族部落时期的一种土地耕作制度，它是立足于互助协同精神之上的。随着社会进步、私产的诞生，人的思想也发生了重大变化。私田和公田互相扶助，官吏和人民互有责任的社会关系也发生了重大变化。因此，井田制也就难以实行了。

---

① ［日］长野郎著，强我译，袁兆春点校：《中国土地制度史》，中国政法大学出版社 2004 年版，第 29—32 页。

第三章

王朝土地所有制雏形:春秋战国时期土地变革

历史学家把周朝分为西周和东周。西周是指公元前 1046—前 771 年的周朝时期,自武王至幽王传十三王。自公元前 771 年周平王东迁,史称东周,也就是历史通常所说的春秋战国时期。[①] 春秋战国时期,尽管以井田制为经营方式的氏族部落土地所有制依然占主导地位,但是在一些大的诸侯国,已经有了王朝土地所有制的端倪了。因为春秋战国时期是一个政治上、思想上“百家争鸣,百花齐放”的时期,也是一个诸侯混战—众多诸侯割据—走向统一的时期。本章我们重点讨论东周—春秋战国时期的土地制度改革与变迁。这一时期的土地制度或土地思想是“百家争鸣,百花齐放”的一部分,它们既是氏族部落土地所有制的丧钟,又是王朝土地所有制的奠基者。春秋战国时期,有了王朝土地所有制的雏形。

第一节　春秋战国时期土地制度变革的时代背景

任何时期的重大变革,无论是社会政治方面,还是经济制度方面,都有一定的时代背景,春秋战国时期土地制度的变革也有其深刻的社会经济背景。

① 张岂之:《中国历史(先秦卷)》,高等教育出版社 2011 年版,第 39—52 页。

第一，以铁器为代表的科技革命推动了社会经济的变革。在世界科技史上，每一次科技革命都是推动社会经济进步的首要力量。春秋战国时期，炼铁技术出现，铁器生产工具由此诞生。炼铁技术和铁器生产工具的广泛应用是春秋战国时期的一次伟大的科技革命，它极大地提高了社会生产力，推动了社会经济的进步，加速了生产力与生产关系的变革，使社会生产关系和社会经济结构发生了巨大而深刻的变化。具体来讲，炼铁技术和铁器生产工具的广泛使用至少有三个方面的作用：一是炼铁和铁器生产成为国民经济的重要部门，铁器手工业成为重要的手工业行业，生产铁器的手工业者成为炙手可热的劳动力，从而终结了冶铁和铁器生产工具没有出现前的社会经济结构，推动了社会经济结构的变革。二是铁器生产工具的出现及其广泛应用，催生了新的农业生产方式。西周时期的农业生产方式已经被扬弃，新的农业生产方式被广泛应用。比如，牛耕犁田、铁器锄头与翻地等。这些生产工具的应用使得单个人或者单个家庭都可以进行农业生产，提高了生产效率，满足了当时人们对物质生活的要求，也改变了人们对土地的不满足和渴望。三是铁器生产及铁器生产工具的广泛应用，为中国古代社会的个体农民和以家庭为单位的小农经济登上历史舞台，提供了坚实的科技基础与生产力要求。个体农民和以家庭为单位的小农经济登上了历史舞台，西周时期的社会经济结构开始崩塌，从而开启了春秋战国的新时代，也开启了人们对土地的渴望与土地兼并的新时代。铁器及铁器生产工具的出现，从一定意义上说，为秦国的强盛以及秦始皇统一六国奠定了科技基础。当时秦国正是依靠强大的铁器生产工具大力发展农业生产，而农业生产发展、大量荒地被开垦，吸引了来自各地的劳动人口。这些都是秦国强盛的基础，也是秦始皇统一六国、建立中国历史上第一个王朝帝国——秦朝的根本。

第二，商品货币经济的发展推动了社会经济制度的变革。冶铁和铁器生产工具生产作为当时国民经济的重要部门，改变了当时的社会经济结构，培植了一批独立的民间手工业者。同时，冶铁技术的出现，对于商品交易媒介——货币的变革产生了积极的影响，商品贸易更加便捷，贸易数量大大增加，这就使构成国民经济发展的部门更加丰富了，从而使社会经济结构演变到了一个新的起点。比如,农业生产就发生了翻天覆地的变化,农业生产工具与生产效率大大提高,农业产量大大增加,旧的农业生产方式最终被替代。而农业生产效率的提高,又会催生新的手工业部门。如此交互影响,就推动了春秋战国时期社会经济制度的变革。

第三,国人思想观念的变化推动了社会经济的发展。劳动人民始终是历史的创造者。从已有的一些历史资料看,从西周的中后期开始,人们的思想观念已经逐步发生变化了。这种变化先是表现在周厉王好“利”,以及“国人”暴动,赶跑周厉王。据《国语·周语》:“厉王说荣夷公。芮良夫曰:‘王室其将卑乎!夫荣公好专利而不知大难,夫利,百物之所生也,天地之所载也,而或专之,其害多矣。……荣公若用,周必败。’”周厉王不听芮良夫的劝告,卒用荣夷公,实行专利,即把“国人”可以自由利用的山林川泽之利全部收归王有,引起了“国人”的不满,终于在公元前841年时,“国人”发动暴动,周厉王仓皇逃到汾水旁的彘邑(今山西霍县)。这个事例说明无论是周厉王还是“国人”的观念都在变化中。也就是说,原来西周初年的一些观念如今正在被人摒弃,一些西周初年没有的观念正在萌生。①

第四,帝王思想观念的变化推动了政府的改革。周宣王“不籍千亩”的事实,正是西周后期帝王思想观念变化的重要表现。周宣王“不籍千亩”之事,是违背了文、武、成、康的“大功”。这就是说,“籍千亩”是西周的根本制度之一,周宣王“不籍千亩”实际上表明了周宣王的观念——西周的一些制度是可以不遵行或可以改革的。②

第二节 周宣王改革及其历史意义

西周后期,尤其是周厉王时期,社会经济剧烈动荡。公元前841年时,“国人”发动暴动,周厉王仓皇逃到汾水旁的彘邑。公元前827年,周宣王在社会经济动荡中继任王位。周宣王继任王位后推动了一系列的社

① 郭庠林:《中国封建社会经济研究》,上海财经大学出版社1998年版,第18页。
② 郭庠林:《中国封建社会经济研究》,上海财经大学出版社1998年版,第19页。

会改革,其中最为主要且影响深远的有两项措施:一是"不籍千亩",二是"料民于太原"。这些改革对于后世影响极大,对之后社会经济不断地走向统一具有深远的历史意义。

"王籍千亩"是西周文、武、成、康的根本大法,或者说是一项根本制度。按这个制度,天子"籍田千亩"在都城南郊,时间大约在孟春之月。天子"籍田千亩"时,除了周天子以外,还有三公、九卿、大夫等一群大小官吏。"王籍千亩"以外,诸侯也要在孟春之月,在都城的东郊"籍田百亩"。"籍亩"时,周天子先用农具拨几下泥土,接着三公、九卿、大夫也都用农具拨几下泥土,以后就是奴隶们进行耕作。① "籍田"上的收获,用以祭礼祖先、神明。"王籍千亩"表面上看是一种仪式,其实质却表明了以下几种含义:第一,"王籍千亩"说明周天子是祖先、神明的代表,他的土地是祖先、神明所赐予的。周天子要用土地上的收获物祭祀祖先,诸侯也要把土地上的收获物贡纳给周天子。第二,"王籍千亩"是一种土地管理制度。"籍田",是周天子昭告天下的重大的土地管理制度,也是告诫诸侯要"勤以辅事天下"的具体措施。第三,"王籍千亩"是一种农业管理制度。"王籍千亩",也是告诫世人都要重视农业生产,不误农时地进行耕作。

因此,"王籍千亩"不单是周朝天子重视农业的传统而隆重的仪式,更是一种集土地管理制度与农业管理制度于一体的国家根本制度。

公元前 800 年左右,西周政权在经过一段风波之后又恢复了君主统治。这时的君主是周宣王,名姬静,史书说他"法文、武、成、康之遗风",因而"诸侯复宗周",是"中兴贤王"。然而,这个"中兴周室"的贤王即位以后确定的重要政策就是"不籍千亩"。"王籍千亩"集土地管理制度与农业管理制度于一体的国家根本制度到周宣王时遭到了根本否定。但是,周宣王"不籍千亩"的政策却遭到了他的重臣虢文公的严厉抨击。虢文公认为,周宣王想继承先王的事业,却抛弃了先王的根本——"王籍千亩",弄得祭祀没有东西,百姓没有财富,又怎么能为百姓造福呢?重臣虢文公所指的"百姓"就是当时的利益集团了。

---

① 郭庠林:《中国封建社会经济研究》,上海财经大学出版社 1998 年版,第 20—21 页。

“宣王即位,不籍千亩。虢文公谏曰:‘不可!夫民之大事在农,上帝之粢盛于是乎出,民之蕃庶于是乎生,事之供给于是乎在,和协辑睦于是乎兴,财用蕃殖于是乎始,敦庞纯固于是乎成,是故稷为大官。古者,太史顺时覛土,阳瘅愤盈,土气震发,农祥晨正,日月底于天庙,土乃脉发。”①

尽管周宣王“不籍千亩”的政策遭到了当时重臣的坚决反对,但是周宣王还是继续推行下去。周宣王对“不籍千亩”与他统治权的利害关系是清楚的。但是,史书说,虢文公抨击周宣王“不籍千亩”的政策后,周宣王仍然不“籍田”,置虢文公的抨击于不顾。这不是个人好恶,更不是周宣王荒淫不理朝政,而是当时经济、政治条件的变化驱使他去违背祖宗成法的。

从这个角度来说,周宣王“不籍千亩”是具有重要历史意义的。周武王灭商后,革除了商纣王的一些重刑苛法。“成康之际,天下安宁,刑错四十余年不用。”②但在同时,周武王、周成王时所封赐的一些诸侯的经济实力有了增长。为了进一步扩大自己的经济力量,诸侯又拼命驱使统治区域内的人们垦种荒地。由于各个诸侯国的封地相对固定,造成一些诸侯国可供垦耕的土地不断减少,各个诸侯为了广占土地而诱拐其他诸侯国的民人,诸侯之间出现了“不睦”。由于新占有的土地不是周天子所赐,因而具有私人占有的性质。另外,陕西岐山董家村出土的卫鼎甲乙和卫盉铭文等器物,证明西周中期在王畿地区已经存在土地交换、租田和典田等新的经济现象了。“溥天之下,莫非王土”的土地制度正在遭到破坏。诸侯对周天子也不那么尊重了,周宣王的父亲周厉王被国人攻杀就是最好的例证。因此,在周宣王执政之初,“王籍千亩”流于形式,没有任何实质作用了。周宣王“不籍千亩”是“溥天之下,莫非王土”土地制度基础开始崩坏的反映。当然,周宣王“不籍千亩”反过来又加速了这种制度的崩溃。从这个意义上讲,周宣王还是顺应了历史发展潮流的。

周宣王在否定“王籍千亩”的同时,又“料民于太原”。周宣王“不籍千亩”政策动摇了西周统治的根本制度,另一否定西周重要制度的措施就是

---

① 《国语·周语》。
② 《史记·周本纪》。

"料民于太原"。《国语》"仲山父谏料民"中记载："宣王既丧南国之师，乃料民于太原。仲山父谏曰：'民不可料也！夫古者不料民而知其少多，司民协孤终，司商协民姓，司徒协旅，司寇协奸，牧协职，工协革，场协入，廪协出，是则少多、死生、出入、往来者皆可知也。于是乎又审之以事，王治农于籍，蒐于农隙，耨获亦于籍，狝于既烝，狩于毕时，是皆习民数者也，又何料焉？不谓其少而大料之，是示少而恶事也。临政示少，诸侯避之。治民恶事，无以赋令。且无故而料民，天之所恶也，害于政而妨于后嗣。'王卒料之，及幽王乃废灭。"[①]"料民"之意，按现代说法，就是调查户口。"料民于太原"，就是调查太原地区的户口(包括奴隶主和奴隶)。

西周初期，周天子出征时，诸侯要带领军队、粮草、车、马、武器等随同出征，兵力和财物均由诸侯负担，根本用不着周天子去亲自过问。周宣王时期情况就不同了。周宣王三十九年(公元前804年)，宣王出兵征伐姜民之戎，结果兵败，自己差一点被俘虏。他需补充财力和兵力，却不敢向诸侯索要，因为其父曾因此被袭击，自己也差一点被杀死。诸侯不肯向他提供兵力、财力。迫不得已，他只好到太原"料民"，以期获得财力和兵力。"太原料民"是周王朝衰落的结果。"料民"更加引起了诸侯的不满，背叛周天子的诸侯越来越多。"太原料民"以后的第十九年，周宣王的孙子周平王被犬戎所逼，迁都洛阳，从此开启了东周时代——春秋战国时期。

"料民于太原"，其本意乃摸清人口状况，调查土地多寡贫瘠，以利于征收财物。这个措施从一定意义上说也可以算得上我国人口普查的最早记录了。"料民于太原"与"不籍千亩"共同构成周宣王重大的改革措施。

周宣王"不籍千亩"制度是对"王籍千亩"制度的根本否定，也是对西周立国的根本制度的改革。连一国之本都可以改革——"王籍千亩"改为"不籍千亩"，试问还有什么制度不可以改革的呢？"料民于太原"与"不籍千亩"的改革措施，其意义非常深远。可以说，周宣王是春秋战国时期诸侯国改革的先驱，他开创了一个改革的新时代——春秋战国时期政治、经济、社会风起云涌的改革浪潮。

---

① 《国语·周语》。

周宣王的改革既是春秋战国时期改革的前奏,也是时人革故鼎新的观念的深刻变化。人们往往否定一些旧观念,树立一些新观念。这些新观念可以具体归纳为如下几点:

一是否定“天”主宰一切和创世的观念。按西周早期的观念,“天”是世界万物的主宰,周天子代表“天”统治人民。但西周末年春秋战国时期的人们却不这样看了。《诗经·小雅·正月》曰:“民今方殆,视天梦梦。”一些思想家认为:“天”不是世界万物的“主宰”,世界所以“成万物”,乃是金、木、水、火、土相杂“以成万物”;人的吉凶不是由“天”决定,而是“去凶由人”;等等。对天是“主宰”的否定,其实质也就是对周天子人间主宰的否定,因为按西周早期的观念,周天子是代表“天”统治人民的。

二是“社稷无常奉,君臣无常位,自古以然。”这是晋国史墨表述的。这个观念否定了只有姬姓才能担任国君的西周君主传统观念,否定了统治者恒为统治者、被统治者恒为被统治者的奴隶制度。或者说,这个观念的提出直接否定了周王室的永恒性和西周政治经济制度的永久性。

三是“守法而不变则衰”。这是慎到提出的观点。这个观点是说,当时之际,任何一个诸侯国要想强盛不衰,唯一的办法就是改变西周早期定下的规章制度,另立新的规章制度;如果“守法”不变的话,那就要衰落。

四是“不法古,不修今,因世而为之治,度俗而为之法。”①这是商鞅提出的观点。这个观点是说,不能按过去的制度办事,也不能满足于现实已经存在的一些办法,而是要按照当今的情况,采取相应的制度和办法来治理天下。这无疑是说,任何一个当政者,一定要不断地变革,以适应政治、经济和社会发展的需要。这是“放之四海而皆准”的真理。

以上几点是具有典型性的和影响深远的观念。其他还有一些新的观念,不再一一列举。

思想观念的变化,推动了变革。科技发展也是推动当时变革的重要动力。古今中外,概莫如此。炼铁技术的出现与铁器生产工具的广泛使用,催生了更多手工业行业,推动了农业生产方式的变化。农业生产力的

① 《商君书·壹言》。原文为:“故圣人之为国也,不法古,不修今,因世而为之治,度俗而为之法。”

提高,改变了当时人们对土地的渴望,加速了土地兼并的过程,从而使得整个社会经济结构发生了深刻的变革。诸侯争霸,百家争鸣。正是在这些观念的影响下,春秋战国时期的一些诸侯国为了各自的经济、政治利益,为了在诸侯纷争中能不断壮大自己,掀起了一次又一次的变法运动。这些变法运动,推动着社会经济向前发展,同时也促进了生产力与生产关系的变革和经济基础与上层建筑的变化。

第三节 春秋战国时期土地制度变革及其成果

随着春秋战国时期变革思潮的涌动和科技的发展,诸侯各国的土地制度发生了巨大的变革。春秋战国时期土地制度的变革首先发生在齐国,此后其他诸侯国纷纷效仿,推出了不同程度的改革措施。

一、齐国管仲“相地而衰征”

春秋战国时期的齐国,算是改革土地制度比较早的一个诸侯国。在公元前 685 年,齐国宰相管仲推行“相地而衰征”。按《国语·齐语》记载,管仲说:“相地而衰征,则民不移;政不旅旧,则民不偷;山泽各致其时,则民不苟;陆、阜、陵、墐、井、田、畴均,则民不憾;无夺民时,则百姓富;牺牲不略,则牛羊遂。”[①]“相地而衰征”之意,乃是根据土地肥瘠程度定出田亩等级,根据田亩等级不同而征收田税。这样的改革,可以使耕种田地的百姓不再逃亡,不再怨声载道。这段文字说明了管仲推行的“相地而衰征”的办法,是从当时广大百姓耕种肥瘠不同的土地的现实出发的,而其政策实施的结果正是肯定了当时正在耕种肥瘠程度不同的土地的百姓对土地经营权的占有。

“相地而衰征”的改革,其实质是肯定并发展了社会不同阶层土地经营的私人占有权。在一定程度上,这既是土地部落所有制的部分保留或者延续,也是诸侯国土地政府所有但私人可以占有的强化。管仲在辅佐

① 《国语·齐语》。

齐桓公期间,顺应经济、政治的变化,实行了一系列的变革,其中,改为按土地肥瘠定赋税轻重的制度,开启了新一轮土地制度改革的浪潮。

从已有的历史文献中可以看出,齐国的土地改革既为后来诸侯各国土地制度变革开了历史先河,也为齐国在诸侯各国中率先强大起来成为春秋五霸之一作了历史的注脚。

二、鲁国"初税亩"

齐国以后,鲁国于公元前594年实行了"初税亩",秦国也于公元前408年实行了"初租禾"。鲁国实行的"初税亩"、秦国初期实行的"初租禾"与齐国实行的"相地而衰征"的土地政策有异曲同工之妙。

鲁国实行的"初税亩"政策,在《左传》中记载说:"初税亩,非礼也,谷出不过籍。"这里明确说明"初税亩"这一政策是违背了西周所肯定的制度的。

据《春秋》记载,公元前594年,也就是周平王东迁、春秋开始以后的176年,鲁国的财政制度发生了重大变革。《春秋》说,鲁宣公十五年(公元前594年),鲁国宣布实行"初税亩"。《左传》解释说:"'初税亩',非礼也,谷出不过籍。"初者,始初也,过去没有过的,现在开始有。税亩,是按田亩征税。"非礼也",是说"初税亩"制度违反了鲁国过去的财政制度。

鲁国"初税亩"虽说是一项税赋改革,其实也是土地制度改革。正是因为土地的占有关系发生了巨大的变化,才使得各个诸侯国纷纷推行税赋的改革。在这个时期,社会经济,尤其是土地关系发生了巨大的变化。正是在私人占有土地越来越多的情况下,鲁宣公实行了以田亩为对象的税收制度。鲁宣公"初税亩",虽说是赋税制度改革,但它涉及的却是土地占有权的变革。它在一定程度上承认了土地的私人占有。

鲁宣公"初税亩"之后,中原地区的诸侯国相继实行按亩征收的土地制度。

公元前408年,经济发展一直比较先进的秦国也进行了改革,实行"初租禾"。"初租禾"是按照私人占有的土地面积征收一定数量的谷子的制度,其性质和"初税亩"差不多。

此外,还有许多诸侯国把占有的公地的一部分分给农民。例如,魏国魏文侯时,李悝提倡"尽地力之教"。李悝估算了全国的可耕地面积和人口,根据土地的好坏分配给每个农民,当然,获得土地的农民要向官府缴纳税赋和承担各种徭役。

三、秦国商鞅变法中的土地改革

商鞅原名卫鞅,因其封地在商邑,又称商鞅。商鞅本是卫国人,秦孝公元年(公元前361年)时,因秦孝公求贤才而入秦,被秦孝公重用,辅佐秦孝公实行变法。按照史书记载,商鞅执政时期的明令变法是两次。第一次变法是公元前356年,第二次变法是公元前350年。其实,整个商鞅执政时期都是变法时期,因而这一时期所实行的政策都应该是变法的内容。因为变法不是政策颁布就结束,政策颁布仅是变法的开始。变法是一个长期的过程,因而只有把商鞅执政时期所实行的政策看作是变法的内容,才能完整地反映变法的全貌及其所起的作用。商鞅变法的内容十分丰富,这里只讲与土地制度相关的内容:第一,"僇力本业,耕织致粟帛多者复其身;事末利及怠而贫者,举以为收孥";第二,"为田开阡陌封疆,而赋税平";第三,"招徕三晋之民"。这些都是与土地制度密切相关的。

所谓的"僇力本业,耕织致粟帛多者复其身;事末利及怠而贫者,举以为收孥",就是要调动农民从事农业生产的积极性。这个条文虽然是就农业生产而言的,但其更深的用意是支持农民的土地私人占有制的发展。因为在当时的条件下,能够"僇力本业,耕织致粟帛多者",是那些占有小块土地的农民。法令规定这些人可以"复其身",当然是肯定这样一种小块土地的私人占有制度。

所谓的"为田开阡陌封疆,而赋税平","民有二男以上不分异者,倍其赋",就是鼓励百姓开垦荒地,增加赋税人口,以增加赋税收入。

所谓的"招徕三晋之民",是指从秦国邻近的韩、魏等诸侯国招徕大量百姓(包括贵族及其奴隶)来到秦国从事耕作。《商君书·徕民篇》中商鞅关于"招徕三晋之民"之议论如下:"今秦之地,方千里者五,而谷土不能处二,田数不满百万,其薮泽溪谷名山大川之材物货宝,又不尽为用,此人不称土地。秦之所与邻者,三晋也;所欲用兵者,韩魏也。彼土狭而民众,其宅参居而并处,……民上无通名,下无田宅,而恃奸务末作以处,……此其土之不足以生其民也,似有过秦民之不足以实其土也。意民之情,其所欲者,田宅也;而晋之无有也信,秦之有余也必,如此而民不西者,秦士威而民苦也。……今利其田宅,复之三世。此必与其所欲,而不使行其所恶也。然则山东之民无不西者矣。……夫秦之所患者,兴兵而伐,则国家贫;安居而农,则敌得休息。此王所不能两成也。……使新民作本,兵虽百宿于外,境内不失须臾之时,此富强两成之效也。臣之所谓兵者,非谓悉兴尽起也;论境内所能给军卒车骑,令故秦兵,新民给刍食。天下有不服之国,则王以此春围其农,夏食其食,秋取其刈,冬陈其宝。……王行此,十年之内诸侯将无异民,而王何为爱爵而重复乎?”①秦国对“招徕三晋之民来秦者”采取“利其田宅,复之三世”的办法,其实行的结果就是使得秦国的小农经济加速发展。

商鞅变法的结果,使秦国“道不拾遗,山无盗贼,家给人足……乡邑大治”。这为秦始皇统一六国奠定了坚实的经济基础。贾谊在《过秦论》中评述说:“秦孝公据崤函之固,拥雍州之地,君臣固守而窥周室,有席卷天下,包举宇内,囊括四海之意,并吞八荒之心。当是时,商君佐之,内立法度,务耕织,修守战之具,外连衡而斗诸侯,于是秦人拱手而取西河之外。”秦孝公死后,商鞅虽被诛戮,但其所推行的法令政策已经深入人心,成为秦国的法令政策而无根本改变。秦孝公以后到秦始皇,其间共历五个君主,逐一并吞了六国,建立了统一强大的秦王朝。

商鞅变法时推行的政策法令在秦统一六国的过程中,影响范围不断扩大到更广大的被吞并的地区。同时,秦国在占有其他六国之地时,常常实行把原地之居民迁出而把其他地区之人民迁入的办法,这在秦始皇的措施中最有代表性。如秦始皇分别在二十六年、二十八年、三十五年、三十六年进行过几次大规模的人口迁徙活动。大规模迁徙的结果,彻底破坏了西周的制度。因为所有被迁徙的人虽然可以携带钱物和轻便之动

① 《商君书·徕民篇》。

产,但田地、居室等不动产是无法带走的。这样,被迁徙的人原先占有的土地全部丧失,只能在迁至新址后重新占有土地。其原先占有的土地被当地民人占有。结合秦国当时的其他一些政策,这种人口迁徙本身造就了大量的小农经济。

春秋战国时期诸侯国的变法,尤其是商鞅变法,最终掀开了中国几千年古代社会制度的新篇章。无论是齐国的"相地而衰征"、鲁国的"初税亩",还是秦国早期的"初租禾",从表面上看,它们都是赋税制度的变革,但是,其实质乃是土地占有方式发生了深刻的变化。也就是说,原有的氏族部落土地所有制在诸侯各国开疆拓土的征战过程中,演变成"战国七雄"的土地"王有"了。这七个诸侯国划分了势力范围,为了巩固自己的势力范围,纷纷以赋税的形式承认本国范围内子民占有土地的合法性。土地占有方式的变化,推动了赋税制度的变革;而赋税制度的变革,又推动了本国经济的发展;本国经济的发展,则使得本国国力强盛。秦国商鞅变法与秦国的崛起,就是最好的例证。变革是社会进步最重要的推动力量。国家的税赋制度改革始终是与土地制度的变革相一致的。土地占有方式的变化,推动政府的税赋制度改革,国家赋税制度的改革,又推动(确立)土地制度的变革,二者互为影响、相互制约。

第四节　王朝土地所有制雏形

春秋战国时期土地制度变革既加速了氏族部落土地所有制的衰落,同时也推动了王朝土地所有制的诞生。

王朝土地所有制的诞生是与国家的形成密不可分的。三皇五帝时代,天下为公,"货恶其弃于地也,不必藏于己"。但是,在频繁地对外兼并土地与掠夺人口的过程中,一个凌驾于氏族部落以及部落联盟之上的支配力量——政治统治联盟逐渐形成了,中国最古老的国家诞生了。

"禹会诸侯于涂山,执玉帛者万国。"这标志着中国历史上第一个国家的建立。恩格斯在《家庭、私有制与国家的起源》"雅典国家的发生"一节中论述雅典国家的产生大抵如此。从国家诞生开始,国家就以占有土地的方式拥有了管辖范围的所有权,最重要的标志性所有权——土地和附着在土地上的奴隶一律划归国有,而一国国王——国家的最高统治者,自然就成为土地和奴隶所有权主体的代表。“以国君为土地所有权具体的也是唯一的代表之所以得到接受和认可,其原因在于人们受到从原始社会的父权宗族概念发展而来的皇权至上的观念的支配。”[①]

关于王朝土地所有制思想雏形时期的文献记载虽有一些,但没有形成完整的论述,只有文献中只言片语的记录。比如,“皇天既付中,国民越厥疆上于先王。”“昔我先王之有天下,规方千里,以为甸服,以供上帝山川百神之祀,以备百姓兆民之用,以徒不虞之患。”殷墟出土的甲骨文中也有有关夏商时期土地“王有”的字样:“戊午卜,贞,王其田。”“乙未卜,贞王其田,亡灾。”《诗经·小雅》:“溥天之下,莫非王土,率土之滨,莫非王臣。”《诗经·小雅》中这些诗句描绘的是为王事奔忙的臣下抱怨王事辛劳,感慨王的土地宽广,臣下众多,但是,由于役使上的不公平使得自己劳碌不停。但是,后人在引用“溥天之下,莫非王土”诗句时,多数已不同于原义,而是表示国王对全国土地的所有权了。这一文献资料也成为学者研究中国古代土地所有制关系的“名言”了。

除了从以上历史文献的记录中可以看出王朝土地所有制的思想端倪外,还可以从以下一些资料中看出王朝土地所有制的演化。

一是以“籍田”的方式表示国王对土地的所有。每年春耕伊始,天子都要举行籍田礼,象征性地在特定的祭神和祭祖的田中亲自起土耕作,并以土地所有者的资格组织生产。

《国语·周语(上)》记载:“及籍,后稷监之,膳夫、农正陈籍礼,太史赞王,王敬从之。王耕一墢,班三之,庶民终于千亩。”

《吕氏春秋·孟春纪·孟春》记载:“是月也,天子乃以元日祈谷于上帝。乃择之辰,天子亲载耒耜,措之参于保介之御间,率三公九卿,诸侯大夫,躬耕帝籍田,天子三推,三公五推,卿诸侯大夫九推。”

这种“王籍千亩”的形式,表面上是告知王公贵族以及文武百官要重

---

① 恩格斯:《家庭、私有制和国家的起源》,人民出版社1955年版,第92页。

视农业生产,实质上也是王朝土地所有制的重要表现。

二是国王能够自由地行使对土地的分配权。作为一国之君的国王可以按照自己的意志和喜好将土地赏赐给臣下。

《大保簋》铭文记载,大保及休协助天子讨伐录子有功,“王俾大保易休余土”。《师永盂》铭文记载:“隹十又二年初吉,丁卯,益公内(入)即命于天子。公乃出厥命,易奥师永厥田阴阳洛疆及师俗父田。”

《召卣》记载:“赏毕土方五十里。”

《史记》上说:“武王克殷,广封先王之后。”当时新封的诸侯,据《吕览·观世篇》说,“周封的四百余国,征服的八百余国”。

三是开始建立一套官吏组织,系统地对土地与附着在土地上的劳动力进行管理。《周礼·天官》记载,政府设有“甸师”一职,以“掌帅其属,而耕耨王藉”,不仅有专管籍田的官吏,还有分管大田、林苑虞牧的官吏,从而使得天子的土地所有权得到切实的保障和维护。王朝政府为了巩固统治地位,不断调节统治阶层内部的利益关系,其主要方式就是将土地向下分封,从而出现了对各级贵族(公、侯、伯、子、男)按照贵族等级和军功大小授予土地的多寡,在分封土地的同时,附着在土地上的人口一同分封。这样就形成了王朝拥有的是所有权(支配权),受封的贵族官吏(地主)名义上占有并使用土地,从事农业生产的农民对土地拥有经营权(部分收益权)。

第四章

王朝土地所有制确立及田制思想

秦始皇于公元前 221 年建立了中国历史上第一个统一的、多民族的、专制主义中央集权政府。但是,秦王朝是一个短命的王朝,很快就被汉朝取代。至于秦王朝历史短命的原因,历史学家只用了诸如秦王嬴政的暴政等不多的笔墨交待,目前为止还没有史学家对这一历史问题作深入的研究分析,这里暂且不表。秦始皇统一了中国,建立了中国历史上第一个统一的中央帝国。这也标志着土地所有制形式的变化——氏族部落土地所有制衰亡和王朝土地所有制正式确立。从秦王朝建立一直到晋朝灭亡,尽管土地制度与土地政策随着每一个朝代的更迭而一再变革,产生了许多有关土地的争论与土地思想,但是封建王朝的政权特点——中央集权从未改变。因此,从土地所有制的形式来讲,王朝土地所有制始终没有改变,而在王朝土地所有制下,围绕土地所有权、使用权、占有权的土地制度与土地思想却是不断变化的。尽管在这一阶段出现了许多土地思想争论,但有一点是不变的——王朝政府的土地所有权以及土地资源是国家的垄断资源。

第一节 王朝土地所有制确立:“六合之内,皇帝之土”

在前一章,我们谈到春秋战国时期,王朝土地所有制就已经有雏形了。而秦始皇统一中国，标志着中国古代王朝土地所有制正式确立。

一、"六合之内，皇帝之土"的本质

"六合之内，皇帝之土。"这就是秦始皇确立王朝土地所有制的宣言。"人迹所至，无不臣者"也表明秦始皇大一统的决心。这两句话既是显示秦始皇统一六国后，到处纪功刻石，宣扬其功绩引用最多的两句话，同时也表明秦始皇统一六国后，王朝土地所有制的确立。春秋战国时期逐步诞生且有了雏形的王朝土地所有制，只是分散的各个诸侯王国的王朝土地所有制，还没有形成统一的王朝土地所有制。直到秦始皇统一六国后，才形成了"六合之内，皇帝之土"——王朝土地所有制正式确立，从此以后，每个朝代的王朝政府都对土地资源实行完全的垄断。

"六合之内，皇帝之土"，其本质是表明王朝政府对土地的所有权。王朝政府土地所有权的具体表现形式为以下几个方面：

一是王朝政府征收"田赋"表明了对土地的所有权。王朝政府对全国的土地按照同一标准征收"田赋"，土地所有权当然是隶属于政府的。秦汉时期的田赋制度证明了这一点。

首先，我们可以来看看秦国的"田赋"。秦始皇三十一年（公元前216年）确立了"田赋"的征收制度，田赋成了秦朝最主要的税收收入。据《春秋·哀公十二年》记载："十有二年春，用田赋。"田赋，即土地税。据《汉书》记载："至于始皇，遂并天下，内兴功作，外攘夷狄，收泰半之赋，发闾左之戍。男子力耕不足粮饷，女子纺绩不足衣服。竭天下之资财以奉其政，犹未足以澹其欲也。海内愁怨，遂用溃畔。"[①]又有："度不足，下调郡县转输菽粟刍藁，皆令自赍粮食，咸阳三百里内不得食其谷。用法益刻深。"[②]《汉书·食货志》引用董仲舒告诫汉武帝要减轻农民负担时说的话："至秦则不然，用商鞅之法，改帝王之制，除井田，民得卖买，富者田连阡陌，贫者无立锥之地。又颛川泽之利，管山林之饶，荒淫越制，逾侈以相高；邑有人君之尊，里有公侯之富，小民安得不困？又加月为更卒，已复为正，一岁屯

① 《汉书·食货志上》。
② 《史记·秦始皇本纪六》。

成,一岁力役,三十倍于古;田租、口赋、盐铁之利,二十倍于古。或耕豪民之田,见税什五。故贫民常衣牛马之衣,而食犬彘之食。"[①]到了秦二世时,"繁刑严诛,吏治刻深;赏罚不当,赋敛无度。天下多事,吏不能纪;百姓困穷,而主弗收恤"[②]。

以上文献记载虽说只是反映了秦朝时期所征田赋繁重,农民负担沉重,但也足以表明秦朝开始征收全国统一的"田赋"了。

其次,我们看看汉朝时期的"田赋"。汉高祖接受亡秦的教训,面对战乱灾荒、人亡过半的现实,在组织恢复农业生产的同时,采取了减轻田赋的政策。"汉兴,接秦之敝,诸侯并起,民失作业,而大饥馑。凡米石五千,人相食,死者过半。高祖乃令民得卖子,就食蜀汉。天下既定,民亡盖臧,自天子不能具醇驷,而将相或乘牛车。上于是约法省禁,轻田租,什五而税一,量吏禄,度官用,以赋于民。而山川、园池、市肆租税之入,自天子以至封君汤沐邑,皆各为私奉养,不领于天子之经费。漕转关东粟以给中都官,岁不过数十万石。孝惠、高后之间,衣食滋殖。"[③]惠帝时循而未改,文帝推行重农政策,亲耕籍田,劝课农桑,国家逐渐富足起来。文帝时期,汉逐渐减轻了赋税,实行"轻徭薄赋"政策。"文帝即位,躬修俭节,思安百姓……于是文帝从错之言,令民入粟边,六百石爵上造,稍增至四千石为五大夫,万二千石为大庶长,各以多少级数为差……乃下诏赐民十二年租税之半。明年,遂除民田之租税。后十三岁,孝景二年,令民半出田租,三十而税一也。其后,上郡以西旱,复修卖爵令,而裁其贾以招民;及徒复作,得输粟于县官以除罪。始造苑马以广用,宫室、列馆、车马益增修矣。然娄敕有司以农为务,民遂乐业。"[④]武帝时期,"至武帝之初七十年间,国家亡事,非遇水旱,则民人给家足,都鄙廪庾尽满,而府库余财。京师之钱累百钜万,贯朽而不可校。太仓之粟陈陈相因,充溢露积于外,至腐败不可食"[⑤]。王莽时期,"汉氏减轻田租,三十而税一,常有更赋,罢癃咸

① 《汉书·食货志上》。
② 贾谊:《过秦论》。
③ 《汉书·食货志上》。
④ 《汉书·食货志上》。
⑤ 《汉书·食货志上》。

出"[①]。到了建武六年(公元 30 年),北方统一,征收范围扩大,诏行西汉旧制,曰:"顷者师旅未解,用度不足,故行什一之税;今军士屯田,粮储差积;其令郡国收见田租三十税一,如旧制。"[②]

不管是秦朝时期的田赋"什而税一",还是汉初的"什五而税一",抑或是"文景之治"时期的"三十而税一",都表明秦汉时期征收全国统一的土地税——田赋。这就足以说明秦汉时期王朝政府对土地的所有权。

二是"天子"可以自由行使对土地的分配权。作为王朝政府代言人的"天子"可以任意分封土地,也可以任意改变农民的土地分配与占有方式。这可以从以下几个方面来反映。

首先,"天子"可以按照自己的意志分封诸侯王,使这些被封的诸侯王享受封地的土地收益权——征收赋税。

西汉初期,刘邦为了建立高度集权的中央政权,开始打击异姓王,如垓下之战三大功臣楚王韩信、梁王彭越、淮南王英布先后被废黜,同时又不断地分封同姓王。"汉高帝一面消灭异姓王,一面陆续封儿子刘肥为齐王、刘长为淮南王、刘建为燕王、刘如意为赵王、刘恢为梁王、刘恒为代王、刘友为淮阳王,又封弟刘交为楚王,侄刘濞为吴王。这些王国的重要官吏是汉朝廷派遣去的,法令也是汉朝廷制定的,诸王多是幼童,在封地内权力远不如异姓王那样大,汉朝廷因此有时间来充实自己的统治力量,到一定时期消灭这些半割据的同姓王国。"[③]这些被分封的同姓王,其实连同土地一起被分封了。当地王侯负责军政防务,收缴税赋,进贡给中央政府。即使在汉景帝削藩之后,皇子虽不可拥兵割据,但仍可封国称王。这就说明汉朝建立之初,中央政府对土地拥有绝对的分配权。

同样,西晋在打败孙吴政权、统一了南方的大部分地区之后,随即颁布占田制。西晋占田制详细地规定了百姓的占田数量与官吏的占田数量。西晋政府拥有土地的一切分配权和解释权,同样体现了对土地资源的绝对垄断性。

---

① 《汉书·食货志上》。

② 《后汉书·光武帝纪下》。

③ 范文澜:《中国通史》第二册,人民出版社 1994 年版,第 44 页。

其次,“天子”可以按照自己的意志把土地分配给民众,如北魏、隋朝的“均田”。始于南北朝北魏的均田制,同样说明王朝政府对土地资源的绝对所有权。北魏之后的北齐、北周、隋朝都沿用了均田制的基本思想与分配政策。均田制是由掌握土地的北魏、北齐、北周、隋朝政府对土地进行重新分配。虽说均田制的推行推动了各个朝代社会经济的发展,但是从土地所有制的角度来看,其性质没有发生变化,土地依然为王朝所有,是属于中央政府的,政府才是土地资源的最终拥有者,只不过分配的形式发生了变化而已。

再次,王朝政府组织屯垦,也是土地为王朝政府所有的具体表现。西汉武帝时期就开始了屯田制度。汉武帝一面打击匈奴,一面加强北部边防。其重要措施就是实行屯垦。“在东起朔方西至令居(甘肃永登县)的地区上,设立田官,督戍卒屯田。官供给牛犁谷种,以前的草原牧场,现在变成了使用牛犁的农业区。”[①]此后,三国时期魏国更是兴起了大规模的屯田。从此以后,屯田制度就一直未曾停息。政府把土地分给军队(军屯)和民众(民屯)进行屯种,说明土地是国家的,只有国家才有权力进行屯田耕种。

最后,王莽的“王田”改制更是王朝土地所有制的最好注脚。王莽的“王田”制改革是王朝土地所有制的极端例子。也就是说,在王莽改制中,干脆把“天下田”都叫“王田”,使得“溥天之下,莫非王土”这一王朝土地所有制概念更加法制化了。其表象是进一步抑制土地兼并,其实质就是想进一步巩固其统治地位。这里也至少可以说明,王朝统治者是可以随意赏赐、变更、分配土地资源的。

“六合之内,皇帝之土。”如果从土地这个角度来理解的话,其实质就是土地属于王朝政府所有,代表王朝政府的“天子”可以任意处置其统治范围内的土地,如分封土地、征收农税、组织屯垦等。

二、“民得卖买”土地及其引发的争论

每当后人谈及土地私有制时总是离不开秦国商鞅变法对土地改革的

① 范文澜:《中国通史》第二册,人民出版社1994年版,第106页。

论述。“孝公用商君坏井田，开阡陌”，“用商鞅之法，改帝王之制，除井田，民得卖买”。[①] 后人在论述这一时期的土地制度时，总是强调这时土地已是私有制了。对此，笔者认为，当时的土地买卖不是土地所有权的买卖，而是土地占有权、使用权和经营权的买卖。“民得卖买”制度的确立，的确为秦国后来的强盛奠定了基础。这一制度的实施并非一帆风顺，从商鞅后来因变法而被车裂就可以知道其制度是遭到权贵的强烈反对的。但是，历史的潮流是无法阻挡的，商鞅死后，秦国基本上还是延续了前面的基本制度。

《汉书·食货志》在叙述了“坏井田，开阡陌，民得卖买”之后，紧接着又说，“庶人之富者累钜万，而贫者食糟糠”。“富者田连阡陌，贫者无立锥之地。……邑有人君之尊，里有公侯之富。……或耕豪民之田，见税什伍。”这说明“民得买卖”土地占有权之后，贫富分化就日趋严重。有钱有势者成为田连阡陌的地主，而许多人则沦为“无立锥之地”的贫苦农民，被迫去佃耕豪民的土地，忍受“见税什伍”，即50%地租的剥削。这是文献中较早论述“民得买卖”土地之后土地兼并的现象。尽管民间土地买卖之形式也早已存在，但是文献中比较早的文字记载应该就是《汉书·食货志》了。土地买卖的结果，必然导致土地的不断集中，形成大地主，形成土地兼并之势。既然有大地主的存在，则必有大量的无地或少地的农民存在。因此，从秦统一中国开始，王朝政府—大地主—农民这一贯穿几千年的古代社会关系的主要矛盾——土地关系就形成了。这三者之间此消彼长的关系影响着社会经济的发展变化，关系到当朝政府的政局稳定，甚至是朝代更迭。

首先，王朝政府是土地的终极所有者，每一个王朝政府对于土地资源管理得松与紧，关系其王朝的兴与衰。每个王朝在建立之初，总是安抚民众，休养生息，给予广大农民更多、更宽松的土地税赋政策。比如，汉初即是如此。“汉兴，接秦之弊，诸侯并起，民失作业，而大饥馑。凡米石五千，人相食，死者过半。高祖乃令民得卖子，就食蜀汉。天下既定，民亡盖臧，

① 《汉书·食货志上》。

自天子不能具醇驷,将相或乘牛车。上于是约法省禁,轻田租,什五而税一;量吏禄,度官用,以赋乎民。”[①]这一方面说明秦国灭亡是由于民不聊生引起的,另一方面也说明汉初实行了休养生息政策。中国几千年的朝代更迭,莫不如此。

其次,对于大地主而言,也是如此。能成为大地主的,或是世袭,或是公爵赏赐,抑或是军功赏赐,他们在对土地占有之初,也许会同情农民,但是,随着贪婪本性的暴露,不管是主观还是客观上都会加重农民的负担。大地主土地占有越多,层层剥削的可能性就越大;同时,也越有可能左右当地时政,影响当地政府的决策。因此,地主阶层成为一个“承上启下”的中间层,也是统治阶级的维护者。

再次,对于农民来说,他们是永远的底层阶级。他们缺地或者少地,根本无法成为地主,只有永远租种地主的土地,从而有交不完的地租与税赋。但是,他们是整个古代社会的主力军,是整个古代社会小农经济的延续者,也是中国几千年古代社会经济的推动者与创造者。王朝政府对于农民来说,是“天高皇帝远”,因此,与农民直接对立的是地主。

王朝政府—大地主—农民三者之间的关系是贯穿整个古代社会的主要关系,他们之间的矛盾是贯穿几千年古代社会的主要矛盾。因此,他们之间的土地关系也关乎着古代社会每个朝代的兴与亡。

第二节 “本富”与“末富”——土地兼并溯源及其影响

一、中国古代的财富观

在中国几千年的自然经济时代,富裕的基础一向以土地作为标榜,或者说衡量财富的多寡是以占有土地的多少为标准的,即所谓“有土此有财”。从秦汉时期开始,商业逐渐兴盛,对于财富的认识始终围绕着“本富”与“末富”来展开。“本富”代表土地致富;“末富”则是除土地财富之外

---

① 《汉书·食货志上》。

的其他致富方式。对于“本富”与“末富”的关系，李剑农先生引用司马迁的论述作了讨论。

“以货币为资财代表之观念日益普遍，故计富力，辄以积产累若干金为言。然此时自然经济之势力尚未衰退，实际社会上多数人士对于富的基础观念仍不离于土地。一切士农工商的活动，最后以取得大量土地而成富为目的。司马迁传货殖，即充分表示了此种富的观念。司马氏固非特重农轻商主张者，对于以农工商致富之人，曾与以同等的称许。然传中有所谓‘本富’与‘末富’、‘奸富’的名称。所谓‘本富，即以农田致富；末富即以工商致富；奸富即以弄法犯奸致富’。如言‘本富为上，末富次之，奸富最下’。此其重视农田也。然又曰：‘用贫求富，农不如工，工不如商，刺绣文不如移市门。此言末业贫者之资也。’是对于工商虽许为贫者致富之所资，然终属末业，其后复言‘去就与时俯仰，获其赢利，以末致财，用本守之’，是则虽许工商为用贫求富较易之方法，然需保持长久之富力，仍以农田为本。”[①]

“本富”是指“以农田致富”；“末富”是指“以工商致富”。“以末致财，用本守之”，这就是“本富”与“末富”的辩证关系。“用贫求富，农不如工，工不如商，刺绣文不如移市门”，则道出了我国古代致富的窍门。

“而农田之基础在土地，则土地实为‘本富’之本，故其述农工商贾之收入享乐，谓其可与千户侯之封君相等者，首先列举各种大地主。曰：‘陆地，牧马二百蹄。牛蹄角千，千足羊；泽中，千足彘；水居，千石鱼陂；山居，千章之材；安邑，千树枣；燕秦千树栗；蜀汉江陵千树橘；淮北常山以南河济之间千树萩；陈夏千亩漆；齐鲁千亩桑麻；渭川千亩竹及名国万家之城，带郭千亩，亩钟之田，若千亩卮茜，千畦姜韭，此其人皆与千户侯等。然是富给之资也，不窥市井，不行异邑，坐而待收，身有处士之义而取给焉。’”[②]

“本富”最根本的思想就是“土地即富之根本”。“土地连千亩以上，或陆地，或薮泽，或山居，或水居，或附郭”，那么，根据不同的土地种养不同

① 李剑农：《先秦两汉经济史稿》，（台北）华世出版社1981年版，第239—240页。

② 李剑农：《先秦两汉经济史稿》，（台北）华世出版社1981年版，第240页。

的产品,“经营牧畜、池鱼、林业、果园、穀粟、蔬圃、服物器材”,皆可以“坐而待收”,“无须远走他乡市场,营求工商之利,所以土地实为本富之本”。[①] 另外,在当时只要拥有的土地达到“千”(不同的土地类型计算有别,这里不予分别)以上,“其人皆与千户侯等”。可以看出,我国古代衡量财富的多寡都是以土地来计算的。几千年的古代社会概莫如是——士农工商的活动只是致富手段,最后都是以取得大量土地作为“守富”的目的。

二、土地兼并溯源

司马迁对于财富观念的论述,只是让后人清楚了“本富”与“末富”的关系,并未体现我国古代“重农抑商”的思想,但是为何后来的历朝统治者们都强调重农抑商的思想呢?这与中国古代王朝政府的土地财政(赋税)和本富思想“以末致财,用本守之”密切相关。“末业”致富之后,“用本守之”,必然要大量收购兼并土地;而大量的土地兼并必然导致农民流离失所,从而引起社会动荡。如果土地被地方豪强大量兼并,掌握在他们手里,就会影响王朝政府的财税收入,从而危及统治者的地位。这从秦汉以后历代皇朝的颠覆与兴起中可以看到。

“多数人既仍以土地为本富之本,故对于土地之欲望心极旺盛,而在土地私有制之下(买卖土地使用权),土地的移转,纯属私人间之自由行为,政府无从干预;政府所得干预者,惟皇帝以国家名义所保持之土地而已。秦始皇统一六国时,各民户所保有之土地,各有若干,政府已不能详知,故在秦始皇三十一年,有‘命黔首自实田’之举,即命人民向政府据实陈报各自所有之土田。此盖为征收田税计,非考查土地分配之情况也。汉高祖戡定天下,定都休兵后,曾将国家所保有之土地一部分,依次分与诸将士。”[②]

这就说明秦汉以后,在“土地为本富之本”的经济思想影响下,土地的分配与再分配拉开了历史的大幕,从此打开的“潘多拉”魔盒——土地兼并与反兼并,一直忽隐忽现地飘浮在中国几千年的社会上空。

---

① 李剑农:《先秦两汉经济史稿》,(台北)华世出版社1981年版,第240页。
② 李剑农:《先秦两汉经济史稿》,(台北)华世出版社1981年版,第240—241页。

汉高祖五年五月，曾经颁布诏书曰：

"五月，兵皆罢归家。诸侯子在关中者复之十二岁，其归者复之六岁，食之一岁。"①

汉初在平定天下之际，土地的竞争已经开始。《史记》中有关土地集中的史料充分说明了这一点。

萧何强买民田地——"其秋，黥布反，上自将击之，数使使问相国何为。……客有说相国曰：'……上所为数问君者，畏君倾动关中。今君胡不多买田地，贱贳贷，以自污？上心乃安。'于是相国从其计，上乃大悦。上罢布军归，民道遮行，上书言相国贱强买民田宅数千万。上至，相国谒。上笑曰：'夫相国乃利民！'民所上书皆以与何，曰：'君自谢民。'"②

这里记述的是萧何为了不被汉高祖猜忌而大量购买土地，以过悠闲自在的田园生活。但是，长安附近，皇城脚下，土地供应并不多，要想购买土地，必然强买强卖，即使民怨沸腾，只要权臣不谋反，皇帝也不认为其是有罪的。"上笑曰：'今相国乃利民！'民所上书皆以与何，曰：'君自谢民。'"③权势如相国如此，则其他有权有势的家族夺人良田，也会是一件司空见惯的事情了。另外，《史记》中有关购买田产的例子还有如下记载：

一是陆贾传——"(贾)病免家居，以好畤田地善，可以家焉，有五男，乃出所使越得橐中装卖千金，分其子，子二百金，令为生产(此所谓命为生产，其实就是指购买田产)。陆生常安车驷马，从歌舞鼓琴瑟侍者十人，宝剑直百金……"④这是指说客成功购买田产引以为荣。

二是司马相如传——"卓王孙分予文君僮百人，钱百万，及其衣被财物，文君乃与相如归成都，买田宅为富人。"⑤这是文士成功后购买田产的例子。

三是淮南衡山王传——淮南王安后荼，"太子迁及女陵得爱幸王，擅国权，侵夺民田宅，衡山王亦数侵夺人田"⑥。这是贵族贪求私田的例子。

---

① 《史记·高祖本纪》。
② 《史记·萧相国世家》。
③ 李剑农：《先秦两汉经济史稿》，(台北)华世出版社1981年版，第242页。
④ 《史记·陆贾传》。
⑤ 《史记·司马相如传》。
⑥ 《史记·淮南衡山王传》。

四是酷吏宁成传——宁成为长安内史，因摧挫豪强，为外戚所陷抵罪，脱归家，称曰：“仕不至二千石，贾不至千万，安可比人乎？乃贳贷，买陂田千余顷。假贫民役使数千家，数年会赦，致产数千金。”[①]这是官僚因为官失败，回归家乡而经营田产的例子。

东汉班固《汉书》对土地兼并也有所描述。

一是张禹传——“禹为人谨厚。内殖货财，家以田为业。及富贵，多买田至四百顷，皆泾、渭灌溉，极膏腴上价。”[②]这是儒者(学者)取得禄位后大量购买田产的例子。

二是匡衡传——“衡封僮之乐安乡侯，乡本田隄封三千一百顷，南以闽佰为界。初元元年，郡图误以闽佰为平陵佰，积十余岁，衡封临淮郡，遂封真平陵佰以为界，多四百顷。至建始元年，郡乃定国界，上计簿，更定图，言丞相府(时衡为丞相)。衡谓所亲吏赵殷……竟认平陵佰为乐安乡界，郡即复以四百顷付乐安国，衡遣从吏至僮收取所还田租谷千余石入衡家，后为司隶校尉所举发，衡废为庶人。”[③]这是大儒猎取高位(丞相)后贪取田租而犯罪的例子。

三是霍光传——去病(霍光之异母兄)，“既壮大，乃自知父为霍中孺。……(去病)为骠骑将军，击匈奴，道出河东，……遣吏迎中孺，……去病大为中孺买田宅奴婢而去”[④]。这是军人建功立业后为其生父购买田产的例子。

以上《史记》与《汉书》中所记载的有关土地兼并的例子只是古代千千万万个土地兼并案例中的代表。我们之所以举例，只是为了描述从秦汉开始有关土地兼并与反兼并的历史。此后几千年的古代社会，土地兼并从未停歇，成为社会更迭、朝代兴衰最根本的原因，土地关系成为最根本的社会关系。从秦汉开始的两千余年，无论是政治家还是思想家，所提出的土地政策与土地思想，无不与调整土地关系密切相关，土地兼并与反兼并成为各个王朝政府权臣争论的焦点。

---

① 《史记·酷吏宁成传》。
② 《汉书·张禹传》。
③ 《汉书·匡衡传》。
④ 《汉书·霍光传》。

第三节　秦汉至晋王朝抑制土地兼并的政策与措施

秦朝虽说是中国第一个统一的多民族国家，但也是一个比较短命的朝代，究其原因肯定是多方面的。其土地制度如前所述，主要还是沿袭商鞅变法后的许多措施。刘邦建立了统一的汉王朝政权以后，中国进入了一个新的历史时期，无论政治上还是经济上，抑或是军事上，都有了巨大的进步。但是，秦汉以来以至两晋时期，土地兼并一直是王朝政府所关心的问题，其间采取了一系列的政策措施，以期控制土地兼并，缓解社会矛盾。

一、汉代董仲舒、师丹"限田论"

董仲舒(公元前179—前104年)，西汉思想家、政治家、教育家，汉广川郡(今河北枣强县王常乡后旧县村)人。汉武帝元光元年(公元前134年)，武帝下诏征求治国方略，董仲舒在著名的《举贤良对策》中系统地提出了"天人感应""大一统"的学说和"诸不在六艺之科、孔子之术者，皆绝其道，勿使并进""罢黜百家，独尊儒术"的主张，为汉武帝所采纳，使儒学成为中国古代社会长期的正统思想，影响中国长达两千多年。其学以儒家宗法思想为中心，杂以阴阳五行说，把神权、君权、父权、夫权贯穿在一起，形成了影响至今的帝制神学体系。他提出了"天人感应""三纲五常"等重要儒家理论，成为中国儒家学说的开山鼻祖。

汉代董仲舒、师丹"限田论"有其产生的现实基础。商鞅变法提出了"开阡陌，封疆域"，"任民所耕，不计多少"。秦国统一六国之后，延续了商鞅变法的改革措施。秦始皇五十一年(公元前216年)，"使黔首自实田"，登记田亩征税。从此以后，各种地主恣意兼并土地，各个封建王朝对于赋税收入基本延续并逐渐"履亩而税"，也就是按照田亩数量征收。但是，当时土地的垦荒、占地的多与少还不固定，土地面积的计算不可能马上达到精确的程度。而统治者对劳动的直接掠夺和实物租的剥削，必然会随着消费的增长而继续增加。由于对占有土地计算得不精确，豪强大族广占田地并逃免赋税,劳动者的负担不断加重,农民与地主阶级之间的矛盾也就不断展开。汉朝建立以后,由于土地可以买卖,因而形成了“富者田连阡陌,贫者无立锥之地”的严重的社会局面。这个局面越来越为广大的农民所不满。汉代董仲舒、师丹“限田论”就是在这样的现实下产生的。

“古者税民不过什一,其求易共(无私租),使民不过三日(军赋不在其内),其力(力役)易足。……至秦则不然,用商鞅之法,改帝王之制,除井田,民得卖买,富者田连阡陌,贫者无立锥之地。又颛川泽之利,管山林之饶……邑有人君之尊,里有公侯之富,小民安得不困?又加月为更卒,已复为正,一岁屯戍,一岁力役,三十倍于古;田租、口赋、盐铁之利,二十倍于古。或耕豪民之田,见税什五。故贫民常衣牛马之衣,而食犬彘之食。重以贪暴之吏,刑戮妄加,民愁亡聊,亡逃山林,转为盗贼,赭衣半道,断狱岁以千万数。汉兴,循而未改。”①

上文是董仲舒对秦灭亡的认识,认为秦灭亡是土地兼并、苛捐杂税所致。而其对汉武帝时期的情况,巧妙地用几个字加以点明——“汉兴循而未改”。董仲舒实质上暗指了汉武帝时期的社会不稳定状况依然存在。

早在汉文帝时,晁错就已经指出小农破产的根本原因。《汉书·食货志》记其言,谈到因水旱灾荒和急征暴敛,迫使农民“当具有者半贾而卖,亡者取倍称之息,于是有卖田宅鬻子孙以偿责者矣”。不过,这时还是“地有遗利,民有余力,生谷之土未尽垦,山泽之利未尽出”,所以,晁错没有提出限田的主张,提出的办法是重农贵粟。到汉武帝时,由于豪强兼并,拥有百亩耕地的小农经济则常常不能自保。

据《汉书·食货志上》记载:“于是罔疏而民富,役财骄溢,或至并兼,豪党之徒,以武断于乡曲。宗室有土,公卿大夫以下争于奢侈,室庐服僭上亡限。物盛而衰,固其本也。”

“外事四夷,内兴功利,役费并兴,而民去本”②的情况就有可能重蹈秦国“富者田连阡陌,贫者无立锥之地”的局面。

在这样的土地兼并、民不聊生的时代背景下,董仲舒在给汉武帝的政

① 《汉书·食货志上》。
② 《汉书·食货志上》。

策建议中提出了"限田论"的主张。

《汉书·食货志上》记载:"古井田法虽难卒行,宜少近古,限民名田,以澹不足也,塞并兼之路。盐铁皆归于民。去奴婢,除专杀之威。薄赋敛,省徭役,以宽民力,然后可善治也。"

董仲舒所谓的"限民名田",就是"凡民占田,立有限制"之意,"名田即占田"。他只是提出了"限民名田"的主张,而未见具体的实施办法。汉武帝也没有采纳他的建议从而采取"限田"政策规定。不过,通过"杨可告缗"打击商人,"得民财物以亿计,奴婢以千万数,田大县数百顷,小县百余顷,宅亦如之。于是商贾中家以上大氐破"。这些没收来的田产,成为封建国家的公田,其中不少后来用以假给贫民。[①]

董仲舒的"限田论"虽然是对于官吏、侯封、豪强地主兼并之徒的土地加以限制,其目的是为了稳固汉武帝的统治,但此时汉武帝正值"开疆拓土,广事四夷"之际,无暇顾及董仲舒所提出的"限田论"。董仲舒作为一代大儒,没有认识到土地兼并既是古代社会经济的"伴生物",也是王朝皇帝笼络人心稳定自己统治地位的"副产品"。此后,昭帝、宣帝、元帝、成帝各个朝代,土地兼并更趋激烈,官僚大地主如匡衡、张禹、翟方进等皆广占田宅。

到汉哀帝即位之初,师丹辅政,又因为土地兼并愈演愈烈,重新提出了限田的主张。师丹提出的"限田论"在《汉书·食货志上》记载如下:

"古之圣王,莫不设井田,然后治乃可平。孝文皇帝承亡周乱秦兵革之后,天下空虚,故务劝农桑,帅以节俭。民始充实,未有并兼之害,故不为民田及奴婢为限。今累世承平,豪富吏民訾数钜万,而贫弱愈困。盖君子为政,贵因循而重改作,然所以有改者,将以救急也。亦未可详,宜略为限。"

哀帝把师丹的限田建议给大臣们讨论。丞相孔光、大司空何武做了奏请。"诸侯王、列侯皆得名田国中,列侯在长安,公主名田县道,及关内侯、吏民名田皆毋过三十顷。诸侯王奴婢二百人,列侯、公主百人,关内

---

① 韩国磐:《北朝隋唐的均田制度》,上海人民出版社1984年版,第5页。

侯、吏民三十人。期尽三年,犯者没入官。”①

师丹建议限田,孔光、何武等大臣议定了限田的具体办法,准备付诸实施;而权贵幸臣由于限田触及他们的核心利益,所以坚决反对限田。于是,师丹的限田主张和实施办法再一次成了一纸空文。

师丹举汉文帝时为例,以为汉文帝时土地不成问题,到武帝时才发生问题,必须改革以救急。这段议论颇有启发。它说明每个王朝开始时土地占有关系并不紧张,随后就会逐渐发生问题。这是封建王权土地制度下的必然现象。小农经济是中国古代社会生产的基本形态。土地兼并之势时而舒缓,时而激烈,但永不停息,它有必然的趋势。师丹的“限田论”只不过是董仲舒“限田论”的延续与翻版,其实并无多少新意。孔光、何武的限田措施,只是限制诸侯王、列侯、公主及一般官吏占田,而且限额多至三十顷。“可见当时占田最多者乃是封建贵族及大官僚,还不是一般的地主。限额之高,亦不过是对特殊人物无限占田略加限制而已。但即使这种极其宽大的限额,由于‘丁傅用事,董贤隆贵,皆不便也’。”②

尽管如此,无论是董仲舒还是师丹,他们提出的“限田论”以及所推崇的限田方法,在当时的权臣或是奸臣们的反对下还是无法实施的。也就是说,尽管这一时期的王朝政府采取了一系列的政策措施,以期打击豪强的土地兼并活动,但是收效甚微,无法阻挡一代又一代的土地兼并浪潮。

二、王莽新朝的“王田论”

董仲舒、师丹提出的“限田论”非但无法解决土地兼并问题,而且随后的土地兼并现象还愈演愈烈。初始元年(公元8年),王莽接受孺子婴(刘婴)的禅让后称帝,改国号为“新”,改长安为常安,作为新朝都城。王莽开中国历史上通过符命禅让做皇帝的先河。王莽称帝后,开始进行的全面社会改革,土地改革乃为其中一项重要内容。王莽于新朝建立后的第一年(建国元年,公元9年)始,颁布施行了“王田制”。王莽新朝“王田制”是中国古代社会王朝土地所有制最粗暴的反映。

① 《汉书·食货志上》。

② 陈守实:《中国古代土地关系史稿》,上海人民出版社1984年版,第61—62页。

关于王莽“王田制”的内容，《汉书・食货志》记载：“[莽]下令曰：‘汉氏减轻田租，三十而税一，常有更赋，罢癃咸出，而豪民侵陵，分田劫假，厥名三十，实什税五也。富者骄而为邪，贫者穷而为奸，俱陷于辜，刑用不错。今更名天下田曰王田，奴婢曰私属，皆不得卖买。其男口不满八，而田过一井者，分余田与九族乡党。’”①

王莽的“王田制”将“天下田”都称为“王田”，使得“溥天之下，莫非王土”这一王朝土地所有制概念更加法制化了。其表象是进一步抑制土地兼并，其实质就是想进一步巩固其统治地位。但是，历史的车轮滚滚向前，“王田制”虽然严刑峻法地推行，“犯令，法至死”，但是，得不到大臣以及广大群众的拥护，“制度又不定，吏缘为奸，天下謷謷然，陷刑者众”，这样弄得官吏不满，民怨沸腾，“后三年，莽知民愁，下诏诸食王田及私属，皆得卖买，勿拘以法”。②

王莽的“王田制”颁行于建国元年（公元 9 年），废止于四年（公元 12 年），前后不过四个年头，真可说是虎头蛇尾，草草收场，非但无所成就，反而成为中国古代土地制度改革时间最短的“闹剧”。

从董仲舒、师丹到王莽都主张限田，董仲舒建议限田而未提出办法，师丹提出办法而未见实行，王莽有办法而施行四年不到就中止了，他们主张的抑制土地兼并的措施均未实现。然而，这些主张或者说改革，其限田的目的是明显的，亦即企图缓和阶级矛盾，稍微稳定一下农民的不满情绪，以挽救小农经济，巩固其统治地位。

三、晋王朝的“占田制”

三国时期大规模推行的屯田制，是利用大量存在的公田荒地进行屯种，以适应军队粮食的需要。而由屯田制发展演变的占田制，则是因为大规模的军事战争已经结束，农业生产遭到极大破坏，为了发展农业生产，提高个体农民种田的积极性而施行的一种新的土地制度。

曹操在平定邺城时，就规定百姓的租调应该负担“其收田租亩四升，

---

① 《汉书・食货志上》。
② 《汉书・食货志上》。

户出绢二匹、绵二斤而已”。但是,客观上老百姓的负担并非如此。当时所谓的“百姓”应该分为三种情况:一是一般编户,其租调即为曹操所规定的租调。一般编户租调比屯田客要轻得多,但要负担力役,而且力役很重。二是屯田客,其收获或以十分之六交与官府,或与官府对分,这比一般编户要重得多。不过,按规定他们可以免去其他力役,与一般编户要替官府服劳役有所不同。但是,实际上屯田兵民常被调服其他劳役,则是租、役皆重了。三是佃兵,平时他们轮番屯种或戍守,战时要打仗,是一种“兵农合一”的形式,其负担就更重了。屯田士、客身份地位低于一般编户,受到歧视。

像这样社会地位不平等、赋役负担不均的情况,加剧了当时的社会矛盾,加上屯田制度已经受到破坏,于是在“以均政役”的名义下,屯田制度废止,屯田官转为郡县官,屯田士、客的地位相同于一般编户百姓,而且租调负担也一致了。这就是“罢屯田官,以均政役”的实际内容,其实质是推动了社会的进步,提高了一般编户——农民的生产积极性,发展了农业生产。

在屯田士、客改变为一般编户,屯田官转职为郡县官,原来的屯田建制改为郡县建制后,占田制就出现了。晋武帝司马炎泰始二年(公元266年)的诏书中就说道:“今者省徭务本,并力垦殖,欲令农功益登,耕者益劝,而犹或腾踊,至于农人并伤。”[①]五年(公元269年)又“敕戒郡国计吏、诸郡国守相令长,务尽地利,禁游食商贩。其休假者,令与父兄同其勤劳。豪势不得侵役寡弱,私相置名”[②]。同年十月诏书又说:“汲郡太守王宏勤恤百姓,遵化有方,督劝开荒五千余顷。”[③]

这些劝农、鼓励垦荒、禁止豪强私荫佃客等诏令相继施行,为占田制的推出做好了舆论准备。

西晋于咸宁六年(公元280年)打败了孙吴政权,统一了南方的大部分地区,随即颁布了户调式和百姓与官吏的占田、荫客制度。关于占田制

① 《晋书·食货志》。
② 《晋书·食货志》。
③ 《晋书·食货志》。

的内容可以区分为民占田与官占田。

一是关于民占田的规定。《晋书·食货志》记载：

"又制户调之式，丁男之户，岁输绢三匹，绵三斤，女及次丁男为户者半输。其诸边郡，或三分之二，远者三分之一。夷人输賨布（賨布：读作cóng，巴蜀少数民族用作缴赋税的麻布）户一匹，远者或一丈。男子一人占田七十亩，女子三十亩。其外丁男课田五十亩，丁女二十亩，次丁男半之，女则不课。男女年十六以上至六十为正丁，十五以下至十三、六十一以上至六十五为次丁，十二以下、六十六以上为老小，不事。远夷不课田者输义米，户三斛，远者五斗，极远者输算钱，人二十八文。"①

以上是关于一般百姓和少数民族人民占田多少、缴纳租调年龄、缴纳租调数量的规定。

二是关于官占田的规定，对王公贵族的大小与官吏官品等级，对占田、荫户及占有佃客数量都作了详细的规定。《晋书·食货志》记载：

"及平吴之后，有司又奏，诏书曰：'王公以国为家，京城不宜复有田宅。今未暇作诸国邸，当使城中有往来处，近郊有刍藁之田。'今可限之，国王公侯，京城得有一宅之处。近郊田，大国田十五顷，次国十顷，小国七顷。城内无宅城外有者，皆听留之。"②

这是对王公贵族占田的规定。所谓大国、次国与小国之分，乃是当时西晋分封诸侯国的划分。而对官吏占田、荫户及占有佃客数量的详细规定，《晋书·食货志》记载：

"其官品第一至于第九，各以贵贱占田。品第一者占田五十顷，第二品四十五顷，第三品四十顷，第四品三十五顷，第五品三十顷，第六品二十五顷，第七品二十顷，第八品十五顷，第九品十顷。而又各以品之高卑荫其亲属，多者及九族，少者三世。宗室、国宾、先贤之后及士人子孙亦如之。而又得荫人以为衣食客及佃客。品第六以上得衣食客三人，第七、第八品二人，第九品及举辇、迹禽、前驱……其应有佃客者，官品第一、第二

① 中央财政金融学院王子英、孙翊刚、门志注释：《中国历代食货志汇编简注》（上），中国财政经济出版社1987年版，第160页。

② 中央财政金融学院王子英、孙翊刚、门志注释：《中国历代食货志汇编简注》（上），中国财政经济出版社1987年版，第160页。

者佃客无过五十户，第三品十户，第四品七户，第五品五户，第六品三户，第七品二户，第八品、第九品一户。"[①]

以上内容只是《晋书·食货志》所载户调式和官吏占田的大概规定。但是，关于调多少、吏禄田或莱田等亦未述及。因此，有学者认为此志所载为户调令而非户调式，因为令简而式详，令所未具者可详见于式。再说，占田课田当属于田令，佃客户数当属于佃令，而非户调内容。"不过，据《唐六典》所载，晋有户令、户调令、佃令，而无田令，隋唐时则有田令、赋役令等。故《九朝律考》一书，将按年输调及占田课田部分、远处所输赛布、义米等列于户调令，按官品占有佃客数列于佃令。由此可知，此志只是概括诸令，撮其大要而已。"[②]

西晋的占田制，不仅对于两晋时期的农业生产恢复与发展起到了积极的作用，同时为后来北魏时期实行的均田制奠定了一定的基础。其历史意义还是值得肯定的。

第一，以王权政府的名义颁布法令，规定丁男女和次丁男的占田数，旨在劝课农桑，维持小农经济的发展。特别是将屯田客转为郡县编户这一点，将带有军事编制性质的屯民改变为个体农民，这和均田制下将豪族荫附人户转为个体农民虽有不同，但其发展个体农民经济的取向是一致的。

第二，占田制鼓励垦荒。正如晋人傅玄所说，当时"务多顷亩"，"日增顷亩之课"。[③] 王宏在汲郡开荒五千顷等事例，都可证明当时鼓励垦荒的意图。北魏在均田制施行前后，一再强调"无令人有余力，地有遗利"[④]，规定"诸土广民稀之处，随力所及，官借民种莳"[⑤]。

第三，占田制既规定了一般编户占田的最高额，同时也规定了王公贵族与官吏按官品占田和荫客。这就具有企图控制豪强的广占田地，以抑制土地兼并的意义。而北魏孝文帝在颁行均田的诏令中说："富强者并兼

---

① 中央财政金融学院王子英、孙翊刚、门志注释：《中国历代食货志汇编简注》(上)，中国财政经济出版社1987年版，第160页。

② 韩国磐：《北朝隋唐的均田制度》，上海人民出版社1984年版，第17—18页。

③ 《晋书·傅玄传》。

④ 《魏书·高祖纪上》。

⑤ 《魏书·高祖纪上》。

山泽，贫弱者望绝一廛，致令地有遗利，民无余财。”同样，实行均田制也具有限制豪强的用意。

第四，占田制按丁男、丁女课田收租，按户收调，王权政府以租调形式征收赋税。北魏均田制按丁男女受田，按一夫一妇(一床)征收租调，同样是以租调形式征收赋税。

第五，西晋贵族官僚有刍藁田、按官品占田以及官吏的菜田或禄田，东晋以来州郡还有公田等，这为北魏的均田制提供了官吏占田的多种名目。虽然北魏官吏所受田只见到记载上的刺史等地方官的公田和一人一顷的刍秣公田，但自北齐以来的官吏有永业田、职分田、公廨田等，与西晋时期占田制下的性质类似的官吏所占各种名目的田地名称虽异，但其实质相同。

因此，占田制对后来影响比较大的均田制是有借鉴或启示作用的。

尽管如此，西晋形成的占田制与北魏开始出现的均田制两者之间时代、条件不同，而且均田制所特有的性质或特点以及对后来朝代土地制度的影响却非占田制所能比。关于均田制的研究以待后文进行，这里只是简单地提及一下：

一是北魏均田制是在鲜卑拓跋部进据中原，离散部落、分土定居后逐步形成的，因而具有鲜明的游牧民族特色，尤其是规定了定期还田与授田的办法，这与西晋王朝所制定的占田制是不一样的。

二是北魏均田制从北魏早期的计口授田发展而来，从计口授田到恭宗拓跋晃在京畿课田前后的很长一段时间里，北魏土地私人占有制不发达。所以，北魏均田办法可以较严格地限制田地买卖，除桑田可买卖有余和不足部分外，露田、麻田都不准买卖。而中原汉人田地买卖已经常见。因此，在西晋占田制中，我们看不到限制土地买卖的记载。

三是西晋占田制与北魏均田制的实施情况，也因两者所处的社会环境不同而差异甚大。

无论是董仲舒、师丹的“限田论”，还是西晋出现的“占田制”，都是王朝政府土地所有权下的制度安排，王公贵族抑或是王侯将相土地多一点也好，少一些也罢，普通农民都得租种他们的土地来维持生计，都必须缴纳地租给地主,即使是拥有少量私有土地的农民,也必须缴纳繁重的地租给政府。王朝政府拥有土地所有权与分配权,大地主也只能拥有土地的占有权,而民众只能拥有土地的部分收益权和经营权。因此,无论是限田也好,占田也罢,具有的只是限制豪强广占田地的目的和作用,只是为了抑制过分的土地兼并,缓解土地兼并的矛盾,以免危及统治者的统治地位,如此而已。

第五章

王朝土地所有制下的均田制政策及其演化

秦汉之后，中国陷入了第一个大分裂时期——三国两晋南北朝。东汉后期魏蜀吴三国鼎立，后来的司马氏建立的西晋有过短暂的统一，但是很快又陷入东晋十六国的纷争时期，一直延续到南北朝。自公元 220 年曹丕称帝东汉灭亡始，至公元 581 年北周亡止，历经三百多年，中华大地战火纷飞，各个国家或朝代都励精图治，企图一统天下，尽管其间并未达成，但是给中华民族留下了丰富的经济、文化以及思想遗产。本章只从经济史中的土地问题展开论述，尤其是将出现在北魏时期的均田制作为重点，同时论述北齐、北周以及隋朝均田制的演化过程。

第一节　北朝时期北魏均田制：背景、内容与意义

一、北魏均田制诞生的社会背景

均田制是中国古代土地制度史上最为重要的土地政策。它的成功推行孕育了中国古代辉煌灿烂的经济与文明。均田制诞生于北朝的北魏时期，绝非偶然，而是有其历史发展的必然性。而且北魏之后的北齐、北周、隋、唐都沿用了均田制的基本思想与政策，各朝各代只是稍有修补或增订而已。均田制不仅推动了北魏、北齐、北周、隋、唐各朝代的政治、经济发

展，而且涉及中国古代社会的王朝土地所有制、地主经济、农民的社会身份以及赋役政策的变化等。

均田制诞生于北魏时期，有其历史发展的必然性，有其产生的社会原因。

从下面的历史文献内容来看，拓跋宏实行“均田之制”是为了巩固自己的统治地位。据史籍记载，拓跋宏的统治很不稳固。在经济上，“良畴委而不开，柔桑枯而不采”，“地有遗利”，“民无余财”，从而出现了民众的“聚众”“聚党”，反抗拓跋宏的统治。这使拓跋宏及其谋士们认识到，不使百姓“家丰岁储，人给资用”，则实现天下太平是不可能的。这在李安世太和元年的奏疏中已有比较明显的反映。

李安世认为，实行“均量”土地的办法，是当时经国之大式、致治之根本。这个主张基于李安世对当时政治、经济领域中主要问题的分析。他在同一奏疏中分析说：“……窃见州郡之民，或因年俭流移，弃卖田宅，漂居异乡，事涉数世。三长既立，始返旧墟，庐井荒毁，桑榆改植。事已历远，易生假冒。强宗豪族，肆其侵凌，远认魏晋之家，近引亲旧之验。又年载稍久，乡老所惑，群证虽多，莫可取据。各附亲知，互有长短，两证徒具，听者犹疑，争讼迁延，连纪不判。良畴委而不开，柔桑枯而不采，侥幸之徒兴，繁多之狱作。欲令家丰岁储，人给资用，其可得乎！”[①]李安世的分析指出了当时政治、经济领域中的主要问题：由于强宗豪族欺凌“细民”，侵夺“细民”的耕地，使得“细民”失去了“资生之利”的耕地。“细民”为了生存，或则流移，或则铤而走险，“聚众”“聚党”以起事，威胁了拓跋魏的统治。从拓跋宏即位到李安世上疏的太和元年，“细民”“聚众”起事的事件很多。比如：

延兴元年九月，“青州高阳民封辩自号齐王，聚党千余人”。

延兴二年七月，“光州民孙晏等聚党千余人叛”。

延兴四年十二月，“诏西征吐谷浑兵在句律城初叛军者斩，次分配柔玄、武川两镇，斩者千余人”。

---

① 《魏书·李孝伯传》。

延兴五年九月，“洛州人贾伯奴、豫州人田智度聚党千余人，伯奴称桓农王，智度称上洛王，夜攻洛州”。

承明元年五月，“冀州武邑民宋伏龙聚众，自称南平王”。太和元年正月，“秦州略阳民王元寿聚众五千余家，自号为冲天王”。[①]

李安世上疏以后，拓跋宏虽然“深纳之”，但没有立即照做。太和元年以后，“细民”仍然没有土地耕种，“聚众”“聚党”事件继续发生，而且其势越来越大。

为了巩固统治，拓跋宏曾经对“聚众”“聚党”进行了镇压。例如，延兴元年五月镇压高阳民封辩“聚党”事件时，就曾发“州军讨灭之”。又如，对孙伏龙“聚众”一事，则“郡县捕斩之”。“诏县令能静一县劫盗者，兼治二县，即食其禄，能静二县者，兼治三县，三年迁为郡守。二千石能静二郡，上至三郡，亦如之，三年迁为刺史。”[②]但是，不少县令、郡守、刺史不仅没有去“静”劫盗，反而“纵奸纳赂，背公缘私，致令盗贼并兴，侵劫兹甚，奸宄之声屡闻朕听”，甚至还有“招结奴隶”“谋为大逆”的人。

所有这些都表明，拓跋宏的统治极不稳固，天下很不太平，拓跋宏“夙兴昧旦，如履薄冰”。太和九年，拓跋宏终于颁布诏书：“朕承乾在位，十有五年。每览先王之典，经纶百氏，储蓄既积，黎元永安，爰暨季叶，斯道陵替，富强者并兼山泽，贫弱者望绝一廛，致令地有遗利，民无余财，或争亩畔以亡身，或因饥馑以弃业，而欲天下太平，百姓丰足，安可得哉？今遣使者，循行州郡，与牧守均给天下之田，还受以生死为断，劝课农桑，兴富民之本。”[③]这次的诏书以及李安世等的奏疏，其基本精神都是“均给天下之田，还受以生死为断”，以谋求“天下太平”。

这里所说的“贫弱者”主要是西晋的遗民。他们在十六国纷争的时候，因避战乱而离乡背井，逃离故土。随着十六国纷争局面的逐步结束，他们纷纷返回家园。但是，原有的耕地和庐舍却因“强宗豪族，肆其欺凌”而被侵夺了。因此，他们就被迫铤而走险，或争亩畔以亡身，或“聚众”“聚

---

① 《魏书·高祖纪上》。
② 《魏书·高祖纪上》。
③ 《魏书·高祖纪上》。

党"以起事。要使"细民"不"聚众""聚党",根本的办法是使他们有地可耕。

二、北魏均田制诞生的经济分析

由于北方地区十六国纷争和拓跋族统治权的建立,北魏统治区域内有许多少数民族。这些少数民族中的相当多数在进入中原以前,尚处于原始公社瓦解向阶级社会过渡的阶段中。他们不习惯于农业生产,而习惯于游牧生活。在拓跋魏入主中原以后,他们又是拓跋魏政权控制、统治汉族人民的主要依靠力量。长期的战争生活使他们改变了生活方式,从原来的以游牧为生改为以掳掠为生。拓跋魏统一中原以后,大规模战争的结束使他们不能再靠掳掠为生了。但他们没有耕地,不能从事农业生产。因此,他们中的有些人就在大小首领率领下"相率北叛",或者"叛应"蠕蠕国。这就不仅削弱了拓跋魏的统治力量,而且严重扰乱了拓跋魏的统治。要使这些部族成员继续留在中原地区,成为支持拓跋魏政权的军事力量,最根本的办法是使这些部族成员"务农""地著"。"均田"法令的许多规定就是为了实现这一目的。按"均田"法令规定,这些部族的一般成员也和汉族劳动者一样,可以获得一定数量的"桑田"和"露田"以资耕种。这些部族在入居中原以后,私有经济虽已有了发展,然而他们的公有观念也还相当强烈。所以,"均田"法令中规定的田土有还受与不还受之别,以及拓跋宏诏书中说的"还受以生死为断",正适应了他们原来的生产方式以及思想状况,可以使这些部族的一般成员逐渐"务农""地著",从而定居在中原。

拓跋魏入主中原的过程,就是逐步形成一个以拓跋魏为首的,由汉族地主的政治代表、拓跋魏的宗室、其他少数民族的大小首领所组成的统治集团的过程。为了建立和巩固这个统治集团,拓跋魏曾经采取过一些措施。例如,对于汉族地主,拓跋魏尽量吸收他们的代袭人物参与政治事务。早在拓跋珪时,"帝初拓中原,留心慰纳,诸士大夫诣军门者,无少长,皆引入赐见，存问周悉，人得自尽，苟有微能，咸蒙叙用”[①]。拓跋宏本人也常欢迎“百司卿士及工商吏民，其各上书极谏，靡有所隐”[②]。对于宗室贵族和其他各部族的大小首领，拓跋魏除了封赐各种官职以外，还封赐奴婢、畜物，以换取他们的支持。拓跋魏所采取的这些措施，无疑起了一定的作用。但是，随着社会经济的发展，这些人的需求也发生了变化。他们中有的人“谋为大逆”，公然反对拓跋魏的政治统治。大多数官吏则是“纵奸纳赂，背公缘私”，不与拓跋宏“共治天下”。统治集团内部发生了分裂，严重削弱了拓跋宏的统治势力。为了改变这种状况，继续维系统治集团内部的统一，拓跋宏在大规模战争较少，不可能用大量奴婢、畜物班赐群臣的情况下，先于太和八年“置官班禄”，并且规定了“禄行之后，赃物满一匹者死”，以谋求文武百官们的支持。“均给天下之田，还受以生死为断”的“均田之制”也具有同样的目的。这样，汉族地主固然要依靠拓跋魏政权，为拓跋宏的统治服务，其他少数民族的大小首领也可因此占有大量耕地，获得巨额的经济收益，从而刺激了“宰民之官”去“静”劫盗和与拓跋宏“共治天下”的积极性。[③]

综合上面的分析，拓跋宏颁布“均给天下之田，还受以生死为断”的土地政策就非常有必要了。以拓跋宏为代表的北魏统治者只有通过这个土地政策，来缓和阶级矛盾和民族矛盾，并借以加强统治阶级内部的一致与团结，才能巩固以拓跋宏为代表的北魏统治，实现“天下太平”。

三、北魏均田制诞生的现实条件

就均田制产生的现实条件来看，我们认为有以下三个方面：

一是北魏自立国以来土地实行的是王朝政府所有，并且实行过王朝土地所有制下的“计口授田”的土地分配方式，即按人口分配和占有土地。太祖、太宗实行“计口授田”：太祖划分畿内之田，置八部帅监管畿内之外四方四维的土地；拓跋晃于畿内课田时，令“所劝种顷亩，明藏簿目，所种

① 《魏书·太祖纪》。

② 《魏书·高祖纪上》。

③ 郭庠林：《试论“均田之制”的缘起及其弛坏的根本原因》，《复旦学报(社会科学版)》，1981年4月1日。

者于地标题姓名”;孝文帝太和元年诏:“一夫制治田四十亩,中男二十亩,无令人有余力,地有遗利。”[①]

二是北魏政府掌握有大量的官田、牧地、苑囿地、荒闲无主的土地。中原地区自西晋以来,历十六国时期,战争频繁,人民“或死于干戈,或毙于饥馑,其幸而自存者,盖十五焉”[②]。而幸存者中的大量人户为避兵镝之祸,抛家弃园,举众南迁。昔日大量的耕地成为满目荆棘的荒土。因此,拓跋族入主中原以后,在北魏境内存在着大量无主荒地。拓跋统治者数次大规模迁徙民众“计口授田”,把荒地分配给农民。除北魏初年徙民“计口授田”外,以后又大量迁徙被征服者为营户。拓跋焘于太平真君五年(公元444年)将被征服的北部民族“徙居冀、相、定三州为营户”,第二年又“南略淮泗以北,徙青、徐之民以实河北”[③]。高祖孝文帝时,于延兴元年(公元471年)、二年先后两次迁徙敕勒部落于冀、定、相、青、徐、齐、兖诸州为营户。[④] 大量的营户被安置于黄河流域,说明这里存在着大量由国家支配的荒地,拓跋统治者还圈占大量土地作为牧地、苑囿地。《魏书·食货志》载:“高祖即位后,复以河阳为牧场,恒置戎马十万匹。”又《魏书·宇文福传》载:孝文帝时,“敕福检行牧马之所。福规石济以西、河内以东,拒黄河南北千里为牧地”,其占地面积蔚为壮观。另外,北魏政权还延续曹魏时期的屯田措施,实行屯田,且不论北方、西北、南方缘边屯田,甚至在内地亦大量置屯。北魏时期的屯田规模和数量是极大的。北魏政权掌握的大量的抛荒土地一直到推行均田制时仍未被开垦耕植,所以北魏统治者才一再诏令“务尽地利”,“无令人有遗力,地有遗利”。正因为封建国家掌握有大量的国有土地,所以为安辑流散,控制户口,曾不断地授田下民。太和九年推行的均田制,其重要内容之一,就是把官荒地授之于民,使游食之口与土地相结合,使之成为国家的编户之民,使这一措施制度化、完整化,并使均田制推广到全国。[⑤]

---

① 《魏书·高祖纪》。

② 《魏书·食货志》。

③ 《魏书·世祖纪》。

④ 《魏书·高祖纪》。

⑤ 武建国:《均田制研究》,云南人民出版社2011年版,第44页。

三是北魏时期国家中央集权进一步强化，它为在北魏时期推行均田制提供了现实的政治条件。鲜卑族初入中原时，广大农村治理的基础是宗法制度，即农村内部的治理是由一个个宗族共同管理的。由于鲜卑族统治者尚未建立起稳固的统治，需要拉拢和依靠地方豪强、宗族势力来维护并稳固全国的统治，因而在维护地方豪强大族隐占劳动人手、剥削依附农民等地方经济、政治利益的基础上，建立了宗主督护制。然而，宗主督护制下的以宗族形式存在的封建组织与以个体小农经济为基础的封建专制皇权政府，二者互相依存又互为矛盾。宗主督护制下的豪强大族地主不仅广占田地，而且广为吸收和隐匿劳动人手于自己的势力范围之内，逃避园家赋役，影响国家赋税收入。这就势必与封建国家强化政权、稳固统治发生尖锐的矛盾。在这个意义上，地方豪强大族与封建国家处于矛盾斗争的一面，其实质就是国家土地所有制与封建地主的矛盾斗争。封建国家要与地方豪强大族争夺劳动人手，打击和限制豪强大族势力，抑制土地兼并，使依附于豪强地主的农民转而附籍于国家，与国有荒闲土地相结合，向国家缴纳租调、提供徭役。而要由国家直接控制土地和劳动人手，必须依靠强有力的中央集权政府的权威。从北魏建立到孝文帝的长时期中，以拓跋贵族为核心的封建统治集团对全国的统治业已稳固，皇权、中央集权十分强化，已经完全具有控制和制约鲜卑贵族、汉族强宗豪族的力量。这就为均田制度在全国范围内的推行提供了重要保障。[①]

四、北朝北魏均田制的内容

前面对北魏均田制诞生的社会条件和现实基础作了分析，各种社会条件和现实基础汇聚在一起，就孕育出了新的土地制度，均田制的推出也就顺理成章了。

北魏孝文帝太和九年，李安世向皇帝上了一道“均田”疏，其内容在《魏书·李孝伯附李安世传》中记载如下：

“时民困饥流散，豪右多有占夺。安世乃上疏曰：‘臣闻量地画野，经

① 武建国：《均田制研究》，云南人民出版社 2011 年版，第 45 页。

国大式;邑地相参,致治之本。井税之兴,其来日久;田莱之数,制之以限。盖欲使土不旷功,民罔游力。雄擅之家,不独膏腴之美:单陋之夫,亦有顷亩之分。所以恤彼贫微,抑兹贪欲,同富约之不均,一齐民于编户。窃见州郡之民,或因年俭流移,弃卖田宅,漂居异乡,事涉数世。三长既立,始返旧墟,庐井荒毁,桑榆改植。事已历远,易生假冒。强宗豪族,肆其侵凌,远认魏晋之家,近引亲旧之验。又年载稍久,乡老所惑,群证虽多,莫可取据。各附亲知,互有长短,两证徒具,听者犹疑,争讼迁延,连纪不判。良畴委而不开,柔桑枯而不采,侥幸之徒兴,繁多之狱作。欲令家丰岁储,人给资用,其可得乎!愚谓今虽桑井难复,宜更均量,审其径术,令分艺有准,力业相称,细民获资生之利,豪右靡余地之盈。则无私之泽,乃播均于兆庶;如阜如山,可有积于比户矣。又所争之田,宜限年断,事久难明,悉属今主。然后虚妄之民,绝望于觊觎;守分之士,永免于凌夺矣。’高祖深纳之,后均田之制起于此矣。”①

这篇奏疏围绕着一个中心问题,就是怎样解决“民困饥流散,豪右多有占夺”的土地占有严重不均的社会矛盾。奏疏的中心思想始终贯穿着“人户均平占田”。它试图通过在全国范围的“量地画野”“制之以限”,达到“细民获资生之利,豪右靡余地之盈”的社会安宁、“地无遗利”的社会局面,同时又实现增加国家赋税收入的目的。由于李安世的奏疏既切中时弊,又具有现实的可行性,且迎合了当时巩固封建统治的需要,因而得到统治者“深纳之”。他的均田之议成了后来统治者制定均田制的主要思想基础。所以,《魏书》说“均田之制起于此矣”。

于是,孝文帝于太和九年(公元485年)十月下诏推行均田制度。

“冬十月丁未,诏曰:‘朕承乾在位,十有五年。每览先王之典,经纶百氏,储蓄既积,黎元永安。爰暨季叶,斯道陵替,富强者兼并山泽,贫弱者望绝一廛,致令地有遗利,民无余财,或争亩畔以亡身,或因饥馑以弃业,而欲天下太平,百姓丰足,安可得哉?今遗使者,循行州郡,与牧守均给天下之田,还受以生死为断,劝课农桑,兴富民之本。’”②

---

① 《魏书·李孝伯附李安世传》。

② 《魏书·高祖纪》。

从此以后，北魏便开始在全国范围内相继实施均田制。均田制的具体内容可见《魏书·食货志》。其记载如下：

“九年，下诏均给天下民田：诸男夫十五以上，受露田四十亩，妇人二十亩，奴婢依良。丁牛一头受田三十亩，限四牛。所授之田率倍之，三易之田再倍之，以供耕作及还受之盈缩。”

“诸民年及课则受田，老免及身没则还田。奴婢、牛随有无以还受。”

“诸桑田不在还受之限，但通入倍田分。於分虽盈，没则还田，不得以充露田之数。不足者以露田充倍。”

“诸初受田者，男失一人给田二十亩，课莳馀，种桑五十树，枣五株，榆三根。非桑之土，夫给一亩，依法课莳榆、枣。奴各依良。限三年种毕，不毕，夺其不毕之地。於桑榆地分杂莳馀果及多种桑榆者不禁。”

“诸应还之田，不得种桑榆枣果，种者以违令论，地入还分。”

“诸桑田皆为世业，身终不还，恒从见口。有盈者无受无还，不足者受种如法。盈者得卖其盈，不足者得买所不足。不得卖其分，亦不得买过所足。”

“诸麻布之上，男夫及课，别给麻田十亩，妇人五亩，奴婢依良。皆从还受之法。”

“诸有举户老小癃残无授田者，年十一以上及癃者，各授以半夫田，年逾七十者不还所受，寡妇守志者虽免课，亦授妇田。”

“诸还受民田，恒以正月。始受田而身亡，及卖买奴婢牛者，皆至明年正月乃得还受。”

“诸土广民稀之处，随力所及，官借民种莳。役有土居者，依法封授。”

“诸地狭之处，有进丁受田而不乐迁者，则以其家桑田为正田分，又不足不给倍田，又不足家内人别减分。无桑之乡准此为法。乐迁者听逐空荒，不限异州他郡，唯不听避劳就逸，其地足之处，不得无故而移。”

“诸民有新居者，三口给地一亩，以为居室，奴婢五口给一亩。男女十五以上，因其地分，口课种菜五分亩之一。”

“诸一人之分，正从正，倍从倍，不得隔越他畔。进丁受田者恒从所近。若同时俱受，先贫后富。再倍之田，放此为法。”

“诸远流配谪，无子孙及户绝者，墟宅、桑榆尽为公田，以供授受。授受之次，给其所亲；未给之间，亦借其所亲。”

“诸宰民之官，各随地给公田，刺史十五顷，太守十顷，治中别驾各八顷，县令、郡丞六顷。更代相付，卖者坐如律。”①

北魏均田令的内容，即以“诸”字开头各为一条，大体可以分为15条。当然，均田令是一个整体，各条之间并非决然孤立，而是有着彼此间的内在联系。

根据孝文帝颁布的均田令，依照《魏书·食货志》所记载的土地均田制办法，我们大致可以把均田制内容作如下梳理：②

一是关于编户百姓受田的规定。编户百姓受田有露田、桑田世业、麻田、园宅田等。露田规定种植谷物，如果需要休耕的，就给予倍田(双倍受田)，这说明我国土地的轮耕、休耕制度早已有之。桑田“通入倍田分”。因此，除宅田外，一夫所受40亩倍田中，有20亩是用桑田充倍田的。

由此可以看出，在北魏的土地均田制中，编户百姓受田的实际数额如下：

丁夫受田为：露田40亩＋倍田40亩(其中20亩是用桑田充倍，桑田即在此数中)＝80亩。

妇人受田为：露田20亩＋倍田20亩＝40亩。

在桑土之乡，一夫一妇受田120亩。但在麻土之乡，情况是略有不同的。这与桑田和麻田的性质不同有关，桑田可以传给子孙，后者只能以规受还。

丁夫受田为：露田40亩＋倍田40亩＋麻田10亩＝90亩。

妇人受田为：露田20亩＋倍田20亩＋麻田5亩＝45亩。

“丁男还另有‘夫给一亩’课种榆枣的田地。故麻土之乡，一夫一妇受田一百三十六亩。桑土和麻土之乡受田数就不同，这会增加还受工作的麻烦。桑田和麻田的性质不同，前者可传子孙，一定情况下可以买卖；后

① 《魏书·食货志》。

② 以下内容参考韩国磐：《北朝隋唐的均田制度》，上海人民出版社1984年版，第66—74页。

者依法还受，不能买卖承袭，两者的差别就更大了。”①

二是关于田地的还受、买卖和继承方面的规定。法令规定，露田和麻田必须是“老免及身没则还田”，而桑田“不在还受之限”，可以买卖，可以传世。这种还受情况，既是鲜卑拓跋部入主中原后，土地“私有”观念不明，部族共有制思想存在的表现，也是中原地区土地“王有”思想长期存在的表现。首先，桑土虽可买卖传世，但受到限制，即按规定种莳桑榆枣果，必须在3年内种毕，到期没有栽种完毕，“夺其不毕之地”。其次，买卖只能在有余和不足这两者范围内进行，“不得卖其分，亦不得买过所足”。因此，桑田的买卖传袭是有条件的，农民对桑田的占有权和使用权，至少从法令规定上看，是很不完全的。这是“溥天之下，莫非王土”的土地“王有”思想的真实写照。

三是关于土地还受时间的规定。北魏均田制规定，土地还受时间是在每年正月。此外，又规定老小癃残者授以半夫田，寡妇守志者同样给予妇人额定田数，以及绝户之田借予和给予近亲使用等。这些规定，明显地保存着原始公社的互相帮助、互通有无的特点，同时也是封建宗法关系下同财共产的反映。

四是关于一些地区的田地不敷分配时的规定。其中规定，凡地狭之处，不愿迁到土广人稀处，而又应该进丁受田的，则以其家桑田为正田分；仍然不足时，不给倍田；如再不足，则家内该受田的人，减少其应分的田额。“这些规定，伸缩性很大，从用桑田作为倍田直到家中应受田者减少其份额，给田地的分配留下了充分的回旋余地。由此可知，一夫一妇受田一百二十亩或一百三十六亩，只是个体小农受田的最高限额，受田不足则是普遍现象。”②

五是关于“还田”与户口迁移的规定。“民年及课则受田，老免及身没则还田。”其意思是老百姓到了一定的年龄且接受课税就受田，年龄大了或者死了就要还田。这充分说明了授田的目的主要是为了课税的需要。此外，又规定了迁徙的条件，“不听避劳就逸，其地足之处，不得无故而

---

① 韩国磐:《北朝隋唐的均田制度》，上海人民出版社1984年版，第69页。
② 韩国磐:《北朝隋唐的均田制度》，上海人民出版社1984年版，第70页。

移”,这也是反复申明保证租课征调的目的。“再则严格限制迁徙,不准避劳就逸,就是要把农民束缚在土地上,以免流散或转为豪强的荫户。所以,这些规定体现了均田制的本质或根本目的,虽然字数不多,却是条文中的要害部分。”①

六是关于鼓励垦荒的规定。如土广民稀处,可将土地借民耕种,又规定“乐迁者听逐空荒,不限异州他郡”。这些是鼓励百姓开垦荒地的规定。至于那些远流配谪、无子孙和户绝者的墟宅桑榆地,都收为公田,用来均田。条文还限定,给予的桑榆果木地要在三年内种好,否则收回未种之地。这是禁止抛荒田地的措施。可见,均田制具有推动垦荒的积极内容。

七是关于丁男、妇人受田限额的规定。均田法令规定了丁男、妇人受田的最高数额,又规定同时受田时,“先贫后富,再倍之田,放此为法”。这些都有限制豪强的用意。

不过,法令又规定地主豪强之流可以用奴婢来受田,奴婢受田同于良人百姓,而受田的奴婢又无人数限制。那么,拥有十对奴婢的地主,受田数就是一般农民的十倍,拥有百对奴婢的地主,受田数就是一般农民的百倍。这就反映了当时北魏政府对地主豪强阶层利益的特殊照顾。

北魏时期,大量的奴婢常被使用于劳动生产上。当时有许多战俘被发配为奴婢,还有掠卖、罪没为奴的,皇帝也常用奴婢赏赐给功臣。由于奴婢的来源比较多,因而在农业生产中使用奴婢就是常见的事。如太武帝拓跋焘时,平城有婢使千余人,从事织绫锦、牧牛马、种菜蔬等事。房法寿降魏后,“给以田宅奴婢”;王壑的“田园奴婢牛马,杂畜,并尽良美”;崔敞妻李氏“自随奴婢田宅二百余口”。② 这些奴婢与地主豪强的田宅、田园连在一起,显然是为了田园上的农耕生产。时人邢峦也这样说:“耕则问田奴,绢则问织婢。”③奴婢既然常用于农业生产,故法令规定官僚地主们可用奴婢来受田就是正常的事情了,只不过对其受田稍作限制而已。

至于土广民稀之处,政府将这里的空闲土地借予民户耕种,但是能借

---

① 韩国磐:《北朝隋唐的均田制度》,上海人民出版社1984年版,第69页。

② 《魏书》中的《房法寿传》《王壑传》《崔玄伯传附崔敞传》。

③ 《魏书·邢峦传》。

到这类土地的一定是豪势之家。再则,桑田可以买卖有余和不足部分,限制虽严,但允许买卖少量桑田,这就给予豪强以兼并的机会。因此,北魏均田制有着限制地主豪强兼并土地的一面,但其本质上还是保护地主阶级利益和特权的。这些在法令中的规定也是非常明确的。

八是关于一户可有四头耕牛受田的规定。这些规定可使小地主和富裕农民多受田,从而有利于发展农业生产,毕竟这些人才是统治阶级赋税征收的主体。但是,即使四头丁牛受足露田和倍田,也不过 240 亩,数目不大。大地主或权贵豪势之家,可用奴婢受到比这多得多的田地。耕牛受田该是计口授田时人力牛力换工的发展,牛耕比人力耕地的效率高得多。北魏在规定人力和牛力换工时考虑到这一点,故用耕牛来受田,以耕垦更多的土地,包括垦荒在内。北魏均田法令中,没有再提及人力和牛力换工,可能因为已发展为丁牛受田的缘故。及至北齐时,既有丁牛受田的规定,也明令人力和牛力的更换,二者并行了。

九是关于地方官受田的规定。所谓"诸宰民之官,各随地给公田"。"杜佑认为以后的职分田即起于此,实则两晋南朝,官吏已有禄田或公田,按官品给予,和隋唐时的职田性质相同。所以,职分田起源更早些,不始于北魏均田时。"[①]《通典·田制下》记载:"魏令:职分公田,不问贵贱,一人一顷,以供刍秣。自宣武出猎以来,始以永赐,得听卖买。"这种一人一顷的公田,既不是对有功者的赐田,也非以后按品级给予官吏的永业田,更不是按品级给予的、"更代相付"的职分田,而是沿袭西晋时期给予诸侯的刍藁田而来,在以后的均田制中逐渐演变为官吏的永业田。

北魏官吏受田,仅见地方官的公田和一人一顷的职分公田,很不完备。经过北齐和隋朝直到唐朝,官吏按品级有永业田(勋官永业田亦称勋田)、职分田、公廨田等,无论皇朝政府的官吏还是地方官吏,都可给予这几类田地。

五、北魏均田制的历史意义

均田制作为中国古代土地制度发展史上最为重要的一环,从北魏推

① 韩国磐:《北朝隋唐的均田制度》,上海人民出版社 1984 年版,第 78 页。

行以后，南北朝至隋、唐各王朝相因承袭，虽各朝有所增减，但是其基本原则与核心思想始终未变，存在了近三百年。均田制也成为中国古代史上具有重要地位的土地政策。其“均田地”与“均贫富”的思想甚至影响了中国一千多年的农民运动，成为农民运动的主导思想。综合来讲，北魏均田制的历史意义概括为两个方面：一是对当时北魏政府的影响，均田制的推行使得北魏王朝实现了由游牧民族向古代社会的转变；二是对后世各朝代的影响，北魏之后的东魏北齐、西魏北周、隋朝基本上沿用了北魏均田制的基本原则和核心思想。具体来分析，其历史意义有以下几点：

第一，“均田”政策的实施，推动了社会经济的发展。施行“均田”政策后，北魏统治者曾经好几次将苑囿禁地赐予贫民。以无主荒地、远流配谪及绝户田宅作为公田，给予农民耕种的事，肯定存在。无地少地和浮游人户，多少可能获得小块土地，从事农业生产，因而耕垦了一些荒地，农产品也有所增加。北魏的统治者是游牧民族入主中原的，不注意发展水利事业，水旱灾荒经常发生，但未遭灾荒时，有些地方的农业相当发达。太和十四年(公元490年)高闾的上表中就说道：“虽王畿之内，颇为少雨，关外诸方，禾稼仍茂。苟动之以礼，绥之以和，一岁不收，未为大损。”[①]在即使有灾荒的情况下，粮食储备有余，可以一年没有收成而不引起社会动荡，这说明农业生产已经得到了恢复。

由于农业的恢复和发展，人民生活较为安定，社会经济也逐渐繁荣起来。如北魏初年到太和时，商业不振，钱币无所用，《魏书·食货志》则称，“魏初至于太和，钱货无所周流。高祖始诏天下用钱焉。十九年(公元495年)，冶铸粗备，文曰‘太和五铢’。诏京师及诸州镇皆通行之，内外百官禄，皆准绢给钱”。颁行均田令恰好十年后，才铸钱通用，这与施行均田制后才使生产恢复有密切关系。生产发展，社会财富也就日渐增多。旧史说孝文帝、宣武帝时期，“时四方无事，国富民康”。

据《洛阳伽蓝记·城西法云寺》记载：“当时四海晏清，八荒率职，缥囊纪庆，玉烛调辰。百姓殷阜，年登俗乐，鳏寡不闻犬豕之食，茕独不见牛马

① 《魏书·高闾传》。

之衣。”杨炫之是北魏末年人，亲身经历过当时的社会盛衰，其所写《洛阳伽蓝记》是写实的作品，也许有所夸张，但大致反映了当时社会经济的繁荣情况。

农业发展、经济繁荣固然有政治、经济与社会发展的综合因素，但是，作为当时经济社会发展变化的根本经济政策，土地政策的变化所起到的作用是非其他因素可比的。笔者认为，作为土地政策，“均田”的作用是推动北魏社会经济繁荣的主要原因之一。“均田”之策将大批农民束缚在土地上从事农业生产，推动了农业发展与经济繁荣，使农业人口大幅度增加。

第二，均田制的实行，增加了北魏的国库收入。北魏政府施行均田制的根本目的，就是要将农民固定于耕地上，保证北魏政府赋役收入的增加；与豪强争夺荫附户口，目的也在于此。从当时户口数的增加，即可看出所取得的成绩不小。自建立三长制实施均田制以后，清查户口的工作就越来越严格。例如，太和十一年(公元 487 年)，京畿发生饥荒，人民就食他州，孝文帝拓跋宏颁布诏令说：“去夏以岁旱民饥，须遣就食，旧籍杂乱，难可分简，故依局割民，阅户造籍，欲令去留得实，赈贷平均。然乃者以来，犹有饿死衢路，无人收识。良由本部不明，籍贯未实，廪恤不周，以至于此。朕猥居民上，闻用慨然。可重遣精检，勿令遗漏。”[①]这次造籍本因遣民就食而起，但必须精检，使去留得实，固有免致饥荒而死的慈善之心，但恐更是借此而重整户籍，掌握实际上的户口数。其后，北魏政府又在太和十四年(公元 490 年)检括户口。《魏书·高祖纪》记载孝文帝诏书说：

“十有二月壬午，诏依准丘井之式，遣使与州郡宣行条制，隐口漏丁，即听附实。若朋附豪势，陵抑孤弱，罪有常刑。”

这道诏文一开始就将田制和赋役联系在一起，加上推行三长制以检查户口，禁止隐漏，其目的十分明显。由于一再大力清查人口，若干隐口漏丁被清查出来，编制于因均田而得的土地上，故租课收入增加了。北魏

---

① 《魏书·高祖纪》。

实行均田制后,租调收入增加,库藏充实。

“时(太和十一年)承平日久,府藏盈积,诏尽出御府衣服珍宝、太官杂器、大仆乘具、内库弓矢刀鉾十分之八、外府衣物缯布丝纩诸所供国用者,以其太半班赍百司,下至工商皂隶,逮于六镇边戍,畿内鳏寡孤独贫癃者,皆有差。”①

由于国库充实,孝文帝曾经大行班赏大臣。虽然我们可以把孝文帝的封赏看作政府对剥削到的租调在地主阶级内部实行的一次临时的再分配,以博得各统治阶层的支持,但足以说明当时政府在推行均田制、三长制以后国家府库殷实的状况。这种赏赐,灵太后又进行过,杨炫之这样说:

“于时国家殷富,库藏盈溢,钱绢露积于廊者,不可较数。及太后赐百官负绢,任意自取,莫不称力而去(多者至二百匹,少者百匹)。唯[章武王元]融与陈留侯李崇,负绢过任,蹶倒伤踝(太后即不与之,令其空出,时人笑焉)。”②

上文所记足见北魏实行均田制后库藏的丰实程度。

第三,北魏政府通过推行土地均田政策,促使拓跋鲜卑族完成了封建化,各族融合发展进一步加深。从拓跋本部进入中原初期的分土定居、畿内课田或计口授田直到推行均田制,一部分原来的氏族贵族转化为封建地主阶级,他们用奴婢或隶杂户来从事农业生产,所谓“臣吏僮隶,相继经营”。如常山王元遵的五代孙元文遥,当魏齐交替之际,“惟有地十顷,家贫,所资衣食而已”③。这十顷地,元文遥肯定是依靠僮仆或佃客来耕种,而本人是不从事劳动生产的。鲜卑族中,中上层贵族转化为地主阶层,而大部分原来的公社成员成为封建国家的编户百姓。编户百姓在均田制下获得小块土地从事耕作劳动,向国家缴纳租调,成为封建制下的个体农民。因此,拓跋鲜卑通过推行均田制,完成了封建化的过程,促进了各民族的进一步融合。

---

① 《魏书·食货志》。

② 《洛阳伽蓝记》卷四《法云寺》,文从范祥雍校注本。

③ 《北齐书·元文遥传》。

第四，北魏政府以最大的地主——皇帝来“均给天下之田”，在一定程度上限制了豪强地主对土地的兼并。只是说在一定程度上，因为其实际效果并未完全达到，因而贵族官僚强占土地现象还很常见。例如，拓跋贵族咸阳王元禧就是个“昧求货贿，奴婢千数，田业盐铁，遍于远近”[①]的大地主。宣武帝的近臣黄门侍郎、散骑常侍高聪“启请青州镇下治中公廨，以为私宅，又乞水田数十顷，皆被遂许”，后来罢官家居时，“唯修营园果，以声色自娱”。[②] 如此贪求田宅园林，自然是个大地主。做过梁州镇南府主簿的王崇，是个“身勤稼穑，以养二亲”的孝子，有次大风雹，他家“禾麦十顷，竟无损落”。[③] 按照均田法令，他家一夫一妇自不能占田十顷，如为主簿的职田，也不会有十顷(主簿职田最多与郡丞相同，只有六顷)。这十顷肯定是他的私田，均田制并没有触动他的私田。总之，均田政策的推行，没有触动权贵阶级的特权。此外，强买豪夺，以买卖方式广占田地的例子也不在少数。例如，相州刺史李世哲在任上“斥逐细人，迁徙佛寺，逼买其地，广兴第宅，百姓患之”[④]。这就是用强买豪夺手段来侵占田地的例子。

官僚地主的大地产依然存在，侵夺公私土地的现象不断出现，封建国家企图掌握土地以进行还受的目的并未完全实现，限制豪强广占田地的作用也很有限，尽管如此，均田制限制土地兼并与买卖的作用还是很大的。对此，有些史例可以说明。例如，杨播因借民田而削除官爵，崔暹也因广占田地被弹免官，杨椿因盗种牧田被判刑五年以赎论。杨椿还曾与华州民史底争田诉讼。“长史以下，以椿势贵，皆言椿直，欲以田给椿。曰：‘史底穷民，杨公横夺其地，若损不足，以结有余，见使雷同，未敢闻命。’遂以地还史底。”[⑤]到孝静帝元善见时，司州别驾穆子琳“以占夺民田，免官爵”[⑥]。这些侵夺公私田地者受到惩罚，一般百姓在与大官僚讼田时取得胜诉，就是因为有均田法可依，从而部分压制了巧取豪夺之风。

---

① 《魏书·咸阳王禧传》。
② 《魏书·高聪传》。
③ 《北史·王崇传》。
④ 《魏书·李崇传》附《李世哲传》。
⑤ 《周书》。
⑥ 《魏书·穆崇传》附《穆子林传》。

通过推行均田制,自北魏后许多少数民族民人和汉人一同被编制在州县户籍中,其耕地也交错在一起,各族人民逐渐融为一体。所以说,均田制对促成拓跋族本部人民的封建化和各族人民的融合,起了重要的推动作用。

六、南朝没有推行均田制的经济原因

魏作为五胡十六国之一,由拓跋珪于公元385年建立。魏国在我国北方的统治一直延续到南北朝时期,后分为东魏、西魏。由于其一直在我国北方地区,因此,历史上通俗的名称为北魏。北魏时期通过一系列汉化措施完成了由游牧民族到农耕民族的转变,在这一转变中起到重要作用的是土地制度的变革,那就是在北魏时期推行的均田制。而在东晋灭亡后建立起来的宋,开启了南北朝时期的南朝的历史。南朝历经宋齐梁陈四个朝代,其统治的区域大部分在南方。南朝的宋时期由于经过了三国以及两晋时期北方民族的南迁带来了比较先进的生产技术,加之南方适宜农业生产的气候条件,使得此时的南方农业和商业已经比较发达了,老百姓也能够安居乐业,国家税赋收入较之北方既稳定又丰富,因此,在北朝实行均田制的同时,南朝却没有推行均田制。

《魏书》卷六八《甄琛传》记载:“(于世宗时)上表曰:臣性昧知理,识无远尚,每观上古爱民之迹,时读中叶骤税之书,未尝不叹彼远大,惜此近狭。今伪弊相承,仍崇关鄽之税;大魏恢博,唯受谷帛之输。是使远方闻者,罔不歌德。昔亶父以弃宝得民,硕鼠以受财失众。君王之义,宜其高矣;魏之简税,惠实远矣。”甄琛给魏世宗上表说,要轻徭薄赋,减征税赋,尤其是把“关鄽之税”看作“伪弊相承”,而把“大魏恢博,唯受谷帛之输”当作美德歌颂。这就可以看出,北魏时期的“关鄽之税”即使有,也一定是很少的。“鄽”乃“廛”(读chán)字,意为古代城市平民的房地,市廛即集市之意。“关鄽之税”是对城镇商业活动场所征收的赋税。我们可以从侧面看出,北魏时期的税负比较单一,“唯受谷帛之输”,这样,一遇到战事,财政收入难免就会捉襟见肘。因此,在北魏时期就有必要推行均田制,以增加政府财政收入。同时,在南朝的宋等国,由于重视征收“关鄽之税”,政府的财政收入丰盈，对实行均田制以增加政府财政收入的积极性反而不高了。

陈寅恪先生对南朝地区没有严格推行均田制也作了简要的分析。他说："北朝俱有均田之制，魏、齐、隋、唐之田制实同一系统。而南朝则无均田之制，其国用注重于关市之税，北朝虽晚期亦征关市之税，然与南朝此税之地位其轻重颇有不同，然则南朝国民经济国家财政较北朝为进步，抑又可知也。"[①]从陈寅恪先生的论述中也可以看出，均田制在南朝的推出，既没有社会政治背景，也没有现实经济的必要性。

第二节　北齐、北周的均田制及其变化

一、北齐、北周均田制的规定

北魏之后，北齐、北周继续实行均田制，其核心思想没有发生太大的变化，不过，在均田的办法上发生了些许变化。这里先谈谈北齐的均田办法。

在东魏孝静帝天平年间，高欢掌握东魏政权时，就曾经进行过均田。据《北齐书·高隆之传》记载："入为尚书右仆射。时初给民田，贵势皆占良美，贫弱咸受瘠薄。隆之启高祖，悉更反易，乃得均平。"

实行均田制，其实是很难做到均平的，当时或许作过一些调整，说是"悉更反易"不免夸大。北齐宣帝高洋天保八年（公元 557 年），"议徙冀、定、瀛三州无田之人，谓之乐迁，于幽州范阳宽乡以处之，百姓惊扰"[②]。迁民到宽乡去，也是均田制的一项内容，北魏田令中就规定了"乐迁者听逐空荒"，但从这里可以看到，"乐迁"并非农民自己乐于迁移，而是带有很大的强迫性，人民不愿迁移，这才惹起惊扰。

武成帝高湛河清三年（公元 564 年），北齐颁布了均田令，史称《河清三年令》。

---

① 陈寅恪：《隋唐制度渊源略论稿》，商务印书馆 2016 年版，第 160 页。
② 《隋书·食货志》。

“至河清三年定令,乃命人居十家为比邻,五十家为闾里,百家为族党(《通典》下有‘一党之内,则有党族一人,副党一人,闾正二人,邻长十人,合有十四人,共领百家而已’)。”

“男子十八已上、六十五已下为丁,十六已上、十七已下为中,六十六已上为老,十五已下为小。率以十八受田输租调,二十充兵,六十免力役,六十六退田,免租调。”

“京城四面,诸坊之外三十里内为公田。受公田者,三县代迁户执事官一品已下、逮于羽林武贲各有差。其外畿郡,华人官第一品已下、羽林武贲已上各有差。”

“职事及百姓请垦田者,名为永业田。奴婢受田者,亲王止三百人;嗣王止二百人;第二品嗣王已下及庶姓王,止一百五十人;正三品已上及皇宗止一百人;七品已上限止八十人;八品已下至庶人,限止六十人。奴婢限外不给田者,皆不输。其方百里外及州人,一夫受露田八十亩,妇四十亩。奴婢依良人,限数与在京百官同。丁牛一头,受田六十亩,限止四年。又每丁给永业二十亩,为桑田。其中种桑五十根,榆三根,枣五根。不在还受之限。非此田者,悉入还受之分。土不宜桑者,给麻田,如桑田法。”①

关于北齐授田的还受时间,《通典·田制》记载如下:

“北齐给授田令,仍依魏朝,每年十月,普令转授。成丁而授,丁老而退,不听卖易。”

另外,《河清三年令》中也规定了春秋课农的办法:

“每岁春月,各依乡土早晚,课人农桑。自春及秋,男十五以上,皆布田亩。桑蚕之月,妇女十五以上,皆营蚕桑。孟冬,刺史听审邦教之优劣,定殿最之科品。人有人力无牛,或有牛无力者,须令相便,皆得纳种。使地无遗利,人无游手焉。”②

北齐有关丁年、均田和劝课农桑的规定,大致如上。

下面再来谈谈北周的均田制。《隋书·食货志》对北周的均田办法也

① 《隋书·食货志》。
② 《隋书·食货志》。

有记载：

“后周太祖作相，创制六官。载师掌任土之法，辨夫家田里之数，会六畜车乘之稽，审赋役敛弛之节，制畿疆修广之域，颁施惠之要，审牧产之政。司均掌田里之政令。凡人口十以上，宅五亩，口九(《通典》作‘七’)已上，宅四亩；五口已下，宅二亩。有室者，田百四十亩，丁者田百亩。”

有关北周均田的记载比较简略、笼统，也许是因为大部分内容延续了前制，因而只记载了变动的部分，只是史书对此未作说明。“按北周太祖宇文泰为西魏剖置六官，在恭帝三年(公元556年)，故这个均田令，当亦公布于这一年。此外，早在大统十年(公元544年)，苏绰为宇文泰所制定的《六条诏书》中的第三条，为‘尽地利’，其中谈到劝课耕桑。”①

《周书·苏绰传》记其办法如下：

“诸州郡县，每至岁首，必戒敕部民，无问少长，但能操持农器者，皆令就田，垦发以时，勿失其所。及布种既讫，嘉苗须理，麦秋在野，蚕停于室，若此之时，皆宜少长悉力，男女并功，……然后可使农夫不废其业，蚕妇得就其功。若有游手怠惰，早归晚出，好逸恶劳，不勤事业者，则正长牒名郡县，守令随事加罚，罪一劝百。此则明宰之教也。”

“夫百亩之地，必春耕之，夏种之，秋收之，然后冬食之。”

“单劣之户，及无牛之家，劝令有无相通，使得兼济。三农之隙，及阴雨之暇，又当教民种桑、植果，艺其菜蔬，修其园圃，畜育鸡豚，以备生生之资，以供养生之具。”②

对于苏绰及其所为的《六条诏书》，《苏绰传》中说：“太祖甚重之，常置诸座右。又令百司习诵之。其牧守令长，非通《六条》及计帐者，不得居官。”③如果这几句话是真实的，那就足以证明这些劝农办法在当时是的确付诸实施了的。

二、北齐、北周均田制与北魏均田制的异同

北齐、北周的均田制继承了北魏的均田制的大部分内容。既为继承，

---

① 韩国磐：《北朝隋唐的均田制度》，上海人民出版社1984年版，第102页。
② 《周书·苏绰传》。
③ 韩国磐：《北朝隋唐的均田制度》，上海人民出版社1984年版，第102页。

是否扬弃了呢？对北齐、北周均田制的法令规定略加分析，就可以看出它们与北魏均田制的异同。

其一，北魏规定诸男夫15岁以上即受田，自然也就要负担赋役。北齐受田和服役年龄统一规定为18岁，有“率以十八受田输租调”之规定。北周没有记载受田年龄的规定，但规定18岁以上至64岁为负担赋役的年龄，那么由此可以看出，北周也是从18岁开始受田。因此，可以得知，北齐、北周受田年龄都比北魏提高了3岁。受田年龄的提高，也就是负担赋税的年龄提高了，这应该是减轻了百姓的负担。

其二，北魏规定“男夫受露田四十亩，妇人二十亩”，“所授之田率倍之”。不过，倍田中有20亩是以桑田抵充的，一夫一妇之家，总共受露田和桑田120亩。北齐没有倍田的规定，“丁男受露田八十亩，桑田(或麻田)二十亩，其妇露田四十亩”，则一夫一妇之家受田为140亩。这是北魏、北齐有无倍田及受田数量上的差异。北周有室者受田140亩；丁者百亩，即减去了妇人的露田40亩。北周也没有倍田的规定。因此，在无倍田和受田数量上，北周与北齐同，而与北魏不同。

其三，北齐“给麻田如桑田法”，这有好几种含义。一则桑田在北魏为世业(即永业田)，而麻田要同露田一样还授；北齐给麻田如桑田法，则麻田也是永业田，可以传与子孙了。二则麻田亩数应当亦为20亩，与桑田数同。于是不管桑土、麻土，一夫一妇之家的受田数一样，不像北魏那样桑土和麻土受田数不一样。三则北齐时麻田如同桑田，自然也可买卖，这就不像北魏时期买卖田地仅限于桑田的有余和不足部分，因此，北齐时期土地买卖的范围扩大了。由于法令本身就规定了受田数内私占田地的增多，因而也给了豪强强买豪夺以更多机会。①

其四，北齐对受田奴婢的数目作了限制。不过这个限制很宽，多者可有奴婢300人，少者60人。贵族官僚和庶人地主都可拥有大量奴婢来受田。北齐、北周时，奴婢还用于生产上。北齐时期，俘获人口和以奴婢赏赐臣下是常有的事。如斛律光大败北周的仪同王敬俊等，“获口五百余

① 韩国磐:《北朝隋唐的均田制度》，上海人民出版社1984年版，第108页。

人”,段韶以破陈霸先军,“诏赏吴口七十人”;莫多娄贷文以战功,“赉奴婢三十人”。[①] 这些奴婢有不少仍用于农业生产。虽然北周均田令中没有奴婢受田的规定,但大量奴婢存在,其用于农业生产者必不会少。如周武帝保定时,曾赐予萧大圜“田宅奴婢牛马粟帛等”。萧大圜自己也说:“侍儿五三,可充缫织;家僮数四,足代耕耘。”[②]曾历任刺史、民部和工部中大夫的裴侠,受“赐良田十顷,奴婢、耕牛、粮粟,莫不备足”[③]。从这些记载中可见,北齐、北周使用奴婢耕种的事并非罕见,因而北齐田令中继续允许奴婢受田,只是限制受田的奴婢数目而已。

不过,北周武帝宇文邕曾经放免杂户、奴婢,如《周书・武帝纪》于建德六年(公元 577 年)数次下诏放免奴婢,“自伪齐武平三年(公元五七二年)以来,河南诸州之民,伪齐被掠为奴婢者,不问官私,并宜放免”。又诏:“自永熙三年(公元五三四年)七月以来、去年十月以前,东土之民,被抄略在化内为奴婢者,及平江陵之后,良人没为奴婢者,并宜放免。所在附籍,一同民伍。”又下诏说:“杂役之徒,独异常宪,一从罪配,百世不免。”“凡诸杂户,悉放为民。配杂之科,因之永削。”[④]以后还再次放免奴婢。由于一再放免奴婢,奴婢数量日渐减少,奴婢受田者势必亦日渐减少,以致最后发展到奴婢不再受田。

其五,有关职事官可受永业田,规定不同。北魏时,一般官吏有一人一顷的职分公田,以供刍秣。宣武帝时期把职分公田改为永赐之田,后来北齐官吏的永业田即是由此而来的。《河清三年令》规定,代迁户和官吏分别在京城外三十里内和百里内受田,表明代迁户和官吏都可在京畿的不同范围内受永业田。同时,永业田可以传与子孙,得听买卖,实际上,永业田已成为官僚贵族的私有地。北齐官吏受田则比北魏更进了一步。北齐明确规定了官吏可受永业田,所拥有的属于私有性质的田地更多。

其六,关于还授田的时间也有所不同。北魏规定还授田时间在每年正月。这是一年的开始,也是一年春耕的开始。不过,这时北方田地中早

---

① 《北齐书・斛律金传》《北齐书・段荼传》《北齐书・莫多娄贷文传》。
② 《周书・萧大圜传》。
③ 《周书・裴侠传》。
④ 《周书・武帝纪》。

种了大、小麦,因此,正月进行还授田是相当不便的。北齐改定于每年十月进行还授,即在秋收后还授。这也许就是唐朝也规定在每年十月到十二月进行还授田的原因吧。

其七,北齐《河清三年令》、北周《六条诏书》都规定了劝课农桑的办法,两者大致相同。一为耕种、蚕桑之时,农夫、蚕妇都要到田野从事劳动生产;二为地方官对勤惰者要分别予以奖惩,北周还特别重视正长对课农的职责;三为规定人力和牛力的换工,有无相通,务收耕种之利。北魏太和时的均田法令,未提及人力和牛力相更换的事。

第三节 隋朝均田制及其变化

一、隋朝均田制政策及基层管理组织

公元581年,北周静帝以杨坚众望所归下诏宣布禅让。杨坚即皇帝位,定国号为“隋”,改元开皇,隋朝建立。隋文帝杨坚夺得北周政权后,颁行新法,在土地制度上继续实行均田制。开皇十年(公元590年),隋文帝下诏:“凡是军人,可悉属州县,垦田籍帐,一与民同。”[①]这就是规定兵与民同样受田。开皇十二年(公元592年),隋文帝又“发使四出,均天下之田”[②]。

隋朝均田的具体办法详见《隋书・食货志》记载:

“男女三岁已下为黄,十岁已下为小,十七已下为中,十八已上为丁。丁从课役,六十为老,乃免。”

“其丁男、中男永业露田,皆遵后齐之制。并课树以桑榆及枣。其园宅,率三口给一亩,奴婢则五口给一亩,丁男一床,租粟三石。”

“自诸王以下至于都督,皆给永业田,各有差。多者至一百顷,少者至四十亩(《通典・田制下》作‘三十顷’)。”

“京官又给职分田。一品者给田五顷。每品以五十亩为差,至五品,

---

① 《隋书・高祖纪下》。
② 《隋书・食货志》。

则为田三顷，六品二顷五十亩。其下每品以五十亩为差，至九品为一顷。外官亦各有职分田。又给公廨田，以供公用。”①

这就是开皇新令的均田制的规定。

管理乡里均田的官吏组织，除沿用北朝时期北魏的三长制外，隋朝还规定：“五家为保，保有长。保五为闾，闾四为族，皆有正。畿外置里正，比闾正，党长比族正，以相检察焉。”②隋朝规定在畿内设保、闾、族三级基层组织，分别置长及正；在农村则设保、里、党，置保长、里正和党长。这些基层组织主要负责执行检查户口、实施均田的工作。直到 20 世纪初期，我国有些农村还有保长一职，这也许是受隋朝基层组织的影响。

二、隋朝均田制政策的演进

在隋朝均田法令中，如还授的时间、授田的次序、户绝者田地的处理、农民的迁移、宽乡与狭乡、土地买卖等，大抵是沿袭前朝，变通不大。例如，北齐授田在十月，唐朝亦在十月开始办理还授，介乎其间的隋朝，当亦在十月。又如北齐露田不准买卖，桑田和麻田同为永业田，可以买卖有余和不足部分；唐朝口分田（即露田）除去特定情况外，禁止买卖，永业田则可以买卖。隋朝的均田制法令还是具有承前启后的作用的。

尽管隋朝均田制仍沿用前制，但是隋朝实施的均田办法与南北朝时期相比，还是出现了许多积极的变化。

其一，关于农民的受田。开皇新令规定，农民的露田、永业田都按照北齐的办法。这就是说，“丁男受露田八十亩，妇人四十亩，每丁又给永业田二十亩”，故一夫一妇之家共可受用 140 亩。永业田包括桑田和麻田，如非桑田即给麻田，麻田和桑田一样可以传袭，并且可以买卖。露田则“不听卖买”，依法还授。

至于奴婢与牛，是否受田呢？既然露田、永业田都按照北齐的办法，那奴婢与牛也应该是受田的。隋朝规定“未受地者皆不课”，又规定“单丁及仆隶各半之”，仆隶既交租课，则奴婢是受田的。但是，隋炀帝即位后，

① 《隋书·食货志》

② 同上。

除去妇人、奴婢、部曲之课,按不受田就不课税的原则,可能从此妇人、奴婢等就不受田了。至于耕牛是否受田,也没有明文规定,也许从这时候开始就不受田了。

其二,关于军士的受田。开皇十年(公元590年),规定军人“垦田籍帐,一与民同”,也就是说军士与农民同样受田。其实军人受田并非始于隋朝。在北魏实行的均田制中,孝文帝曾一再赐予“代迁户”(迁都洛阳形成的户籍)田地,太和二十年(公元496年),并下令规定“代迁之士,皆为羽林、虎贲”,可见北魏禁军是受田的。北齐时,更明确规定羽林、虎贲在京畿30里内受田。只是北魏、北齐禁军所受田为永业田,与一般农民的受田有别。但北齐和北周都广募汉人为兵,如北齐“简华人之勇力绝伦者,谓之勇士,以备边要”[①]。北齐法令中又规定,“率以十八受田输租调,二十充兵”。西魏、北周在府兵制建立后,于建德二年(公元573年)“改军士为侍官,募百姓充之,除其县籍,是后,夏人半为兵矣”[②]。并且,北周还将“乡兵”“义从”逐步纳入封府兵的系统中。这样,府兵很多是原隶于县籍的百姓,或者是乡兵、义从。在均田制下,他们原本受田,只是被点为府兵后,才除其县籍,不属于州县。到隋文帝时,这些大多原为农民的府兵,按规定都与农民一样受田,籍帐仍归州县。府兵制下的兵士也就是均田制下的农民,府兵制实际上就是“军民合一”了。由于府兵兵士与农民同样受田,因而北魏、北齐时实行的禁军羽林、虎贲等所受的永业田就取消了,只有都督以上的军职按照官品大小才能受永业田。隋朝所开创的府兵制对后来各朝代戍边垦边影响很大。[③] 后来历朝历代的“兵农合一”的戍边垦边应该就是开始于隋朝。

另外,隋文帝还接受郎茂的建议,“身死王事者,子不退田。品官年老不减地,皆发于茂”[④]。“身死王事者”是指为国家而战死的士兵,“子不退田”是对府兵制下官兵的优恤;“品官年老不减地”是对做官者的优厚待遇。这也许又是隋朝均田制的制度创新吧,后来的朝代大体都继承了隋

① 《隋书·食货志》。
② 《隋书·食货志》。
③ 韩国磐:《北朝隋唐的均田制度》,上海人民出版社1984年版,第108页。
④ 《隋书·郎茂传》。

朝这一制度。

其三,关于官吏的受田。隋朝法令明确规定,官吏受田分为永业田、职分田和公廨田三种。自此官吏受田开始有了明确的称谓。隋朝规定,受永业田的是“诸王以下至于都督”,主要是有封爵和有功勋的,永业田不是所有官吏都有的。官吏的永业田源自:北魏的永赐田,即“一人一顷,听其买卖”;北齐在京畿对执事官以至羽林、虎贲的受田,这类田地可以买卖,已见述于北齐的均田制中。隋朝继承北齐规定,并明确称这种田地为永业田。

职分田和公廨田是从两晋的菜田、禄田和州郡公田,经北魏时刺史、太守和县令所受的公田发展而来的。北魏时这类田地不准买卖,更代相付。隋朝时虽未见明文规定,但以后唐朝仍禁止这类田地的买卖,则理解为隋朝更应如此。从隋朝开始,官吏所受公田分为两类:一是职分田,其收入作为官吏俸禄的一部分;二是公廨田,其收入作为官署的办公费用。职分田更代相付,同于北魏。公廨田属于封建政府的各个官署,如尚书省、司农寺、州政府等。如果这些官署的人员变动,同样是必须“更代相付”的。

设置公廨田源自苏孝慈的建议,是用于代替公廨钱的。《隋书·苏孝慈传》记载:“先是,以百僚供费不足,台省府寺,咸置廨钱,收息取给。李慈以为官民争利,非兴化之道,请罢之。请公卿以下给职田,各有差。上并嘉纳焉。”

“公卿以下给职田”的职田,就是公廨田,它代替公廨钱,来供给台省府寺官署的办公费用。其设置时间是在开皇十四年(公元594年)。

其四,关于永业田的规定。在隋朝均田制中,规定了官吏与农民都可以拥有永业田。所谓永业田,就是可以永世继承和自由买卖的土地。可见,隋朝的均田制和均田思想对唐代以后的私人土地所有制的形成,起到了承前启后的作用。

第六章

土地所有制“二元结构”初步形成

公元 618 年，隋朝大将李渊称帝，建立唐朝，史称唐高祖。经过隋朝末年的社会大动荡，唐朝初期也是民不聊生，经过唐太宗、武则天、唐玄宗这三个唐朝有代表性的皇帝的治理，唐朝自兴盛以至衰亡经历 290 年，形成中国古代历史上最为繁荣强大的朝代，史称大唐盛世。唐朝在中国古代经济史上有举足轻重的地位，在世界经济史上也是经济史家重点研究的对象。本章研究唐朝的土地所有制，其时王朝土地所有制形式并未改变，土地所有制的最大特点表现为私人土地所有制形式的正式确立，由此形成了中国古代土地所有制的“二元结构”。

第一节　唐朝均田制及其演化

一、唐朝均田制实施的背景

唐朝建立后，并未从根本上改变其土地制度，而是继续实行均田制，这有其历史的必然性。

首先，推行均田政策的根本目的到唐朝初期仍然适用。将农民束缚在耕地上，获得更多的劳动人手，增加赋税收入，这是北魏以来实行均田制度的根本目的。唐朝建立以后，更是百废待兴。唐太宗曾对侍臣说：

"国以人为本,人以衣食为本,凡营衣食,以不失时为本。"[①]这说明唐太宗充分认识到了将农民附着在耕地上从事农稼不失其时的重要性。

《唐律·户婚》中记载:"诸里正,依令授人田,课农桑。若应受而不授,应还而不收,应课而不课,如此事类,违法者,失一事,笞四十。"

《通典·乡党》记载:"每里置正一人,掌按比户口,课值农桑,检查非违,催驱赋役。"

唐朝规定,里正的职责是检查户口、督课农桑和催征赋役。也就是说,设立里正之职就是为了监督农民地著务农。唐玄宗时,宇文融担任户口色役使,"检括田畴,招携户口"[②],也都是旨在束缚农民于土地上,保证封建国家榨取赋役。其实统治者一直以来都以控制劳动人手、使之地著务农为第一要务,只不过在不同朝代采用的方式方法不同而已。北魏太和时到隋朝前期的均田制不失为一种使农民地著务农、便于国家榨取租赋的有效办法。因为这一办法能以官田荒地招诱户口,给予"轻税入官"的噱头,对无地、少地农民是具有一定吸引力的,所以唐朝没有理由不继承这一办法。

唐朝初期对户口人丁的掌握非常重视。随着隐蔽户口日益严重,唐朝政府采取团貌措施防止荫附隐漏,争取将更多的人口掌握在封建国家手中。《唐会要·团貌》记载:"延载元年(公元694年)八月敕,诸户口计年将人丁老疾应免课役及给侍者,皆县亲貌形状,以为定簿。一定以后,不得更貌。疑有奸欺者,听随事貌定,以付手实。"

大约到了武则天时期,豪强荫占和浮逃户口现象日益严重,逐渐成为社会问题。由于豪强荫占户口,反使封建政府"赋税不益",因此,封建国家必须与豪强争夺户口,使之地著,负担赋税。每当豪强广占土地损害到整个统治阶级的政权时,封建国家就会抑制豪强势力,来巩固整个封建统治,甚至用法律的形式来确定。因此,唐朝初期实施均田政策,仍有其必要。

其次,要想束缚农民于土地之上,保证国家的赋税收入,唐朝初期政

① 《贞观政要·论务农》。
② 《旧唐书·宇文融传》。

府仍然需要继续推行均田政策。隋朝末年,统治者十分残暴,广大地区满目苍凉;隋唐之际,到处荆榛遍野,蒿棘成林;即使到了唐贞观年间,仍然有大量荒地存在。

《旧唐书·魏征传》记载:

“今自伊洛以东,暨乎海岱,灌莽巨泽,苍茫千里,人烟断绝,鸡犬不闻,道路萧条,进退艰阻。”

从河南到山东一带,有很多荒芜的土地。荒地的大量存在,是农业被破坏的表现。耕垦荒地,恢复和发展农业,就成为统治者需要解决的问题。因此,唐朝初期政府也就有劝课农桑、招徕新附户口的要求,从而继续实行均田政策。

再次,北魏以及其后朝代的“均田”政策,是在中央集权的情况下实施的,是王朝土地所有制的重要表现。唐朝初年灭隋建国,统一天下,建立了新的中央集权政府,且政权日益巩固,其推行均田政策的政治基础更加牢靠。

当然,唐朝初期继续推行均田政策的因素除了以上谈到的以外,还有其他多方面的、综合的因素。

二、唐朝均田制内容

唐高祖武德七年(公元624年),全国范围内的大规模军事行动基本结束,统一的唐朝政府建立。为了维护与稳定统治,唐王朝颁布了一系列制度,其中关于土地政策方面,颁布了均田令,推行均田政策。据旧史记载及日本学者仁井田陞的《唐令拾遗·田令》,武德以后,到开元七年(公元719年)、开元二十五年(公元737年),唐玄宗两次颁布均田令。有关均田的记载有很多。如贞观元年(公元627年),唐太宗李世民曾与臣下讨论,“户殷之处,听徙宽乡”[①],只是这次议而未行。贞观十八年(公元644年),唐太宗诏令“雍州尤少田者,并给复,移之于宽乡”[②]。唐高宗永徽(公元650—655年)时,曾下令禁止买卖口分田和永业田。唐玄宗开元

① 《唐会要·移户》。

② 《册府元龟·惠民》。

十六年(公元 728 年),曾诏令客户到边地州县,“至彼给良沃田安置”。开元二十二年(公元 734 年),因为豪富兼并,贫人失业,“于是诏买者还地而罚之”。[①] 唐天宝十一年(公元 752 年),因为王公百官豪富之家恣行兼并,于是又下诏禁止。可以看出,唐朝曾经多次颁布田令,采取移民于宽乡、禁止田地买卖和兼并以及保护私人土地买卖等法令措施。

唐朝实行均田制的史籍记载,如“唐武德七年令”见于《旧唐书》《唐会要》等书,“唐开元二十五年令”见于《通典》《册府元龟》等书。根据《唐六典·尚书户部》及《通典·田制》等的有关记载,转录唐朝土地均田法令如下:

一是关于唐代的乡里组织、成丁年龄、一般人的受田。

据《唐六典·尚书户部》记载:

“百户为里,五里为乡。两京及州县之廓内分为坊,郊外为村。里及村坊,皆有正,以司督察(原注:里正兼课植农桑,催驱赋役)。四家为邻,五家(《旧唐书·职官志》作‘五邻’为是)为保,保有长,以相禁约。”

“凡男女始生为黄,四岁为小,十六为中,二十有一为丁,六十为老。每岁一造计帐,三年一造户籍。县以籍成于州,州成于省,户部总而领焉(原注:诸造籍,起正月,毕三月……)。凡天下之户,量其资产,定为九等。每定户以仲年(原注:子卯午酉),造籍以季年(原注:丑辰未戌)。”

“乐住之制,居狭乡者听其从宽,居远者听其从近,居轻役之地者听其从重(原注:畿内诸州不得乐住畿外,其关内诸州不得住余州,其京城县不得住余县,有军府州不得住无军府州)。”

“凡天下之田,五尺为步,二百有四十步为亩,百亩为顷。度其肥瘠宽狭,以居其人。”

“凡给田之制有差。丁男中男以一顷(原注:中男年十八以上者,亦依丁男给),老男笃疾废疾以四十亩,寡妻妾以三十亩,若为户者,则减丁之半。凡田分为二等,一曰永业,一曰口分。丁之田二为永业,八为口分。凡道士给田三十亩,女冠二十亩,僧尼亦如之。凡官户受田,减百姓口分

① 《唐会要·移户》。

之半。凡天下百姓给园宅地者,良口三人以上给一亩,三口加一亩;贱口五人给一亩,五口加一亩。其口分永业不与焉(原注:若京城及州县郭下园宅,不在此例)。”

“凡给口分田,皆从便近。居城之人,本县无田者,则隔县给受。”

“凡应收授之田,皆起十月,毕十二月。凡授田先课后不课,先贫后富,先无后少。”

“凡州县界内,所部受田悉足者为宽乡,不足者为狭乡。”

二是关于官吏受田的规定。

据《通典·田制下》记载:

“其永业田:亲王百顷,职事官正一品六十顷,郡王及职事官从一品各五十顷,国公若职事官正二品各四十顷,郡公若职事官从二品各三十五顷,县公若职事官正三品各二十五顷,职事官从三品二十顷,侯若职事官正四品各十四顷,伯若职事官从四品各十顷,子若职事官正五品各八顷,男若职事官从五品各五顷。上柱国三十顷,柱国二十五顷,上护军二十顷,护军十五顷,上轻车都尉十顷,轻车都尉七顷,上骑都尉六顷,骑都尉四顷,骁骑尉、飞骑尉各八十亩,云骑尉、武骑尉各六十亩。”

“其散官五品以上,同职事给。兼有官、爵及勋,俱应给者,唯从多,不并给。若当家口分之外,先有地非狭乡者,并即回受,有剩追收,不足者更给。诸永业田皆传子孙,不在收授之限,即子孙犯除名者,所承之地亦不追。”

“所给五品以上永业田,皆不得狭乡受,任于宽乡隔越射无主荒地充(原注:即买荫赐田充者,虽狭乡亦听)。其六品以下永业,即听本乡取还公田充,愿于宽乡取者亦听。”

“应赐人田,非指的处所者,不得狭乡给。”

三是关于职分田的规定。

据《通典·田制下》记载:

“诸京官文武职事职分田:一品一十二顷,二品十顷,三品九顷,四品七顷,五品六顷,六品四顷,七品三顷五十亩,八品二顷五十亩,九品二顷,并去京城百里内给。其京兆、河南府及京县官人职分田亦准此,即百里外给者亦听。"

"诸州及都护府、亲王府官人职分田：二品一十二顷，三品一十顷，四品八顷，五品七顷，六品五顷(原注：京畿县亦准此)，七品四顷，八品三顷，九品二顷五十亩。"

"镇戍关津岳渎及在外监官：五品五顷，六品三顷五十亩，七品三顷，八品二顷，九品一顷五十亩。三卫中郎将、上府折冲都尉各六顷，中府五顷五十亩，下府及郎将各五顷。上府果毅都尉四顷，中府三顷五十亩，下府三顷。上府长史、别将各三顷，中府、下府各二顷五十亩。亲王府典军五顷五十亩，副典军四顷，千牛备身左右，太子千牛备身各三顷。诸军上折冲府曹二顷，中府、下府各一顷五十亩。其外军校尉一顷二十亩，旅帅一顷，队正副各八十亩，皆于领所州县内给。其校尉以下，在本县及去家百里内领者不给。"

四是关于朝廷各官署的公廨田的规定。

据《通典・职田公廨田》记载：

"大唐凡京诸司，各有公廨田：司农寺给二十六顷，殿中省二十五顷，少府监二十二顷，太常寺二十顷，京兆府、河南府各十七顷，太府寺十六顷，吏部、户部各十五顷，兵部、内侍省各十四顷，中书省、将作监各十三顷，刑部、大理寺各十二顷，尚书都省、门下省、太子左春坊各十一顷，工韶一十顷，光禄寺、太仆寺、秘书监各九顷，礼部、鸿胪寺、都水监、太子詹事府各八顷，御史台、国子监、京县各七顷，左右卫、太子家令寺各六顷，卫尉寺、左右骁卫、左右武卫、左右威卫、左右领军卫、左右金吾卫、左右监门卫、太子左右春坊各五顷，太子左右卫率府、太史局各四顷，宗正寺、左右千中卫、太子仆寺、左右司御率府、左右清道率府、左右监门率府各三顷，内坊、左右内率府、率更府各二顷。"

五是关于地方官吏的公廨田的规定。

据《唐六典・尚书户部》记载：

"凡天下诸州公廨田：大都督府四十顷，中都督府三十五顷，下都督、都护、上州各三十顷，中州二十顷，宫总监、下州各十五顷，上县十顷，中县八顷，中下县六顷，上牧监、上镇各五顷，下县及中牧、下牧、司竹监、中镇、诸军折冲府各四顷,诸冶监、诸仓监、下镇、(上)关各三顷,互市监、诸屯监、上戍、中关、及津各二顷,下关一顷五十亩,中戍、下戍、岳、渎各一顷。"

六是关于倍田、买卖、赁质等方面的规定。

据《通典·田制下》记载:

"其给口分田者,易田则倍给(原注:宽乡三易以上者,仍依乡法易给。按《新唐书·食货志》云:'一易者倍授之,宽乡三易者不倍授',与此注异)。"

"诸庶人有身死家贫无以供葬者,听卖永业田,即流移者,亦如之。"

"乐迁就宽乡者,并听卖口分(原注:卖充住宅、邸店、碾磑者,虽非乐迁,亦听私卖)。诸买地者不得过本制,虽居狭乡,亦听依宽制。其卖者不得更请。凡卖买皆须经所部官司审牒,年终彼此除附。若无文牒辄卖买,财没不追,地还本主。"

"诸因王事没落外藩不还,有亲属同居,其身分之地,六年乃追,身还之日,随便先给。即身孤王事者,其子孙虽未成丁,身分地勿追。其因战功及笃疾废疾者,亦不追减,听终其身也。"

"诸田不得贴赁及质,违者财没不追,地还本主。若从远役外任,无人守业者,听贴赁及质。其官人永业田及赐田,欲卖及贴赁者,皆不在禁限。"

"诸给口分田,务从便近,不得隔越。若因州县改易,隶地入他境,及犬牙相接者,听依旧受。"

七是关于工商业者的受田规定。

据《通典·田制下》记载:"诸以工商为业者,永业、口分田各减半给之,在狭乡者并不给。"可见,到了唐朝时期,均田制的规定不单涉及农耕者,而且已经有对从事工商业者的均田规定了。

唐朝实行土地均田制法令的内容大体如此。鉴于历史文献记叙比较多,研究与归纳者也比较多,以上引述的是《唐六典》及《通典》中的记载。[①]

---

① 有关唐代均田制法令的记叙比较多,包括《唐会要·租税上》《旧唐书·食货志》《旧唐书·职官志》《新唐书·食货志》《册府元龟·田制》等。这里依据的是《唐六典》以及《通典》,它们乃唐人撰述,成书早,记叙详细。

三、唐朝均田制的变化

唐朝均田制与以前朝代的均田制相比是有明显变化的。其主要变化如下：

一是受田对象的变化。唐朝均田制规定的一般人户的受田对象发生了很大变化。

第一，妇人不再受田。唐朝均田制法令规定，除寡妻妾和作为主户者外，一般妇人不受田。而从北魏时期到隋文帝时，妇人都可受田。到隋炀帝即位后，“除妇人及奴婢部曲之课”，可能妇人就已经不受田了，但是法令中不再规定妇人受田与否。在唐朝，则明确规定妇人不再受田。因为妇人一般不受田，所以唐朝不论丁男或18岁以上的中男，所受田都是100亩，而不是以前的140亩了。唐朝法令中没有妇人受田的规定，同时妇人也无须负担租课。

第二，奴婢和牛不再受田。这与妇人不受田可能同起于隋炀帝时，只是唐朝在法令中明确了这一规定。唐朝除官户、杂户外，一般奴婢不受田也不课税。官户受田“减百姓口分之半”，杂户据《唐律疏议·名例》的规定，“进丁受田，依百姓例”。官户身份高于奴婢，杂户身份又高于官户，他们跟奴婢有别，故可受田。为何唐朝法令取消了奴婢和牛的受田呢？北魏、北齐时，官僚地主都要通过奴婢和牛来领受大量田地。而自隋朝至唐朝，特别是唐朝，法令中明确规定各级官吏都可拥有永业田、职分田和公廨田，因而他们无须通过奴婢和牛受田，就可获得大量土地，于是法令就取消了奴婢和牛受田。

第三，僧尼、道士、女冠可以受田。唐朝法令取消了一些人的受田资格，却又增加了一些受田对象。唐朝均田制规定，僧尼、道士、女冠可以受田。僧尼、道士、女冠可以受田，是由于从魏晋南北朝以来，佛教盛行，大兴寺院。到了唐朝初期，寺院、道观占田已经是普遍现象了。因此，唐朝法令不得不承认这种既成事实。北魏时，百姓每年能输谷六十斛入僧曹者，就成为僧祇户，这种粟称为僧祇粟。又以犯重罪者和官奴为佛图户，或称寺户，从事洒扫营田。其结果是“僧祇户、粟及寺户，遍于州镇”，于是寺院的田产和依附寺院的人越来越多,甚至出现“寺夺民居,三分且一”的情况。北齐末年,僧尼将近300万,“凡厥良沃,悉为僧有”。这种情况说明北朝的均田大受限制,因为这些寺院的僧衹户、佛图户隶属于寺院,向寺院交纳地租;寺院拥有的田产就是僧侣的私产,均田制在这里是行不通的。故唐朝政府可能在承认寺院广占田地的事实下,也有将寺观田产纳入均田制的意图。由于寺庙占田太多,朝中一些大臣屡次提到寺庙占田荫户的严重情况,却一直无法解决。因此,唐朝只得承认既成事实,把僧尼、道士、女冠纳入其均田制的受田对象。

第四,工商业者可以受田。唐朝时期社会相对稳定,海外来者日益广大,境内从事工商业的人也不在少数。因此,唐朝均田制对从事工商业者的受田也有规定。虽然法令规定只限于宽乡,且只受丁男田地之半。唐朝均田制法令还准许将口分田卖充住宅、邸店、碾硙之用。《通典·田制下》对唐朝均田制有关工商业者受田规定:“诸以工商为业者,永业、口分田各减半给之,在狭乡者并不给。”可见,到了唐朝,均田制的规定不单涉及农耕者,而且把从事工商业者也作为受田对象。这从另一个侧面反映出唐朝的工商业已经成为不可或缺的社会力量了。因此,唐朝只有顺应社会经济的发展规律,采取相应的经济政策,即放宽土地买卖的条件,扩大土地买卖的范围。商人加入竞相占夺土地的行列,这就为土地私有制的发展埋下了伏笔。“国家试图通过土地买卖的经济手段来调节土地占有的矛盾,缓解土地占有严重不均的局面。然而,事与愿违,土地买卖的藩篱一旦被冲开,随着唐代商品经济的不断发展,土地买卖的汹涌之势便势不可挡地蔓延于整个社会。”[①]

二是官吏受田的变化。唐朝均田制规定,官吏的受田分为永业田、职分田和公廨田。这是继承隋朝而来的规定,不过唐朝在法令中规定得更详尽,且所有各级官吏都可受田。其中,职分田是官吏俸禄的一部分;公廨田供各级政府官吏作办公费用,都是要农民来耕种交租的。“其田亦借民佃植,至秋冬受数而已。”[②]耕种职分田、公廨田的农民,称为“佃民”。

① 武建国:《均田制研究》,云南人民出版社2011年版,第195页。

② 《通典·职田公廨田》。

职分田和公廨田不是官吏的私田，现任官吏更代时需要交给继任的官吏。唐朝规定：“诸职分陆田限三月三十日、稻田限四月三十日，以前上者并入后人，以后上者入前人。其麦田以九月三十日为限。”[①]也就是说，在限定日期以前到任的，就拿到这一季的田租；在限期以后到任的，则这一季田租就归原任官吏。因此，唐朝职分田、公廨田又称公田，不是官吏的私田。

至于官吏所受永业田，情况则不同。这种田地可以传给子孙，世代享有，成为官吏的私田。唐朝的法令规定，各级官吏从一品到九品，“凡官人及勋，授永业田”[②]。因此，凡是有官、勋者，都可获得私有土地。从北魏以来官吏永业田出现，发展到唐朝官吏普遍获得永业田，可以世代享有或买卖，这正好说明在均田制实行过程中土地私有制的日益发展。

当然，如果官吏办差立功，还可以获得皇帝的赐田。皇帝赐予功臣田地乃是古代社会常有的事。皇帝赐予的田地不仅是一种至高无上的荣誉，更是官吏奉为“圭臬”的私产。这里再举一判辞为例：“丁多买田至四百顷，极膏腴上贾(价)，他财物称是。御史纠之，云：‘天恩数加赏赐，不是赃贿。’”丁家广占田至四百顷，惹得御史要来纠弹，似乎应该有罪了。但所拟判词却这样说：“丁家类封君，田成永业。是称近甸，亦曰膏腴，……况称恩命，岂等平人？御史绳之，终难纠诘。”[③]

从这一判例来看，占田太多，本不合法，但以皇帝赐田为由，不同常人，就难以纠诘了。这里只是说明，如果官吏办差得当，立有功劳，是可以获得皇帝恩赐土地的。

在关于均田制人户迁徙、倍田、执行均田制的基层组织、均田制下的土地买卖和租赁以及均田制法令中的社会救助等问题中，唐朝的均田制与以前相比，尤其是与隋朝相比，也发生了较大的变化。

自北魏、北齐以来，官僚地主们通过奴婢和牛来占有大量土地，但是按照法令规定，“奴婢、牛随有无以还授”。现在官吏除职分田、公廨田外，又可依官品高下占有大量的永业田，以及因办差有功获得赐田，通过奴婢

---

① 《通典·田制下》。

② 《旧唐书·职官志二》。

③ 《全唐文·对多田判》。转引自韩国磐：《北朝隋唐的均田制度》，上海人民出版社 1984 年版，第 150 页。

和牛受田的办法已非必要,故法令就取消了奴婢和牛的受田。由此可知,唐朝官吏普遍获得永业田。

唐朝的均田制继承了北魏均田制思想的基本精神,尤其是对隋朝的均田制既有传承又有发扬,是一种合理的“扬弃”。如唐朝关于府兵受田的规定就是沿袭了隋文帝均田制政策的“兵农合一”制度。当然,唐朝的均田制相较于隋朝的均田制,变化还是十分明显的,尤其在受田的对象和官吏受田的规定方面。由于妇人和奴婢、牛不受田,一夫一妇之家的受田数和租粟数、租调的负担者等都发生了相应的变化。唐朝均田制规定官吏(中央和地方的各级官吏)的受田分为永业田、职分田和公廨田,且规定了其买卖情况。

由于土地买卖限制放松,在一定条件下,各类田地都可买卖。这就在客观上促进了唐朝私人土地私有制的发展。官吏的广占田地和豪强地主的强买豪夺,不仅使均田制限制豪强的作用日渐其微,而且反过来还为均田制的崩坏敲响了丧钟。

第二节　唐朝土地买卖法律规定

一、唐朝土地的法令

到了唐朝,有关均田政策对于土地买卖的规定,和北魏均田制相比发生了较大的变化,即使与隋朝时期的均田制比较,其有关法律规定也有了明显的增加。

《唐律疏议》卷十二《户婚》记载:

“‘即应合卖者’,谓永业田家贫卖供葬,及口分田卖充宅及碾硙、邸店之类,狭乡乐迁就宽者,准令,并许卖之。其赐田欲卖者,亦不在禁限。其五品以上若勋官,永业地亦听卖。”

《通典》卷二《田制下》记载:

“诸庶人有身死家贫无以供葬者,听卖永业田。即流移者,亦如之。乐迁就宽乡者,并听卖口分。卖充住宅、邸店、碾硙者,虽非乐迁,亦听私卖。诸买地者不得过本制，虽居狭乡，亦听依宽制。”

“其卖者，不得更请。……诸田不得贴赁及质，违者财没不追，地还本主。若从远役外任，无人守业者，听贴赁及质。其官人永业田及赐田，欲卖及贴赁者，皆不在禁限。”

《新唐书·食货志》记载：

“凡庶人徙乡及贫无以葬者，得卖世业田；自狭乡而徙宽乡者，得并卖口分田。”

从以上记载可以归纳出，唐朝均田制下规定的土地买卖情况至少可以有以下几种：一是“家贫无以供葬”；二是“由狭乡迁宽乡”；三是“卖充住宅、邸店、碾硙”；四是“官人永业田及赐田”。唐朝这四种土地可以买卖，与前几个朝代相比，显然条件和范围已大为放宽，不仅永业田可以买卖，而且口分田也可以买卖了。

唐朝土地买卖的规定虽然已大为放宽，但是并没有完全放任民间自由买卖，即使是符合田令规定的买卖，依然受国家的严格控制。

首先，“买地者不得过本制”。所谓“本制”，即指官僚依品阶应受田的数额以及一般均田农户等应受田的数额。也就是说，买地者占有土地的总量不能超出本身应受田的数额。这一点仍然因袭了北魏太和九年令的精神。

其次，土地买卖必须经官司申牒立案。“凡买卖皆须经所部官司申牒，年终彼此除附。若无文牒辄买卖，财没不追，地还本主。”[①]只有具有通过政府官司审核的文牒，才算是合法的买卖；反之，则被视为“私窃贸易”或“盗贸易者”，不仅要受到笞杖之刑，而且要受到“田无文牒，辄卖买者，财没不追，苗子及买地之财并入地主”[②]的处罚。[③] 这是为了保证封建国家对土地买卖的控制，防止土地的违法买卖。

正是因为唐朝均田制下的土地买卖是有条件和范围的，所以土地买卖也就有合法与非法之分。相比唐朝以前各个朝代尤其是北魏的均田

① 《通典·田制下》。

② 《唐律疏议·户婚》。

③ 武建国：《均田制研究》，云南人民出版社 2011 年版，第 193 页。

制,从土地的买卖条件和范围来看,唐朝的土地买卖限制得越来越松,土地买卖的范围越来越广。从这一点就可以看出,唐朝土地私有制盛行已经毫无疑义了。

唐朝均田政策中对于非法买卖和逾限占田者规定的处罚条例也很详细。

《唐律疏议》卷十二《户婚》记载:

“诸卖口分田者,一亩笞十,二十亩加一等,罪止杖一百。地还本主,财没不追。即应合卖者,不用此律。”

“疏议曰:‘口分田’,谓计口受之,非永业及居住园宅。辄卖者,《礼》云:‘田里不鬻’,谓受之于公,不得私自鬻卖。违者,一亩笞十,二十亩加一等,罪止杖一百。卖一顷八十一亩,即为罪止。地还本主,财没不追。”

《唐律疏议》卷十三《户婚》记载:

“诸占田过限者,一亩笞十,十亩加一等,过杖六十,二十亩加一等,罪止徒一年,若于宽闲之处者,不坐。”

“疏议曰:王者制法,农田百亩,其官人永业准品,及老、小、寡妻受田各有等级,非宽闲之乡不得限外更占,若占田过限者,一亩笞十,十亩加一等,过杖六十,二十亩加一等,一顷五十一亩,罪止徒一年。又,依令:‘受田悉足者为宽乡,不足者为狭乡’,若占于宽闲之处不坐,谓计口受足以外,仍有剩田,务从垦辟,庶尽地利,故所占虽多,律不与罪,仍须申牒立案,不申请而占者,从‘应言上不言上’之罪。”

有关唐朝均田政策的法律条文规定还有很多,这里列举的只是部分,目的是为了说明唐朝均田制中有关土地买卖的客观现实。

当然,唐朝土地买卖在不同的环境下,也经历过反复。也就是说,有的皇帝也曾为抑制土地兼并,发布过禁止土地买卖的诏令。例如,唐高宗永徽年间,曾规定禁止买卖“世业”与“口分”田。“为了永徽中禁买卖世业、口分田。其后豪强兼并,贫者失业,于是诏买者还地而罚之。”①

在以上条文中规定的“逾限占田”而“律不与罪”的,乃是适宜“宽闲之

① 《新唐书·食货志》。

处"的占田。这是唐朝政府为解决人多地少的狭乡受田严重不足的矛盾，鼓励狭乡之民徙就宽乡；同时也是唐朝政府鼓励民众开发人稀地广的宽乡，开辟国有荒闲土地，以使"庶尽地利"。鼓励开发偏穷地区荒地是历朝历代的举措。因此，历朝历代政府都会予以优惠条件。但是，唐朝规定，占田者仍必须向官府申牒立案方算合法占有，不然则以"应言上不言上"罪之。这充分表明，无论哪里的土地都是国家的，土地所有权仍然控制在国家手中，民户不能任意占田，恣意买卖。即使到了唐朝，土地私有制已经越来越深入"人心"——无论是法律制度还是市场行为，但是王朝土地所有制也是始终存在的。

第三节　唐朝私人土地所有制的正式确立

在唐朝的均田政策中，一方面，土地买卖受到国家法律的严格控制，这是由王朝土地所有制的特征所决定的；另一方面，通过合法手续买卖的土地，依然会受到国家法律的保护。这就说明，唐朝土地私有制是受到国家法律保护的，同时也是被市场广泛接受的。唐朝均田制下土地买卖的规定和基本精神，尽管延续了北魏均田制的一些内容，如土地买卖不得超过应受田的标准数额，土地买卖受国家的控制，但是，更为重要的是，唐朝均田制发生了较大的变化，如土地买卖的条件和范围都已大为放宽，不仅永业田可买卖，口分田亦可以买卖，而且受到国家法律的保护。这就说明，在实行均田制的不同朝代，均田制的具体规定在不断地发生变化，而到了唐朝，其变化更加明显。

在唐朝的均田制下，无论是土地买卖的条件还是土地买卖的范围都向着宽松的方向演变，其根本原因是土地私有制的不断发展。"早在推行均田制之前的北魏前期，土地兼并和土地私有制就已逐渐发展起来，推行均田制后，虽然对土地兼并和土地私有化起了一定的限制作用，但是并不能完全扼制土地兼并和土地私有化的发展。尤其是在中央集权制国家政权日渐式微的情况下，土地买卖、土地兼并、土地私有制急剧发展。如北魏后期,豫州刺史崔暹‘广占田宅’、‘侵盗公私’[①],华州刺史杨播‘至州借民田’[②]。北齐后期则更为严重,‘其时强弱相凌,恃势侵夺,富有连畛亘陌,贫无立锥之地。……而齐氏全无斟酌,虽有当年权格,时暂施行,争地文案有三十年不了者,此由授受无法者也’,‘又河渚山泽,有可耕垦肥饶之处,悉是豪势,或借或请,编户之人不得一垄……露田虽不复听卖买,卖买亦无重责。贫户因王课不济,率多货卖田业,至春困急,轻致藏走。亦有懒惰之人,虽存田地,不肯肆力,在外浮游。三正卖其口田,以供租课。比来频有还人之格,欲以招慰逃散。假使暂还,即卖所得之地,地尽还走’[③]。官僚地主、豪势之家兼并小农,蚕食国有土地,广占田宅,使土地不断地集中于少数人之手,贫户则多‘无立锥之地’,土地买卖十分频繁,永业田、口分田都被大量地违法买卖,国家已无力控制土地,均田制名存实亡。随着土地买卖的发展,土地私有制便不断地发展起来。”[④]

唐朝时期,因军功、权臣长期世袭占有大量土地,历数几朝而广占土地者不在少数。对于一大批与李氏王朝封建政权的命运休戚相关的官僚阶层、大地主们,唐朝政府必须极力维护他们的利益,非但不可能削夺其土地,恰恰相反,还必须制定法令以维护他们广占土地的现实,如扩大官吏永业田授受的范围和数额,保证他们广占田地的合法性。“一般庶民地主与贫民之间历史地形成的在土地占有上的贫富不均,国家已不可能通过‘夺富补贫’的方法来调节。庶民地主通过开垦荒地、购买土地及恃势侵夺等方法和途径逐渐积聚起来的大量土地,虽然尚不能够‘把它作为排斥其他一切人的、只服从自己个人意志的领域’,独占地、排他地支配它,但是,由于庶民地主长期地占有这些土地,土地已具有私有性质。”[⑤]

如前所述,唐朝土地买卖之所以无法阻挡,究其原因:一方面是唐朝中期以后,面对长期形成的官僚地主、豪富之家广占田地的事实以及贫户少有土地的局面,政府已经无力对经济领域进行强行干涉来改变,只好承

---

① 《魏书·崔暹传》。
② 《魏书·杨播传》。
③ 《通典·田制下》引《关东风俗传》。
④ 武建国:《均田制研究》,云南人民出版社2011年版,第193页。
⑤ 武建国:《均田制研究》,云南人民出版社2011年版,第194—195页。

认既成事实；另一方面是由于唐朝的社会经济发展所致，这也是根本原因。也就是说，社会经济发展到唐朝，土地私有制形态的发展有其必然性。

关于中国古代社会土地所有制的形式问题，尤其是在哪一个阶段出现私人土地所有制的问题，学界一直争论不休，这在本书综论中也有过论述。一些中国学者认为，从秦统一后算起的中国古代社会的土地所有制形式是私人土地所有制。他们的主要依据就是《汉书·食货志》中的这样一段话：“至秦则不然，用商鞅之法，改帝王之制，除井田，民得卖买，富者田连阡陌，贫者无立锥之地。”这些学者认为，从这段文字中看出，中国古代社会自商鞅变法以后，民间可以买卖土地，中国社会的土地制度就是土地私有制。这个看法虽有一定的史料依据，但仅据“除井田，民得卖买”就以为中国古代社会的土地所有制形式是私人土地所有制，尚缺乏说服力。

土地所有制形式是一种生产关系或者说是一种经济关系，但它同时也是一种法律关系。因此，在确定一种土地所有制形式是地主土地私有制还是别的什么形式时，就不仅要从生产关系的角度来考察，也要从法的关系的角度来考察。也就是说，要将经济关系和法的关系统一起来考察，才能判断土地所有制形式及其变化。按照这一认识，唐朝以前中国古代社会的土地所有制形式不是私人土地所有制，而是王朝土地所有制。因为从经济关系来说，唐朝以前中国古代社会的土地确实可以买卖，这不仅有前面所提文献资料为证，而且史书上也有实证。如史书上记载：汉朝萧何买田自污；贡禹有田一百五十亩，被召之日卖其百亩，以供车马之资；等等。从经济关系来说，土地经过买卖后，归买者所占有。但这种买卖土地的行为及其结果并没有被当时政府的法律所承认。因为这种土地买卖仅是民间的行为，官府并没有允许买卖土地的具文。也就是说，官府并没有“立卖田之法”。土地买卖以后，官府亦没有“执其契券以各征其直”。而且，在人们的观念中，还是认为“溥天之下，莫非王土”。正是这种观念促使一些政治家如董仲舒、师丹等人提出了“限民名田”的政策思想。秦汉以后一些王朝的土地政策则更明确地表明国家才是土地所有者。如王莽新朝时期把所有天下之田都变为“王田”，政府统一授田于民；西晋的“占田”政策规定民间占有土地的数量;从北魏开始实行的“均田”政策则更是“均给天下民田”。如果说当时的土地不是属于封建王朝所有,而是属于地主私人所有,王朝政府就不可能统一授田于民、限制土地占有和“均给天下民田”。

然而,中国古代社会的土地所有制形式在社会经济发展的过程中,在商品经济发展的过程中,在民间私自买卖土地日益增多的过程中,发生了根本性的变化。这种根本性变化就是从唐朝开始的。

唐朝时期具文立法允许民间买卖土地,这就是从法的关系上确认了土地买卖的合法性,确认了私人土地所有制。从下面两个文献的记载中,我们更能看出唐朝私人土地所有制的合法性。

一是《新唐书·食货志》所载唐朝“均田”政策的规定。

《新唐书·食货志》记载:

“唐制……授田之制,丁及男年十八以上者,人一顷,其八十亩为口分,二十亩为永业……凡庶人徙乡及贫无以葬者,得卖永业田。自狭乡而徙宽乡者,得出卖口分田。”这就从法律上肯定了土地私人的占有权,这是中国古代王朝史上的第一次具文明确规定。

二是《文献通考·田赋考二》记载的水心叶氏的论述。

水心叶氏曰:“自古天下之田无不在官,民未尝得私有之。但强者力多,却能兼并众人之利以为富,弱者无力,不能自耕其所有之田,以至转徙流荡。故先王之政,设田官以授天下之田,贫富强弱无以相过,使各有其田得以自耕,故天下无甚贫甚富之民。至成周时,其法极备,虽《周礼·地官》所载,其间不能无牵合抵捂处,要其大略亦可见。周公治周,授田之制,先治天下之田以为井,井为疆界,岁岁用人力修治之,沟洫畎浍皆有定数。疆界既定,人无缘得占田。其间田有弱者、游手者不耕,却无强民贪并之害。后来井田不修,堤防浸失,毁坏绝灭。至商鞅用秦,已不复有井田之旧,于是开阡陌(《汉志》曰:‘东西曰阡,南北曰陌’)。阡陌既开,天下之田却简直易见,看耕得多少,惟恐人无力以耕之。故秦、汉之际有豪强兼并之患,富者田连阡陌,而贫者无立锥之地。虽然如此,犹不明说在民,但官不得治,故民得自侵占,而贫者插手不得,不得不去而为游手,转而为末业。终汉之世，以文景之恭俭爱民，武帝之修立法度，宣帝之励精为治，却不知其本不如此，但能下劝农之诏，轻减田租，以来天下之民。如董仲舒、师丹虽建议欲限天下之田，其制度又却与三代不合。当时但问垦田几亩，全不知是谁田，又不知天下之民皆可以得田而耕之。光武中兴，亦只是问天下度田多少，当时以度田不实，长吏坐死者无数。至于汉亡，三国并立，民既死于兵革之余，未至繁息，天下皆为旷土，未及富盛，而天下大乱。虽当时天下之田既不在官，然亦终不在民。以为在官，则官无人收管；以为在民，则又无簿籍契券，但随其力之所能至而耕之。元魏稍立田制，至于北齐、后周皆相承授民田，其初亦未尝无法度，但末年推行不到头，其法度亦是空立。唐兴，只因元魏、北齐制度而损益之，其度田之法，阔一步、长二百四十步为亩，百亩为顷，一夫受田一顷。周制乃是百步为亩，唐却是二倍有余，此一项制度与成周不合。八十亩为口分，二十亩为世业。是一家之田，口分须据下来人数占田多少。周制八家皆私百亩，唐制若子弟多，则占田愈多，此又一项与成周不合。所谓田多可以足其人者为宽乡，少者为狭乡，狭乡之田减宽乡之半，其他有厚薄，岁一易者倍授之，宽乡三易者不倍授，工商者宽乡减半，狭乡不给，亦与周制不同。先王建国，只是有分土（孟子曰：'公、侯皆方百里，伯七十里，子、男五十里'），无分民，但付人以百里之地，任其自治。盖治之有伦，则地虽不足，民有余（孟子所谓'天下之农皆悦而愿耕于王之野'者是也）。苟不能治，或德不足以怀柔，民不心悦而至，则地虽多，而民反少（孟子载梁惠王所谓'寡人之民不加多'者是也）。唐既止用守令为治，则分田之时不当先论宽乡狭乡，当以土论，不当以人论。今却宽乡自得多，狭乡自得少，自狭乡徙宽乡者又得并卖口分、永业而去。成周之制，虽是授田与民，其间水旱之不时，凶荒之不常，上又振贷救恤，使之可以相补助，而不至匮乏。若唐但知授田而已，而无补助之法，纵立义仓振给之名，而既令自卖其田，便自无恤民之实矣。周之制最不容民迁徙，惟有罪则徙之。唐却容他自迁徙，并得自卖所分之田。方授田之初，其制已自不可久，又许之自卖，民始有契约文书，而得以私自卖易。故唐之比前世，其法虽为粗立，然先王之法亦自此大坏矣。后世但知贞观之法，执之以为据，故公田始变为私田，而田终不可改。盖缘他立卖田之法,所以必至此。田制既坏,至于今,官私遂各自立境界,民有没入官者,则封固之,时或召卖,不容民自籍。所谓私田,官执其契券,以各征其直。要知田制所以坏,乃是唐世使民得自卖其田始。前世虽不立法,其田不在官,亦不在民。唐世虽有公田之名,而有私田之实。其后兵革既起,征敛繁重,遂杂取于民。远近异法,内外异制。民得自有其田而公卖之,天下纷纷,遂相兼并,故不得不变而为两税,要知其弊实出于此。”

“水心言唐方使民得立券自卖其田,而田遂为私田,此说恐亦未深考。如萧何买民田自污;贡禹有田一百五十亩,被召之日,卖其百亩以供车马。则自汉以来,民得以自买卖田土矣。盖自秦开阡陌之后,田即为庶人所擅,然亦惟富者贵者可得之。富者有赀可以买田,贵者有力可以占田,而耕田之夫率属役于富贵者也。王翦为大将,请美田宅甚众,又请善田者五人。可以见其时田虽在民,官未尝有授田之法,而权贵之人亦可以势取之,所谓善田则属役者也。苏秦曰:‘使我洛阳有田二顷,安能复佩六国相印?’盖秦既不能躬耕,又无赀可以买田,又无权势可以得田,宜其贫困无赖也。”①

唐朝“均田”政策以法的形式肯定了私人土地所有制。水心叶氏对于以唐朝为分水岭的田制进行的比较分析,也说明了唐朝私人土地所有制的正式确立。水心叶氏认为,尽管唐朝之前也存在土地买卖的情况,但是,“盖自秦开阡陌之后,田即为庶人所擅,然亦惟富者贵者可得之。富者有资可以买田,贵者有力可以占田,而耕田之夫率属役于富贵者也”。也就是说,唐朝以前的土地买卖不是普遍的法律的经济关系,而是“惟富者贵者可得之”。“水心言唐方使民得立券自卖其田,而田遂为私田”,充分说明了唐朝土地买卖乃是普遍的法律的经济关系。这才是私人土地所有制确立的关键与充要条件。唐朝私人土地所有制的确立也是缘于唐朝中期以后均田制政策无法适应新的经济形势需要。“田制既坏,至于今,官私遂各自立境界,民有没入官者,则封固之,时或召卖,不容民自籍。所谓

① 《文献通考·田赋考二》。

私田，官执其契券，以各征其直。要知田制所以坏，乃是唐世使民得自卖其田始。前世虽不立法，其田不在官，亦不在民。唐世虽有公田之名，而有私田之实。”①

无论是从唐朝有关土地买卖的法律规定，还是从《文献通考》记载的有关水心叶氏关于唐朝田制的论述都可以看出，唐朝是确立古代私人土地所有制的朝代。

第四节 土地所有制“二元结构”及其特征

唐朝乃盛世，在中国古代史上是没有争议的。唐朝的发展大体上分为前、中、后三个时期。唐前期是从公元 618 年(唐高祖武德元年)至 741 年(唐玄宗开元二十九年)，经过 124 年，其间主要矛盾是中央统治集团内部腐朽倾向和进步倾向的矛盾。唐中期自公元 742 年(唐玄宗天宝元年)至公元 820 年(唐宪宗元和十五年)，共经历 79 年，其间主要矛盾是中央集权势力和地方割据势力的矛盾。唐后期自公元 821 年(唐穆宗长庆元年)至公元 907 年(唐昭宣帝天佑四年)，共 87 年，其间主要矛盾是中央统治集团内部宦官势力和士族势力的矛盾，由于宦官势力占优势，中央集权势力愈加趋于衰落，加之镇压黄巢农民起义军而形成地方割据势力，唐朝就此灭亡，中国又开始出现五代十国的大分裂局面。总的来讲，唐朝存续时间比较长，所形成的社会经济文化对中国后世甚至是世界经济文化的影响都是十分深远的。其间有三个代表性的皇帝统治时间较长且成就卓越，值得史学家去研究。这三个皇帝是唐太宗、武则天和唐玄宗，分别执政 23 年、45 年和 29 年。这三个皇帝形成了高度的中央集权统治，在执政期间政治比较清明，社会比较安定，经济逐渐恢复和发展，可以说是历史上少有的百姓安居乐业的时期。② 到唐中期，尤其是唐玄宗时期，国力强盛，财政丰盈，社会经济发生了深刻的变化。这种变化与唐朝私人土地所有制正式形成与发展是密不可分的。

---

① 《文献通考・田赋考二》。

② 范文澜:《中国通史》第三册，人民出版社 1994 年版，第 113—114 页。

一、土地所有制“二元结构”

唐朝中后期均田制难以为继,私人土地所有制日趋占据重要地位。当然,私人土地所有制在唐朝中后期占据重要地位,并不是说王朝土地所有制形式就不重要了,而是形成了私人土地所有制与王朝土地所有制并驾齐驱的“二元结构”局面。王朝土地所有制依然存在,这里不想再作讨论了,单单讨论一下私人土地所有制形成与发展的其他因素。

唐朝私人土地所有制的形成,除了前文所论述的法律规定外,还有以下几个方面的因素:[①]

一是社会经济的变化。一种新的经济形态的出现才是制度变革的根本原因,而制度变革反过来又会促进新的经济形态的加速形成,二者相辅相成,缺一不可。一种新制度的出现必然有一个阶层(阶级)作为代理人来推动。自唐朝中后期开始,庶族地主阶层日益发展壮大。庶族地主阶层的大量出现,有其历史的必然性。庶族地主阶层既是唐朝社会重要的组成部分,也是唐朝社会经济变革的重要推动者。生产力的变革推动了生产关系的变化,而生产关系的变化也必然引起社会经济关系的变化。“庶族地主阶层绝大部分,在政治、经济上没有特权,不可能依靠政治地位和权势获得土地和有效地控制土地上的劳动者。庶族地主获得土地的主要途径是依靠经济手段——以资购买,对于那些向庶族地主演化的商贾、手工业者、富裕农民,则可以说,购买土地是他们上升为庶族地主的唯一途径。庶族地主正是利用了商品经济对土地稳定性的冲击,在土地运动的过程中发展壮大。所以,庶族地主的发展过程,亦是土地运动日益频繁、土地私有制日益发展和深化的过程。”[②]这就是唐朝土地私有制确立的根本原因——社会经济形态变化。

二是原有法令制度的废弛。唐朝自唐高宗、武则天以后,庶族地主阶层迅速发展壮大。随着庶族地主阶层的发展壮大,土地买卖、土地兼并日益发展,农民大量破产流亡。不仅永业田、口分田被违法买卖,而且依制

---

① 武建国:《均田制研究》,云南人民出版社2011年版,第214—222页。

② 武建国:《均田制研究》,云南人民出版社2011年版,第215页。

应由官处分的逃人田宅也往往“妄被人破除”或“亲邻买卖”[①]，甚至连国家所有的职分田、官田违法买卖的现象也时有发生。《唐律疏议》卷十三《户婚》记载：“或将职分、官田，贸易私家之地，科断之法，一准上条贸易为罪。”“律令中对于职分、官田的买卖列有科罪之条，说明社会现实中存有买卖之例。从已发现的敦煌籍帐中，拿唐朝授田文牒与西魏大统十三年的授田文牒相比，西魏时授田地段比较集中，每段的数量多在十亩左右，而唐朝地段分散，土地畸零，每段的数量多在五亩以下，乃至一亩、半亩一段。唐朝的不少文牒上记有‘买田’‘买附’‘自田’（买田、买附的每块数量也多是几亩），而在西魏的文牒中则未曾见有。唐朝与西魏授田文牒记载的这些差异，反映了唐朝土地运动已大大超越前代。”[②]唐高宗时期，为了抑制这种现象的发生，曾经明令规定：“禁买卖世业、口分田。其后豪富兼并，贫者失业，于是诏买者还地而罚之。”[③]尽管唐朝政府三令五申禁止此类现象，但是唐朝中央政府的法律已形同虚设。

《册府元龟》记载：

“王公百官及富豪之家，比置庄田，恣行吞并，莫惧章程。借荒者皆有熟田，因之侵夺；置牧者唯指山谷，不限多少。爰及口分、永业，违法买卖，或改籍书，或云典帖，致令百姓，无处安置。乃别停客户，使其佃食。既夺居人之业，实生浮惰之端，远近皆然，因循亦久，不有釐革。”[④]

唐中叶以后，均田制难以为继。“唐初定均田，有给田之制，盖由有在官之田。其后给田之制不复见，盖官田益少矣。”“官无闲田，不复给授，故田制为空文。”[⑤]国有土地的大量减少，只是均田制难以继续推行的表象。如前所述，其根本原因乃是社会经济变革使得唐政府手中无田可授，而不是政府手中无田可授才使得均田制无法推行，二者的因果关系不可颠倒。

---

① 《唐会要·逃户》。

② 武建国：《均田制研究》，云南人民出版社2011年版，第215页。

③ 《新唐书·食货志》。

④ 《册府元龟·邦计部·田制》。

⑤ 武建国：《均田制研究》，云南人民出版社2011年版，第221页。

“张说擒康愿子于木盘山。诏移河曲六州残胡五万余口于许、汝、唐、邓、仙、豫等州,始空河南朔方千里之地。”①开元年间,国家还不断开置屯田。开元初,姜师度任同州刺史时,“于朝邑、河西二县界,就古通灵坡,择地引洛水及堰黄河灌之,以种稻田,凡二千余顷,内置屯十余所,收获万计”②。宇文融“又建请垦九河故地为稻田,权陆运本钱,收其子入官。兴役纷然,而卒而无功”③。开元十八年,宣州刺史裴耀卿论时政上疏曰:“窃见天下所检括户,除两州计会归本贯外,便令所在编户,年限向满须准居人,更有优矜,即此辈侥幸。若全征课税,目击未堪。窃料天下诸州,不可一例处置,且望从宽乡有剩田州作法。窃计有剩田者,(不)减三四十州。取其剩田,通融支给。”④

由上述文献可知,唐朝中叶仍有剩田可供施行均田制。其无田可授并非真的政府手中就没有土地了,而是因为社会经济的变化所致。也就是说,随着庶族地主阶层的发展壮大、土地买卖的频繁,土地私有化已成不可遏制之势。开元十四年,宰相李元紘上书指出:“今百官所废职田不一县,弗可聚也。百姓私田,皆力自耕,不可取也。”⑤“均田之制,口分世业之法,……行之而不能久,何也?其为法虽各有可取,然不免拂人情而不宜于土俗,可以暂而不可以常也,终莫若听民自便之为得也。”⑥所谓的“不免拂人情而不宜于土俗”,就是指有违于土地私有化之社会趋势。

这一时期的唐朝政府也试图改变土地买卖频繁、土地占有严重不均的局面,以图挽救濒于废弛的均田政策,且多次重颁田令,却又屡屡下诏宣敕,三令五申禁止违法买卖和逾限占田,但是其效果非但不佳,反而造成更加混乱的局面,以致下层官吏与庶族地主变本加厉。

经济发展的规律一旦形成,就成无法逆转之势。土地既然可以买卖,就有商品的属性了,一旦进入流通领域,土地私有权性质就会进一步得以

① 《旧唐书·玄宗本纪》。
② 《旧唐书·姜师度传》。
③ 《新唐书·宇文融传》。
④ 《唐会要·逃户》。
⑤ 《新唐书·李元紘传》。
⑥ 《大学衍义补·制民之产》。

实现和深化。“变成商品的土地财产，从那一瞬间起，大土地所有制的产生，便仅仅是一个时间问题了。”[①]随着商品经济的发展，唐朝工商业不断繁荣，引起了社会经济的巨大变革，庶族地主阶层不断地发展壮大，土地买卖日益频繁，土地私有制成了无法逆转的潮流。

三是新的经济形态的普遍性。唐朝庶族地主已经形成了一个阶层，土地的买卖并非个案，也不是只在个别地区。这从唐朝流民之众及广，可以窥见。中国古代任何社会农民流离失所的主要原因，都是土地被兼并，赋役繁苛，当然天灾人祸有时也会导致农民离开家园。

关于唐朝时期流民涉及的地区可以从以下文字记载中反映出来。唐武后时期，陈子昂曾经上疏：“自剑以南，爰及河、陇、秦、凉之间，山东则有青、徐、曹、汴，河北则有沧、瀛、恒、赵……流散分离，十至四五。”[②]及至唐开元年间，农民逃亡几乎遍及全国各地。因此，唐玄宗开元十六年十月敕云：“诸州客户有情愿属边缘利者，至彼给良沃田安置，仍给永年优复。”[③]农民的破产流亡，不仅地区日广，而且流亡的人数也与日俱增。

关于唐朝流民数量，也可以从记载中窥见一斑。唐玄宗时，开元九年，宇文融括户，得客户 80 余万户。[④] 据《唐会要・户口数》记载：“开元十四年，户部进计账，言今年管户七百零六万九千五百六十五。”由此可知，唐开元九年时，户不到 700 万，客户占总户数的十分之一强。唐天宝年间，柳芳指出：“豪猾兼并，强者以财力相君，弱者以侵渔失业，人逃役者，多浮寄于闾里，县收其名，谓之‘客户’。杂于居人者十一二矣。”[⑤]唐德宗建中初年，“命黜陟使往诸道按比户口，约都得土户百八十余万，客户百三十余万”[⑥]。唐朝宰相杨炎认为：“是以天下残瘁，荡为浮人，乡居地著者百不四五，如是者殆三十年。”[⑦]以上记载反映出唐朝时期大量农民流离失所，成为“客户”。

---

① 恩格斯：《德国古代的历史和语言》，人民出版社 1957 年版，第 72 页。
② 《全唐文・上军国利害书》。
③ 《册府元龟・帝王部・务农》。
④ 《唐会要・逃户》。
⑤ 《全唐文・食货论》。
⑥ 《通典・历代盛衰户口》。
⑦ 《旧唐书・杨炎传》。

唐朝是个统一的多民族国家,流民不可能流向其他国家。有关流民去向在以下文献中可以窥见一二。逃亡农民的流向,“或出入关防,或往来山泽”①,或入城市为工商业者,或至边地垦辟荒田,这是小部分流民的去向。而大部分流民的去向是比州旁县,依托地主,尤其是庶族地主。自唐武则天以后,士族地主已是“衣冠迁徙,人多侨寓。士居乡土,百无一二”②。即使乡居的士族地主也已多是“衣冠士族,或贫无他财,独守故业”③,或“衣冠之家,素乏储蓄,朝夕取给,犹足为忧”④。这是唐朝士族地主没落的概况,而与此相反的是庶族地主在全国的迅速发展与壮大,他们兼并土地,收容逃户。唐朝武则天时期的陈子昂上疏言:逃户“不属州县,土豪大族,阿隐相容”。《新唐书·李杰传》记载:“以采访使行山南,时户口逋荡,细弱下户,为豪力所兼。”唐玄宗时,《科禁诸州逃亡制》也记载:百姓“莫不轻去乡邑,共为浮惰,或豪人成其泉薮,或奸吏为之囊橐”。这些所谓“土豪”“豪人”,自然是指收容客户的庶族地主。唐天宝时期,相州王叟“富有财,唯夫与妻,更无儿女,积粟近至万斛。……庄宅尤广,客二百余户”⑤。陆贽说:“今制度弛紊,疆理隳坏,恣人相吞,无复畔限。富者兼地数万亩,贫者无容足之居,依托豪强,以为私属,贷其种粮,赁其田庐,终年服劳,无日休息。罄输所借,常患不充。有田之家,坐食租税。”⑥由此可见,大量的流民已经沦为庶族地主的租佃客户,也就是从此诞生了以租佃地主田地方式为主的佃农。正如恩格斯所指出的,地主在掠夺到土地以后,“靠出租土地,靠最终占有他的佃户的种种改良的成果进行掠夺”,以实现对佃户的封建剥削。唐朝大量流民的产生,导致了一种新的农业生产方式——租佃制的出现。唐朝租佃制的诞生既反映了庶族地主势力的拓展,也反映了唐朝土地私有制的不断发展。在唐朝,庶族地主阶层既是将王朝政府土地和均田农户土地变为私有土地的主要社会力量,也是将隶属于封建国

① 《唐会要·逃户》。
② 《唐会要·孝廉举》。
③ 《唐会要·杂税》。
④ 《唐会要·内外官料钱下》。
⑤ 《太平广记·王叟》。
⑥ 《册府元龟·邦计部·田制》。

家的均田农户转变为地主私家佃农的主要社会力量。这不仅意味着唐朝尤其是唐朝中后期社会经济发生了深刻的变革，也意味着唐朝土地私有制正式确立。

新的经济形态并非只有特殊性而是具有普遍性，还反映在各个势力阶层都在兼并土地，土地买卖成为一种普遍的社会现象。广占田宅者不尽是庶族地主，还有王公百官，这在《旧唐书》与《新唐书》中都有记载。例如，太平公主“田园遍于近甸膏腴”[①]，“籍其家（太平公主家），财货山积，珍奇宝物侔于御府，马牧、羊牧、田园、质库，数年征敛不尽”[②]。宰相李林甫“京城邸第，田园水硙，利尽上腴”[③]。大官僚卢从愿“盛殖产，占良田数百顷，帝（玄宗）自此薄之，目为多田翁”[④]。御史中丞宇文融曾“密奏从愿广占良田，至有百余顷。其后，上尝择堪为宰相者，或荐从愿，上曰：‘从愿广占田园，是不廉也。’遂止不用”[⑤]。宦官高力士也广占田地，“畿甸上田，果园池沼，中官参半于其间”[⑥]。此外，寺观僧侣、道士等也加入土地兼并的行列。至唐代宗时，更是“凡京畿之丰田美利，多归于寺院，吏不能制”[⑦]。虽说王公百官及寺院僧侣也是兼并土地的一部分，但是在整个地主阶级中他们仅仅是极少数，纵然每位官吏都参与了土地兼并，也不致引起全国范围内如此广泛而众多的农民破产流亡。况且，许多大官僚广占的土地中，有相当大的部分是来自皇帝的赐田，或通过请、射、借等方式和途径所获得的国有土地。在官僚集团中，有相当大的部分是出身于庶族地主，只是通过科举等途径才入仕为官，跻身于官僚阶层，成为李氏王朝的新贵。总之，王公百官兼并土地、广占田地是不足以引起社会经济关系变化的，能够改变社会经济的主要力量是茁壮成长并迅速壮大起来的散布于全国各地的庶族地主阶层。

综上所述，唐朝中后期庶族地主阶层的迅速发展壮大，导致了社会经

---

① 《旧唐书·太平公主传》。
② 《旧唐书·武承嗣传》。
③ 《旧唐书·李林甫传》。
④ 《新唐书·卢从愿传》。
⑤ 《旧唐书·卢从愿传》。
⑥ 《旧唐书·高力士传》。
⑦ 《旧唐书·王缙传》。

济的深刻变革,这才是唐朝私人土地所有制形成的根本原因。土地买卖盛行,农民流离失所,各个阶层兼并土地,“均田”政策无法适应新的社会经济环境,都只是私人土地所有制形成的表象。无论从社会经济形态的变化,还是土地制度的变革而言,唐朝都是中国古代社会经济的重要转折时期。

二、唐朝土地所有制的特征及其影响

前文已经论述,到了唐朝时期,中国古代社会经济已经发生巨大变化,可以说中国古代社会发展到唐朝是一个非常重要的历史时期,无论社会变革还是经济发展都是一个重要的转折时期。既然经济的发展是一个历史转折时期,那么反映经济发展变革的重要基础——土地制度,当然也就有非常显著的特征,其显著特征就是王朝土地所有制与私人土地所有制的“二元结构”。

如前所述,唐朝是我国古代社会经济发展的大转折时期。其重要表现之一就是单一的王朝土地所有制开始向王朝土地所有制和私人土地所有制并存的“二元结构”转变。土地关系是中国古代社会最根本的经济关系,土地是中国古代社会最根本的资源,土地的开发利用情况及其所产生的经济关系关乎国计民生。

《文献通考》关于水心叶氏的记载也足以证明,土地所有制度发展到唐朝,中国古代单一的王朝土地所有制已经转化为王朝土地所有制和私人土地所有制并存的“二元结构”形式。这种土地所有制的存在和变化,对唐朝后期中国社会的发展产生了深远的意义。一方面,由于私人土地所有制的发展,使得一些拥有土地的劳动者比较愿意发挥生产积极性,改良土地,兴修水利,从而促进了社会的发展,这是积极的一面。另一方面,土地不时地被少数人集中垄断,多数农民无地和少地,以致不得不沦为佃农和雇农,丧失生产的积极性,从而阻滞了中国古代社会经济的发展,尤其是商品经济的发展与繁荣。而且这种土地所有制形式的“二元制”结构特征还使中国古代社会的一些工商业者在“农本工商末”的思想影响下转向土地投资,从而影响了中国古代社会的工商业资本的积累,阻滞了中国

古代社会工商业的发展。而社会工商业的发展,亦即商品经济的发展,却是分解自给自足的自然经济的原动力。自然经济的分解,正是资本主义得以发展的根本前提。中国唐朝中叶以后的古代农本社会长期延续是与土地所有制"二元结构"的存在密不可分的。

第七章

土地所有制“二元结构”进一步发展(上)

唐宋是中国古代社会经济发生重大变化的历史时期。而处于唐宋之间的五代十国,上承唐朝,下启宋朝,存在的年代不算长,如果以朱温篡唐建后梁(公元907年)至赵匡胤灭北汉(公元979年)计算,仅存70余年。但若以王朝的兴亡为断代标准来计算,到赵匡胤建立北宋(公元960年),只有53年的时间,因此,有关五代十国土地制度的历史资料及研究者不多。本章对宋朝(南北宋)以及宋朝同时期北方少数民族统治地区辽、金时期的土地制度展开论述。对宋朝土地制度,主要研究官田买扑制,以及作为私人土地所有制进一步发展的地主土地所有制和自耕农、半自耕农小私人土地所有制。官田买扑制是王朝土地所有制和私人土地所有制“二元结构”的集中体现。它既反映了王朝土地所有制的继续存在,又体现了私人土地所有制的巩固与发展。当然,为了反映宋朝时期北方少数民族地区的辽与金的经济发展情况,对辽与金的土地制度演变也作了一定的描述。

第一节　有关宋朝土地政策的文献

有关宋朝土地政策的文献资料也是浩如烟海,这里择其一二以说明宋朝土地政策的发展脉络。

一是有关度田均赋。赵匡胤建立了宋朝后，开始沿用后周使臣“使于诸州，简定民租”的制度。“慎选使者，分诣诸道，度田均赋。严赃吏之罚，每置极刑。仓吏多入民租者或弃市，长吏有度民田不实者或杖流之。由是人始知畏，积弊颇除。”①

《宋史・太祖本纪》记载：

建隆二年春正月壬子“谓宰臣曰，比命使度田，多邀功弊民，当慎其选以见朕意”。开宝七年“夏四月丙午，遣使检岭南民田”。

《宋史・食货志》记载：

“农田之制自五代以兵战为务，条章多阙。周世宗始遣使均括诸州民田。太祖即位，循用其法，建隆以来，命官分诣诸道均田，苛暴失实者辄谴黜。申明周显德三年之令，课民种树，定民籍为五等：第一等种杂树百，每等减二十为差，桑枣半之；男女十岁以上种韭一畦，阔一步，长十步；乏井者，邻伍为凿之；令、佐春秋巡视，书其数，秩满，第其课为殿最。又诏所在长吏谕民，有能广植桑枣，垦辟荒田者，止输旧租；县令、佐能招徕劝课，致户口增羡，野无旷土者，议赏。诸州各随风土所宜，量地广狭，土壤瘠埆一不宜种艺者不须责课。遇丰岁，则谕民谨盖岁，节费用，以备不虞。民伐桑枣为薪者罪之；剥桑三工以上，为首者死，从者流三千里；不满三工者减死配役，从者徒三年。”②

《文献通考》记载：

“建隆二年遣使度民田。周末，遣使度田不实。至是，上精选其人，仍加戒饬，未几，馆陶令坐括田不实，杖流海岛，人始知畏。”

《二十二史劄记》记载：

“宋初严惩赃吏”条，“宋以忠厚开国，凡罪罚悉从轻减，独于治赃史最严。盖宋祖亲见五代时贪吏恣横，民不聊生，故御极以后，用重法治之，所以塞浊乱之源也。按《本纪》太祖建隆二年，大名府主簿郭顗坐赃弃市。乾德三年，员外郎李岳、陈偃，殿直成德钧皆坐赃弃市。蔡河纲官王训等

---

① 万国鼎：《中国田制史》，商务印书馆 2011 年版，第 261 页。

② 王子英、孙翊刚、门志注释：《中国历代食货志汇编简注》中册，中国财政经济出版社 1987 年版，第 11 页。

以糠土杂军粮磔于市。太子中舍王治生受赃杀人弃市。开宝三年,将军石延祚坐监仓与吏为奸赃弃市。四年,将军桑进兴、洗马王元吉、侍御史张穆、左拾遗张恂,皆坐赃弃市。刘祺赃轻,杖流海岛。六年,中允郭思齐、观察判官崔绚、录事参军马德林,俱坐赃弃市。此太祖时法令也……”①

这些记载虽然是反映宋太祖时期严刑酷法、整顿吏治的,其实也是当时抑制土地兼并、重新度田均赋的主要表现。

二是有关募耕荒土。唐朝之后的五代十国之际,战争连绵不断,人民流离失所,田多荒芜。宋太宗末年,“京畿周环二三十州,幅员数千里,地之垦者十才二三,税之入者又十无五六”②。可见五代十国之后社会经济残破不堪,农业生产的恢复非易却不容缓。宋太祖即位,“招来劝课,县令、佐能致户口增羡,而野无旷土者,议赏”③。

《宋史·食货志》记载:

“太宗太平兴国中,两京、诸路许民共推练土地之宜、明树艺之法者一人,县补为农师,令相视田亩肥瘠及五种所宜,某家有种,某户有丁男,某人有耕牛;即同乡三老、里胥召集余夫,分画旷土,劝令种莳,候岁熟共取其利。为农师者蠲税免役。民有饮博怠予农务者,农师谨察之,白州县论罪,以警游惰。所垦田即为永业,官不取其租。其后以烦扰罢。”

《文献通考》记载:

至道元年“六月,诏曰:‘近岁以来,天灾相继,民多转徙,田卒污莱,招诱虽勤,逋逃未复,宜申劝课之旨,更示蠲复之恩。应州县旷土,并许民请佃为永业,仍蠲三岁租,三岁外,输二分之一。州县官吏劝民垦田之数,悉书于印纸,以俟旌赏’”。

《文献通考》记载:

“二年以陈靖为劝农使。靖时为直史馆,上言曰:‘谨按天下土田,除江淮、湖湘、浙右、陇蜀、河东等处,地里复远,虽加劝督,未能遽获其利。

---

① 万国鼎:《中国田制史》,商务印书馆2011年版,第261页。

② 《宋史·食货志》。

③ 同上。

古者强干弱枝之法,必先富实于内。今京畿周环三二十州,幅员数千里,地之垦者十才一二,税之入者又十无五六。复有匿里舍而称逃亡,弃耕农而事游惰。逃亡既众,则赋税岁减而国用不充,敛收科率,无所不行矣。游惰既众,则地利岁削而民食不足,寇盗杀伤,无所不至矣。臣望择大臣一人,有深识远略者兼领大司农事,典领于中;又于郎官中选才智通明、能抚民役众者为副,执事于外。皆自京东、京西择其膏腴未耕之处,申以劝课。臣又尝奉使四方,深见民田之利害,污莱极目,膏腴坐废,亦加询问,颇得其由,皆诏书累下,许民复业,蠲其租调,宽以岁时,然乡县之间,扰之尤甚。每一户归业,则刺报所由,朝耕尺寸之田,暮入差徭之藉,追胥责问,继踵而来,虽蒙蠲其常租,实无补于损益。况民之流徙,始由贫困,或避私债,或逃公税。亦既亡遁,则乡里检其资财,至于室庐、什器、桑枣、材木,咸计其直,或乡官用以输税,或债主取以偿逋,生计荡然,还无所诣,以兹浮荡,绝意归耕。如授臣斯任,则望备以闲旷之田,广募游惰之辈,诱之耕垦,未计赋税,许令别置版图,便宜从事。耕桑之外,更课令益种杂木、蔬果,孳畜羊、犬、鸡、豚。给授桑土,潜拟井田,营造室居,使立保伍,逮于养生送死之具,庆吊问馈之资,咸俾经营,并令条制。俟至三五年间,生计成立,恋家怀土,即计户定征,量田输税,以司农新附之名籍,合计府旧收之簿书,斯实敦本化人之宏量也。若民力有不足,官借缗钱,或以市糇粮,或以营耕具。凡此给受,委予司农,比及秋成,乃令偿直,依时折估,纳之于仓,以成数开白户部。’上览之喜,谓宰相曰:‘靖此奏甚有理,可举而行之,正朕之本意。’因召对奖论,令条对以闻。靖又言:‘逃民复业及浮客请佃者,委农官勘验,以给授田土,收附版籍,州县未得议其差役。其乏粮种、耕牛者,令司农以官钱给借。其田验肥瘠为三品:上田人授百亩,中田百五十亩,下田二百亩,并五年后收其租,亦只计百亩,十收其二。其室庐、蔬韭及桑枣、榆柳种艺之地,每户及十丁者给百五十亩,七丁者百亩,五丁七十亩,三丁五十亩,二丁三十亩。除桑功五年后计其租,余悉蠲。令常参官于幕职州县中各举所知一人堪任司农丞者,分授诸州通判,即领农田之务。又虑司农官属分下诸州,或张皇纷扰,其事难成,望许臣领三五官吏于近甸宽乡设法招携,俟规画既定,四方游民必尽麇至,乃可推而行之。’吕端曰：‘靖所立田制，多改旧法，又大费资用，望以其状付有司详议。’乃诏盐铁使陈恕等共议，请如靖之奏。乃诏以靖为劝农使，按行陈、许、蔡、颍、襄、邓、唐、汝等州，劝民垦田，以大理寺丞皇甫选、光禄寺丞何亮副之。选、亮上言功难成，愿罢其事。上志在勉农，犹诏靖经度。未几，三司以为费官钱多，万一水旱，恐遂散失，其事遂寝。按靖所言，与元魏孝文时李安世之策略同，皆是官取荒闲无主之田以授民。但安世则仿井田，立还授之法；而此则有授无还，又欲官给牛、种等物贷之，而五年后方收其租，责其偿，此所以费多而难行。然前乎此，有至道元年之诏，后乎此，有咸平二年之诏。至道之诏，劝诱之词意恳切；咸平之诏，关防之规画详明。虽不如靖所言张官置吏，计口给田，多费官钱，而自足以收劝农之效矣。”①

《文献通考》又载：

“真宗咸平二年诏曰：‘前许民户请佃荒田，未定赋税，如闻抛弃本业，一向请射荒田。宜令两京诸路晓示，应从来无田税者，方许请射系官荒土及远年落业荒田，候及五年，官中依前敕，于十分内定税二分为永额。如见在庄田土窄，愿于侧近请射，及旧有庄产，后来逃移，已被别人请佃，碍敕无路归业者，亦许请射，州县别置籍钞上，逐季闻奏。其官中放收要用田土，及系帐逃户庄园、有主荒田，不得误有给付。如抛本业，抱税东西，改易姓名，妄求请射者，即押归本贯勘断。请田户吏长常切安抚，不得搅扰。’”②

《宋史·食货志》记载：

“自景德以来，四方无事，百姓康乐，户口蕃庶，田野日辟。仁宗继之，益务约己爱人。……帝闻天下废田尚多，民罕土著，或弃田流徙为闲民。天圣初，诏流民积十年者，其田听人耕，三年而后收赋，减旧额之半。后又诏流民能自复者，赋亦如之。既而又与流民限，百日复业，蠲赋役，五年减旧赋十之八；期尽不至，听他人得耕。至是，每下赦令，辄以招辑流亡、募人耕垦为言。民被灾而流者，又优其蠲复，缓其期招之。诏诸州长吏、令

① 《文献通考》卷四。

② 《文献通考》卷四。

佐能劝民修陂池、沟洫之久废者,及垦辟荒田、增税二十万已上,议赏;监司能督责部吏经画,赏亦如之。久之,天下生齿益蕃,辟田益广。"①

三是有关土地赋税。宋朝赋税制度虽说不属于土地政策的范畴,但是与土地政策直接相关,从中可以反映出土地政策概况。

《宋史・食货志》记载:

"宋制岁赋,其类有五:曰公田之赋,凡田之在官,赋民耕而收其租者是也;曰民田之赋,百姓各得专之者是也;曰城郭之赋,宅税、地税之类是也;曰丁口之赋,百姓岁输身丁钱米是也;曰杂变之赋,牛革、蚕盐之类,随其所出,变而输之是也。"另又记载:"自唐以来,民计田输赋外,增取他物,复折为赋,谓之'杂变',亦谓之'沿纳'。而名品烦细,其类不一。官司岁附帐籍,并缘侵扰,民以为患。明道中,帝躬耕籍田,因诏三司以类并合,于是悉除诸名品,并为一物,夏秋岁入,第分粗细二色,百姓便之。"②

宋朝土地政策方面的文献记载很多,这里列举的只是其中部分,其目的是从文献中窥见其土地政策的端倪。

第二节　宋朝土地官田"买扑制"

明朝人邱浚在《大学衍义补》中指出,宋代的买扑制度就是一种包税制度:"所谓扑买者,通计坊务该得税钱总数,俾商先出钱与官买之,然后听其自行取税以为偿也;所谓承买者,凡有坊场、河渡去处,先募人入钱于官承买,然后听其自行收税以自偿也。"③在宋代,坊务和坊场大致同义,扑买与承买同义。因此,研究者称,宋代的买扑,也称为扑买、承买,扑断、断扑,断赁、断买,承揽、揽买,只是不同时期的称法不同而已,其实质内容无差异。现代人研究宋代的经济状况,谈到买扑制度时,大多离不开邱浚的认识。"买扑"一词的解释大抵可以从《辞海》《中国历史大词典》以及《经济大辞典》窥见一斑。

① 《宋史・食货志》。
② 《宋史・食货志》。
③ 《大学衍义补》卷三二。

《辞海》关于“扑买”一词的解释为:“扑买,亦称‘买扑’,简称‘扑’。宋元的一种包税制度。”2002年版的《辞海》修订版将其释为:“扑买,亦作‘买扑’。宋元的一种包税制度。宋初对酒、醋、陂塘、墟市、渡口等税收,由官府核计应征数额,招商承包。包商(扑买人)缴纳保证金(俗称‘抵当’)于官,取得征税之权。淳化时实行‘买扑酬奖’法,以买扑之利归大户,酬奖之利归役人。熙宁时改由自报包税数额,以出价最高者取得包税权。元沿宋制,但包税范围扩大。”《中国历史大辞典》的解释为:“买扑,又名扑买,是宋代私人向政府承包经营酒坊、河渡、商税场、盐井之类的一种方式。”《经济大辞典》则解释为:“扑买,亦称‘买扑’,简称‘扑’。①指承买,揽买。②宋元时的包税。”由上观之,其解释大同小异,大同在于都承认“买扑”是一种承包经营方式。《辞海》的编纂者一直坚信宋代的买扑就是包税。税收具有强制性、无偿性和固定性的特点。宋朝的“买扑”制又不完全是一种税收制度,更是一种“自由竞争”下的经营方式。其实封投状下的“买扑”似乎与现代经济环境下的政府投标制相类似。从这一点来看,宋朝社会经济以及科技文化大辉煌似乎有其必然性了,因为买扑制思想比现代早了一千多年啊!这种制度的诞生与设计是和宋朝社会经济发展密切相关的。

宋朝买扑制出现于当时市场力量壮大的商品经济大发展时期,对它的理解有两个基本因素需要考虑——市场的“无形之手”和政府调控的“有形之手”。以现代产权经济学来解释,市场与政府调控之间的纽带——产权制度,是调节它们之间经济关系的关键。由于宋代的买扑制度持续时间长、涉及面广,它的内涵与外延是逐渐变化的。从字面上看,“买”即为买卖;对“扑”字,前人释为“争到曰扑”或“手相搏曰扑”,也就是争夺、竞争之意。“宋代买扑是指特定的人群自愿通过经济手段,向宋代政府缴纳一定数额的钱物后,从政府手中买断一定时限、一定地域范围之内的某些经济领域的独占权(包括生产权、经营权和管理权)或某些经济领域的产权(包括所有权、使用权、收益权和处置权),再与政府分担役法困难和优化财政收支的官民分利互赢的经济现象。"[①]

宋朝的买扑制度是一种广泛实行的经营制度。无论是日常的生产经营活动,还是政府与民间的物资采购,都是以这种买扑制度来推行的。当然,其土地经营也不例外。宋朝土地官田经营实行买扑制度既是宋朝王朝土地所有制的一大特色,也是宋朝私人土地所有制发展与巩固的主要表现形式,因为它反映的是"官"(政府)与"民"(土地需要者)的买卖关系。

首先,我们分析宋朝土地官田买扑的来源。宋朝土地官田买扑的来源概括起来大致有以下几种类型:

第一种是自然灾害如地震、水灾等造成的户绝田。宋仁宗宝元元年(公元 1038 年)河东路忻州官田便是这样。"十一月,河东转运司言忻州地震,民罹覆压,有李赟等二十五家,皆户绝,田产当没官。诏,如异居亲族愿承买者听之,仍减元价十之三。"[②]宋宣和四年(公元 1122 年)五月二日,诏:"江南东西路有逃绝及江水坏田,多是虚招税租,监司不问督责,州县民力不堪,令转运司并当职官体究根括置籍勾管,仍劝诱归业及召人租佃承买。"[③]宋宣和元年(公元 1119 年)八月二十四日,农田所奏:"应浙西州县因今来积水减退露出田土,除人户已业外,限一百日召人实封投状添租请佃,限满拆封给租多之人。"[④]

第二种是官府没收户的田产。这些田产有些是私人抵押给官府而无力收回的。宋元丰二年(公元 1079 年)八月十三日,经制熙河路边防财用李宪上奏"以田宅抵市易钱久不偿者,估实直,如卖坊场、河渡法"。宋神宗"从之"。[⑤] 宋建炎四年(公元 1139 年)七月九日,户部言:"湖州见卖拘籍到蔡京等田产,遵依指挥出榜立限召人赎买。如累榜不售,即乞量减价,其地且令租佃人承佃,俟有承买人离业,所贵不致荒废,自余州县亦乞依此。""从之。"[⑥]同年七月十三日,发运副使宋晖还向朝廷建议对蔡京等田产"乞依隐匿户绝财帛法计所直,准盗论断罪,仍许人告,以所告田产准

① 杨永兵:《宋代买扑制度研究》,人民出版社 2012 年版,第 4 页。
② 《长编》卷一二二。
③ 《宋会要辑稿·食货》。
④ 《宋会要辑稿·食货》。
⑤ 《宋会要辑稿·食货》。
⑥ 《宋会要辑稿·食货》。

价给三分充赏，所贵杜绝奸弊，诏应官吏干系人欺隐根括不尽不实或小出价钱，并依二月三日指挥断罪，仍许人告，赏钱一百贯文”[①]。

第三种是因逃亡等其他原因而产生的户绝田产。绍兴二十九年(公元1159年)七月五日，户部提领官田所言：“浙江等路没官户绝等田宅，近承指挥州委知通，县委令丞措置出卖，及委逐路常平官总领督责。今欲将未卖田宅并依条出榜，许实封投状。”[②]户部向朝廷提出的买扑官田的方案，得到了宋朝中央政府的同意。绍兴三十年(公元1160年)正月四日，湖南提举常平司何份言：“乞将本路州县未卖荒田更不依元祐定价钱，并许人户自行坐所买田段四至，随乡原例量度，任便着价实封投状，给最高之人。”户部言：“荒田无人开垦去处，若与已经开垦熟田亦例估定价钱，召人承买。窃虑轻重不均，难以出卖尽绝，欲下本司依所乞施行，仍取见诣实，多方措置出卖，拘收价钱起。”从之。[③] 绍兴二十六年(公元1156年)三月二十八日，户部言：“京西、淮南系官闲田多系膏腴之地，盖为人户初年开垦费用浩大，又放免课子年限不远，是致少人请佃。今欲转运司行下所部州县多出文榜招诱，不以有无拘碍之人并许逐指射请佃，不限顷亩，给先投之人，其租课依绍兴七年十一月指挥送纳。自承佃后，沿边州县与免租课十年，近里次边州县将本州官钱买牛具、种根应副，佃人三年之外每年还纳价直二分人官。”上曰：“如此甚善，但穷民下户乍来请佃荒田，因如何变得牛具并种粮，若不从官中借贷，恐未免为虚文，终是开垦稀少，后并令官中假贷可行，下诸处相度于合支钱内破。”[④]

第四种是官庄及营田。宋高宗绍兴二十九年(公元1159年)四月，朝廷下令买扑两浙转运司所管官庄田42 000余亩，营田926 000余亩。宋孝宗乾道二年(公元1167年)，下令户部侍郎曾怀等人提领买扑江西路营田4 000余顷。淳熙六年(公元1179年)，“诏诸路转运、常平司，凡没官田、营田、沙田、沙荡之类，复括数卖之”[⑤]。

---

① 《宋会要辑稿·食货》。
② 《宋会要辑稿·食货》。
③ 《宋会要辑稿·食货》。
④ 《宋会要辑稿·食货》。
⑤ 《宋史·食货志》。

其次,我们可以从史料中窥见宋朝官田买扑的概况。官田买扑制是从北宋时期开始的。北宋时期官田经营开始采用租佃制或是直接出卖进行处置。但是,随着买扑制度影响的扩大,其官田经营也逐渐使用了买扑制方法。北宋买扑官田出现较晚,最早应该出现在宋仁宗天圣年间的陕西路,其后逐渐向全国推广。宋仁宗天圣五年(公元 1027)六月,三司准许陕西转运司杜詹的奏言。其奏言曰:“伏见没纳欠拆户绝庄田不少,自来州县形势、乡村有力、食禄之家假名占佃,量出租课。臣体量上件乡村庄田人愿收买耕佃,如有见佃人户多豪幸之辈,只计辖下州军,约得二十八万贯。已来若将重减,却虚抬数,必是并有承买。欲望许选清干官估计实直价例,召人承买已可。”[①]杜詹的奏言表明陕西路的户绝田产最初采用租佃制,后来为防止“豪幸之辈”虚抬课额买扑,希望朝廷选派清廉精干的官员整顿陕西路户绝田产的买扑制度,显然在这之前买扑户绝田产就已经存在了。“欲其上件条贯编下逐路,将天圣四年以前户绝庄田依陕西例估计实价,召人承佃。”“从之。”[②]这里的“依陕西例估计实价”,显然就是根据陕西路买扑户绝田产的经验“逐路”推广买扑官田了。“元丰年间的法令则规定:诸田宅人常平司者,召人承买,其省庄、退田并不出卖。熙宁十年,福建路没官庄产实行买扑。但至徽宗崇宁三年(1104 年),停止买扑没官田产。仅过二年,崇宁五年(1106 年)又开始买扑没官田产。”[③]“天下系官田产,在常平司有出卖法,如折纳抵当户绝之类是也。在转运司有请佃法,如天荒、逃田、省庄之类是也。自余闲田名类非一,虽间有出鬻,请佃多为豪户侵冒,望命官总领,除赡学给赐沿边州县官田外,悉召承买。令户部侍郎范坦措置总领。”[④]可见,北宋后期,“除赡学给赐沿边州县官田外,悉召承买。令户部侍郎范坦措置总领”,属于常平司和转运司的官田产几乎全都实行了买扑制。

既然《辞海》修订版解释“扑买,亦作‘买扑’。宋元的一种包税制度”,

---

① 《宋会要辑稿·食货》。

② 《宋会要辑稿·食货》。

③ 杨永兵:《宋代买扑制度研究》,人民出版社 2012 年版,第 32 页。

④ (宋)陈傅良:《淳熙三山志》卷一一。转引自杨永兵:《宋代买扑制度研究》,人民出版社 2012 年版。

那么,土地买扑主要就是为了解决赋税问题了。从北宋福建路官庄田地买扑中就可以看出筹措赋税的目的。(宋)陈傅良著《淳熙三山志》卷一一记载:天禧四年(公元1020年),转运使方仲荀针对福建路官庄田地在租佃旧法下政府财政收益低下的现状,向朝廷建言“请估价许元佃者承买,与限二年偿所得,估直度可三十万缗”实行买扑。转运使方仲荀针对福建路官庄田地实行买扑以解决政府财政收益低下问题的建言后被采纳,朝廷委派屯田员外郎辛庆忌主持该项政策的实施。“此次买扑的官田涉及福建路十二县的官庄、屯田一百零四所,土地面积达一千三百七十三顷八十四亩一角三十八步,原先耕种者二万二千三百二十七人,估卖价值为三十五万二千一百余缗。”[①]由此可以看出,北宋时期福建路的大部分官田在天禧年间就开始采用官田买扑制了。

而到南宋初期,由于宋金战争和钟相、杨么农民起义,导致南方战乱频繁,人民流离失所,政府掌握了大量的户绝田地。政府采取多项措施解决南宋初年严重的财政赤字问题。买扑官田便是在这种形势下应运而生的。下面是《宋会要辑稿·食货》中记载的土地官田买扑的情况。

建炎元年(公元1127年)五月一日颁布赦文:“止合出卖崇宁以来因买扑坊场、河渡及折欠官物没纳田产,如委实元祐公案不见,欲依本官所乞依原体例纽折出卖。其应昌占系省官田宅之家指挥到日,限半月,许人户陈首,依祖来租课输纳佃赁,如无旧额,即此近邻立定租课为准。如违限不首,并依见行条法。”从之。[②]从这条敕文来看,北宋崇宁年间以来的部分经营困难买扑者的抵当田产被没官,并被南宋政府再次买扑给他人。

建炎四年(公元1130年)二月三日,两浙的永嘉县知县霍蠡称:“本州四县见管户绝抵当诸色没官田宅数目不少,并系形势户诡名请田,每年租课多是催头及保正长代纳,公私受弊。欲乞量立日限召人实封投状请买,限半月拆封给最高之人,内有林灵素没官屋宇为原估价高,累榜无人承买,乞行下本州减价出卖。”朝廷下诏:“并依两限本月。今来所卖田宅系

---

① 杨永兵:《宋代买扑制度研究》,人民出版社2012年版,第32页。

② 《宋会要辑稿·食货》。

要赡军支用,全在州县当职官吏协力措置,如敢高抬下估,亏损公私,遣官按视比近田土舍宅,稍有高下,官员取旨窜责人吏,杖背配海岛。”①

这则史料表明,南宋建炎四年把官田买扑的范围扩大到了民户抵当没官土地上了。

建炎四年七月九日,户部言:“湖州见卖拘籍到蔡京等田产,遵依指挥出榜立限召人赎买。如累榜不售,即乞量减价,其地且令租佃人承佃,俟有承买人离业,所贵不致荒废,自余州县亦乞依此。”“从之。”②显然,南宋初的买扑官田范围扩大到了违法高官的没官土地上。绍兴元年(公元1130年)六月,江浙、湖广、福建诸路都开始大规模的买扑官田。“戊午,诏江浙、湖广、福建诸路各委漕臣一员,措置出卖官田。”绍兴五年(公元1135年)春正月丁未,诏“诸路州县系官田舍,委守令取见元数,比仿邻近田亩所收租课,及屋宇价值,量度适中钱数,出榜召人实封投状承买,拘催价钱起发”。③从这些资料中可以看出,到了南宋绍兴五年,南宋政府控制的官田几乎都实行了土地买扑制。

再次,我们要分析官田买扑制的管理及其效果。北宋时期官田买扑制是自下而上的一种市场行为,一开始并无自上而下的管理机构,但是,随着官田买扑现象不断出现,且其对于政府财税收入有明显增长效应,因此,管理机构或者说管理机构的管理职能发生了转变。北宋时期,全国各地设置转运使,负责政府物资以及赋税的收集或征收。因此,土地官田买扑有可能是在各地转运司的监控下由地方州县官吏负责实施。而到了宋神宗时期,则确定了由开封府界提点刑狱司负责。

到了南宋时期,由于经过很长时间的官田买扑实践与探索,至宋高宗绍兴年间已经形成了一套严密的官田买扑管理机构。“尚书省是主管官田买扑的最高行政部门,户部则是尚书省中分管官田买扑的部门,户部中的提领官田所是主管官田买扑的具体部门。户部以下则由各路常平司和提刑司主持官田买扑,具体到地方上则是州由知州、县由县丞负责实施。除此之外,为保证官田买扑的正常进行,南宋还设置了监察机制,御史台

---

①②③《宋会要辑稿·食货》。转引自杨永兵:《宋代买扑制度研究》,人民出版社2012年版,第36页。

监察户部及诸路常平司，提刑司监督常平司是否依法进行官田买扑，而诸路常平司则监督各地州县是否依法进行官田买扑。”①

以上谈及的是宋朝官田买扑制的管理机构。有管理机构，就会有管理的措施，下面的资料表明宋朝对官田买扑的管理情况。

宋神宗熙宁七年(公元1074年)三月，诏：“户绝庄产委开封府界提点及诸路提点刑狱司提辖，限两月，召人充佃，及诸色人实封投状承买。逐司季具所卖，关提举司封桩，听司农寺移用，增助诸路常平本钱。”②

北宋仁宗宝元元年(公元1038年)十一月，河东路转运司向朝廷上奏忻州地震后李赀等25家户绝没官田产的处置办法。“诏，如异居亲族愿承买者听之，仍减元价十之三。”③也就是说，25家户绝没官田产的“异居亲族”买扑他们的田产可以优惠30%。

宋神宗熙宁时，知都水监丞公事侯叔献等言：“见淤官田，今定赤淤地每亩价三贯至二贯五百，花淤地价二贯五百至二贯。见有七十余户乞依定价承买，欲作三年限输纳，仍于次年起税，其有愿添钱或近限输纳者，即不以投状先后给之，其续淤官地亦乞依此。”“从之。”④

从这些资料可以看出，宋神宗熙宁五年时就有规定买扑淤积官田的原则，即若愿意提高买扑价格或是提前缴纳买扑课额，就可以获得不以投状实封买扑官田的权利。

上面两则资料反映了北宋时期对买扑户绝田产管理的优惠措施和优先权利。

北宋时期还出现了政府向买扑官田者发放的户帖，作为民户买扑官田的凭证。宣和元年八月二十四日(公元1119年)，农田所奏：“应浙西州县因今来积水减退露出田土……乡村每围以千字文为号，置簿拘籍，以田邻见纳租课比扑量减分数出榜，限一百日召人实封投状添租请佃，限满拆封给租多之人。每户给户帖一纸，开具所佃田色、步亩、四至、着望、应纳

---

① 杨永兵：《宋代买扑制度研究》，人民出版社2012年版，第39页。

② 《长编》卷二五一。

③ 《长编》卷一二二。

④ 《长编》卷二三〇。

租课,比将来典卖,听依系籍田法,请买印契、书填交易。”从之。① 户帖清晰地注明了买扑官田的范围和肥瘠等状况、买扑者该缴纳的课额数量以及户帖在官田权益转换中的作用。这种“户帖”应该就是租佃契约的早期形式了。

而到了南宋时期,由于设置了土地官田买扑的常设机构,因而管理就更加有章可循、更加规范了。绍兴二十九年(公元 1159 年),提举常平官在充分调查后通过法令确定了官田买扑的具体实施办法。第一,规定了官田买扑课额的确定办法、时间限制及缴纳买扑课额的时间。为了优待现佃人户,开始是由“州县官躬亲监督,依乡源体例、肥瘠高下估定实价与减二分”,确定数额后由现佃人买扑。但由于受地方豪强的阻挠,后改为最长时限为两个月一批次的实封投状办法,现佃人仍享受最高价减 20% 的优惠政策。课额的缴纳时间则大致确定为 180 天。第二,确定了官田买扑权不能增价流转的原则,若违反,则没收买扑者缴纳的全部官田买扑课额,并以其中三分之一奖励告发人。第三,允许现佃买扑官田,且现佃人在同等价格下具有优先权。现佃人开垦的若是田地,则补偿给买扑课额的 20%。第四,对投买官田最后却不愿买扑官田者规定了处罚措施。“人户投状承买官田宅,拆封日见得著价最高合行承买,却称不愿买者,依已降指挥以所著价十分追罚。一分入官,仍给卖;以次著价最高人又不愿亦追罚一分钱。”第五,规定官田买扑的信息应通知到当地每家民户,诸路常平司负责官田买扑信息的正常传播,若常平司监察不力,则由提刑司弹劾惩处,即“今来措置止系补圆未尽事件,即不冲改前来指挥,欲下两浙、江东西、湖南、福建、两广、西川提举常平司,疾速行下所部州县要闹及乡村坐落去处,晓谕民户通知,无令藏匿。若常平司不检察,乞令提刑司觉察按劾”。② 由此可见,官田买扑的实施办法已经是相当完备了。

最后,我们来分析宋朝官田买扑制的历史意义。宋朝官田买扑制是中国古代土地经营制度的一种制度创新,无疑具有深远的历史意义和现

---

① 《宋会要辑稿·食货》。

② 《宋会要辑稿·职官》。转引自杨永兵:《宋代买扑制度研究》,人民出版社 2012 年版,第 39 页。

实借鉴作用。

第一,官田买扑制是一种土地经营制度创新,巩固了私人土地所有制。一种新制度的诞生有其社会经济条件。美国新制度经济学派的诺斯认为:“制度是由人类设计的用以安排政治、经济与社会交往的约束。它们由非正式的约束(制裁、忌讳、习俗、传统、行为准则)和正式的规则(章程法律、财产所有权)组成。”[①]诺斯认为,制度包括非正式的约束和正式的规则两种。宋朝官田买扑制的出现同样包含了“非正式的约束和正式的规则”。北宋时期的买扑制就是在一系列“非正式的约束”的基础上形成的。而到了南宋时期,由于官田买扑现象广泛存在,其在“非正式的约束”的基础上,形成了更加完备的“正式的规则”。宋朝官田买扑制是与买扑相关的各种规则和保证买扑顺利进行的实施机制。政府拥有土地官田买扑的主导权(制定相关的市场规则),特定人群拥有买扑的主动权(根据市场价格决定是否参与),而一定时间、一定地域内的某种经济利益的独占权(政府享有买扑课租,买扑人享有除课租之外的收益)是土地官田买扑双方的结合点。土地官田买扑的持续进行在于双方的分利互赢。

第二,官田买扑制缓解了宋朝的社会矛盾,增加了政府赋税收入。无论是北宋还是南宋时期,官田买扑制的实施无疑有利于社会的稳定和赋税收入的增加。北宋时期买扑官田的课额是地方常平司经费的重要来源,常平司则把经费有时用于社会救济,有时用于籴本钱,这对北宋时期的社会矛盾起到了缓和作用。

《长编》记载:

“初,枢密使韩琦请罢鬻诸路户绝田,募人承佃,以夏秋所输之课,给在城老幼贫乏不能自存者。”[②]

“神宗熙宁诏书,司农寺言:‘诸路卖户绝田产钱,乞从本司移助常平籴本。’从之。”[③]

《东轩笔录》中有记载李诚庄借佃户钱进行土地买扑的故事,也许能

① [美]道格拉斯·C.诺斯著,李志宏译:《制度》,《东南学术》2006年第4期。

② 《长编》卷一八六。

③ 《长编》卷二二八。

够说明地主与佃户矛盾缓解的事实。宋神宗熙宁年间(公元1068—1077年),侯叔献做汜县县尉,汜县的官田中有个叫李诚庄的官田,官员陈道古在侯叔献的建议下估价一万五千贯交由李诚的孙子买扑。但李诚的孙子并未有如此大量的钱财。侯叔献召集耕种李诚庄的佃户说:"汝辈本皆下户,因佃李庄之利,今皆建大第高廪,更为豪民,今李孙欲买田而患无力,若使他人得之必遣汝辈矣。汝辈必毁宅、撤廪离业而去,不免流离失职,何若醵钱借与诚孙,俾得此田,而汝辈常为佃户,不失居业,而两获所利耶?"佃户皆曰:"愿如公所言。"①佃户们凑钱借给李诚的孙子买扑李诚庄的官田,并非像我们世俗认为的那样,地主与佃户水火不容,而是恰恰说明了当时官田买扑制有助于缓解社会矛盾,对于地主和佃户而言有时也是双赢的。

与北宋时期的官田买扑课额一般用于各地常平司经费不同,南宋时的官田买扑课额一般用于军费支出。南宋时期,宋金战争连绵不断,财税吃紧那是正常的事情。因此,南宋时期建立了一套完整的官田买扑机构与制度,其目的就是要加强军事开支费用的筹措。宋建炎四年(公元1130年)二月诏书曰:"今来所卖田宅系要赡军支用,全在州县当职官吏协力措置。"②绍兴五年(公元1135年)正月三日,有大臣曾说道,诸路州县买扑官田,"其卖到价钱,仰诸路提刑司总领,起发赴行在送纳,内不通水路变转轻赍充赡军支费"③。

第三,官田买扑制推动了租佃制的发展。中国古代历朝历代都有官田,但是官田的经营方式却是不一样的。宋朝以前对官田的经营一般采用出租和屯田的方式。以屯田方式经营官田以解决军费开支甚至安定并巩固边疆早已有之。"国家为了某种特定的政治、军事和经济目标,组织和动员社会流动的劳动人口,垦种国有荒地和边陲土地的劳动形式,有军屯、民屯和商屯之分。"④宋朝官田的经营普遍实行了买扑制,到南宋时期

① (宋)魏泰著,李裕民点校:《东轩笔录》卷八,第92—93页。转引自杨永兵:《宋代买扑制度研究》,人民出版社2012年版,第35页。

② 《宋会要辑稿·食货》。

③ 《宋会要辑稿·食货》。

④ 王玉茹:《中国经济史》,高等教育出版社2008年版,第33页。

尤为成熟。宋朝官田经营买扑制实质上是租佃制的深化。租佃制一般体现的是地主与佃户之间的契约关系,而官田买扑制体现的是政府与地主之间的契约关系,北宋官田买扑中出现的"户帖"就是最好的例证。买扑制之所以出现在宋朝,与宋朝社会经济中商品经济比较发达,政府对社会经济的调控松弛有度,政治比较清明有关。随着这些历史条件在南宋中后期逐渐消失,尤其是宋金战争导致南宋政府国力消耗殆尽,官田买扑制也逐渐完成了其历史使命。

第三节 私人土地所有制形式进一步发展

宋朝私人土地所有制的进一步发展,主要从宋朝私人土地所有制的两种形态得以反映:一是地主私人土地所有制形态;二是自耕农、半自耕农的小私人土地所有制形态。这两种土地所有制形态是私人土地所有制的主要表现形式,其中,地主土地所有制占据私人土地所有制的主导地位。

一、地主私人土地所有制

宋朝时期的地主主要包括三类人:官户、形势户和民户。这三类人是宋朝时期拥有土地的主体,他们与土地的关系构成了地主私人土地所有制。到了宋朝,地主所占有的土地总量大大超过国家土地和自耕农占有的土地。地主既包含了大官僚、大地主,也包含了个体占田有限但数量众多的中小地主。

宋朝建立之初,承继五代十国时期动荡不安的社会局面,无论北方或南方,其中任何一个政权都无法顾及全国性的户籍管理,因此,宋朝建立以后,为了征收赋税和轮派差役,重新建立并加强了全国的户籍登记工作。"凡是城区居民,根据有无物业财产,区分为坊廓户的主户和客户。乡村户口则根据是否占有土地和是否承担国家的土地税,区分为乡村主户和客户。又根据土地、财产的多少,把主户区分为五等。与此同时,按照政治上身份地位的不同，区别为官户和民户，还有形势户和平户之分。”[①]“势官富姓，占田无限，兼并冒伪，习以成俗，重禁莫能止焉。”[②]这就准确地概括了大地主是这一时期土地占有的主体，虽然中小地主人数不少，但占田不多。这里所谓的“势官富姓”，势是指形势户，官是指官户，富姓是指经商致富的大商人。这三类人成为“占田无限”的大地主。

宋朝往往把官户和形势户紧密联系在一起，统称为“品官形势之家”或“品官形势户”。因为二者之间虽有区别，但是联系紧密，有时二者身份还可以转换。形势户和官户是两个不同的概念，形势户并不都是官户，不能等同于官户，但是官户又都是形势户。至于“富姓”大商人，他们因为经商致富，在传统的“士农工商”思想影响下，没有政治地位，但是他们凭借手中财富，购置了大量的土地。在宋朝户籍登记中，商人地主是属于“民户”一类的。也就是说，凡既不属于官户也不属于形势户的，都称为编户、民户或平户。“民户既包括大量的平民百姓，或者是没有身份地位的中小地主，同时又包括大商人和高利贷者等购置了大量土地的商人地主。当然，这部分商人地主(笔者注：凭借手中财富，通过捐官或买官)往往又可能转化为官户或形势户。”[③]同时，在宋朝的户籍登记时，还需要根据其各自占有土地的多少划分户等。很显然，身份地位的高低，往往和占有土地的多少直接相关，但又不是绝对成正比。官户、形势户和商人地主都是宋朝时期的土地所有者，而且是土地占有的主体部分。下面详细分析宋朝的官户、形势户以及民户地主的形成及其占有土地的情况。

首先，宋朝的官户是指习惯上所说的官宦之家，它包括了宗室、外戚和官僚，是统治阶级当权派中的上层统治者，官宦之家就是户籍意义上的官户。宋代曾经制定专门的“官户法”，在《宋会要辑稿》中，不止一处明确涉及“官户法”。关于官户的范围，“官户，谓品官，其亡殁者有荫同”，这是原则性的规定。“进纳、军功、捕盗、宰执给使，减年补授，转至升朝官，即为官户。”[④]如果官户泛指“品官”，原则上应当是从正一品的太师、太傅、

① 郦家驹：《宋代土地制度史》，中国社会科学出版社 2015 年版，第 28 页。
② 《宋史・食货志》。
③ 郦家驹：《宋代土地制度史》，中国社会科学出版社 2015 年版，第 29 页。
④ 《宋史・食货志》。

太保等,直到品官之中最低级的从九品如文学、助教等,都属于官户。不仅如此,而且“其亡殁者有荫同”。宋朝有恩荫制度。根据恩荫制度,品官之家的官员去世,官员子孙可以荫补为官,仍为官户。实际上,并不是任何品官都能列入“官户”,而是有许多具体规定的。[①]

宋朝官吏制度中的区分还是比较严格的,官与吏不同,只是现代人对于古代为官者,不管职位高低,统称为官吏而已。“宋朝吏人的身份相当低下,吏和官有严格界限。但是吏人具备了一定条件,有年劳补官法,也可以由吏转而为官,这就是所谓吏人出职。还有一种官,其官职是买来的,当时有的富人或者‘入资’或者‘纳粟’可以授官。凡是吏人出职为官,或富人入资、纳粟为官,通过这样的途径得来的官职,并不能都作为官户,而是有一些加以限制的规定。吏人出职为官,最高也只能升到从八品的从政郎。对进纳买官者,从神宗元丰年间已经规定,必须是因军功、捕盗,或者是选人换授,至升朝官,才能作为官户,武臣升朝官只能从正八品起,才能算作官户。由‘进纳买官’的和‘义勇、保甲授官’的,即使有‘军功’或者有‘捕盗’之功,也要从正八品开始,才算作官户。换言之,凡从八品、正九品以至从九品,都不算官户。至于没有‘军功’或者没有‘捕盗’之功,就需要从武阶正七品的武翼大夫以上,才能算作官户。”[②]这项北宋时的规定,一直延续至南宋仍然有效。如绍兴八年(公元 1138 年)“九月二十六日臣僚言:检会绍兴八年四月六日都省批状,绍兴府申明官府免色役指挥。内户部详称:官户,唯系宗室亲等,未至升朝,保甲授官等,因军功、捕盗,未至升朝,非军功、捕盗,未至大夫,虽是品官,止合免丁,不合作官户”[③]。

宋朝的官户,除了以上所说的品官之家,或者是各个品级的官僚之外,还包括宗室和外戚。宋朝建国以后,随着时间推移,宗室成员日渐增多。仁宗宝元二年(公元 1039 年),“大宗正司言:‘先朝故事,宗室子孙七岁始赐名、授官,今在襁褓者已有恩泽。请自今遇乾元节、南郊,听官其一

---

① 郦家驹:《宋代土地制度史》,中国社会科学出版社 2015 年版,第 29 页。

② 郦家驹:《宋代土地制度史》,中国社会科学出版社 2015 年版,第 29—30 页。

③ 《宋会要辑稿 · 食货》。

子,余需俟五岁,方得陈乞。’从之”[1]。可见北宋至仁宗时,宗室子孙都可以成为官户。到了宋神宗时期,宗室成员越来越多,于是宋朝政府对一些很疏远的宗室成员不再授官,而只能使之参加科举考试,如果科举考试落选,就不能享有成为官户的资格。因此,神宗之后直至南宋,并不是全部宗室成员都是官户。至于外戚,一类本身就是官户人家,另一类原非官户,结为姻亲,就可以通过荫补或其他途径而成为官户。

显然,宋朝对于官户身份有各种具体规定,之所以要规定官户的身份限制,是因为官户享有某些特权。既然官户有特权,那就促使那些非官户者会想方设法挤进官户的行列,因此,在实际生活中,突破禁令之事屡见不鲜。一方面,宋朝政府对于官户的范围加以种种限制;另一方面,又有非官户通过各式各样的渠道,合法以至不合法地进入官户行列。这都说明官户和非官户是有所不同的,不仅有身份地位上的差异,而且官户享有某些特权。

品官之家基本上属于不同程度占有土地的地主。两宋时期,极少数下级官僚俸禄微薄,或者确实为官清廉,因而不占有土地或占有极少量土地,这种现象是存在的。但是绝大多数官僚均属于地主阶级,而且是拥有大量土地的官僚大地主,在全部官户之中所占比重不小。南宋孝宗时甚至估计“大致田亩皆归官户”[2]。马端临曾经指出:“贵者有力可以占田”[3],“这里的所谓‘贵者’,就是指包括宗室、外戚以及官僚在内的官户。宋徽宗时期的蔡京,所占土地数量惊人,仅仅永丰圩的圩田一项,已经多至九百六十顷。朱勔动田产跨连郡县,岁收租课十几万石。南宋著名将帅,绝大多数都是广占田产,如张俊每年田租收入竟有六十余万斛”[4]。

官户大地主占有大量土地的途径不外乎以下几种:一是皇帝赐予,二是土地买卖,三是巧取豪夺。皇帝的赐田是官户获取土地的一条重要途径。《宋会要辑稿·食货》中专门设有《赐田杂录》一项,大量记载各种赐

---

① 《宋会要辑稿·食货》。
② 《宋会要辑稿·食货》。
③ 《文献通考》卷四《田赋考二·历代田赋之制》。
④ 郦家驹:《宋代土地制度史》,中国社会科学出版社 2015 年版,第 33 页。

田的事例。“宋神宗时,杨汲因淤田有功,‘赐以所淤田千亩’[①]。如绍兴年间,韦渊因为是宋高宗的母舅,自己向皇帝提出‘乞赐田五百顷’,高宗觉得要求太高,减去十分之九,但终究还是批准赐田五十顷。为了笼络领兵的将领,南宋不断对将领大量赐田。吴玠的部将郭浩、杨政,一次赐田高达五十顷。魏胜战死,赐田百顷,刘琦也是赐田百顷。其他著名将领如韩世忠、李显忠、邵宏渊等人,无一例外都有大量赐田。而且这些由皇帝赐给的田地,又大多属于江浙膏腴之田。南宋孝宗时臣僚上奏,已经指出:‘江浙尺寸之土,人所必争,而赐田之目,动以顷计。’”[②]从这些记载中可以看出,皇帝需要通过赐予土地的方式来笼络权臣。当然,官户还可以倚势霸占民田,甚至包括官田,以及通过土地的买卖来获取更多的土地。

其次,是形势户。如前所述,官户属于形势户,但形势户并不都是官户。根据《庆元条法事类》卷四七和卷四八的有关记载可以知道,“‘见充州县及按察官司吏人,书手,保正、耆户长之类,并品官之家非贫弱者’称为形势户”[③]。“诏令逐县每年造形势门内户夏、秋税数文帐,内顽滑逋欠者,须于限内前半月了足。”[④]太宗端拱元年(公元988年)正月诏:“诸州形势门户所输税,自今委本判官置簿催促,须于三限前半月内纳毕。”[⑤]

除了官户之外,以州县吏人或胥吏为主体的形势户虽然在地方上政治地位不高,但是在基层政权职能实际运行过程中却具有不可忽视的影响。就吏人的经济地位而言,往往可以凭借其权势而成为地方上的豪强。形势户在地方上的权势和所产生的消极作用,南宋比北宋时期有过之而无不及。

再次,就是民户地主。官户和形势户都是地主土地所有制的主体,其中相当一部分是有权势的大地主。除此之外,还有民户地主。民户是相对于官户、形势户而言的。民户地主是指那些在政治上不具有身份地位的地主。如前所说,民户地主既包括为数众多的中小地主,也包括商人地

① 《宋史·杨汲传》。
② 郦家驹:《宋代土地制度史》,中国社会科学出版社2015年版,第34页。
③ 郦家驹:《宋代土地制度史》,中国社会科学出版社2015年版,第34页。
④ 《文献通考》卷四《田赋考四·历代田赋之制》。
⑤ 《宋会要辑稿·食货》。

主。由于我国传统的“以商致富,以地守之”观念比较浓厚,因此,商人地主中也不乏一批拥有大量土地的大地主。这批富有资财的大地主很多是从大商人或者高利贷者转化而成地主的。由于两宋时期商品经济的发展以及私有制经济的繁荣,出现了相当数量的大商人和高利贷者。马端临称“富者有赀可以买田”。拥有大量财富,当然可以买田而成为大地主;成了大地主,又可以经营商业、手工业,甚至放高利贷,赚取更多的财富,购置更多的土地。

以上分析的是三类地主土地所有者。除了官户有被皇帝赐予田地的特权之外,官户、形势户和民户地主获得土地的渠道大体上是很相近的。“《袁氏世范》卷三‘富室置产当存仁心’条称:‘贫富无定势,田宅无定主,有钱则买,无钱则卖。’这是对两宋时期尤其是南宋土地所有权频繁转移很好的概括。买田就是利用经济手段来实现土地交易,是当时最常见的土地兼并的方式。”[①]

二、自耕农、半自耕农的小私人土地所有制

从唐朝中后期开始,土地制度呈现“二元结构”特征。也就是说,私人土地所有制有了一定的发展。后经晚唐大动乱以至五代十国,再到两宋时期,私人土地所有制又有了进一步发展。宋朝的私人土地私有制与唐朝相比有许多显著的变化,其中的一个变化就是自耕农、半自耕农的小私人土地所有制的发展。

自耕农、半自耕农是指居住在农村中的有土地的人户。在宋朝的户籍登记中,自耕农、半自耕农都属于主户。北宋时欧阳修曾指出:“民有幸而不役于人,能有田而自耕者,上自二顷至一顷,皆以等书于籍。”[②]文中的“不役于人”就是指自耕农没有因租种地主土地而受地主役使。北宋神宗熙宁年间陈襄则说:“中产以下多是农民,唯以薄业为生,别无营入,能自足于衣食者,盖有数矣。”[③]拥有“二顷至一顷”土地的自耕农,应当是自

① 郦家驹:《宋代土地制度史》,中国社会科学出版社 2015 年版,第 36 页。

② 《欧阳文忠公文集》卷五九《原弊》。

③ 《古灵先生文集》卷一三《论役法状》。

耕农中的少数。大部分自耕农拥有的土地并不多,而半自耕农就更少了。

两宋时期的自耕农、半自耕农应该是户籍五等分类中的第四、第五等户。宋代文献常把自耕农、半自耕农的第四、第五等户称为下户,或称"贫民下户",他们在主户总数之中占有相当的比重,无论在北宋还是在南宋都是如此。"在北宋仁宗以至神宗时期,张方平都曾指出,'第四、第五等户常及十分之九',万户之邑,'四等以下户不啻九千'。哲宗元祐年间刘安世也说:'四、五等户居十分之九。'也有和上述估计稍有不同的材料,哲宗绍圣三年(公元1096年)五月五日,左正言孙谔言:'假一县有万户焉,为三分而率之,则民占四等五等者常居其二。'由这些记载可以看出,但自耕农、半自耕农在农村户口的主户总户数中,至少占三分之二,应当是无可怀疑的。"[①]而且随着土地私有制的发展,土地买卖越来越普遍,"以商致富,以地守之"越来越深入人心,一些手工业者致富以后纷纷购买土地。"据《太平寰宇记》卷一九记载,太宗朝、真宗朝苏州有主户二万七千余户,客户为七千三百余户。至元丰年间,苏州主户增至十五万八千余户,客户增至一万五千余户。主户增长近六倍。"[②]苏州人口急剧增加,是由于当时苏州地区经济贸易比较繁荣,吸引了全国各地人员流入。而主户之增加远远快于客户增加数,就只能说明异地流入的人口经商致富后,购买了土地,成为自耕农、半自耕农。

两宋时期,自耕农、半自耕农在农村户口中占有很大的比重,和魏晋隋唐时期相比较,有显著的变化。这种变化是社会经济发展的客观结果。宋朝的自耕农、半自耕农在全国各地所占比重很不一致,即使在一个地区之内,各个地方也存在差异。这与各地经济尤其商贸城市发展是一致的。也就是说,越是商贸城市发达的地方,自耕农、半自耕农就越多;反之,则反是。不管怎样,宋朝自耕农、半自耕农占总人口的比重很大,则是无可置疑的。

两宋时期自耕农、半自耕农的土地主要来自以下几条途径:

一是政府下令招募民众垦辟荒地,民众所开垦的荒地归招募民众所

---

① 郦家驹:《宋代土地制度史》,中国社会科学出版社2015年版,第58页。

② 郦家驹:《宋代土地制度史》,中国社会科学出版社2015年版,第58页。

有。政府下诏动员农民垦辟荒地，并承认其土地所有权，这是一条自耕农、半自耕农获得土地的主要渠道。开垦荒地造就了大量的自耕农、半自耕农，他们拥有自己的"一亩三分地"成为宋代私人土地所有制发展的重要表现。

北宋建国初期，已经注意到长期战乱以及五代以来吏治腐败严重影响了农业生产的稳定和发展。早在宋太祖即位后的第七年，即采取措施。"五代以来，常检视见垦田，以定岁租。吏缘为奸，税不均适，由是百姓失业，田多荒莱。上悯之，乃诏禁止，许民辟土，州县不得检括，止以见佃为额。"①

宋太宗完成统一大业之后，至道元年(公元 995 年)六月"丁酉，诏募民请佃诸州旷土，便为永业，仍蠲三岁租，三年外输三分之一。州县官吏劝民垦田之数，悉书于印纸，以俟旌赏"②。《文献通考》卷四《田赋考四》记载："至道元年六月，诏曰：近岁以来，天灾相继，民多转徙，田卒污莱。招诱虽勤，逋逃未复。宜申劝课之旨，更示蠲复之恩。应州县旷土，并许民请佃为永业。仍蠲三岁租，三岁外输二分之一。州县官吏劝民垦田之数，悉书于印纸，以俟旌赏。"这里的"许民请佃诸州旷土，便为永业"，显然对于扩大自耕农户数有极大的推动作用。到了宋仁宗时期，"天圣初，诏流民积十年者，其田听人耕，三年而后收赋。减旧额之半。后又诏流民能自复者，赋亦如之。既而又与流民期百日复业，蠲赋役五年，减旧赋十之八，期尽不至，听他人得耕"③。"时天下生齿日蕃，田野日辟，独京西唐、邓间尚多旷土，唐州闲田尤多，人草莽者十八九。……嘉禧中，赵尚宽守唐州，劝课劳来。岁余，流民自归及自他所至者二千余户，引水溉田或数万顷。诏增秩赐钱，留再任。"④

南宋初年，两淮、荆湖、京西南路遭受战争破坏尤其严重，大量耕地被荒废。绍兴和议后，南宋朝廷重视招募无地流民开垦荒地，鼓励流民归业，所以自耕农数量得以增加。绍兴五年(公元 1135 年)七月戊子，"申命

① 《文献通考》卷四《田赋考四》。

② 《续资治通鉴长编》卷三八，并见《宋大诏令集》卷一八二《募民耕旷土诏》。

③ 《文献通考》卷四《田赋考四》。

④ 《文献通考》卷四《田赋考四》。

淮东西宣抚司优恤淮北士民之来归者。先是有旨,百姓有愿耕闲田者,州县即时给付。……至是,三省复奏,归附人民,令所至州计口,以提刑司钱人给一千,所给田免税五年,未就绪者,更为宽展年限”。“癸巳,右朝散郎知滁州河洋条上屯田利害。上曰:淮北之民,襁负而至。朕为民父母,岂可使民失所,可赋田予之,更加优恤。”[①]绍兴七年(公元1137年),知扬州晁公武言:“朝廷以沿淮荒残,未行租税,民复业与创户者,虽阡陌相望,惧后来税重,闻之官者十才见一二。……望诏两淮更不增赋,庶民知劝。诏可。”[②]

二是无地或少地农民自发开垦并经营土地。南宋孝宗淳熙三年,“浙西提举颜师鲁奏:‘今乡民间于闲旷磽确之地,积日累月,垦成田围,用力甚勤,或未能以自陈起税,为人告首,即以盗耕罪之,给半充赏,其何以劝力田者哉?’上曰:‘农民开垦旷土,岂可以盗耕之法治之,可止,令打量起税’”[③]。南宋和北宋相比,浙西、江南东西路、荆湖南路、福建路、成都府路以及潼川府路,都属于人口多而耕地明显不足的地区。农民为确保基本的生存条件,不得不多方谋求可以耕作的土地,即便是“闲旷硗确之地”,被垦辟成田。在闽、浙瘠狭之地,将山区、丘陵地区开发为梯田,是无地农民上升为自耕农或半自耕农的重要手段。当然,除此之外,江浙一带诸如湖田、围田等,都是排水而成田。再有则是改造利用滩涂为耕地。政府号召开垦荒地闲田,无论在北宋还是南宋,都较多出现于早期以至中期,有一定时限,且这种现象集中在人烟稀少、受战争破坏严重的若干区域范围内。自发开垦山地和丘陵以及排水为田等,则没有时限,从北宋早期直至南宋末年,都存在这种现象,且这种现象大多出现在人烟稠密、耕地不足的地区。从数量而言,经政府号召而获得自耕土地者,较自行垦辟而获得土地的要多[④]。但是,不可否认,农民通过努力开垦“闲旷硗确之地”而蜕变成自耕农、半自耕农的,也是自耕农、半自耕农人数增加的一个不可忽视的重要途径。

---

① 《建炎以来系年要录》卷九一。

② 《文献通考》卷五《田赋考五》。

③ 《文献通考》卷五《田赋考五》。

④ 郦家驹:《宋代土地制度史》,中国社会科学出版社2015年版,第62页。

三是通过经商致富而购置田产。中国是一个农业经济大国,古代的财富观念是以“土地财富”为衡量的主要标准,土地的多寡象征着财富的多少。因此,一些从事经营小本生意的工商业者致富后,一定会购置田产以保证财富的永续性。在宋朝,尤其是南宋统治地区,工商业比较发达,私人土地所有制发展比较成熟,土地买卖也十分普遍。许多小工商业者致富后,纷纷购置田产而成为自耕农、半自耕农。对于这类人,文献记载无从查考,但从逻辑推断来讲,是存在的。

以上所说的三类只是自耕农、半自耕农获取土地的大致情况,当然也还有通过其他各种途径获取土地而成为自耕农的。这里不一一列举了。

除自耕农之外,还有半自耕农。所谓半自耕农,是指那些仅仅耕种自己的土地难以维持生计,而不得不同时再租种地主土地的农民。这种半自耕农所占比重相当大。《朱文公文集》别集卷九《取会管下都分富家及阙食之家》所说的“作他人田”的农户就是半自耕农:“下户合要粜米者几家:作田几家,各开户名,大人几口,小人几口(别经营甚业次);不作田几家,各开户名,大人几口,小人几口(兼经营甚业次);作他人田几家,各开户名,系作某人家田,大人几口,小人几口(兼经营甚业次)。很显然,这里的下户也就是自耕农。但是,在这些自耕农农户当中,有的要‘作他人田’。南宋宁宗开禧元年(公元1205年)七月二十七日臣僚言:‘窃见保五之法,州县之吏往往视为具文,并无图籍可以稽考。……所谓图籍者,起于保甲……每甲须当开具甲内某人系上户,见系第几等……某人系下户作何营运,或租种是何人田亩。’这里同样是涉及户籍登记的项目,其中的下户需要登记‘租种是何人田亩’,肯定也是属于半自耕农。”①

自耕农、半自耕农占有的小块土地上收获的农产品,除了缴纳国家赋税之外,其余归自己支配,因而他们可以在占有的小块土地上更多地投入人力与物力,进行精耕细作,从而增加单位面积产量,这在一定程度上提高了自耕农、半自耕农的生产积极性,也推动了农业经济的发展与社会的进步。但是,自耕农、半自耕农占有的仅仅是极其有限的小块土地,却要

① 郦家驹:《宋代土地制度史》,中国社会科学出版社2015年版,第64—65页。

承担沉重的赋役。自耕农作为主户或税户,应当向政府缴纳土地税,在宋代就是夏、秋两税,夏税纳钱,秋税纳实物。而半自耕农负担就更加繁重了,他们既要耕种自己的土地,还要租佃地主土地,因此,既要向政府纳税,又要向地主交租。此外,土地兼并问题从未停止过,而且兼并的趋势越来越严重。官户、形势户以及各种豪强地主兼并土地的主要对象,正是拥有小块土地的自耕农、半自耕农。因此,自耕农、半自耕农经济是十分脆弱的,他们没有能力抗拒赋役的负担,更无法抗拒土地被兼并,而且一旦遇到自然灾害或者战争,他们就只有破产,再次沦为佃客了。

两宋时期自耕农或半自耕农的小农经济形态是很脆弱的,它无法演变成主导社会经济的主流形态。但是,自耕农或半自耕农无论是人数还是经济基础都超过以前的朝代,经济形态有了进一步发展,且对以后朝代的农业发展产生了深远的影响。

第四节 多民族融合下的辽、金时期土地制度演化

公元960年,宋太祖赵匡胤建立宋朝,结束了唐后五代十国分裂的局面。尽管宋朝在汉族居住地区建立了强大的中央集权制国家,但是北方、西北、东北地区的少数民族不但没有完全统一,而且时不时地南下骚扰。公元907年,契丹族耶律阿保机建立政权,国号辽。公元1038年,党项族首领元昊正式建立政权,国号大夏,史称西夏。党项族也是一个古老的民族——羌族,早期游牧在我国西北部地区,后又分为吐蕃族和回鹘族。公元1115年,女真族的完颜阿骨打建立政权,国号金。也就是说,在宋朝(包括北宋和南宋)统治期间,其北方依次建立了三个重要的少数民族国家,它们与宋之间时和时战。战事的频繁,给宋朝的统治者带来了财政上的压力,因此,宋朝统治者总是想法设法筹措战争经费。而北方的辽、西夏、金也在与宋朝的战争和贸易中完成了由游牧民族的奴隶制向封建制的转变。通过分析其土地制度,可以看出土地制度的变化对国家转型的作用。由于西夏这方面的资料十分稀少,因此,本节只以辽和金为例进行说明。

一、辽时期统治机制与土地制度

辽是于10世纪到12世纪初期(公元916—1125年)由契丹族耶律氏所建立的一个区域性政权,其势力全盛时,控制着大漠南北、东北大部分和河北、山西北部一带的广大地区。契丹本来是东胡族鲜卑中的一支,最初分布在潢水(今西拉木伦河)及土河(今老哈河)一带,过着游牧和渔猎生活。从十六国时代起,他们就以契丹的名称同中原地区发生政治和经济往来。北魏时,契丹曾以进贡方式用名马和毛皮向中原换取生产资料和生活用品。隋唐时期,这种联系有了进一步的发展。唐太宗贞观二十二年(公元648年),曾在契丹居住地区设置松漠都护府和十个州,并以契丹各部首领为都督和刺史。不过,这时契丹还先后受到相继强大起来的突厥族和回鹘族的控制。

公元916年,耶律阿保机正式建国称号,自立为皇帝,国号契丹(公元937年改称辽,982年又复称契丹,1066年再次定名为辽),后三年筑"西楼"城为都城(后称上京临贯府,今辽宁昭乌达盟巴林右旗附近),积极向南向西扩张。在契丹族不断向南扩张的同时,其统治机制也开始逐渐向古代社会转化。从辽太宗耶律德光夺取燕云十六州,到辽圣宗耶律隆绪时,这一过程已基本完成。公元936年,辽出兵帮助石敬瑭推翻后唐统治,建立后晋,石敬瑭将今河北、山西北部的燕云十六州割给辽国作为报酬。契丹无法在这些地区改行奴隶制,遂将原有封建统治秩序照样保留下来,这样不但扩大了契丹统治区内古代社会区域的比重,而且对原有实行奴隶制的地区产生了较大的影响。为了适应这种情况,契丹政府在统治机构的设置上分设北面官和南面官两套体制,分别统治不同地区。《辽史·百官志》记载,"以国制治契丹,以汉制待汉人"。这就是说,在契丹原有区域,基本采用奴隶制进行统治,具体事务由北面官体系负责;在新征服的渤海、燕云等地区,则主要采取封建制来治理,由南面官体系主持。根据《辽史·百官志》记载:"北面治宫帐、部族、属国之政,南面治汉人州县、租赋、军马之政。"[①]辽时期的土地制度也表现出两种形式:北方契丹少数民族地区的土地分封制和南方燕云十六州地区的土地私有制。

不管是在北方地区还是在新扩张的地区,辽都加强了对土地的分配与农业生产的重视。

《辽史·食货志》记载:

"寻诏有司劝农桑,教纺绩。以乌古之地水草丰美,命瓯昆石烈居之,益以海勒水之善地为农田。三年,诏以谐里河、胪朐河近地,赐南院欧堇突吕、乙斯勃、北院温纳河剌三石烈人,以事耕种。八年,驻跸赤山,宴人臣,问军国要务。左右对曰:'军国之务,爱民为本。民富则兵足,兵足则国强。'上深然之。是年,诏征诸道兵,乃戒敢有伤禾稼者以军法论。"[②]

辽圣宗耶律隆绪时(公元983—1012年),推行了一系列有助于社会经济发展的改革措施,以帮助许多民户摆脱奴隶地位,加速契丹封建化的进程。第一,改革户籍登记制度。辽圣宗把原属皇室私有的宫帐奴隶改编为部,使这些原来处于奴隶地位的农户划属州县管辖,成为国家的编户,地位上升为平民。据《辽史·圣宗纪》记述,统和十三年(公元995年),诏令"诸道民户,应历(公元957年)以来胁从为部曲(奴隶)者,仍籍州县"。第二,迁徙民户,"占地置业"。有的寨堡的民户被迁置于州县垦殖。例如,"徙吉避寨居民三百户于檀、顺、蓟三州,择沃壤,给牛、种谷"[③],从事农耕。第三,招募流民开垦荒地。例如,募民垦耕滦河一带的荒地,准十年以后才开始收租,称"在宫闲田"。耕私田和闲田都要"计亩出粟,以赋公上"。第四,推动屯田耕垦。西北沿边各地设置屯田耕垦,在屯民户"力耕公田,不输租赋",即不再直接向朝廷输纳,而将积粟供给当地住军。第五,推动并修改法律,提高奴婢身份地位。统和二十四年(公元1006年)规定:"主(奴隶主)非犯谋反大逆及流死罪者,其奴婢不得首告,若奴婢犯罪至死,听送有司,其主无得擅杀。"[④]第六,对于田制的具体规定是,把田分为公田和私田。《辽史·食货志》记载:"沿边各置屯田戍

① 侯绍庄:《中国古代土地关系史》,贵州人民出版社1997年版,第255页。
② 《辽史·食货志上》。
③ 《辽史·食货志上》。
④ 《辽史·刑法志》。

兵,易田积谷以给军饷。故太平七年诏,诸屯田在官斛粟不得擅贷,在屯者力耕公田,不输税赋,此公田制也。余民应募,或治闲田,或治私田,则计亩出粟以赋公上。统和十五年,募民耕滦河旷地,十年始租,此在官闲田制也。又诏山前后(即燕云等州,山者太行山)未纳税户,并于密云、燕乐两县占田置业入税,此私山制也。各部大臣从上征伐,俘掠人户,自置郛郭,为头下军州。凡市井之赋,各归头下,惟酒税赴纳上京,此分头下军州赋为二等也。”[①]“头下军州云云,盖似采地矣。赋田之外,户丁有税,又有徭役。”[②]《辽史・食货志》记载:“夫赋税之制,自太祖任韩延徽始制国用。太宗籍五京户丁以定赋税。户丁之数,无所于考。”[③]

这些改革措施加速了辽王朝统治地区的封建化进程,从土地制度来讲就是进一步汉化,或者说承认土地的私有制。但同时,由于统治势力根深蒂固,少数民族的游牧特征始终保持着。这是从辽代开始直到清朝早期王朝土地制度一直延续的特征:汉族地区的土地私有制形式与个别少数民族地区土地所有制的特殊性并存。也就是说,广大的汉族地区和东北、西北、西南以及西藏地区的土地所有制有较大的差异。

二、金时期的“猛安”“谋克”与土地制度

金是公元12—13世纪统治中国北部的一个王朝,共九帝,历时120年。早在公元5—6世纪,金的祖先居住在黑龙江和松花江流域以及长白山麓。公元1115年,女真族完颜部领袖阿骨打正式称帝,建立奴隶制国家——金,定都会宁(今黑龙江阿城南)。太宗夫会三年(公元1125年),金灭辽,次年又灭北宋。金建国初,即废除了原来的部落联盟长的制度,确立了皇权统治,并建立了以“猛安”“谋克”为单位的军事编制。而后,金又创造并颁布了女真文字,制定刑事法令,经过太宗、熙宗和海陵王的几次改革,到世宗时,金朝全面采取汉化措施,确立了以女真贵族为主,包括汉、契丹等族统治阶级在内的多民族统治核心,稳定了金朝的统治。随着

---

① 《辽史・食货志》。

② 万国鼎:《中国田制史》,商务印书馆2011年版,第341页。

③ 《辽史・食货志》。

政治变革,金朝社会原有的经济关系也在向封建经济关系过渡。[①] 尤其是随着金的版图越来越大,其向南侵略扩展,占有了大片的土地,多民族的交相生活以及汉族地区先进的耕作方式,加深了多民族的融合发展。

在土地所有制与土地经营方面,金时期同样经历了王朝土地所有制和王朝土地所有制与私人土地所有制并存的阶段。王朝土地所有制时代的土地经营方式表现为授田制;王朝土地所有制与私人土地所有制并存,其土地经营方式主要为租佃制。授田制主要在女真族聚居地区,租佃制主要在汉族聚居地区。

首先,我们谈谈金时期的授田制。公元1114年,完颜部首领阿骨打利用女真人反辽的情绪,公开举兵抗辽,并在次年正式建国称帝,攻下黄龙府(今吉林农安)。公元1125年,金与北宋联合灭辽,占有辽国领域,以后金统治者又利用北宋王朝衰败的机会,多次出兵侵宋,并于公元1127年攻占北宋首都汴梁(今河南开封),占领黄河中下游一带。接着,金统治者又多次出兵攻击新建的南宋政权,经过反复征战,到公元1141年(宋高宗绍兴十一年,金熙宗皇统元年),宋金达成和议,划分双方的统治界限,以东起淮河西至大散关一线为界。女真族在北方确立了统治地位,直到公元1234年被蒙古灭亡。

金统治者在不断向南对外扩张的过程中,将其原有的社会基层组织“猛安”“谋克”大量迁徙和推行到被征服地区。为了保障这些猛安、谋克户的生活,金统治者多次派出使臣,到处拘刷、检括土地,分授给猛安、谋克户占有使用。“猛安”“谋克”是女真族的部落、氏族的称谓。“猛安”亦译作“萌安”,意即部落之意;“谋克”或译作“毛毛可”,氏族之意。[②] 按《金史·兵志》记载,“谋克”在金太祖即位之二年时,即以300户组成,由百夫长一人统辖,每10个“谋克”组成一个“猛安”,由千夫长一人统领。“猛安、谋克”户中的壮丁平时从事“畋渔射猎”,战时则应征出战。“猛安、谋克”既是女真族早期社会的基层组织,又是军事上的基本编制,也是一种

① 王子英、孙翊刚、门志注释:《中国历代食货志汇编简注》中册,中国财政经济出版社1987年版,第461页。

② 侯绍庄:《中国古代土地关系史》,贵州人民出版社1997年版,第257页。

集生产、行政、军事三者合一性质的社会组织形式。女真贵族在对外征服的过程中,不但将原居住在今东北境内的本族民户按猛安、谋克的组织形式大量移居到内地,同时还把这种组织形式推行到其他降附的少数民族之中。《金史·兵志》记载,对降附的少数民族,“率用猛安、谋克之名,以授其首领而部伍其人”。

女真族占领了广大的华北地区之后,为加强统治,从金太宗天会十一年(公元1133年)起,就下令从今东北移徙女真族人于华北地区安置。“命下之日,比屋连村,屯结而起”,到华北地区后,则“棋布星列,散居四方”。占领淮北以后,金统治者更是有计划地把大量猛安、谋克户从东北迁入中原以及陕西、陇右等地,并正式命之为屯田军。完颜亮迁都燕京之后,又一次把上京会宁府(今黑龙江阿城南)附近的一些猛安、谋克户迁到燕京附近,而把此前移到燕京附近的猛安、谋克户再迁往开封周围。屯田军一律不住在州县城内,而是筑寨于村落之间,与汉族百姓杂居。其千夫长、百夫长的官府也设在这里。

女真统治者对于这些屯田军户,都要“计其户口,给赐官田,使自播种,以充口食”。当时在华北地区没有足够分配的官田,因此,屯田军户内徙的过程,既是金政府在内地大肆掠夺土地的过程,也是女真族逐渐汉化的过程。

有关计口授田的文献记载,我们可以从《金史·兵志》与《金史·食货志》的《田制篇》来考查。

《金史·兵志》记载,大定二十四年,“宗室户百七十,猛安二百二,谋克千八百七十八,户六十一万五千六百二十四”[①]。从这里可以看出,每猛安9谋克,平均每谋克327户。

《金史·食货志》记载:“海陵正隆元年二月,遣刑部尚书纥石烈娄室等十一人,分行大兴府、山东、真定府,拘括系官或荒闲牧地,及官民占射逃绝户地,戍兵占佃宫籍监,外路官本业外增置土田,及大兴府、平州路僧尼道士女冠等地。盖以授所迁之猛安谋克户,且令民请射,而官得其租也。”[②]

---

① 《金史·兵志》。
② 《金史·食货志》。

关于田亩的计算,《金史·食货志·田制》规定:“量田以营造尺,五尺为步,阔一步,长二百四十步为亩,百亩为顷。”①

关于土地是否可以买卖,《金史·食货志》规定:“民田业各从其便,卖质于人无禁,但令随地输租而已。”

关于土地分配数量与税赋问题,《金史·食货志》规定:“凡桑枣,民户以多植为勤,少者必植其地十之三,猛安谋克户少者必课种其地十之一,除枯补新,使之不阙。凡官地,猛安谋克及贫民请射者,宽乡一丁百亩,狭乡十亩,中男半之。请射荒地者,以最下第五等减半定租,八年始征之。作已业者从第七等减半为税,七年始征之。自首冒佃比邻地者,输官租三分之二。佃黄河退滩者,次年纳租。”②

以上论述的就是金初扩张时期的土地以及土地分配制度,其核心就是把侵占的土地按照“猛安、谋克”的编制进行分配。

其次,我们再来谈谈金时期的土地租佃制。金发迹于北方地区,其北方的统治基础主要是一种集生产、行政、军事三者合一性质的社会组织形式。随着金不断向南拓展疆域,金占据了华北的大部分地区。而在华北地区,土地私有制普遍存在,且有比较完备的较之于“猛安、谋克”更加先进的土地经营方式——土地租佃制。土地私有制与土地经营租佃制在与“猛安、谋克”制度交融的过程中,逐渐被金统治者吸收并采用。

金朝租佃制一开始是在金统治者南侵占领的汉族地区实行的,它是在承认汉族地区土地私有制的前提下实行的。租佃制基本上沿用宋朝的规定。随着后来金朝统治者逐渐认识并吸收汉族地区先进的生产制度,租佃制也逐渐推广到女真族居住地区。关于金朝的租佃制,我们将会另立章节来论述。

由于女真族居住地区是统治者的发祥地,女真贵族势力强大,许多地方仍然保留着游牧地区的土地制度。因此,随着金朝民族融合的深入发展,两种土地制度逐渐融合,但少数民族地区仍然保留着其原有的游牧民族土地制度的特点。

---

① 《金史·食货志·田制》。

② 《金史·食货志·田制》。

第八章

土地所有制“二元结构”进一步发展(下)

在宋朝统治期间，北方的少数民族出现交替统治的局面，先有契丹族的辽，后有党项族的西夏和女真族的金。公元 1206 年，蒙古族铁木真被推举为全蒙古的汗，号称“成吉思汗”，建立国家政权，史称元朝。元于公元 1211 年灭西辽，公元 1127 年灭西夏，公元 1234 年灭金，公元 1279 年灭南宋，统一中国，成为中华民族历史上疆域最为广阔的朝代，也是中古史上震撼西方的一个朝代。《元史・地理志》说：“自封建变为郡县，有天下者，汉、隋、唐、宋为盛，然幅员之广，咸不逮元。”然而幅员如此辽阔的元朝帝国，其统治中国的时间在历史上并不太长，自公元 1279 年灭南宋到明太祖朱元璋于公元 1368 年攻陷元的首府大都，不到百年。明朝建立以后，一方面继续对元剩余势力加强围剿，一方面加强经济建设。元、明两朝的经济建设都有突出成就，这里我们主要分析其土地制度。

第一节　元朝初期政治经济措施与土地制度

公元 1271 年，元世祖忽必烈正式定国号为“元”，定都大都(今北京)，并于公元 1279 年灭了南宋，统一全国。元朝的疆域十分辽阔，从占领的版图来看，称其为中国史上最强，一点不为过。从成吉思汗建国到元顺帝至正二十八年(公元 1368 年)被农民起义推翻止，凡 15 帝、163 年，以元世祖忽必烈定国算,则为11帝、98年。忽必烈统一全国后,为了尽快巩固自己的统治,在政治上,“遵用汉法”,并在全国各地驻军、屯田,以便镇压各地人民的反抗斗争;经济上,采取了一系列恢复和发展生产的措施,如颁布不准改民田为牧地的禁令,设立劝农司、大司农,大力鼓励垦殖,设都水监,掌管河渠和水利,修治黄河等。这些措施的实施,使得人口逐渐增加,农业得到恢复,随着农业的恢复,手工业也有了发展。国家的统一,农业和手工业的恢复和发展,海运和漕运的沟通,促进了元代商业的发展,开创了元代商业的繁荣局面。当时的大都以及杭州、泉州都是闻名世界的商业都市。

元朝统一全国后,疆域十分辽阔,而且蒙古族作为游牧民族,其惯有的生活与生产经营方式导致所占地区经济遭到了严重的破坏,加上多年征战,社会经济受到极大破坏,到处是凋敝、荒惨的景象。这种社会经济景象不但影响了蒙古贵族的剥削收入,而且更为重要的是,由于民不聊生,民众纷纷进行反抗,也威胁着元朝贵族的统治基础。这就迫使元朝统治者逐步放弃落后的社会经济制度,采取“汉法”,以适应内地高度发展的古代社会经济文化状况。

一、初期政治经济措施

元朝统治者为了加强对政府地区的统治,在政治措施上采用“汉法”,其内容主要有:政治上,调整统治阶级内部关系,防止地方割据势力发展,巩固中央集权,加强统治机构,以有效控制全国人民;在选拔统治人才方面,从单纯依靠蒙古贵族和色目上层分子,发展到让中原地区以汉族为主的地主以及士大夫参与军国大政,形成以蒙古贵族为中心的各族统治阶级的联合专政;经济上,则从破坏中原地区的农业生产,俘掠农业人口,改变为维护封建地主经济,加快农业生产的恢复和发展。

当然“汉法”措施的推行也不是一帆风顺的,一开始就遭到了部分蒙古贵族的反对。到元世祖时,以西北藩王为代表的蒙古贵族中的顽固保守势力,以所谓“仪文制度,遵用汉法”,违反“本朝旧俗”为借口,公开反对。但是,元世祖坚决采纳周围一些汉族地主阶级代表人物如刘秉忠、许衡等提出的“以马上取天下，不可以马上治”的积极主张，以及“国朝仍处远漠，无事论此，必若今日形势，非用汉法不可”的建议，采取一系列措施，才使蒙古统治者推行的“汉法”措施得以坚定地持续实施下去。

元朝统治者为了恢复经济发展，从元世祖开始，禁止了不重视农业生产，甚至废农为牧的做法，确定了“以农桑为急务”的方针，并陆续采取了一系列经济措施。

第一，在中央和地方设立劝农机构，专门管理农业发展情况。

《元史·食货志一》记载：

“中统元年，命各路宣抚司择通晓农事者，充随处劝农官。二年，立劝农司，以陈邃、崔斌等八人为使。至元七年，立司农司，以左丞张文谦为卿。司农司之设，专掌农桑水利。仍分布劝农官及知水利者，巡行郡邑，察举勤惰。所在牧民长官提点农事，岁终第其成否，转申司农司及户部，秩满之日，注于解由，户部照之，以为殿最。又命提刑按察司加体察焉。其法可谓至矣。”①

第二，在广大农村，组织起具有劝农和监督农民双重作用的“村社”作为基层机构，以提倡和组织农业生产。

《元史·食货志一》记载：

“是年(中统元年)，又颁农桑之制一十四条，条多不能尽载，载其所可法者：县邑所属村疃，凡五十家立一社，择高年晓农事者一人为之长，增至百家者，别设长一员。不及五十家者，与近村合为一社。地远人稀，不能相合，各自为社者听。其合为社者，仍择数村之中，立社长官司长以教督农民为事。”②

第三，仿照金朝办法扩大屯田网，利用镇戍军士并招募农民开垦官地，迁徙“归化”的南方“新民”，充实内地和西北边区，并清理豪强侵占的土地和民户，限制牧场多占民田，禁止破坏农桑。

第四，提倡改进农业技术和兴修水利。政府组织编制《农桑辑要》一书，并大力推广。在政府的倡导下，元朝出现了十多种有关记载农业生产

---

① 《元史·食货志一》。
② 《元史·食货志一》。

经验的专著,最著名的当属王祯的《农书》了。

第五,招募流民,听民自实边远荒田旷土,展期科税,对贫困屯田户和迁徙民户给予牛具、农器和粮种,并释放部分奴隶。

第六,在摧毁南宋政权以后,把北方“汉法”的经验推广到南方,保护江南地区的地主经济,甚至为了缓和汉族人民的反抗斗争,还曾要求江南地主暂且作出让步,减轻佃户私租。[①]

二、元朝土地制度

元朝统治者统一全国后,推行“汉法”措施。其中,土地政策的推出是为了限制蒙古贵族“跑马圈地”,从而恢复宋朝时期的土地制度。元朝推出的土地制度措施比较多,这里主要介绍一下经理民田、屯田以及官田的经营。

第一,有关“经理民田”的规定。这是元初推行的土地制度中最主要的一条措施。所谓经理,是指封建国家对土地占有权、面积和四方四至的检查核定。

《元史·食货志一》:

“经界废而后有经理,鲁之履亩,汉之核田,皆其制也。夫民之强者田多而税少,弱者产去而税存,非经理固无以去其害。然经理之制,苟有不善,则其害又将有甚焉者矣。”[②]

“经理者,使民自实田,除欺隐,均赋役也。其事甚当,然若行之不善,则为害反深。仁宗延祐元年,江淮漕臣言,江南殷富,盖由多匿腴田,若行检核法,当益田亩累万计。吴王珪固争月余,不能止。”[③]

这反映出元朝统一全国以后,为了更好地恢复农业生产、稳定社会,非常有必要经理民田。

《元史·食货志一》对于经理民田的情况记载如下:

“遣官经理。以章闾等往江浙,尚书你咱马丁等往江西,左丞陈士英

---

① 侯绍庄:《中国古代土地关系史》,贵州人民出版社1997年版,第269—270页。

② 《元史·食货志一》。

③ 万国鼎:《中国田制史》,商务印书馆2011年版,第364页。

等往河南,仍命行御史台分台镇遏,枢密院以军防护焉。其法先期揭榜示民,限四十日,以其家所有田自实于官。或以熟为荒,以田为荡,或隐占逃亡之产,或盗官田为民田,指民田为官田,及僧道以田作弊者,并许诸人首告。十亩以下,其田主及管干佃户皆杖七十七。二十亩以下,加一等。一百亩以下,一百七。以上流窜北边,所隐田没官。郡县正官不为查勘,致有脱漏者,量事论罪,重者除名。此其大略也。然期限猝迫,贪刻用事,富民黠吏,并缘为奸,以无为有,虚具于籍者,往往有之。”①

经理民田在有些地方也曾出现一些极端情况,从而引起百姓的不满。“……江西酷虐尤甚,新丰一县撤民庐千九百区,至夷墓扬骨以为所增顷亩。次年八月,遂有赣民蔡九五之乱。章闾在江浙以括田迫民,有至死者。御史台累言其害。汴梁路总管塔海亦言其弊。乃诏罢之,并免三省自实田租二年。河南自实田租自延祐五年始,止科其半。汴梁一路凡减虚增之数二十余万石,至泰定、天历之初,又尽革虚增之数,民始获安。”②也就是说,有些地方官吏假借经理民田之由,弄得百姓民不聊生,最后通过减税降租,才让百姓安定下来。

元朝政府经理民田的目的主要是通过检括民田,聚敛财富,增加政府财税,以满足政府庞大的军事与行政费用,这从《续通考》的记载中可见一斑。

据《续通考》记载:“廷祐元年,江淮漕臣言,江南殷富,盖由多匿腴田,若行检核法,当益田亩累万计,吴元珪拜江浙行省左丞,入见言,江南平几四十年,户有定籍,田有定亩,一有摇动,其害不细,固争月余,不能止。至是平章张律言,经理大事,世祖已尝行之,但其间欺隐,尚多未实。以熟田为荒地者有之。惧差而析户者有之。富民买贫民田,仍其旧名输税者亦有之。由是岁入不增,小民告病。若行经理之法,俾有田之家及各卫下寺观学校财赋等田,一切从实自首,庶几岁入无隐,差徭亦均。元珪复奏,昔世祖限田四百亩以给军需,余田悉供赋税。今经理江淮田土,第以增多为能,加以有司头会箕敛,俾元元之民困苦日甚,恐变生不测,非国之福。帝

① 《元史·食货志》。
② 万国鼎:《中国田制史》,商务印书馆2011年版,第365页。

不能用。”

元朝政府通过对河南、江西、江浙三省的经理民田,“总计三省官民荒熟田如下:(一)河南省一百一十八万七百六十九顷;(二)江西省四十七万四千六百九十三顷;(三)江浙省九十九万五千八十一顷”①。

第二,有关屯田制度的规定。屯田制度的实行由来已久,但是,元朝的屯田为其行军打仗、拓展疆域立下了汗马功劳,其屯田范围之广,所起作用之大,超过以往朝代。“元兴漠北,灭金并宋,入主全夏,屯田更为普遍。惟屯户不限种人,则与金异。盖元代疆域辽阔,人种庞杂,规模自殊也。”②关于元朝的屯田,后面有专门的章节来论述,这里只是一笔带过。

第三,有关职田的规定。在元朝官田中,职田也是很重要的一部分。职田只有在外做官的人才享有,“元代职田,惟外官有之”③。职田一度被废除,改用“至元钞”,后又恢复。

《元史・食货志四》记载:

“职田之制,路府州县官至元三年定之,按察司官十四年定之,江南行省及诸司官二十一年定之,其数减腹里之半。至武宗至大二年,外官有职田者,三品给禄米一百石,四品给六十石,五品五十石,六品四十五石,七品以下四十石。俸钞改支至元钞,其田拘收入官。四年,又诏公田及俸皆复旧制。延祐三年,外官无职田者,量给粟麦。凡交代官芒种已前去任者,其租后官收之,已后去任者前官分收,后又以争竞者多,俾各验其俸月以为多寡。”④

江南行省及诸司官的职田要比腹里少一半。腹里是指当今山东以西及河北等地,也就是元朝大都附近的周边地区。其又规定,“外官无职田者,量给粟麦”。

如上记载,我们可以看出,元朝职田至少可以分为三部分:一是“路府州县官”职田,它是元世祖至元三年(公元1266年)制定的;二是“按察司官”的职田,它是至元十四年制定的;三是“江南行省及诸司官”,它是至元

① 万国鼎:《中国田制史》,商务印书馆2011年版,第365页。
② 万国鼎:《中国田制史》,商务印书馆2011年版,第352页。
③ 万国鼎:《中国田制史》,商务印书馆2011年版,第358页。
④ 《元史・食货志》。

二十一年制定的。关于元朝职田数量,可以通过表8—1反映。

表8—1　　元朝职田概略

职田数量	官　职
十六顷	上路达鲁花赤、各道按察使
十四顷	下路达鲁花赤
十二顷	散府达鲁花赤
十顷	上州达鲁花赤
八顷	上路总管同同知、中州达鲁花赤、按察司副使
七顷	下路总管同同知
六顷	上路治中、散府知府同同知、下州达鲁花赤、按察司佥事
五顷	上下路府判、上州州尹同同知、警巡院鲁花赤
四顷	散府府判、上州州判、中州知州同同知、警使同警副、县达鲁花赤、经历
三顷	中州州判、下州知州同州判、警判录事司达鲁花赤、县尹同县丞
二顷	录事司录事同录判、县主簿县尉、主簿兼尉

资料来源:万国鼎,《中国田制史》,商务印书馆2011年版,第359页。

第四,有关其他官田的规定。其他官田是指除屯田和职田以外的其他官给的土地,如籍田和学田等。

“元代亦有籍田,世祖至元七年立于大都东南郊。有学田与贡士庄田,以供祭祀及师生廪食。然世祖时权臣已屡欲毁法,诸生廪食或不继。且以学田隶官,官值算钱谷甚急,则鬻所在学田以取给。至元二十三年,诏江南诸路学田复给本学,以便教养。迨顺帝至元元年,罢科举,以儒学贡士庄田租给宿卫衣粮,其制遂废。此外,又有普通所谓官田,其额颇巨。职田、官庄等,皆依私租例令民佃种,殊为民害,甚者实无田而民出公田租云。”①

① 万国鼎:《中国田制史》,商务印书馆2011年版,第360页。

第二节 明朝田制与赋役改革

参加元末农民起义的朱元璋于1368年在应天府称帝,国号大明,年号洪武。此后,朱元璋先后平定西南、西北、东北等地,最终统一了中国,史称明朝。为了巩固自己的统治,朱元璋励精图治,采取了一系列措施:一是经济上移民垦荒,屯田,兴修水利,奖励农桑,轻徭薄赋,派人到全国各地丈量土地,清查户口,等等;二是政治上整顿吏治,严惩贪污,从而在一定程度上提高了农民的生产积极性,促进了经济的恢复和发展;三是文化上紧抓教育,兴科举,建立国子监培养人才;四是对外加强海外交流,恢复中华宗主国地位。经过洪武时期的努力,社会生产逐渐恢复和发展,这一历史时期史称"洪武之治"。朱元璋庙号太祖,谥号高皇帝。

明朝初期经过元末农民战争以及朱元璋统一全国的武力征伐,社会经济破败不堪。为了重振社会经济,洪武帝朱元璋推行了一系列经济政策,其中与土地制度相关的首推洪武年间编制的土地黄册和鱼鳞册,其次就是明中期张居正推行的赋役改革——"一条鞭法"。

一、明朝田制

"明土田之制,凡二等:曰官田,曰民田。初,官田皆宋、元时入官田地。厥后有还官田(注:指曾赐予官员或农民承种,后又还官的田),没官田(注:官府籍没犯法者财产而来的田地),断入官田(注:指民户死绝,依法入官的田),学田(注:县府学田,供乡学之用),皇庄,牧马草场,城壖苜蓿地(注:指近城或城下的土地),牲地,园陵坟地,公占隙地,诸王、公主、勋戚、大臣、内监、寺观赐乞庄田(注:指赐予臣下之地),百官职田,边臣养廉田(注:明政府规定边将除给俸禄外,还给一定数量的官田,叫养廉田),军、民、商屯田,通谓之官田。其余为民田。"①

明朝田制有两类:一是官田,二是民田。官田主要是继承了元朝政府

① 《明史·食货志·田制》。

的田地、屯田以及如上文规定的其他官田，余者皆为民田。官田如上文记载，种类虽多，数量未必巨大，也能很好地界定；民田多为私田，其数量甚多，范围更广，因此，很难加以统计，而民田恰恰又是政府赋税的主要来源。

首先，我们来谈谈民田。何谓民田？政府规定的官田之外的田地，称为民田。因为民田散落在全国各地，尤其是广大乡村地区，因而统计很不方便。

明朝初期的土地改革一开始就是和赋役制度改革联系在一起的。因此，本节把明初的赋役变革与土地改革联系起来论述，其中的两大措施就是建立“黄册”和“鱼鳞册”。

为了查清楚民田数量，统一赋税征收标准，明太祖在实施一系列经济政策时，首先丈量土地，更好地掌握户口和土地，建立了详尽细密的“黄册”和“鱼鳞册”，明确赋税标准。明朝初期，经过元末农民战争，人口流散、土地变换、赋役不均的现象十分严重。大部分土地没有簿籍可查，从而逃避了国家赋役。而现有簿籍的土地，登记面积和负担又轻重不一。这不但严重影响了封建国家的剥削收入，也直接关系着封建统治秩序的稳定。为了把农民固着于土地上，统治者在推行屯田制与募民垦荒的同时，大力丈量土地、调查登记人口，并在此基础上编制了赋役黄册和鱼鳞图册，以此作为封建国家征取赋税力役的根据。

为确定纳税人的身份，明初开始编造赋役黄册，其实质为征派赋役编造的户口登记簿册。朱元璋从建国伊始，就着手整顿经济秩序。如《明史·食货志》记载，洪武元年(公元 1368 年)，派人往浙西核实田亩；五年(公元 1372 年)，又派人到四川丈量田地。洪武三年(公元 1370 年)初编黄册，“命户部籍天下户口，每户给以户帖”①。到洪武十四年(公元 1381 年)，在全国核实田亩的基础上，编成赋役黄册。赋役黄册就是全国户口的总清册，是国家征收赋役的依据。

洪武十四年(公元 1381 年)正月，“命天下郡县编赋役黄册”②。

---

① 《续文献通考》卷一三《户口卷》二，《户口丁中》。

② 《续文献通考》卷一三《户口卷》二，《户口丁中》。

《续文献通考》记载：

“以一百一十户为里，一里之中，推丁粮多者十人为之长，余百户为十甲，甲凡十人，岁役里长一人，甲首十人董其事。城中曰坊，近城曰厢，乡都曰里。先后各以丁粮寡寡为次。每里编为一册，册之首，总为一图。其中鳏寡孤独不任役者，附十甲后为畸零。每十年有司更定其册，以丁粮增减而升降之。册凡四，一上户部，其三则布政司、府、县各存一焉。上户部者册面黄纸，故谓之黄册。”[①]

至于军户、匠户，则另有专册。军户有军户图籍，系洪武二十一年(公元1388年)九月编制。

里甲每十年重新编定一次，名曰“大造”。黄册作为征收赋役的根据，虽然详细登记了每户的丁口和产业状况，但对土地的具体丘块、坐落地段仍不清晰，尤其是在田产发生变动时，更容易发生隐瞒蒙混。

为了加强对土地面积的统计，洪武二十年(公元1387年)，明朝政府又下令全国编制“鱼鳞图册”，即全国耕地的总清册。

《明史・食货志》记载：

“元季丧乱，版籍多亡，田赋无准。明太祖即帝位，遣周铸等百六十四人，核浙西田亩，定其赋税。复命户部核实天下土田。而两浙富民畏避徭役，大率以田产寄他户，谓之铁脚诡寄。洪武二十年命国子生武淳等分行州县，随粮定区，区设粮长四人，量度田亩方圆，次以字号，悉书主名及田之丈尺，编类为册，状如鱼鳞，号曰鱼鳞图册。先是，诏天下编黄册，以户为主，详具旧管、新收、开除、实在之数为四柱式。而鱼鳞图册以土田为主，诸原坂、坟衍、下隰、沃瘠、沙卤之别毕具。鱼鳞册为经，土田之讼质焉。黄册为纬，赋役之法定焉。凡质卖田土，备书税粮科则，官为籍记之，毋令产去税存以为民害。又以中原田多芜，命省臣议，计民授田。设司农司，开治河南，掌其事。临濠之田，验其丁力，计亩给之，毋许兼并。北方近城地多不治，召民耕，人给十五亩，蔬地二亩，免租三年。每岁中书省奏天下垦田数，少者亩以千计，多者至二十余万。官给牛及农具者，乃收其

① 《续文献通考》卷一三《户口卷》二，《户口丁中》。

税,额外垦荒者永不起科。二十六年核天下土田,总八百五十万七千六百二十三顷,盖骎骎无弃土矣。”①

其具体办法是,将全国各地每收粮一万石的地方划为一区,区设粮长四人,“量度田亩方圆,次以字号,悉书主名及田之丈尺,编类为册,状如鱼鳞,号曰鱼鳞图册”。于是,以“鱼鳞图册为经,土地之讼质焉;黄册为纬,赋役之法定焉”。

黄册“以户为主,详具旧管、新收、开除、实在之数为四柱式。而鱼鳞图册以土田为主,诸原坂、坟衍、下隰、沃瘠、沙卤之别毕具”。鱼鳞册“为经,土田之讼质焉”;黄册“为纬,赋役之法定焉。凡质卖田土,备书税粮科则,官为籍记之,毋令产去税存以为民害”。黄册是清查户口的结果(户籍),用来管理户口和赋役问题;鱼鳞册则是根据土地田亩丈量清查后的绘制结果,核实并有效地管理田亩。黄册和鱼鳞册二者结合,很快在明朝初期就构成了一套较为完善的赋役体系,不仅有助于明初恢复发展社会经济,也有助于巩固高度专制主义的中央集权国家。黄册和鱼鳞册的有机结合不仅成为明王朝政府剥削农民的赋役制度,而且成为我国中古后期较高级、有系统的户籍和赋役管理制度。

赋役黄册与土地鱼鳞册的推行,不仅在很大程度上防止了大地主诡寄隐瞒土地、逃避税粮的弊端,免去了贫困农民产去税存的现象,而且更加方便各级政府加强土地管理与赋税的征收,从而保证了封建国家的税收。它对于巩固明初的封建统治也起到了积极的作用。

赋役黄册和土地鱼鳞图册的编造,不但可以详细反映每户丁口和资产的情况,而且便于对每次土地析产变卖以及自然变化如坍没、淹冲、受灾等情况进行检查。②

此外,明朝田制还规定了田地好坏与度量的标准。“凡田以近郭为上地,迤远为中地、下地。五尺为步,步二百四十为亩,亩百为顷。太祖仍元里社制,河北诸州县土著者以社分里甲,迁民分屯之地以屯分里甲。社民

① 《明史·食货志》。

② 侯绍庄:《中国古代土地关系史》,贵州人民出版社 1997 年版,第 281 页。

先占亩广,屯民新占亩狭,故屯地谓之小亩,社地谓之广亩。”①这些规定,对于统一民田的质量和数量标准起到了很好的作用。

其次,我们谈谈明朝的官田。明朝官田占全国田地总数量虽然不多,但是其名称名目繁多。“初,官田皆宋、元时入官田地。”随着官僚体制的扩大以及社会经济的发展,官田的分类越来越细,比如有还官田、没官田、断入官田、学田、皇庄、牧马草场、城壖苜蓿地、牲地、园陵坟地、公占隙地、诸王公主勋戚大臣内监寺观赐乞庄田、百官职田、边臣养廉田、军民商屯田等。尽管官田分类比较多,但是其中最主要的应该是皇庄田和屯田。关于屯田,我们另有章节论述,这里主要分析官田中的皇庄田。

明朝初期,在封建统治秩序逐步趋于稳定的环境下,农业和手工业得到迅速恢复和发展,商品货币经济的成分也在不断地增长,尤其是到了明朝中叶,社会经济有了快速的发展,刺激了皇亲国戚、官僚地主的胃口,为了更多地获取财富,他们便开始疯狂地掠夺与兼并土地,导致土地高度集中的现象越来越严重。明中叶以来,各种庄田尤其是皇庄更是在明初各地官田的基础上迅猛发展起来。明朝皇庄既是明朝统治阶级骄奢淫逸生活的反映,也是明朝中后期土地兼并的真实写照。

蔡美彪等所著的《中国通史》(第八册)在反映明朝皇亲国戚的土地占有形式时,把它们分为三类:

“一类是皇室占有的土地,称为‘皇庄’。据说始于明成祖朱棣为燕王时,曾在宛平等地建有私庄,成祖即位后,就成为皇庄。皇庄的收入专供某宫后妃和未就藩的亲王的日常用度,所以皇庄有时也称作‘宫庄’(沈榜《宛署杂记》卷七)。洪熙时,建有仁寿宫庄、清宁宫庄、未央宫庄。皇太子也可另建‘东宫庄田’。据有人统计,从天顺八年(一四六四年)至正德九年(一五五四年)北京附近的皇庄有三十六处,占地三万七千五百九十五倾多(《明经世文编》卷二〇二,夏言《勘报皇庄疏》)。另一类是‘藩府庄田’。洪武时分封诸王就藩各地时就已建立。王子未到外地就藩以前,可以在京拥有庄田,就藩时要交还庄田,就藩后享受‘宗禄’的待遇,但也有

① 《明史·食货志》。

皇帝赐给庄田，使亲王可以‘依租食税’。明中叶以后，各地藩王除兼并民田扩大藩府庄田外，还以子孙众多，生活困难为理由，向皇帝‘乞讨’附近的官地，来扩展自己的地产。第三类是‘勋戚中官庄田’。‘勋’指拥有爵位的功臣世家家族，大部分是所谓武臣。‘戚’指后妃公主皇亲家族。‘中官’即皇帝周围的宦官。他们都属于贵族阶层，经常接受皇帝赏赐的土地，也经常以‘乞讨’为名获得新土地，或凭封建特权接受一些人为了逃避赋役希图隐蔽而‘投献’给他们的土地，建立自己的庄田。

以上三类庄田，皇庄和勋戚中官庄田，大部分集中在北直隶境内，尤以京畿为多。藩府庄田，则遍于设有藩府的各地。除这三类庄田外，还有遍于全国的‘寺观庄田’，占有的土地数量也相当庞大。

各类庄田的共同特点是，无论皇庄、藩府庄田，或是勋戚中官庄田，乃至寺观庄田，所占的土地，一律属于官田性质，法律规定不准买卖。贵族获得这种土地，一般要经过皇帝的批准，而且有随时收回的权力。贵族对于这种土地有使用权乃至世袭权，但不能买卖或转让。他们兼并土地扩展庄田，主要是圈占周围的民田。利用皇帝赐田的机会，可以兼并比赐田大多少倍的民田，或者把民田诬指为无主荒地加以圈占。”[①]

关于明朝皇庄的史料记载，可以参见《宛署杂记》和《明史·食货志》。史家记录不同于杂记，史家记录有粉饰当朝的成分，而杂记一般能够真实地反映当时的社会现状。因此，《宛署杂记》和《明史·食货志》中有关皇庄的记录恰好能够互补，以示皇庄发展的一些端倪。

《宛署杂记》乃明朝万历年间沈榜编辑，共21卷，明万历二十一年(公元1593年)刊行。沈榜在万历十八年(公元1590年)任顺天府宛平县令，三年后，辑成此书。对于明代的首都所在地，即所谓辇毂之下京兆尹式的治区，这当然是带有典型意义的记录。明朝神宗万历年间是顾亭林称为“一人无为，四海少事”[②]的时代。沈榜的著作是对宛平地区的土地赋役等经过实际的调查研究且有过丰富的政治实践的记录，因此，从史料性质

---

① 蔡美彪等:《中国通史》第八册，人民出版社1994年版，第352—353页。

② 《日知录》卷一二《人聚》。

来说,比较能反映出当时(万历年间)的实际状况。[①]

有关皇庄的记叙,《宛署杂记》卷八《宫庄子粒》中有如下记载:

“三宫者,今(万历时)慈庆宫、慈宁宫、乾清宫也。国初,民屯田地一例征银、当差,别无宫庄。历朝以来,各府州县没宫田地渐多,奉旨征银济边,而以其余(余田)系之进宫项下,备不时拨给赏地之用。宫庄之名始此。正德末年,奉文查出宛平没官达官地及太监某赡寺护坟等地,宛平有未央庄始此。嘉靖末年,……宛平有仁寿宫庄(慈宁宫)始此。……万历六年,户部恭进银两,奉圣旨:这银两着收进,今后仁寿改慈宁,清宁改慈庆,未央改入乾清宫。三宫庄地更今名始此。”[②]

这段记叙不仅介绍了为何明朝会有皇庄田,也记叙了明朝三大皇庄田的由来,从杂记记叙的性质来看,应该是真实可靠的。宫庄田,后人也称其为皇庄田,它既不归户部管理,也不归所在地区行政管理,同时也没有一般的版籍,而是直属于内宫的。在宫庄地亩上的农户,随同宫庄而为内宫所管辖,它的各种力役负担也不属于所在行政区域管辖而属于内宫。其他赐予土地也同样。因此,宛平县的宫庄田或随田亩的分布连同农户,实质上不属于宛平辖境。这就是各地皇庄田的特殊性。

《明史·食货志》所叙述的官田有:还官田、断入官田、学田、皇庄、牧马草场、城壖苜蓿地、牲地、园陵坟地、公占隙地、诸王公主勋戚大臣内监寺观赐乞庄田、百官职田、边臣养廉田、军民商屯田等。其实,各类皇庄田的构成,是与一般所谓官田的性质不一样的。它与农民间所构成的生产关系也是不同的。明太祖的赐田,如勋臣、公侯、亲王、百官公田,是在大规模空荒地存在的条件下拨给的,且是一部或全部拨给官田。拨到这批田亩的人,将田亩视同自己的私有土地,设庄管理。直接生产者当然都是佃农。因此,皇庄田是有其特殊性的。《宛署杂记》卷七所记的黄垡皇庄,就和明朝初期赐予的各种庄田不同。

《宛署杂记》记载:

“洪武初,我成祖以燕王北征,至山后小兴村,得张福等若干人降之。

---

① 陈守实:《中国古代土地关系史稿》,上海人民出版社1984年版,第245页。

② 沈榜:《宛署杂记》卷八《宫庄子粒》。

徙入内地，散处宛平黄堡、东庄营等地；听用力开垦为业。……有旨，以其地为王庄。量征子粒银两，即今建仓黄堡等处，盖成祖龙潜时私庄也。永乐改元……改称皇庄。越数年，迁都北平，升宛平为京县……以黄堡皇庄归宛平。尽免子粒银两，每地一亩，每年征谷三升三合，以备一方水旱。凡有司粮差，永不得与。……原额共地三十二顷八十七亩……”①

黄堡皇庄的赋役管理不属于宛平，只是地亩在形式上归宛平而已。皇庄佃农永免差役。因此，耕种皇庄田的佃农是一群特殊的农民。皇庄佃农每年每亩地征谷三升三合，另建仓储以备一方水旱。也就是说，“每年每亩地征谷三升三合”不是上缴地方政府的，而是作为直接归属皇宫管理的公共储备粮食。

《明史·食货志》中的“田制”对有关皇庄也作了详细的记载：

“明时，草场颇多，占夺民业，而为民厉者，莫如皇庄及诸王、勋戚、中官庄田为甚。太祖赐勋臣公侯丞相以下庄田，多者百顷，亲王庄田千顷。又赐公侯暨武臣公田，又赐百官公田，以其租入充禄。指挥没于阵者皆赐公田。勋臣庄佃，多倚威扞禁。帝召诸臣戒谕之，其后公侯复岁禄，归赐田于官。

仁、宣之世，乞请渐广，大臣亦得请没官庄舍。然宁王权请灌城为庶子耕牧地，帝赐书，援祖制拒之。至英宗时，诸王、外戚、中官所在占官私田，或反诬民占，请案治。比案问得实，帝命还之民者非一。乃下诏禁夺民田及奏请畿内地。然权贵宗室庄田坟茔，或赐或请，不可胜计。御马太监刘顺家人进蓟州草场，进献由此始.宦官之田，则自尹奉、喜宁始。

初，洪熙时，有仁寿宫庄，其后又有清宁、未央宫庄。天顺三年，以诸王未出阁，供用浩繁，立东宫、德王、秀王庄田。二王之藩，地仍归官。宪宗即位，以没入曹吉祥地为宫中庄田，皇庄之名由此始。其后庄田遍郡县。给事中齐庄言：‘天子以四海为家，何必置立庄田，与贫民较利。’弗听，弘治二年，户部尚书李敏等以灾异上言：‘畿内皇庄有五，共地万二千八百余顷；勋戚、中官庄田三百三十有二，共地三万三千余顷。管庄官校

① 沈榜：《宛署杂记》卷八《宫庄子粒》。

招集群小,称庄头、伴当,占地土,敛财物,污妇女。稍与分辨,辄被诬奏。官校执缚,举家惊惶。民心伤痛入骨,灾异所由生。乞革去管庄之人,付小民耕种,亩征银三分,充各宫用度。’帝命戒饬庄户。又因御史言,罢仁寿宫庄,还之草场,且命凡侵牧地,悉还其旧。

又定制,献地王府者戍边。奉御赵瑄献雄县地为皇庄,户部尚书周经劾其违制,下瑄诏狱。敕诸王辅导官,导王奏请者罪之。然当日奏献不绝,乞请亦愈繁。徽、兴、岐、衡四王,田多至七千余顷。会昌、建昌、庆云三侯争田,帝辄赐之。武宗即位,逾月,即建皇庄七,其后增至三百余处。诸王、外戚求请及夺民田者无算。”①

据统计,弘治二年(公元1489年),顺天府的各项庄田共332座,占地33 000余顷。到正德十六年(公元1521年),庄田达200 900余顷。②

以上文献记载了明朝皇庄的危害、皇庄的由来、皇庄的发展过程以及个别地区的皇庄数量。

《宛署杂记》所记皇庄的开始是“宛平黄垈、东庄营等地;听用力开垦为业。……有旨,以其地为王庄”。也就是说,此“王庄”才是皇庄田的开端,其性质也是“盖成祖龙潜时私庄也”。这与其后通过“赏赐”“乞请”“投献”等方式迅速发展起来的皇庄的性质与目的是有根本区别的。而《明史·食货志》的记载认为,皇庄是在“宪宗即位,以没入曹吉祥地为宫中庄田,皇庄之名由此始。其后庄田遍郡县”。二者所记载的皇庄诞生时间不一样。笔者认为,皇庄的开始应该是以《宛署杂记》所记“宛平黄垈庄”为开端。从《宛署杂记》和《明史·食货志》的记载中,我们初步了解了什么是皇庄、皇庄的性质以及皇庄的发展。下面要谈谈皇庄大量出现这一现象的本质。

明朝皇庄田的大量出现,既是明朝中后期社会经济繁荣、政治稳定后,统治者贪污腐败所导致的土地兼并的结果,也是土地所有制“二元结构”发展到一个新阶段的重要表现。

皇庄田的迅猛扩张是明代土地兼并的集中表现。在王朝土地所有制

---

① 《明史·食货志·田制》。
② 《明史·食货志·田制》。

下，皇帝及其家族就是全国最大的地主。但是，自宋、元以来，国家同君主的界限还不太分明，官田既是封建国家的财富，也是皇帝个人的私有财产，二者浑然一体。但是，到了明朝，土地私有制的发展达到了高潮。尤其是明代中叶以后，以皇帝为代表的皇室家族与一般地主以及农民之间的矛盾越来越激烈。皇室家族越来越以私人大地主的面目出现，因而属于皇室所有的土地几乎全部采取了“皇庄”的形式出现并进行经营管理。这些所谓的皇庄，其占地的规模和扩展的速度都达到了惊人的程度。这种现象是以前的朝代所没有的，土地所有制“二元结构”的特点有了新的变化。也就是说，土地所有制“二元结构”中，王权土地所有制与私人土地所有制既是矛盾的，又是统一的。这对矛盾的统一体在明朝的土地所有制中表现得十分突出，其现象就是皇庄。

据沈榜《宛署杂记》记载，从北京黄堡出现第一个“皇庄”——黄堡庄开始，到宪宗成化元年(公元1465年)没收太监曹吉祥地产，充为宫中庄田，更正式定名为皇庄，其后皇庄便日渐增多和扩大。孝宗弘治二年(公元1489年)，京畿以内的皇庄共有5处，占地12 800余顷。[①] 弘治十八年(公元1505年)十月，武宗即位的第一个月，就增设皇庄7处。以后还在正德元年、二年、四年、五年、七年、九年(公元1506—1514年)各年，都增建皇庄多处。到正德九年(公元1514年)，仅畿内皇庄占田已达37 595顷46亩。[②] 不久，皇庄更猛增到300多处。[③] 终明一代，皇庄究竟占田多少，已无法统计。至于每个皇庄，无一不通过侵夺民田而逐渐扩大其占地范围。仅以上举抄没曹吉祥地产为例，该地在河北顺义县安乐里板桥村，原额仅10顷13亩，曹吉祥在经管期间，就曾侵占官民田24顷87亩，扩大至35顷。及至改为皇庄后，又侵占民田40顷，共成75顷。数年之间，侵占土地数目比原额增加了约6倍。京畿内的皇庄如此，其他皇庄的情况亦大体如此。

---

① 《明实录·孝宗弘治实录》。转引自侯绍庄:《中国古代土地关系史》，贵州人民出版社1997年版，第282页。

② 《续文献通考》。转引自侯绍庄:《中国古代土地关系史》，贵州人民出版社1997年版，第283页。

③ 《明史·刘瑾传》。

诸王、公主、勋戚、宦官也都凭借封建特权,成为掠夺土地的又一支重要力量。早在明洪武四年(公元1371年),新贵六国公、二十八侯就已拥有佃户38 194户。[①] 洪武十一年(公元1378年),朱元璋又赐勋臣公侯丞相以下庄田,多者百顷,亲王至千顷。到洪武三十年(公元1397年),全国占地7顷以上的地主已达14 241户之多。[②] 如永乐时,勋臣李增枝“于各处多立庄田,每庄畜佃仆无虑千百户”[③]。以后这些勋臣公侯更是利用他们的封建特权侵吞公私土地,继续扩大其庄田。英宗时,诸王、外戚、宦官到处强占民田,反诬农民私占官地,强令还官,划归私有。有的地主更加肆无忌惮,将农民的土地或新垦的荒田无耻地指作草地“投献”给势家,或自己“奏乞”为庄田。代宗景泰时(公元1450—1456年),都督汪泉侵占民田13 000多顷。宪宗时(公元1465—1487年),宦官汪直侵占荒地2万多顷。贵戚王源原得赐地仅27顷,后竟侵占扩大到1 220顷之多。孝宗时(公元1488—1505年),“赏赐”“乞请”“投献”之风最盛,如兴王杭祐前后乞地1 300余顷,汝王得赐庄田700顷,永康公主受赐231顷。外戚张鹤龄得赐肃宁诸县地400余顷,乘机侵占民田3倍,且殴民致死。孝宗弘治初(公元1488年),京畿内勋戚、宦官庄田就有332处,占地33 100余顷,后来更有增加。[④] 时人卢亨等就曾指出:“会宗藩、勋戚陈乞庄田者,岁无虚有。”武宗时(公元1506—1521年),宦官谷大用强占民田竟达万顷。至正德十六年(公元1521年),京畿各府勋戚、宦官所垄断的土地猛增为209 000多顷,结果“畿内八府,良田半入势要家”[⑤]。京畿如此,外地亦不例外。如镇守云南的沐氏一家,英宗正统初(公元1436—1449年)已设有庄田360区,“始而侵占投献,终赃劫掠乡村”,所设庄田,竟有远至千里外的甘肃平凉府者。

---

① 《明实录·太祖洪武实录》。转引自侯绍庄:《中国古代土地关系史》,贵州人民出版社1997年版,第283页。

② 《明实录·太祖洪武实录》。转引自侯绍庄:《中国古代土地关系史》,贵州人民出版社1997年版,第283页。

③ 《明实录·太祖洪武实录》。转引自侯绍庄:《中国古代土地关系史》,贵州人民出版社1997年版,第283页。

④ 《明实录·孝宗弘治实录》。转引自侯绍庄:《中国古代土地关系史》,贵州人民出版社1997年版,第283页。

⑤ 侯绍庄:《中国古代土地关系史》,贵州人民出版社1997年版,第284页。

身享丰厚俸禄的官僚和地方的缙绅地主以及富商大贾也加入了土地兼并的大军,成为明朝中后期土地兼并的基础力量。但是,他们的土地兼并与皇亲国戚依靠皇帝赏赐不同,他们除以“赏赐”“乞请”“投献”等方式扩大土地占领外,主要是通过土地买卖的方式进行土地兼并。在缙绅豪民、富商大贾疯狂的兼并下,明朝中叶涌现出大批拥有大量庄田的地主。洪武三十年(公元 1397 年),浙江等九布政司和直隶应天十八府拥有土地 7 顷以上的地主共 14 341 户。到弘治、正德时(公元 1488—1521 年),占地千百顷的大地主已为数不少了。[①]

明朝中后期,在以上三股势力为代表的土地兼并狂潮中,不但大批民田被巧取豪夺,就连政府掌握的屯田也无法幸免。朝廷不问屯田有无,只知道追征余粮,克扣月粮,军官与豪强沆瀣一气,以致军士不堪剥削与虐待,大量逃亡。由于土地兼并现象比比皆是,农民破产,士兵逃亡,至明宣德年间,个别地区已经出现了流民,而到了明正统以后,流民几乎遍布全国了。流民的大量出现,不仅影响了明朝政府的财政收入,而且造成了社会的极不稳定,以致明末农民起义不断爆发,严重动摇了明王朝的封建统治。

可以说,明朝中后期以皇庄为代表的土地兼并,是导致明朝政府灭亡的根本原因。历史再一次证明,土地资源是国家的根本资源,其分配合理与否,既关系到社会经济发展的稳定,也关乎国家的兴衰甚至灭亡。明朝后期的土地兼并浪潮,是导致明朝末年农民起义的主要原因之一。可以说,土地问题不仅是社会经济发展的根本问题与基础,也是王朝兴衰的根本问题和核心问题。

综观历朝历代,土地分配合理,管理得当,则农民安居乐业,社会稳定繁荣;反之,则反是。可以说,土地制度是中国古代整个社会结构的基础。

二、明中期的赋役改革

明朝的赋役改革,早期的有明太祖朱元璋推行的“黄册”和“鱼鳞册”,

---

① 侯绍庄:《中国古代土地关系史》,贵州人民出版社 1997 年版,第 284 页。

这为明朝初期社会经济的迅速恢复和发展奠定了坚实的财政基础。但是,随着明朝政府官僚机构固化严重,明初实行的赋役制度,至正德以后便难以为继了。明朝中期,田赋混乱,徭役苛乱,因百姓交不起赋税,出现了大量流民,同时,土地兼并日益激烈,官僚地主阶层更加猖獗,瞒报土地数量、逃避赋税的现象屡见不鲜,再加上官僚阶层越来越庞大,其又享受免役政策。因此,明朝政府的赋税收入逐年下降,开始入不敷出,严重的财政危机日益显现,开始危及明王朝的统治基础了。

有鉴于此,到了明嘉靖时期,明朝政府开始进行改革。公元1573年(万历元年),张居正任内阁首辅,提出“豪民有田不赋,贫民曲输为累,民穷逃亡,故额顿减”①。于是,公元1577年(万历五年),张居正建议清丈全国土地,同时在土地丈量的基础上,对明前期的赋税和徭役制度进行改革。公元1581年(万历九年),张居正在清丈全国土地后,又在全国范围内推行前朝试行过的“一条鞭法”,对赋役制度作了全面的改革。

《明史·食货志》记载:

“一条鞭法者,总括一州县之赋役,量地计丁,丁粮毕输于官。一岁之役,官为佥募,力差,则计其工食之费,量为增减;银差,则计其交纳之费,加以增耗。凡额办、派办、京库岁需与存留、供亿诸费,以及土贡方物,悉并为一条,皆计亩征银,折办于官,故谓之一条鞭。”②

《续通典》卷七记载:“一条鞭法,通计一省丁粮,均派一省徭役,于是均徭、里甲与两税合一。”

张居正所推行的“一条鞭法”的赋役制度改革的目的有三:一是简化税制,二是增加政府收入,三是方便征收税款。这是自唐朝两税法与宋朝青苗均税法以来的又一次大的赋役制度改革,亦是启发清代摊丁入地的一个先河。自“一条鞭法”以后,田赋日渐折征银两,而自成化(公元1465—1487年)以后,折征更多。

“一条鞭法”赋役制度改革的主要内容包括赋役合并、正杂统筹、田赋

---

① 《明史纪事本末》卷六一。

② 《明史·食货志·赋役》。

征银和官收官解等。[①] 蔡美彪等人对“一条鞭法”的改革内容以及历史意义作了如下概括：

“(一)赋役合并。原来的赋(两税)役(里甲、均徭、杂泛)以及土贡方物等并成一项。取消力役，一律征银，由人丁和田地分担。(二)田赋一概征银。除苏、松、杭、嘉、湖地区继续征收本色粮食，以供皇室官僚等食用外，其余一般征收折色银。(三)计算赋役数额时，以州县为单位，各州县原有的赋役额不得减少。(四)赋役银由地方官直接征收。原先田赋交本色粮食，很不方便。改为征银后，便于交纳、储存和运输。这就是所谓‘丁粮毕输于官’。

“一条鞭法简化了征收项目和手续，计亩征银，在一定程度上抑制了豪强漏税的弊端。役银由旧制依户、丁征收改为以丁、田分担，也使无田或少田的居民减轻了负担。一条鞭法的主旨在于使多占田者多交税，是针对当时土地兼并盛行而采取的有效措施，也是赋役制度史的一大变革。”[②]

张居正的赋役改革，是中国封建社会赋税史上的一次重大变革。然而，“一条鞭法”虽然推行于全国，但由于这项改革本身不够彻底和制度本身有局限性，其在各地执行的差异较大。对于“一条鞭法”的实际运行，《续通考》引工科给事中曲迁乔曾在疏语中写道：“议行条鞭之法，以差银必兼地丁，定地必较肥瘠，觅役必厚工食。我国家因田以制赋，按丁以审差，即古有田则有租，有身则有庸之意。因法久弊滋，于是不得已立为条鞭之法，总括一县之赋役，量地计丁，一概征银，官为分解顾役应付，虽非祖宗之旧制，亦革弊之良法。但有司行之有善有不善，是以地方亦间有称不便者，今宜行各抚按，将见行条鞭之法，或有司奉行未善者，则随宜酌处。如病在顾役，则宽议其工食，使人不苦于应募；如病在里甲，则严禁其暗用，使人得安于田亩。或则壤成赋，勿使下地暗包上地之粮；或九则征银，勿使贫民概应富户之役。调停既当，人自乐从矣。盖立法虽为简便，然粮长里长名罢实存。诸役卒至，复佥农氓，条鞭法行十余年，规制顿紊，

① 王俊：《中国古代赋税》，中国商业出版社 2015 年版，第 129—131 页。

② 蔡美彪等：《中国通史》第八册，人民出版社 1994 年版，第 318—319 页。

不能尽遵守也。”梁方仲也认为:“究其实际所行,则各地不尽一致,或仅将役之项目合并为一,或仅将赋役为因合并为一;或虽将赋役合并,而合并之程度不一,或仅将役之一部摊入赋内,或将役之全部摊入赋内;其征收管制上亦不尽同;所行亦有善不善之别;十余年后,规制仍紊,不尽遵行。”①

尽管如此,“一条鞭法”改革的历史意义还是不可磨灭的。明朝中后期国家的财税从普通的中下层老百姓到官僚地主阶层都有所负担,财政收入也有所增加,最为关键的是它的实行使得社会矛盾得到缓和。从税制改革本身来说,“一条鞭法”至少具有三个方面的积极意义:一是大大简化了赋税征收程序,改善了税收征收效率;二是限制了官吏巧立名目加征赋役,减轻了农民负担,缓和了社会矛盾;三是实行赋税折银的办法,在一定程度上促进了商品经济的发展。总之,“一条鞭法”上承唐宋两朝的赋税改革,如“两税制”“青苗均税法”,下启清朝的“摊丁入亩”,可以说,也是中古时期承前启后的赋税制度改革的重大进步。

① 《续文献通考》卷七《赋役考》。

第九章

土地所有制“二元结构”下的清朝田制

清王朝自清世祖爱新觉罗·福临(顺治皇帝)入关到溥仪被辛亥革命所推翻,即从公元1644年到1911年,共计268年。如果把1840年鸦片战争爆发作为一个时间节点,清朝可以分为前后两个时期。本章主要研究清朝前期(公元1644—1840年)土地制度的变化情况。清朝入关前,满族统治者就开始采取历史上少数民族惯用的“兵农合一”的政治经济制度——八旗制度。因此,分析旗人旗地制度与旗地管理,是本章的一个重要内容。清军入关以后,在进行大规模的“圈地运动”以后,很快发现,要维护清朝的统治基础,还需要加强汉族地区统治,吸收更多汉人进入统治集团,因此,承认广大汉族地区的私人土地所有制就势在必行了。为了维护边疆地区,尤其是新疆地区的社会经济稳定和军事需要,屯田制度依然是清朝的一项重要的土地制度。当然,西南地区在“改土归流”政策实行之前,其土地制度还停留于农奴制度;而西藏地区的土地农奴制度在整个清朝一直保留着,这也是值得深入研究的。

在清朝前期,土地所有制形式呈现着多元化特征:旗地制度,汉族地区的私人土地所有制,边疆地区的屯田制,以及西藏地区、西南少数民族地区的农奴土地制度等。这种多元化的土地所有制形式的存在,其根本原因是,满族作为少数民族统治者入主中原后,必须维护社会稳定,保持民族团结。也就是说,在中国广袤的土地上,清朝统治者既要维护与满足满族贵族对于土地的渴望,又要维护其统治基础——占人口多数的汉族的利益诉求,承认其私人土地所有制,同时还要维护广大边疆地区的稳定与归顺。

本章依然围绕土地所有制“二元结构”中的清朝政府所掌握的田地与大量的民间尤其是汉族居住地区的私田两条线索展开。《清史稿·食货志一》对于“田制”的分类中提到“曰官田”与“曰屯田”,这里把清王朝政府的田制分为两类其实是不合理的,只是他们能统计的分类而已。清王朝政府所掌握的田地主要是屯田、旗田等形式。由于屯田另有专门章节论述,本章就主要论述旗田及其管理形式。而大量的民间私田没有纳入“食货志”的田制分类中,也许由于民间的土地是私有的,可以随时买卖,因而数量变动频繁,没有必要统计。对民间私有土地,这里主要围绕“更名田”制度而展开。

第一节 清初“圈地运动”

在研究清朝土地制度时,首先绕不开的话题就是清初的“圈地运动”。

明朝末期,由于地主阶级的残酷剥削,民不聊生,官逼民反,农民纷纷起义,明政府应接不暇。清军趁机入关,烧杀劫掠和武装镇压,社会经济遭到严重破坏,全国呈现一片凋敝现象。在北方,直隶境内“极目荒凉”,“百姓流亡十之六七”,山东境内“一户之中止存一二人,十亩之田止种一二亩”。[①] 在南方,扬州、嘉定、江阴、松江、漳州等地都受到兵灾的洗劫,湖广地区也是“城无完堞,市遍蓬蒿”。号称膏腴的四川,万历时有耕地13万多顷,到清初顺治时耕垦的仅1万余顷。[②]

“一六四四年(顺治元年)以后,满族贵族、官吏、满蒙汉八旗士兵以及随从人员、奴仆等大量涌进北京。除满族外,东北境内其他民族人民也随同进关。当时,在北京的目睹者一个意大利耶稣会士记载说:‘大批鞑靼人进入中国,来的不光是女真人,还有奴儿干人,西部的古鞑靼人和鱼皮

---

① 《清实录·世祖顺治实录》。

② 侯绍庄:《中国古代土地关系史》,贵州人民出版社1997年版,第296页。

鞑靼人……不仅这样，我还看见很多来自伏尔加河的人，鞑靼人管他们叫‘阿尔加鞑靼’……随着满族的大量入关，开始大规模地圈占土地。”①

清朝统治者大军入关以后，为了满足满族贵族对土地的占有欲望，于顺治元年(公元1644年)下令“圈地”，前后共占耕地面积达166 794顷，除一部分作为满族贵族的庄田外，其余大部分分给八旗旗丁。②

《清史稿·食货志》记载：

“顺治元年，定近京荒地及前明庄田无主者，拨给东来官兵。圈地③议自此始。于是巡按御史柳寅东上满、汉分居五便。部议施行。二年，令民地被指圈者，速筹补给，美恶维均。四年，圈顺直各州县地百万九千余晌，给满洲为庄屯。八年，帝以圈地妨民，谕令前圈占者悉数退还。十年，又令停圈拨，然旗退荒地，与游牧投来人丁，仍复圈补。又有因圈补而并圈接壤民地者。康熙初，鳌拜专柄，欲以正白旗屯庄予镶黄旗，而别圈民地圈补。户部尚书苏纳海、总督朱昌祚、巡抚王登联咸以不如指，罪至死。圣祖亲政，谕停止圈地。本年所圈房地俱退还。又以张家口、山海关等处旷土换拨各地，并令新满洲以官庄余地拨给，其指圈之地归民。是为旗退地亩。”④

圈地是按顺治元年的规定开始的。“顺治元年，定近京荒地及前明庄田无主者，拨给东来官兵。”圈地的范围虽然一开始是“近京各州县无主荒地及前明皇室勋戚所道庄田”，但是，实际上，以皇亲国戚为代表的清朝统治者对于土地的贪婪是无止境的，他们把很多农民的私地也圈占了，只拨给一些离京较远的“盐碱不毛之地”给被圈占近京土地的农民耕作。这就是皇亲国戚对土地贪婪的最好例证。北京附近的农民，只好有的逃往河南，有的逃往关外，也有的沦为满洲贵族或八旗军官田庄中的庄客，忍受

① 戴逸：《简明清史》上册，人民出版社2004年版，第201页。

② 《熙朝纪政·纪圈地》。

③ 圈地运动，是指清军入关以后，满族贵族用暴力掠夺汉人土地的方式。大规模的圈地运动共进行了三次，计顺治元年至二年(公元1644—1645年)、顺治四年(公元1647年)和康熙八年(公元1669年)。满族贵族在“近京五百里内州县”，共圈占土地17万顷，在圈得的土地上设皇庄、王庄、八旗官兵庄田，迫使圈占范围内的汉民充当其壮丁。这实际上是一种农奴制，连地带人都归满族贵族所有。由于圈地运动遭到人民的不断反抗，到康熙二十四年(公元1685年)，圈地运动被迫结束。(《清史稿·食货志·田制》。)

④ 《清史稿·食货志·田制》。

八旗庄头的蹂躏、奴役与剥削。

为了缓和汉族人民的反清斗争情绪,稳定与恢复封建统治秩序,康熙八年(公元1669年),清政府在北京下诏停止圈地,宣称满汉军民一体对待。凡该年所圈旗地,立即退还,另以山海关、张家口等地旷土换补田。“圣祖亲政,谕停止圈地。本年所圈房地俱退还。又以张家口、山海关等处旷土换拨各地,并令新满洲以官庄余地拨给,其指圈之地归民。”[①]康熙二十四年(公元1685年),清政府又正式规定,民间所垦田亩禁止圈占。同时,清政府对八旗庄头的横暴行为加以制止,这样才使持续几十年的满族贵族对土地公开掠夺的“圈地运动”停止下来。

第二节 旗地制度:形式及其管理

一、旗地制度

1621年3月20日,努尔哈赤率领金兵攻占辽阳,便分兵占领各地。9月16日同时发布命令:“在牛庄、海州以东,鞍山以西,将二百牛录分成两半,每一牛录各住五十甲。”[②]从此以后,努尔哈赤开始了旗人分地、驻兵把守的疆土拓展模式。这是清朝早期的旗田制度。

据记载,在努尔哈赤时期,八旗分管的城市如下:

“据一六二二年四月的档子记载,八旗分辖的地方是:正黄旗收揽费阿拉、尚间崖、抚西,奉集堡等八城;镶黄旗收揽柴河、范河、懿路、铁岭等十城,正红旗收揽清河、碱场、东州、马根丹(单)等十城,镶红旗收揽沈阳、十方寺、虎皮驿、长胜堡等十二城;正蓝旗收揽岫岩、凤凰、汤站等十一城,镶蓝旗收揽旅顺口、金州、望海埚等八城;正白旗收揽复州、盖州、庆云堡等九城,镶白旗收揽海州、耀州、鞍山等九城。”[③]

《清太宗实录》卷七记载,努尔哈赤时,八旗“守边驻防,原有定边”,后

① 《清史稿·食货志·田制》。

② 蔡美彪等:《中国通史》第九册,人民出版社1994年版,第80页。

③ 蔡美彪等:《中国通史》第九册,人民出版社1994年版,第80—81页。

来“展边开垦”,“移两黄旗于铁岭,两白旗于安平,两红旗于石城。其阿敏所管两蓝旗分住张义站、靖远堡,因地土瘠薄,与以大城之地”。这说明从努尔哈赤时就开始了旗人分地、驻兵把守的“兵农合一”的行政管理模式。这种“兵农合一”制度最早在战国时期的秦国就已经形成了。清朝初期非常重视吸收中原地区汉人的传统文化为己所用。旗人分地是法定的,即使是旗人,也不可以随便僭越。后人追述说:“太祖、太宗原将八旗分左、右翼,庄田、房屋俱从头挨次分给。”[①]“按照传统,掳掠财物要八旗平分,土地要八旗分占。金国领域扩大后,八旗迁移新地,确定分界,农垦与防务相结合,形成土地分配的新形式。”[②]

这种所谓的“土地分配的新形式”,就是指旗田分配制度。清军在入关之前就已经开始八旗分地制度了,而且是具有较严格的法律效力的土地分配制度。清军入关定都北京以后,这种土地分配制度随着圈地运动的开展而推行开来。“清朝统治者在建立全国性政权的同时,采用暴力手段在关外盛京及其周遭地区,以及关内直隶地区,大量圈占和接受投充,掠夺了大批土地,然后在八旗内部按等级进行分配。这些土地通称为旗地。”[③]“清朝统治者,把所圈占的土地‘尽行分给东来诸王、勋臣、兵丁人等。’(《八旗通志》卷六二《土田志》)也就是分给皇室、贵族和八旗兵去耕种,这种土地称为旗地。”[④]

清朝统治者将在关外盛京及其周边地区以及关内直隶及其周边地区大量圈占和接受投充的大批土地,在八旗内部按等级进行分配的制度,我们称之为旗田制度。

《清史稿·食货志一》对于“田制”的分类中提到“曰官田”与“曰屯田”。也就是说,清朝把田制分为官田与屯田。这样的田制分类撇开了汉族地区广泛存在的私有土地,只是记叙了官田和屯田,究其原因有三:一是用法律、法规的形式确立旗人对土地的占有权;二是继续重视并发展前朝屯田制度;三是承认大部分汉族地区汉人的土地私有制。

---

① 《清圣祖实录》卷一八。
② 蔡美彪等:《中国通史》第九册,人民出版社1994年版,第81页。
③ 陈捷先、成崇德、李纪祥:《清史论集》,人民出版社2006年版,第353页。
④ 秦佩珩:《明清社会经济史论稿》,中州古籍出版社1984年版,第79页。

《清史稿·食货志·田制》记载：

“曰官田。初设官庄，以近畿民来归者为庄头，给绳地，一绳二十四亩。其后编第各庄头田土分四等，十年一编定。设粮庄，庄给地三百晌，晌约地六亩。庄地坐落顺、保、永、宣各属，奉天、山海关、古北口、喜峰口亦立之，皆领于内务府。此外，有部、寺官庄，分隶礼部、光禄寺。”①

这里的官田，其实主要指官庄田。官庄田是分给满族贵族如旗王、公、宗室以及旗兵的田地。

“考各旗王、公、宗室庄田，都万三千三百余顷。分拨各旗官兵，都十四万九百余顷。凡王公近属，分别畀地，大庄给地亩四百二十至七百二十；半庄二百四十至三百六十，园给地亩六十至百二十或百八十；王府管领及官属壮丁人三十六亩，不支粮。凡拨地以现在为程，嗣虽丁增不加，丁减不退。”②

清朝初期，除了在北京都城附近为了为皇朝政府以及“旗王、公、宗室”服务而设立各种官庄以外，还在其发迹地盛京(今沈阳)设立盛京官庄，以及在“直省各置防旗兵”驻地设立庄田。

“盛京官庄，于顺治初即定八旗屯界。旋令沙河以外，锦州以内，旗员家丁给地，人三十六亩。康熙中，定以奉天所属地界新满洲迁来者，凡丈出地为顷三十二万九千余，以二十七万六千三百余顷为旗地，按旗分界。又设各旗官员庄屯，各城兵丁，均酌给随缺地亩。施令索伦、达呼尔官兵耕种墨尔根地，奉天官兵耕种黑龙江地。乾隆初，设黑龙江屯庄，呼兰立庄四十所，选盛京旗丁携家往，官为资装筑屋庀具，丁给地亩六十，十丁一庄，每六亩给种籽二斗，庄给牛六头，口粮并给。温德亨、都尔图亦如之。凡随缺官地归旗人册，禁职官侵占。嘉庆间，令盛京入官地亩，应招无地贫民领租，职官子弟不得承种。管界各官，并不得于所管区以子弟之名置房地。道光中，宁古塔、伯都讷、三姓、阿勒禁喀、拉林各官庄，共原额地万二百晌，吉林八旗与各处旗地暨乌拉旗地，共三十六万五千九十二晌。而光绪初，拨三姓荒为官兵随缺地，计晌二万九千余。宣统时，以奉省各旗

① 《清史稿·食货志·田制》。
② 《清史稿·食货志·田制》。

地多盗典隐占之弊，令通稽确核，毋与清赋混淆，先城旗，后外城，依次厘定。此官庄之属东三省者。"①

盛京官庄作为清朝统治者发迹之地，历经顺治、康熙、乾隆、嘉庆、道光等皇帝，先后有不同的规定，由此可以看出清朝统治者对盛京官庄的重视程度了。

对于各直省驻防旗兵的庄田，清朝政府也作了详细的规定。

"直省各置驻防旗兵，立庄田于所驻地，给田人各三亩。其全眷挈赴者，前在京所得圈地撤还。旗员分界园地，多则二百四十亩，少则六十亩，各省不尽同。惟浙江驻防无田，仍支俸饟。乾隆时，弛防兵置产之禁，惟八旗官仍禁如故。光绪之季，谕：'所在检旗丁名数，尽旧有马厂庄田，划地口分，责以农作。其本无厂田，或有而弗备者，所司于邻近分购民地配发，以为世业。由渐推广，俾旗丁归农，受治州县，与齐民不异。'未及实施。蒙古初分五等，一、二等备与庄屯、园地，三等以下，只与庄屯。各守土疆，毋得越境。后渐有民人贱收蒙地者。乾隆中定'有质鬻者峻罚之，著为永令'。分拨外藩官地，其略如此。故明内监庄田，总领于户部。其宗室禄田散在各省者，胥视民田起科。先是以新城、固安官地二百四十顷制井田，选旗民百户，户授百亩，公百亩，共力养公田。嗣更于霸州、永清仿行，然成效卒鲜。乾隆初，改屯庄。择勤敏者充屯户，按亩科粮，是为井田改屯地。"②

这类庄田主要是直接供给驻防旗兵及其家眷生活用的。其目的也是为了解决旗兵及其家属的后顾之忧，稳定清朝八旗子弟，维护清王朝的统治。

此外，在旗田的分配中还有一个问题值得探讨，那就是雍正二年，都察院副都御史塞德奏请设立井田，户部议复后执行。而开办井田是雍正皇帝所谓"长久之计"中的"特念旗人永远生计"。其井田制度记载如下：

"先是以新城、固安官地二百四十顷制井田，选旗民百户，户授百亩，公百亩，共力养公田。嗣更于霸州、永清仿行，然成效卒鲜。乾隆初，改屯

---

① 《清史稿·食货志·田制》。

② 《清史稿·食货志·田制》。

主。择勤敏者充屯户,按亩科粮,是为井田改屯地。”[1]

清朝雍正时期的井田之法如下:

“查得内务府余地共一千六百余顷,拖欠钱粮人等所交之地共二千六百余顷,应于此二项地亩内,选择二百余顷,作为井田。行文八旗,将无产业人内,自十六岁以上,六十岁以下者,派往耕种。着满洲旗分派五十户,蒙古旗分派十户,汉军旗分派四十户,共挑选一百户遣往。各受田百亩,周围八分为私田,中间百亩为公田,共力同养公田。俟三年之后,所种公田百亩之穀,再行征取。于革职大臣官员内,拣选二人前往,令其劝教管理,……每年十月后,农事既毕,着打步围,学习射箭。令户部拣选能员派往,视其可以设立村庄之处,盖造土房四百间,计其人口,分给居住。凡此耕种井田之人,每名给银五十两,以为置办种粒、牛具、农器等项之用。……再井田地亩内,倘有旗民交错之地,请将附近所有良田,照数移易给与,如此既有益于民人,而旗人之无恒产者,亦皆得仰沾。”[2]

此后雍正五年,有鉴于“旗人之内,有犯枷责之罪,革职退甲而无产业者,闲住京师,依附亲戚度日,以致良善之人为其所累,而伊等无事闲居,不无妄行为非之处”,亦发往耕种井田。

由此可以看出,清朝雍正时期推行的井田之法,实则是为照顾、体恤无地闲杂的旗人,以给他们维持正常的生计,并无田制的创新之处,惟用古之井田名而已。后因垦田面积有限,且政府负担过重,试行十年之后,无疾而终。乾隆初期,废除井田,改为屯地。

二、旗地的形式

综上所述,旗地的大量诞生是为了满足满清贵族入关以后对广大占领区的土地需求,因而名目繁多。但是,如果从旗地获得者身份来划分,可以分为三类:皇庄、王庄、八旗庄田。

一是皇庄,也称为官庄。它是专供清皇室生产食物所需的土地。“初

---

① 《清史稿·食货志·田制》。

② 《上谕旗务义覆》(雍正二年),第 9—10 页。转引自陈捷先、成崇德、李纪祥:《清史论集》,人民出版社 2006 年版,第 413 页。

设官庄，以近畿民来归者为庄头，给绳地，一绳四十二亩。其后编第各庄头田土分四等，十年一编定。设粮庄，庄给地三百晌，晌约地六亩。”[①]清朝官庄可以分为两类：内务府官庄和盛京官庄。

内务府官庄的所有权属于清皇室。内务府官庄系专为向皇室缴纳“皇粮”所设的土地集中所在。此外，有部、寺官庄，分隶礼部、光禄寺。在官庄内选壮丁为园头，严禁开田，即已开者，也要荒弃。直到光绪以后，法渐缓弛。

清皇室于顺治初即定八旗屯界，旋令沙河以外、锦州以内，旗员家丁给地，人 36 亩。这是盛京官庄的开始。这些“庄地坐落顺、保、永、宣各属，奉天、山海关、古北口、喜峰口亦立之，皆领于内务府”[②]。当时盛京所属户部、礼部、工部官庄，分别属于各该部管辖。户部官庄有粮庄、盐庄、棉庄三种，官庄收入专供永陵、福陵、昭陵三陵祭祀之用。礼部官庄供给陵寝祭品。工部官庄则供给宫殿、坛庙、陵寝等一切营建缮修的费用。至于三陵所直属的官庄，是专供三陵祀典所用果谷菜蔬的祭田，这些官庄大多是在清入关以前由带地投充地中拨给的一部分所构成。[③]

此外，还有一些官地，如入官地（即充公地）、八旗公产地、围场、马场、驿站、营盘地、学田等。

二是王庄。王庄是指王公庄园以及宗室禄田等。王庄属于满族王公贵族及宗室贵族所有，他们役使庄头管理，让佃农耕种收取粮食与果蔬。

《清史稿》记载：

“考各旗王、公、宗室庄田，都万三千三百余顷。分拨各旗官兵，都十四万九百余顷。凡王公近属，分别果地，大庄给地亩四百二十至七百二十，半庄二百四十至三百六十，园给地亩六十至百二十或百八十，王府管领及官属壮丁人三十六亩，不支粮。凡拨地以现在为程，嗣虽丁增不加，丁减不退。”[④]

王庄的种类也是五花八门，例如恩赐地、带地投充地、私庄等。

---

① 《清史稿·食货志·田制》。
② 《清史稿·食货志·田制》。
③ 秦佩珩：《明清社会经济史论稿》，中州古籍出版社 1984 年版，第 81 页。
④ 《清史稿·食货志·田制》。

恩赐地可分为圈地、分封地、赠嫁地等。分封地是依照王公所加封爵位的高低,而拨给为数不等的园地。赠嫁地是指公主、郡主等在出嫁时,由皇室按照其分封的品级而拨给的园地。

带地投充地是指带地投献到王公贵族、宗室豪门和八旗官丁,以期得到庇护。就数量来说,投献到王公贵族、宗室豪门要比投献于八旗官丁的为多,因为王公贵族、宗室豪门要比八旗官丁更有势力。

私庄是王公贵族和宗室家门所私设的庄园,有马厂、围场(猎场)等,主要散布在奉天、吉林省境内。此外,在宁古塔、伯都讷、三姓、阿勒楚喀、拉林等地,也有些是私庄。

不论皇室庄田也好,宗室庄田也好,都建立“庄头”制度,对庄田进行管理。

三是八旗庄田,是指一般的旗地,包括八旗官兵占有的八旗庄田。八旗官员所占田地的总和远比旗兵为少。因此,此处所说的一般旗地,主要还是指旗兵(八旗兵士)占有的旗地。一般旗地可以分为旗红册地、旗余地和旗升科地三种。[①]

旗红册地又可分为原占地、圈拨地和带地投充地三种。原占地是指入关以前旗人占有明代人田地而被赋予使用权的旗地。这些土地多半是在努尔哈赤、皇太极时代侵占的明人在东北的土地,以奉天省(今辽宁省)为最多,主要分布在东起抚顺、西至宁远(今兴城)、南起盖平、北达开原的辽沈平原上。圈拨地是指从顺治元年(公元1644年)到康熙五年(公元1666年)三次大规模强制圈占的北京附近五百里内的汉族民田。带地投充地是指汉族人民被迫随带自己的田产,投献于有权势的旗人,谋求取得庇护,充当他们的“世仆”,而照旧耕作其田地,但田地所有权归属被投充者所形成的旗红册地。[②]

旗余地是指旗红册地以外的私自开垦的土地。这种土地出现较晚,是在18世纪下半期产生出来的。乾隆三十年(公元1766年),奉天总共丈量出旗民余地187 400亩,“一并入官”。其中旗余地已经超过原来红

---

① 秦佩珩:《明清社会经济史论稿》,中州古籍出版社1984年版,第83页。

② 同上。

册地规定的数目。可见，随着时间的推移，旗余地出现的数量越来越多。旗余地作为旗田的一种，也是要收租的，“皆征租，曰期租”[①]。

旗升科地，是指把“奉天旗民人等隐种余地”呈报于官，“每亩征银三分”，同于一般民地的这类旗地。[②] 清代田赋制度规定，凡开垦荒地免税满一定年限后，要开始课税，此类课税就称为起科。“所首红册地旁滋开之地，仍作为私产，售卖听其自便；其另段另开及纳租余地边开之地，一体首报入官，仍交原租承种。”“依山傍水余地，不成丘段者，免其升科。”[③]旗升科地是起初不征税，而后到了规定的征税年限后开始征税的土地，意为开启课征税收之地。

除此之外，清朝的官田还包括坛壝官地、祭田、学田、籍田等。

“凡京师坛壝官地，暨天下社稷、山川、厉坛、文庙，祠墓、寺观、祭田公地，一切免征。建国初，赐圣贤裔祭田。其孔林地、四氏学学田[④]、墓地田、坟地，咸除租赋。学田，专资建学及赡恤贫士，佃耕租而租率不齐，旧无常额。乾隆中，都天下学田万一千五百八十余顷。……雍正间，令疆吏饬所属置藉田。”[⑤]坛壝官地、祭田、学田、籍田都是免征赋税租的。

三、旗地管理：庄头制度[⑥]

前面已经分析了旗地制度的历史渊源，以及以盛京官庄及其周边地区和直隶官庄及其周边地区为代表的旗田分配制度。如此规模庞大的旗地，怎么进行管理呢？这也是一个值得探讨与研究的问题。

清初圈地运动使得皇亲国戚占有了大量的土地。“这些皇室贵族们占有这些土地之后，他们自己并不耕种，只是组织各种‘庄田’，如皇室庄

---

① 《清史稿・食货志・田制》。

② 秦佩珩：《明清社会经济史论稿》中册，古籍出版社1984年版，第85页。

③ 光绪《大清会典事例》卷一六七。嘉庆五年开始又议准“旗升科地”，其中规定一般开垦水田满6年后，旱田满10年后，即行升科。升科的地亩，水田一般为1亩以上，旱田为2亩以上。近海濒江地区的田地，五年丈量一次，视其涨塌情况，规定起科或免税。可见，清朝对田地课税的规定十分详细。

④ 四氏学是指清承明制，在山东曲阜为孔、颜、孟、曾四姓建立的学馆，并特设四氏学教授一人、学录一人，专管教授四姓子弟。

⑤ 《清史稿・食货志・田制》。

⑥ 这里主要参考了论文《〈庄头家谱〉与清代对旗地的管理》。选自陈捷先、成崇德、李纪祥：《清史论集》，人民出版社2006年版。

田、宗室庄田及八旗庄田等，驱使汉族的贫雇农替他们耕种，并建立‘庄头’制度，对广大农民进行残酷的封建剥削和政治压迫。庄头夺佃，贫民失业，旗地病民，弊端百出。‘凡官地，例禁与民交易。然旗人不习耕作，生齿日繁，不免私有质鬻。雍正初，清理旗地，令颁帑赎回。凡不自首与私授受者，胥入官为公产。’”①

如前所述，旗地或者说官庄田主要有分布在盛京地区的盛京官庄和直隶地区的直隶官庄。而按照官庄重要性或是官职大小，又可以把官庄分为皇庄、王庄、八旗官庄。为了长期稳定有效地管理旗地，清朝内务府对分布在各地的皇庄、王庄、八旗官庄分别设置了名为庄头的管理人员。这就是管理官庄田的庄头制度。

所谓的庄头制度，是指由清朝内务府负责管理的庄头，管理各庄内的田土，督促耕作事务，进行招佃分租，并代行缴纳实物与现金银两款项的一系列制度。庄头对代替皇帝管理财务产业的内务府负责，并向庄园的权贵如藩邸、官府、旗地地主定期定额上缴粮食、禽畜、果菜等实物以及现金银两。庄头除了管理庄园，还要负责管理亲丁与壮丁，负责安排他们的生计，派遣他们承担指定的公差劳役。

庄头可以分为内务府派充庄头和投充庄头两类。所谓派充庄头，是指“由内务府辖属下的管理三旗银两庄头处、会计司、掌仪司、营造司、广储司、都虞司等分别派遣前往管辖各庄园的管理人员。由内务府分发给各王府、贝勒府等藩邸或官府领有庄园的庄头亦属于此类”②。所谓投充庄头，是指在暴力圈地运动的胁迫下，为逃避被强行圈占，谋求取得庇护，被迫带同土地与家丁投充到内务府或其他满洲亲贵甚至一般旗人属下，土地所有权归被投充者，自己仍保有土地耕作使用权的这部分由原土地所有者转变而来的土地管理人员。《清史稿·食货志》记载的“初设官庄，以近畿民来归者为庄头”就是指投充庄头。但是，投充者要定期定额向被投充者缴纳租息，投充者可以享受租金以外的剩余收益。

顾名思义，庄头就是官庄的头目。作为庄头制度的核心——庄头，其

---

① 秦佩珩:《明清社会经济史论稿》，中州古籍出版社1984年版，第79页。

② 陈捷先、成崇德、李纪祥:《清史论集》，人民出版社2006年版，第353页。

身份具有二重性。

一方面，庄头作为官庄土地的“管理人”是要受到“主子”的剥削和欺诈的，他们只是代为“主子”管理土地，并不是土地的真正主人，而是“主子”的奴才。“派充的庄头中绝大多数尚保留有民籍，但被派充任庄头之后，就必须世代当差，并无选择改业的自由。投充庄头因在来投充时即甘愿屈身为旗奴，并不享有一般民人应考入仕等方面的权利。在投充庄头中亦再细分为是投入内务府，或由内务府拨发归权贵领有庄园的庄头，抑或是一般旗民所有庄园的庄头，其身份地位亦有差别。”[①]因此，庄头的身份只是一个世代服差役的奴才卑贱身份，他们也会受到“主子”的额外勒索，如增收租息等，同时其人格也常常受到“主子”的随意凌辱。“嘉庆时期，著名的礼亲王，亦即《啸亭杂录》的作者爱新觉罗·昭裢，就曾将本府的庄头程建忠、程建义、鸣山等多人多次私自囚禁，并一再施用酷刑，府内专门备有铁锁、铐镣、木桩等刑具。”[②]程建忠们遭受“主子”昭裢们的剥削和压迫，也许并非个案。从这个意义上来说，庄头们有受盘剥和压迫的一面，其财产、人身甚至人格均有可能受到伤害。

另一方面，庄头们又是施害者。庄头们毕竟是庄田的管理者，而不是庄田里的直接劳动者。因此，他们有盘剥和迫害直接劳动者的权力。他们剥削的直接对象就是庄田里的劳动者。“最直接的对象是各个庄园内负担具体耕作劳役的壮丁。清朝政府规定，各庄的壮丁是庄头的户下家人，非经特许，不准开户，不准搬迁或转业，是受庄头‘赡养’，应听从驱役的人。庄头亦有权买人口为家奴，这样的家奴实际上已经沦为奴才的奴才，是处于社会的底层了。‘庄头等役使壮丁，颇多暴悍非理’，历年都发生过庄头奸占壮丁妻女，毒殴以至杀害壮丁的事件。”[③]

可见，庄头们的身份是具有双重性的。他们既是受委派担任管理“主子”庄田的奴仆，又是总管直接劳动者的“主人”。他们是旗人旗地的管理人，同时又是二地主——把旗地交给壮丁去直接耕作生产。

---

① 陈捷先、成崇德、李纪祥:《清史论集》，人民出版社 2006 年版，第 354 页。
② 陈捷先、成崇德、李纪祥:《清史论集》，人民出版社 2006 年版，第 354 页。
③ 陈捷先、成崇德、李纪祥:《清史论集》，人民出版社 2006 年版，第 354 页。

庄头制度是清朝统治者用以维持旗地制度最主要的支撑网络。

有关庄头的描述,我们可以从《红楼梦》第五十三回“宁国府除夕祭宗祠 荣国府元宵开夜宴”中窥见一斑。

“只见小厮手里拿着个禀帖并一篇帐目,回说:‘黑山村的乌庄头来了。’

贾珍道:‘这个老砍头的今儿才来。’说着,贾蓉接过禀帖和帐目,忙展开捧着,贾珍倒背着两手,向贾蓉手内只看红禀帖上写着:‘门下庄头乌进孝叩请爷、奶奶万福金安,并公子小姐金安。新春大喜大福,荣贵平安,加官进禄,万事如意。’贾珍笑道:‘庄家人有些意思。’贾蓉也忙笑说:‘别看文法,只取个吉利罢了。’一面忙展开单子看时,只见上面写着:‘大鹿三十只,獐子五十只,狍子五十只,暹猪二十个,汤猪二十个,龙猪二十个,野猪二十个,家腊猪二十个,野羊二十个,青羊二十个,家汤羊二十个,家风羊二十个,鲟鳇鱼二个,各色杂鱼二百斤,活鸡、鸭、鹅各二百只,风鸡、鸭、鹅二百只,野鸡、兔子各二百对,熊掌二十对,鹿筋二十斤,海参五十斤,鹿舌五十条,牛舌五十条,蛏干二十斤,榛、松、桃、杏穰各二口袋,大对虾五十对,干虾二百斤,银霜炭上等选用一千斤、中等二千斤,柴炭三万斤,御田胭脂米二石,碧糯五十斛,白糯五十斛,粉粳五十斛,杂色粱谷各五十斛,下用常米一千石,各色干菜一车,外卖粱谷、牲口各项之银共折银二千五百两。外门下孝敬哥儿姐儿顽意:活鹿两对,活白兔四对,黑兔四对,活锦鸡两对,西洋鸭两对。’

贾珍便命带进他来。一时,只见乌进孝进来,只在院内磕头请安。贾珍命人拉他起来,笑说:‘你还硬朗。’乌进孝笑回:‘托爷的福,还能走得动。’贾珍道:‘你儿子也大了,该叫他走走也罢了。’乌进孝笑道:‘不瞒爷说,小的们走惯了,不来也闷的慌。他们可不是都愿意来见见天子脚下世面?他们到底年轻,怕路上有闪失,再过几年就可放心了。’贾珍道:‘你走了几日?’乌进孝道:‘回爷的话,今年雪大,外头都是四五尺深的雪,前日忽然一暖一化,路上竟难走的很,耽搁了几日。虽走了一个月零两日,因日子有限了,怕爷心焦,可不赶着来了。’贾珍道:‘我说呢,怎么今儿才来。我才看那单子上,今年你这老货又来打擂台来了。’乌进孝忙进前了两步,回道:'回爷说,今年年成实在不好。从三月下雨起,接接连连直到八月,竟没有一连晴过五日。九月里一场碗大的雹子,方近一千三百里地,连人带房并牲口粮食,打伤了上千上万的,所以才这样。小的并不敢说谎。'贾珍皱眉道:'我算定了你至少也有五千两银子来,这够作什么的!如今你们一共只剩了八九个庄子,今年倒有两处报了旱涝,你们又打擂台,真真是又教别过年了。'乌进孝道:'爷的这地方还算好呢!我兄弟离我那里只一百多里,谁知竟大差了。他现管着那府里八处庄地,比爷这边多着几倍,今年也只这些东西,不过多二三千两银子,也是有饥荒打呢。'贾珍道:'正是呢,我这边都可,已没有什么外项大事,不过是一年的费用费些。我受些委屈就省些。再者年例送人请人,我把脸皮厚些,可省些也就完了。比不得那府里,这几年添了许多花钱的事,一定不可免是要花的,却又不添些银子产业。这一二年倒赔了许多,不和你们要,找谁去!'乌进孝笑道:'那府里如今虽添了事,有去有来,娘娘和万岁爷岂不赏的!'贾珍听了,笑向贾蓉等道:'你们听,他这话可笑不可笑?'贾蓉等忙笑道:'你们山坳海沿子上的人,那里知道这道理。娘娘难道把皇上的库给了我们不成!他心里纵有这心,他也不能作主。岂有不赏之理,按时到节不过是些彩缎古董顽意儿。纵赏银子,不过一百两金子,才值了一千两银子,够一年的什么?这二年那一年不多赔出几千银子来!头一年省亲连盖花园子,你算算那一注共花了多少,就知道了。再两年再一回省亲,只怕就精穷了。'贾珍笑道:'所以他们庄家老实人,外明不知里暗的事。黄柏木作磬槌子——外头体面里头苦。'贾蓉又笑向贾珍道:'果真那府里穷了。前儿我听见凤姑娘和鸳鸯悄悄商议,要偷出老太太的东西去当银子呢。'贾珍笑道:'那又是你凤姑娘的鬼,那里就穷到如此。他必定是见去路太多了,实在赔的狠了,不知又要省那一项的钱,先设此法使人知道,说穷到如此了。我心里却有一个算盘,还不至如此田地。'说着,命人带了乌进孝出去,好生待他,不在话下。"

庄头制度是自发形成的一种管理旗田的制度安排。乌庄头虽说是小说中的人物,但是折射出了清朝旗田庄头制度的管理模式。乌庄头是清朝旗田管理者的形象代表,其二重性表露无遗。

第三节 汉族地区土地私有制:“更名田”

官庄田与屯田都是清朝政府所垄断的土地资源,其目的是为了维护统治官僚阶层与军队正常开支的需要。这一部分土地资源掌握在清朝政府手里,但这只是土地资源中的少量部分;与其对应的大量土地资源掌握在地主与自耕农手中,这部分土地资源是私有土地。这些私有土地是清政府财税收入的主要来源。

在明末农民战争过程中,有大批的官僚、勋戚、地主豪绅被镇压,原来被他们霸占的土地大多转归农民所有。清朝初年,在直隶、山东、山西、河南、陕西、甘肃、湖广等地的原明朝王公勋贵的庄田,除直隶的一部分被清朝贵族和八旗圈占外,其余的不是荒芜,就是仍由原来的佃户耕作。清政府将这些庄田土地任农民或原佃户耕种,并承认耕种者的土地占有权,“与民田一例输粮”[①],这些田地被称为“更名田”。同时,清政府又下令,“凡各处逃亡之民,不论原籍别籍,必广加招徕,编入保甲,俾之安居乐业,……本地方无主荒田,州县官给以印信执照,开垦耕种,永准为业”[②]。且以“三年免科,或通计十年,方行起科”等措施招徕流民归田耕作。康熙时实行移民就垦,移北方流民充实江南,迁湖广流民以填四川,并以招徕民人、垦荒多少作为考核地方官吏政绩、决定升黜的标准之一。另外,清统治者还多次下令减免赋税。早在顺治入关时,就宣布废除明末的“三饷”加派。顺治三年(公元1646年),根据明万历时旧籍,编纂《赋役全书》,以为征收赋役的标准。康熙时又删除田赋尾数,编成《简明赋役全书》,使赋役较之明末相对得到减轻。[③]

“更名田”的实施,不仅明确了农民对土地的占有权,而且使“无主”之田变为“有主”了。因为明确了田主,也就明确了缴纳赋税之人,这样既增加了政府赋税收入,同时又使流民附着在土地上,不再四处游荡,形成相

① 《清通典·食货·田制·民田》。

② 《东华录》。转引自侯绍庄:《中国古代土地关系史》,贵州人民出版社1997年版,第296页。

③ 侯绍庄:《中国古代土地关系史》,贵州人民出版社1997年版,第296页。

对稳定的社会。

相对于大部分汉族地区通过“更名田”来明确地主对土地的私有权，我国西南少数民族地区在实行“改土归流”之前，依然实行的是土司管理下的农奴制度，同样，西藏地区依然保留着农奴制度，而广大新疆地区主要推行的是屯田制。在清朝统一的国家中，其土地制度与管理并没有整齐划一，而是因地区有所变化。其形成的原因是什么，这是值得以后研究与探索的。

第十章

中国屯田制度及其演进

屯田制度作为中国古代王朝土地所有制形式的重要组成部分，历来就受到各个王朝统治者的高度重视。屯田这种土地耕作方式到底开始于哪个朝代，其主要形式在不同的朝代有什么变化，其演进的路径与历史作用是什么，诸如此类的问题值得深入探讨。本章主要就屯田概念、屯田制度演进及其历史作用展开论述。

第一节　屯田概念与屯田起源争议及辨析

一、关于屯田的概念

人们对开垦荒地、戍边垦殖的耕作方式的说法，在不同的史料里表述不一样，有的称为“屯田”，有的叫作“屯垦”。不管是“屯田”，还是“屯垦”，这一称谓已经历经两千多年了。后世学者对于屯田的研究，在概念上稍有差异。因此，在这里有必要先对屯田的概念界定稍作梳理。

“屯田”说法最早见于《汉书・西域传》：“自武帝初通西域，置校尉，屯田渠犁。是时军旅连出，师行三十二年，海内虚耗。”[①]在征和年间，搜粟

① 《汉书・西域传》。

都尉桑弘羊向汉武帝上奏说:“臣愚以为可遣屯田卒诣轮台以东,至校尉三人分护,各举图地形,通利沟渠,务使以时益种五谷。”[①]这应该是中国古代历史文献中关于“屯田”一事的最早记载。桑弘羊所说的屯田,是在校尉分护下,由屯田卒通利沟渠,以时益种五谷。因为是在“校尉分护下”由“屯田卒”来完成屯田事务,因此,这种屯田方式就是后来学界所说的军屯。

后来就有不同的历史文献对有关屯田的形式作了不同的描述。《中国屯垦研究史》认为:“明焦竑《焦氏笔乘·营田》提到‘若屯田,则咸屯兵为之,赵充国、邓艾、杨祐皆是也’。这里所指的屯田就是军屯。《元典章新集·户部·职田》指出‘将屯田、营田、职田一体科征’。这里的屯田就不单指军屯了。《清史稿·食货志一》指出‘罪徒当遣者,限年屯垦,已事释还’。这里的屯垦,就是指清代的犯屯了。续范亭《如是我闻》提到‘农场马场造纸厂,屯田牧畜兼工业。亦指屯田者所耕之田’。这里的屯田指军屯之外的民屯。”[②]把犯人押送到边疆地区开垦荒地、种植粮食的做法早已有之,不过在历史文献中有明确记载的是《清史稿·食货志》。这就是后来有学者将其称为又一种屯田方式的“犯屯”。

我国近现代学者对屯田的研究比较多。“最早对屯田给予明确界定的,是民国时期张君约。”[③]在他的《历代屯田考》一书中,对屯田是这样解释的:“何谓屯田,是就兵士屯营的地方,耕种农田的意思。此议创自晁错,意在实边。”[④]这里张君约关于屯田的解释也是军屯意义上的屯田。

此后,唐启宇在著作《历代屯垦研究》中说:“屯垦制度者,为以有机组织之人力,施以编制,而于比较大片之荒区,进行耕种之行为者也。”他认为,屯田不只限于军队屯田,而应扩展到军队范围之外的由国家组织人力大面积耕种的行为。“溯屯田之要义,以务农、安民,并足军实为主。”[⑤]他

① 《汉书·西域传》。

② 孙文政、高月:《中国屯垦研究史》,中国社会科学文献出版社 2017 年版,第 29 页。

③ 孙文政、高月:《中国屯垦研究史》,中国社会科学文献出版社 2017 年版,第 29 页。

④ 张君约:《历代屯田考》,商务印书馆 1939 年版,附录第 2 页。转引自孙文政、高月:《中国屯垦研究史》,中国社会科学文献出版社 2017 年版,第 29 页。

⑤ 唐启宇:《历代屯垦研究》上册,正中书局 1944 年版,第 5 页、“绪论”。转引自孙文政、高月:《中国屯垦研究史》,中国社会科学文献出版社 2017 年版,第 30 页。

认为屯田的目的至少有三个:务农、安民、军需,且满足军需是主要目的。

王航铨的《明代军屯制度的历史渊源及其特点》认为:“屯田制度在中国约有两千年的历史。先是民户屯田(移民屯田),然后才用军士(驻军屯田)……屯田是加强封建专制集权的一种政治经济措施;它随专制主义集权的发生而发生,随着它发展而发展,最后也随着封建专制主义集权物质基础的变化而废弃。”[①]虽然这有一定的道理,但屯田似乎与封建专制集权无关。

翦伯赞的《秦汉史》认为:“汉文帝时,晁错首先建议屯田,他主张移民实边,一面当兵,一面屯田,与军屯并行,民屯也大规模进行。”[②]翦伯赞先生也认为,屯田不仅开始于汉朝,而且汉代的屯田也有民屯和军屯之别。

于省吾认为:“屯田制是屯聚士卒于戍守地方,使之从事农耕和牧、副业的生产劳动,在生活上能够自足,所谓以兵营田,有利于进可以战,退可以守的持久政策。”[③]

高敏在《论曹魏屯田制的历史渊源》一文中说:“武帝时期,在北部及西北部边境地区屯田时,既有徙民,又有戍卒,实质上是民屯与军屯同时存在。”[④]

日本学者尾形勇在《汉代屯田制的几个问题》中,不同意将汉代的徙民实边纳入屯田范围来研究。他认为:“徙民实边,作为民屯,纳入屯田范畴的说法,是不妥当的。”[⑤]

刘光华在《汉代西北屯田研究》中认为:“徙民实边不是屯田制度中的屯田。”

田方等在《中国移民史略》认为,屯田有狭义和广义之分。他认为,狭义的屯田是指“军队在屯营的地方垦种农田”,广义的屯田是指“国家在国

---

① 王毓铨:《明代军屯制度的历史渊源及其特点》,《历史研究》1959年第6期。转引自孙文政、高月:《中国屯垦研究史》,中国社会科学文献出版社2017年版,第30页。

② 翦伯赞:《秦汉史》,北京大学出版社1983年版,第180页。

③ 于省吾:《略论西周金文中的“六自”和“八自”及其屯田制度》,《考古》1964年第3期。转引自孙文政、高月:《中国屯垦研究史》,中国社会科学文献出版社2017年版,第30页。

④ 高敏:《论曹魏屯田制的历史渊源》,《东岳论丛》1980年第2期。转引自孙文政、高月:《中国屯垦研究史》,中国社会科学文献出版社2017年版,第31页。

⑤ [日]尾形勇著,吕宗力译:《汉代屯田制的几个问题——以武帝、昭帝时期为中心》,见中国社会科学院历史研究所战国秦汉史研究室编《简牍研究译丛》第一辑,中国社会科学出版社1983年版。

有土地或无主荒地上按编制组织人力进行一定规模的垦殖。历代的屯垦主要有军屯和民屯两种”。

近些年来，由于经济史学方面的研究渐进成为热门的研究方向，因而有关屯田的研究形成了一些新的研究成果。比如，张晓莉的《新中国时期与清代新疆屯垦制度的比较研究》、张安福的《清代以来新疆屯垦与国家安全研究》、李宝通的《唐代屯田研究》、张印栋的《屯田史话》等。学者们对屯田的研究在前人的基础上又有了一些新的认识。

笔者认为，屯田是指政府在一定的税赋政策的引导下，利用士兵、农民、犯人垦种荒地。屯田制度是指政府在一定的税赋政策的引导下，利用士兵、农民、犯人开垦荒地，以取得军队给养或税粮，来维护边疆安全和社会稳定的一系列制度安排。屯田制度又可以分为军屯制度、民屯制度和商屯制度。

二、屯田的起源

对于屯田起源于哪个朝代，学界有不同的看法。这种分歧其实也很正常。所引用的史料不一样，得出的结论就会不同。

比较多的观点认为，屯田产生于汉朝。这是依据正统的史学著作《汉书·晁错传》中的记载：“以陛下之时，徙民实边，使远方无屯戍之事，塞下之民父子相保，亡系虏之患，利施后世，名称圣明，其与秦之行怨民，相去远矣。上从其言，募民徙塞下。”[①]这里“徙民实边”乃迁徙民众前往边境屯田，使边疆无“屯戍之事”。也就是说，屯田和戍边两全其美，一面屯田，一面戍边，两者相安无事。这应该是最早的正统的历史文献中关于屯田的文字记载。为此，我国著名的历史学家翦伯赞也认为：“汉文帝时，晁错首先建议屯田，他主张移民实边，一面当兵，一面屯田。”[②]晁错的建议被汉文帝采纳——“上从其言，募民徙塞下”。如此可见，在汉文帝时，屯田作为国家农业生产的组成部分，同时被纳入国家的军事战略之中，并相应地制定有一系列的政策。如果汉文帝时期的“移民实边”还不能完全明确是军屯

---

① 《汉书·晁错传》。

② 翦伯赞：《秦汉史》，北京大学出版社1983年版，第197页。

的话,那么,《汉书·西域传》记载的“自武帝初通西域,置校尉,屯田渠犁”就为军屯找到了最早、最可靠的注脚。如此一来,屯田制度诞生于汉朝,其文字记载的依据就十分可靠了,加之著名历史学家翦伯赞先生也是持这样的观点,因此,比较多的观点认为屯田产生于汉朝就不足为奇了。

《汉书》反映的是我国有文字可靠记载的屯田中军屯制度的开始。但是,没有文字记载,却有逻辑分析,是否也可以推断事物的存在与否呢?另有一些学者据此认为,中国的屯田制度并非起源于汉朝,而是更早时期的夏商朝。也就是说,夏商时期的农业活动依然是主要的经济活动,农耕开垦活动早就存在,只不过没有屯田一说罢了。他们认为,中国的屯田制度可以追溯到夏商时期的井田制,井田制是中国最早的田制,有了田制,就会产生屯田制度。

于省吾先生认为,中国古代屯田产生的时间绝不是汉代,而应该是在商朝时期。他的依据是甲骨文中有关圣田的记载,认为“圣”字即“垦”字,圣田即垦田。[①] 他说:“商代统治阶级为了扩大生产,集中财富,在农业方面,除去大令众人协田和籍田外,又派遣爪牙率领众人到远方异域,经年累月地从事艰苦的劳役。”因此,于省吾认为,这种垦田于远方的活动,应视作我国古代屯田之雏形,而且这是我国历史上最初的军屯。[②]

比较早地论述屯田制度起源于井田制时期的是张君约先生。他在《历代屯田考》中认为:“古者因井田以制军赋,乘农闲而修武备。周人立司马之官,设六军之众。小司徒乃会万民之卒伍,以起军旅,以作田役。遂人以岁时稽其人民,而授之田野,简其兵器。提封约卒乘之数,命将在公卿之列。故兵农一致,而文武同方。”[③]从张先生的这段话中可以看出,井田制时期甚至具备了一种“兵农合一”的制度,即农忙时从事农耕,农闲时备军,战时从军打仗。他认为井田制下的军赋制度与晁错的屯田建议

① 中国社会科学院历史研究所战国秦汉史研究室编:《简牍研究译丛》第一辑,中国社会科学出版社1983年版,第50页。转引自孙文政、高月:《中国屯垦研究史》,中国社会科学文献出版社2017年版,第31页。

② 于省吾:《从甲骨文看商代的农田垦殖》,《考古》1973年第4期。转引自孙文政、高月:《中国屯垦研究史》,中国社会科学文献出版社2017年版,第30页。

③ 张君约:《历代屯田考》,知识产权出版社2015年版,第16页。转引自孙文政、高月:《中国屯垦研究史》,中国社会科学文献出版社2017年版,第34页。

有异曲同工之妙，只不过井田制下军赋制度的军事目的没有晁错建议的军屯制度那么强。而同时期的另一位学者唐启宇在《历代屯垦研究》中也认为："古者军制包含于农制之中，寓兵于农，寓将于卿，所有卒伍、粮秣、装备等均备之于农，兵之征集及分散，盖有常规，斯可谓之兵农制度。"①唐先生更加直截了当地认为，夏商时期的农垦是"兵农合一"的制度。只是到了井田制的后期，这种"寓兵于农，寓将于卿"的"兵农合一"的制度开始发生了根本性的变化。正如《历代屯垦研究》所说："与往古实行之农兵制度固大异其趣。因农兵制度下之农，举有征集为兵之资格，专业之农，得任普通之兵也。而兵农制度下之兵，具有为农之资格，但其他之农，可不必为士兵。"

张君约和唐启宇两位学者在其著作《历代屯田考》和《历代屯垦研究》中，都是从考证井田制入手来分析屯田制度的。他们认为，尽管井田制下的屯田制度不是真正意义上的屯田制度，但是也是屯田制度的雏形。

关于屯田的起源，无论是以翦伯赞先生为代表的"汉代说"，还是以张君约和唐启宇为代表的"井田说"，都有一定的道理。但是，屯田起源的时间在汉代之前，似乎更有道理和逻辑性。这样认为，主要基于以下几点考虑：

一是中国是一个农业社会，而农业的发展在春秋战国时期，由于铁器农具的生产和广泛使用，使得大规模农垦经营活动更具有现实意义。

二是春秋战国时期诸侯各国"百家争鸣，百花齐放"，各种改革措施纷纷推出，以吸引更多的别国居民到本国从事农耕经营活动。比如，《商君书·徕民篇》中商鞅变法关于"招徕三晋之民来秦者""利其田宅而复之三世"的制度，促进了秦国的小农经济加速发展。

三是春秋战国时期，我国已经开始了大规模的水利设施建设。大型水利设施的建设为开展大规模的农垦屯田奠定了坚实的基础。

前面两个方面已经在前文中有所论述，暂且不表，这里单是说说农田水利建设对屯田的影响。

春秋战国时期，我国水利灌溉事业进入了一个快速发展的阶段。前

---

① 唐启宇：《历代屯垦研究》上册，正中书局 1944 年版，第 5 页。转引自孙文政、高月：《中国屯垦研究史》，中国社会科学文献出版社 2017 年版，第 35 页。

面说了一方面是因为技术的进步,为水利工程的修建提供了物质条件基础;另一方面是诸侯各国的变法图强和兼并反兼并的竞争,对水利事业的建设起了推动作用。春秋战国时期诞生了几大著名水利工程。

春秋时期楚庄王时(公元前613—前591年),孙叔敖于今河南固始县东南,“决期思之水,而灌雩娄之野”①。东汉崔寔《政论》说:“孙叔敖作期思陂。”②这就是著名的期思陂蓄水工程,即引史河之水蓄为陂塘,灌溉史、灌二河之间的区域。③ 芍陂传说也为孙叔敖所建,位于安徽寿县南,陂塘周围120里,可灌田万余顷。④ 芍陂成为史上最大的陂塘蓄水工程。

吴王夫差十年(公元前486年),吴国修邗沟,利用湖泊河流相互邻近的自然地形修建人工渠道,由邗城(今江苏扬州市境)东北通今江苏淮安县境的射阳湖,西北通淮河,从而“沟通江淮”⑤。邗沟是沟通江淮航道最早的水利工程之一。战国初魏文侯二十五年(公元前422年),西门豹任邺(今河北临漳县)令,动员人民开凿漳水十二渠(又称西门渠)。魏惠王三十一年(公元前340年),魏国又从首都大梁北郭开凿大沟与圃田水系相接,成为我国古代著名的内陆运河鸿沟的最早一段。晋国修建的智伯渠、秦国修建的白起渠等,相对来说,灌溉工程规模较小。当然,战国时期,最著名的水利灌溉工程是都江堰和郑国渠。这两大水利工程都是秦国所建造的。

秦昭襄王五十一年(公元前256年),秦灭西周小国(在洛阳西)后,李冰任蜀郡守,组织人民在灌县玉垒山旁兴建了都江堰。《史记·河渠书》记载:“此渠皆可行舟,有余则用溉浸,百姓飨其利。至于所过,往往引其水益用溉田畴之渠,以万亿计,然莫足数也。”《华阳国志·蜀志》也说,都江堰可“溉灌三郡,开稻田,于是蜀沃野千里,号为陆海。旱则引水浸润,雨则杜塞水门。故记曰:水旱从人,不知饥馑,时无荒年,天下谓之天府也”。

---

① 《淮南子·人间训》。
② 缪启愉辑释:《四民月令辑释》,农业出版社1981年版,第118页。
③ 《淮南子·人间训》。
④ 《宋书·刘道怜传》。
⑤ 《左传·哀公九年》。

另一个著名水利工程是秦王政时兴修的郑国渠。秦王政元年(公元前246年),秦国采纳郑国的建议,凿泾水修渠。在郑国的主持下,秦国组织了数十万民工兴修了引泾水入洛河这一水利灌溉工程。在修建的过程中,秦王政察觉了韩国的阴谋,欲杀郑国,郑国说:“始臣为间,然渠成亦秦之利也。臣为韩延数岁之命,而为秦建万世之功。”[①]秦王认为言之有理,仍让他继续修渠。施工十多年后,渠道终于完成,因名“郑国渠”。郑国渠的兴修,干渠全长250余里,灌溉面积合今200多万亩,使关中平原成为肥壤沃野、“天下陆海之地”[②]。

从以上史料可以看出,春秋战国时期开始大量地兴修水利工程。许多水利工程建成之后,动辄能够灌溉几百万亩农田,这必然促成屯田的兴起,不管是军屯还是民屯,都具备了现实可能性。因此,春秋战国时期才是中国古代大规模开始屯田的年代。

第二节 秦汉至唐宋时期屯田制度

屯田是一种古老的耕作方式。但是,王朝土地所有制下的屯田制度,在不同的朝代有不同的内容与含义。如前所述,秦汉至唐宋这一历史时期,我国水利建设历经千余年,既积累了丰富的建设经验,又为后世的水利事业发展打下了坚实的基础。本节主要把秦汉至唐宋这一段时期学者们对屯田制度的研究成果作一个简要的归纳总结。

一、秦汉大一统时期的屯田

秦汉时期,是中国古代史上第一个大一统时期,无论政治还是经济,抑或是军事、文化,都对中国文明形成了基础性的影响力。

秦始皇完成了全国统一大业后,于二十八年(公元前219年)在琅玡台刻石曰:“皇帝之功,勤劳本事,上农除末,黔首是富。”[③]这表明秦王朝

① 《汉书·沟洫志》。
② 《汉书·东方朔传》。
③ 《史记·秦始皇本纪》。

奉行的是传统的重农政策。秦朝曾推行过奖励农垦政策,用免除徭役等办法,迁移几十万人口到边疆和劳动力不足的地区,开垦荒地,发展农业生产。

进入汉朝后,无论是汉高祖刘邦,还是“文景之治”时期的文帝和景帝,抑或是后来的汉武帝,都是非常重视农业生产的。他们都采取了一系列帮助恢复农业生产的措施。如汉初,对复员士卒解甲归田,给予土地房屋;流亡山泽人士各归本土,恢复原来的爵位田宅;卖身为奴婢的恢复为庶人,百姓得归于田亩;降低商人的社会地位,限制其势力膨胀;减轻田赋,十五税一等。文帝时期进一步降低税负,把十五税一减为三十税一,等等。

秦汉时期对农业生产的重视,反映在屯田的政策措施上也必然会加强。秦始皇统一六国后,认识到屯田的重要性,派蒙恬北击匈奴,在占领“河南地”后,曾先后两次大批迁徙民众于黄河以南。因此,刘光华在《汉代西北屯田研究》中认为:“我国古代大规模的徙民实边不始于西汉,而是开始于秦王朝,则秦王朝时就应有民屯。”[①]《史记》记载:“(三十三年)西北斥逐匈奴。自榆中并河以东,属之阴山,以为四十四县……徒谪,实之初县。”[②]秦朝统一中国之后,在行政上改分封制为郡县制,在全国推行郡县改革。秦朝在广袤的西北边疆也开始设置郡县,但是西北地区地广人稀,为了防卫边疆,就开始徙民实边屯田。因此,大规模实行民屯开始于秦朝还是有一定的道理的。秦始皇于三十三年(公元前214年)先后在西北设置44个县,然后于三十六年(公元前211年)迁3万户居民到西北屯田。[③]

如前所述,认为屯田开始于汉代的学者还是占主流的。目前国内大多学者认为,屯田始于西汉文帝时晁错的建议:“然今远方之卒守塞,一岁而更,不知胡人之能,不如选常居者,家室田作,且以备之……使远方亡屯戍之事,塞下之民父子相保,亡系虏之患,利施后世,名称圣明,其与秦之

① 刘光华:《汉代西北屯田研究》,兰州大学出版社1988年版,第13页。

② 《史记·秦始皇本纪》。

③ 孙文政、高月:《中国屯垦研究史》,中国社会科学文献出版社2017年版,第37页。

行怨民，相去甚远矣。”[①]因此，有学者据此认为我国古代的军屯自此开始。唐启宇就是此类观点的代表，“自汉文帝从其言，募民徙塞下后，而移民实边之观念，遂为历代主兵事者所宗”[②]。但是，也有学者持有不同意见，例如，张君约在其《历代屯田考》中认为：“秦始皇既并天下，分为三十六郡。郡置材官。汉兴踵之。凡民年二十三以上，咸命为兵。即大臣之子，亦常自往戍边。”[③]“武帝破匈奴，自朔方以西，至令居，置田官吏卒五六万人。又置张掖、酒泉郡，而上郡、西河等处开田官，斥塞卒六十万戍田之。是为用兵耕种之始。”[④]但是，汉代徙民实边政策是民屯还是军屯，其实无法分辨清楚，应该是具有双重性质。如果按照张君约先生说的“是为用兵耕种之始”，那么与《文献通考》所载“汉调兵之制，民年二十三为正。一岁为卫士，二岁为骑士。习射御骑驰战阵。年六十五，衰老，乃得免为庶民，就田里”[⑤]就有点矛盾了。“武帝时期只是文献记载了设置田官吏卒五六万，我们不能以发现记载了田官吏卒就认为是军屯，而要看徙民实边的内容是具体干什么。也就是说，看其具有不具有军事内涵，如果徙民实边具有军事内涵的话，就应该认定是军屯。”[⑥]

无论是汉代初期的西北徙民实边还是汉武帝时期比较完善的制度化的军屯制度，不管是民屯还是军屯，在汉代，屯田的内涵已经不断扩大，且成为一项固定的国家政策。后世的历朝历代都十分重视这项国家政策。到了汉代，屯田制度的推行既不是单纯为了边防，也不是单纯为了发展农业生产，应该是两者兼而有之。它既对每一个经历过战争后的新王朝恢复和发展农业生产、稳定边疆发挥了重要作用，也为增加政府收入、减轻人民负担提供了保障措施。

二、魏晋南北朝大分裂时期的屯田

魏晋南北朝时期是中国古代史上第二个大分裂时期。东汉末年，战

---

① 《汉书·晁错传》。
② 唐启宇：《历代屯垦研究》上册，正中书局 1944 年版，第 7 页。
③ 张君约：《历代屯田考》，知识产权出版社 2015 年版，第 17 页。
④ 张君约：《历代屯田考》，知识产权出版社 2015 年版，第 18 页。
⑤ 《文献通考》卷二。
⑥ 孙文政、高月：《中国屯垦研究史》，中国社会科学文献出版社 2017 年版，第 39 页。

争连年不断,魏、蜀、吴形成三国鼎立之势,农业生产遭到严重破坏。魏、蜀、吴三国为了强兵足食,发展实力,都非常重视屯田。魏国在继承东汉屯田制度的基础上,为了对抗蜀国和吴国,在吴蜀边境上实行了屯田。“军屯和民屯分属两个系统,各不相同。军屯一般在边防区,劳动者是田兵、屯兵、佃兵、士等;民屯多在内地,劳动者称为典农部民、百姓、屯田客、客等。”[①]魏国的屯田,承接了东汉正统的制度基础,吸取了秦汉以来屯田制度的得失。“魏武于是募民屯田许下,又于州郡列置田官,岁有数千万斛,以充兵戎之用。”[②]“大兴民屯,招募和迁徙农民,以数十人为一屯,像军队那样组织起来屯种。”[③]开始把军屯和民屯分离开来,以提高民屯对社会经济发展的作用,是魏国屯田的一个显著特点。“《魏志》:‘曹公置典农中郎将,秩二千石。典农都尉,秩六百石,或四百石。典农校尉,秩比二千石。所主如中郎,部分别而少为校尉丞。’这种严密的管理体系,发挥了重要作用。所以在三国时代,曹魏的屯田出现了‘四方郡守垦田又加,以致国用不匮的形势’。在曹魏政权控制的州郡,‘几乎都有屯田,并设置了屯官’。”[④]

张泽咸、郦家驹、陈高华、孟繁清的《中国屯垦史》对吴国的屯田有过简单的总结,即“孙吴的屯官设置与曹魏是大同小异”。这就说明吴国的屯田制度与魏国相差不大。受魏国屯田的影响,吴国在建安五年(公元200年)开始实行屯田。同魏国的屯田一样,吴国的屯田也分为军屯和民屯。民屯者被称作“屯田客”“屯田民”,或简称为“客”。管理民屯的基层机构叫作“屯”或“屯府”,设“屯吏”,专司屯田事务。诸屯之上,在县级设“典农都尉”或“屯田都尉”,郡级设“典农校尉”,中央设“监农御史”统筹全国屯田事务。民屯之外,还有军屯,从事军屯的兵士被称为“佃兵”“屯兵”或“作士”,军屯的基层组织也叫作“屯”,诸屯之上由各级将领统领,设置左右“节度”协调各军屯区。为了应对来自曹魏政权的威胁,吴国把军屯和民屯紧密地结合在一起,战时可以为兵,非战时则为民。

① 张印栋:《屯田史话》,社会科学文献出版社2012年版,第20页。
② 《晋书·食货志》。
③ 田方、陈一筠:《中国移民史略》,知识出版社1986年版,第2页。
④ 孙文政、高月:《中国屯垦研究史》,中国社会科学文献出版社2017年版,第41页。

三国时期，蜀国的屯田较魏国和吴国要逊色。也许蜀汉地区本就是天府之国，农业生产条件优越，农业开发也早，因此，其屯田大多是为了军事需要临时进行的。这就决定了蜀国屯田的特点：一是“与敌对军事需要紧密相关”；二是“临时进行，时间又短暂”。根据记载，建兴十二年（公元234年）春，诸葛亮率军进据五丈原时，为了解决军粮问题，好与司马长期作战，开始屯田，建立军事屯田区。《三国志・诸葛亮传》记载：“亮每患粮不继，使己不申。是以分兵屯田，为久驻之基，耕者杂于渭滨居民之间，而百姓安堵，军无私焉。”[①]继诸葛亮之后，姜维多次出兵北伐，为了解决军粮问题，也曾组织过屯田。景耀五年（公元262年），姜维在今甘肃白龙江上游屯田。从诸葛亮到姜维的屯田，可以看出，蜀国的屯田，其直接目的就是军事需要，屯田者是现役军人，其屯田为军屯毫无疑义。

司马氏先后灭掉蜀汉和东吴，建立西晋取代曹魏政权，结束了三国分裂的局面，原来三国各自屯田的军事需要已经失去意义。尽管大规模的屯田已经没有必要了，但是西晋统治者并没有完全废除屯田，只是重新调整屯田结构。张君约的《历代屯田考》说：“西晋之初，息罢屯田农官。”张泽咸、郭松义在《中国屯垦史》一书中说：“标志民屯废罢的有两个诏书。”这两个诏书在《晋书・武帝纪》里都有记载：“咸熙元年（公元264年），罢屯田官以均政役，诸典农皆为太守，都督皆为令长……泰始二年（公元266年）十二月，罢农官为郡县。”[②]“军屯在魏晋之际未被废除，西晋统一后的若干年内也仍然存在，似乎并没有被正式宣布废除过。”[③]也就是说，西晋的军屯制度依然存在，且还是军需品的主要来源。[④]

有关东晋的屯田，张泽咸、郭松义的《中国屯垦史》认为，东晋“为了确保江东安全，下令课督农功，全国将士除了禁卫军和担负要事的部队以外，一律要参加农作，可以将它视为东晋屯田的创始”[⑤]。东晋时期，为了尽快恢复生产，吸取西晋废除民屯制度的教训，恢复民屯制度。南北朝时

---

① 张君约：《历代屯田考》，知识产权出版社2015年版，第126页。

② 《晋书・武帝纪》。

③ 张泽咸、郭松义：《中国屯垦史》，文津出版社1997年版，第38—39页。

④ 孙文政、高月：《中国屯垦研究史》，中国社会科学文献出版社2017年版，第43页。

⑤ 张泽咸、郭松义：《中国屯垦史》，文津出版社1997年版，第42页。

期,由于战乱频仍,各国出于作战筹措军粮的需要,都在本国大力推广屯田,当然此时的屯田性质是属于军屯。“例如,南朝宋武帝刘裕为了北伐,派毛修之‘修复芍陂,屯田数千顷,以积蓄军粮’,以及‘沈攸之戎兵耕田’,都属于此种临时性的攻势之屯。”①

这一时期,除了统一后的西晋短时期不太重视屯田外,其他各朝代都十分重视屯田,且由于分裂的时间比较长,长期战争,因此,这一时期的屯田,无论是军屯还是民屯,其目的都是为了应付战争解决军粮的需要。这一时期屯田制度的确立,对恢复分裂时期战乱后的农业生产起到了一定的积极作用。

三、隋唐宋大一统时期的屯田

隋唐宋时期,是我国经济文化十分繁荣的一段时期,而且多民族融合发展,社会经济的文明程度具有世界性影响力。因此,关于这一时段的屯田研究成果也较多,尤其是在中国古代经济史上有关“唐宋变革”的研究是一个热点问题。

隋朝建国后,有许多制度依然沿用了北齐,屯田也是如此。“凡是军人,可悉属州县,屯垦籍帐,一与民同。军府统领,宜依旧式。”②隋文帝时期,“把军户编入民户。魏晋以来,兵和民是分离的。自北周建立府兵制后,开始出现兵民合一、兵农合一的趋势。原来是军民分籍,筑城而居……实行兵农合一,兵民合一,广泛地推行军屯制度”③。也就是说,隋朝开始取消军户,士兵没有单独的户籍,士兵与民户同隶州县管辖,从而改变了过去兵民分治的现象,使我国的屯田制度有了新的特点。

唐朝初期,屯田制度依然是沿袭隋朝的某些做法,但是,唐朝吸取隋朝时期屯田的经验教训,以国家法律的形式制定了相对完备的屯田制度,在中央和地方设置了屯田管理机构来管理屯田事务,因此,相对隋朝来说,唐朝的屯田具有更大的进步。“唐之屯垦有屯田与营田之别。屯田以

---

① 孙文政、高月:《中国屯垦研究史》,中国社会科学文献出版社2017年版,第44页。

② 《隋书·高祖纪》。

③ 刘继光:《中国历代屯垦经济研究》,团结出版社1991年版,第123页。

兵，营田以民，有时则兵民合屯，有地则民兵合营。"[1]"凡天下诸军州管屯，总九百九十有二。大者五十顷，小者二十顷。凡当屯之中，地有良薄，岁有丰俭，各定为三等。凡屯皆有屯官、屯副。"[2]"唐代屯田的经营办法，与前几个朝代相比，要详细完备得多。凡进行屯田，无论军屯、民屯，在开始时期，都要由国家供应足够的生产资料，如耕牛、犁锄、种子、口粮、住房等。"[3]由此可见，唐朝时期的屯田制度规定得十分详细，屯田制度十分完善，这也为唐朝社会农业生产的恢复和社会经济的发展奠定了良好的基础。

五代十国时期，由于各国互相争战，地方割据，为了保障军费，各个割据政权都很重视屯田，也相继推行军民屯田、营田。"五代时期不同军屯和民屯，多是由户部营田司进行统管，在全国各重要屯田区设置营田务，在州设营田使，分别管理该地区营田事务，它直属中央政权户部，自成体系，一般州县地方官吏不能过问干预。"[4]

到了宋朝时期，北方有几个少数民族相继建立国家，例如西北地区的西夏王国以及北方的辽国、东北的金国。这一时期，不仅经济、文化得到了前所未有的融合，就是民族之间的融合也获得了空前的发展。宋朝的屯田，"亦有军屯和民屯两种"[5]。"宋因唐制，有营田，有屯田。屯田主要是军屯，营田主要是民屯。但营田时而也有用兵，屯田时而也用民。"[6]"宋之屯制，以路而分，屯田营田均有。初则屯田尚见其利，继则以屯地之所获，不足以供屯兵之所需，遂募民兼营，亦有尽给民营，而取其税者。"[7]宋朝的屯田同前朝一样，既有军屯又有民屯，无论是军兵耕种的屯田还是招募百姓耕种的营田，其目的也都是为军队提供粮食。但是，宋朝的屯田出现了一个新的特点，那就是像李积新所说的"亦有尽给民营，而取其税者"，即租佃形式的屯田。曾雄生认为，宋朝"除了屯田、营田等由官方直

---

① 李积新：《垦殖学》，商务印书馆 1935 年版，第 19 页。

② 《旧唐书·职官志二》。

③ 刘继光：《中国历代屯垦经济研究》，团结出版社 1991 年版，第 141 页。

④ 刘继光：《中国历代屯垦经济研究》，团结出版社 1991 年版，第 159 页。

⑤ 吴存浩：《中国农业史》，警官教育出版社 1996 年版，第 715 页。

⑥ 王毓铨：《明代军屯制度的历史渊源及其特点》，《历史研究》1959 年第 6 期。

⑦ 李积新：《垦殖学》，商务印书馆 1935 年版，第 21 页。

接组织军队或百姓耕种之外,其他也多采用租佃的方式进行经营,甚至有的屯田或营田也采用租佃方式来经营”①。宋朝时期,土地私有制占据主导地位,土地买卖现象十分普遍,除了私田可以买卖,官田买卖也十分普遍,在官田除没官田、户绝田、省庄田之外,还包括一部分屯田和营田。在宋朝,不仅屯田可以买卖,而且屯田还可以实行租佃制,这是宋朝屯田的最大特点。

在宋朝,北国边境的辽国和金国也实行过屯田制度。辽国的土地分为公田、闲田、私田、营田四类。公田是指沿边境地区各置屯田戍兵,屯田以供给军需;营田也就是民屯。刘继光认为,“辽在实行军屯的同时,积极推行移民屯垦,即移徙契丹族人民于内地汉人住区垦殖。军屯、民屯同时发展”。辽代这种屯田制度较宋朝来说有了新的发展。《辽史·食货志》记载:“统和中,耶律昭言:西北之众,每岁农时,一夫侦候,一夫治公田,二夫给礼官之役。”②如果一家四丁男,则一个担任保卫,一个担任屯田,两个从军。这说明辽国的军屯和民屯同时存在。

金国的屯田制度与辽宋相比较,既有较大的发展,又具有新的特点。“在此以前的屯田是边镇屯田,金朝则是遍地屯田;以往军屯地区重在外境,金朝是内外都有。以往军屯没有统一的严格制度,金朝的则有新屯田法,军丁有分地,每分四十亩(也有三十亩五十亩的)。”③金国的屯田制度是建立在其土地制度猛安谋克制度之上的。猛安、谋克既是一种生产的民户组织,又是一种行军打仗的军事组织。《金史·食货志》记载:“自古用兵,且耕且战,是以兵食交足。今诸帅分兵,不啻百万,一充军伍,咸仰于官,至于妇子,居家安坐待哺,盖不知屯田为经久之计也。”④

关于秦汉至隋唐宋这一历史时期的屯田,其实史料十分丰富,但是由于篇幅原因没有展开论述,只能概略地叙述一下。

---

① 曾雄生:《中国农业通史·宋辽夏金元卷》,中国农业出版社2014年版,第162页。

② 《辽史·食货志》。

③ 王毓铨:《明代军屯制度的历史渊源及其特点》,《历史研究》1959年第6期。

④ 《金史·食货志》。

第三节　元朝时期屯田制度

关于元朝屯田概况,《元史·兵志》记载:

"国初用兵征讨,遇坚城大敌,则必屯田以守之。海内既一,于是内而各卫,外而行省,皆立屯田,以资军饷。或因古之制,或以地之宜,其为虑盖甚详密矣。大抵勺陂、洪泽、甘、肃、瓜、沙,因昔人之制,其地利盖不减于旧。和林、陕西、四川等地,则因地之宜而肇为之,亦未尝遗其利焉。至于云南八番、海南、海北,虽非屯田之所,而以为蛮夷腹心之地,则又因制兵屯旅以控扼之。由是而天下无不可屯之兵,无不可耕之地矣。"①

元朝屯田制度有兵屯和民屯之分。自成吉思汗以来,元朝屯田发展得越来越快,范围越来越广。屯田对元朝的统一和北方社会经济的恢复起到了重要作用。元朝统一中国后,屯田以更大的规模发展起来。元世祖忽必烈至元十四年(公元 1277 年),对南宋战争已基本结束。忽必烈曾下诏规定:圣旨到日起,半年内无人认领的土地,一律视作无主荒闲田,可由他人认种,或由地方官组织农民进行屯田。从此,屯田成为固定的制度并得到推广。②

元朝屯田的管理机构有中央和地方之分。中央管理屯田的机构如下:

一是枢密院管辖的侍卫亲军各卫,屯田军达 36 000～37 500 人,屯地近 160 万亩,分别位于东安、永清、益津、河西务、荒庄、霸、保定、涿、定兴、河间、武清、红城、燕只哥赤斤、清、新城、大宁、潮河、苏沽河等地。此外,直沽屯田达 1 000 万亩,屯军有 7 000 人,元廷为此设立了镇守海口屯储亲军都指挥使司。

二是元朝至元二十三年(公元 1286 年),设立大司农司管辖了三个机构:永平屯田总管府(滦州)、营田提举司(武清)、广济署(清、沧二州)。

三是管理宫廷饮食的宣徽院,辖有淮东淮西屯田打捕总管府(位于

① 《元史·兵志》。

② 张印栋:《屯田史话》,社会科学文献出版社 2012 年版,第 90 页。

涟、海州等两淮各地及腹里的沂州)、丰闰署(丰闰县)、宝坻(大都路宝坻)和尚珍署(济宁路兖州)等机构,其中淮东淮西屯田打捕总管府是元朝最大的屯田机构之一。[①]

地方屯田的机构主要是由各行省负责。元朝中央政府和各行省地方政府管理的屯田和屯军的概况不再详叙,从表10—1可以看出其中端倪。

表10—1　　元朝中央和地方屯田概况

管辖者	屯田名称	屯军(名)	屯民(人)	田数(顷)	地　点
枢密院	左卫屯田	2 000	—	1 310.65	东安州南永清县东
	右卫屯田	2 000	—	1 310.65	永清益津等处
	中卫屯田	2 000	—	1 037.82	武清香河等处,后迁于河西务荒庄杨家口青台杨家白等处
	前卫屯田	2 000	—	1 000.00	霸州保定涿州
	后卫屯田	2 000	—	1 428.14	永清等处,后迁于昌平县太平庄,嗣又迁回旧地
	武卫屯田	3 000	—	1 804.45	涿州霸州保定定兴等处,嗣以一部分与左卫率府屯田互易
	左翼屯田万户府	2 051	—	1 399.52	霸州及河间等处
	右翼屯田万户府	1 540	—	699.50	武清县崔家口
	中翊侍卫屯田	4 000	—	2 000.00	燕只哥赤斤地及红城,继迁于昌平县太平庄,后还复于红城
	左右钦察卫屯田	1 987	—	656.00	清州等处
	左卫率府屯田	3 000	—	1 500.00	武清县及新城县
	宗仁卫屯田	2 000	—	2 000.00	大宁等处
	宣忠扈卫屯田	?	—	100.00	在大都北
	共计	27 578	—	16 246.73	

① 张印栋:《屯田史话》,社会科学文献出版社2012年版,第90—91页。

续表

管辖者	屯田名称	屯军(名)	屯民(人)	田数(顷)	地　点
大司农	永平屯田总管府	—	3 290户	11 614.49	滦州
	营田提举司	253户	2 211 *	3 502.93	武清县(* 内有杂户及单丁 976)
	广济署屯田	—	1 230	12 600.38	
	共计	253	6 731	27 717.80	
宣徽院	淮东淮西屯田打捕总管府	—	11 743	15 193.39	
	丰润署屯田	—	837	349.00	丰润县
	宝坻屯田	—	300	450.00	宝坻县
	尚珍署屯田	—	456	9 719.72	兖州
	共计	—	13 336	25 712.11	
腹　里	大同等处屯储总管府屯田	4 020 户	5 945	5 000.00	西京黄华岭等处
	虎贲亲军都指挥使司屯田	3 000	79	4 202.79	灭捏怯土赤纳赤高州忽兰若班等处
	岭北行省屯田	4 648	—	6 400.00＋	五条河称海
	共计	11 668	6 024	15 602.79	
辽阳行省	大宁路海阳等处打捕屯田所	—	122	230.50	瑞州
	浦峪路屯田万户府	—	190	400.00	咸平府
	金复州屯田万户府	3 641		2 523.00	忻都察哈思罕
	肇州蒙古屯田万户府	—	652	?	肇州附近
	共计	3 641	964	3 153.50	
河南行省	南阳府民屯	—	6 041	10 662.07	孟州之东黄河之北南至八柳树枯河徐州等处又唐邓申裕等处
	洪泽屯田万户府	15 994	—	35 312.21	淮安路之白水塘黄家疃等处
	芍陂屯田万户府	14 808	—	10 000.00＋	安丰县芍陂
	德安等处军民屯田总管府	5 965	9 375	8 879.96	德安路
	共计	36 767	15 416	64 854.24	

续表

管辖者	屯田名称	屯军(名)	屯民(人)	田数(顷)	地　点
陕西行省	陕西屯田总管府	—	7 354	5 853.68	凤翔镇原栎阳泾阳彭原安西平凉终南渭南
	陕西等处万户府屯田	2 684	—	808.08	盩厔庄宁州文州顺州
	贵赤延安总管府屯田	—	2 027	486.00	延安路探马赤草地
	共计	2 684	9 381	7 147.76	
甘肃行省	宁夏等处新附军万户府屯田	958	—	1 498.33	宁夏等处
	管军万户府屯田	2 290	—	1 166.64	甘州
	宁夏营田司屯田	—	2 700	1 800.00	中兴
	宁夏路放良官屯田	—	904	446.50	本路
	亦集乃路屯田	200	—	91.50	本路
	共计	3 448	3 604	5 002.97	
江西行省	赣州路南安寨兵万户府屯田	3 265	—	524.68	信丰会昌龙南安远等处
	共计	3 265	—	524.68	
江浙行省	汀漳屯田	—	3 038	475.00	汀州漳州
	共计	—	3 038	473.00	
高丽国立屯	高丽屯田	5 000	—	?	王京东宁州凤州等处
	共计	5 000	—	?	
四川行省	广元路民屯	—	87	9.60	广元路
	叙州宣抚司民屯	—	4 444		叙州
	绍庆路民屯	—	91		绍庆路
	嘉定路民屯	—	12		嘉定路
	顺庆路民屯	—	5 016		顺庆路
	潼川府民屯	—	2 412		潼川府
	夔路总管府民屯	—	5 083		夔州路
	重庆路民屯	—	3 566		重庆路

续表

管辖者	屯田名称	屯军(名)	屯民(人)	田数(顷)	地　点
四川行省	成都路民屯	—	9 061		成都路
	保宁万户府军屯	1 329	—	118.27	保宁
	叙州等处万户府军屯	239	—	41.83	叙州宣化县喁口上下
	重庆五路守镇万户府军屯	1 200	—	420.00	重庆路三堆中嶆赵市等处
	夔路万户府军屯	351	—	56.70	
	成都等路万户府军屯	299	—	42.70	崇庆州义兴乡楠木园
	河东陕西等路万户府军屯	1 128	—	208.07	灌州崇庆州
	广安等处万户府军屯	150	—	26.25	崇庆州
	保宁万户府军屯	564	—	75.95	重庆州晋源县
	叙州万户府军屯	221	—	38.67	灌州青城县
	五路万户府军屯	1 161	—	203.17	崇庆州及青城县
	兴元金州等处万户府军屯	344	—	56.00	崇庆州晋原县
	随路入都万户府军屯	832	—	162.57	灌州青城温江县
	旧附等军万户府军屯	1 002	—	129.50	青城县及崇庆州
	炮手万户府军电	96	—	16.80	青城县
	顺庆军屯	565	—	98.87	晋源县
	平阳军屯	398	—	69.65	青城县及崇庆州
	遂宁州军屯	13	—	2.27	崇庆州青城等处
	嘉定万户府军屯	656	—	114.80	沿江下流汉初等处
	顺庆等处万户府军屯	118	—	20.65	新州等处
	广安等处万户府军屯	2 000	—	350.00	遂宁州
	共计	12 666	29 772	2 262.32	

续表

管辖者	屯田名称	屯军(名)	屯民(人)	田数(顷)	地　点
云南行省	威楚提举司屯田	—	33	165 双	
	大理金齿等处宣慰司都元帅府军民屯	600	3 741	22 105	
	鹤庆路军民屯田	152	100	1 008	
	武定路总管府军屯	187	—	748	
	威楚路军民屯田	399	1 101	7 101	
	中庆路军民屯田	709	4 197	22 459	
	曲靖等处宣慰司兼管军万户府军民屯田	395	3 580	5 040+	
	乌撒宣慰司军民田屯	114	86	?	
	临安宣慰司兼管军万户府军民屯田	288	2 300	5 152	
	梁千户翼军屯	700	—	3 789	乌蒙后迁新兴州
	罗罗斯宣慰司兼管军万户府军户屯田	300	167	?	
	乌蒙等处屯田总管府军屯	5 000	—	1 250 顷	
	共计	8 844	15 305	1 250 顷又 67 567 顷	
湖广行省	海北海南道宣慰司都元帅府民屯	—	8 428	563.61 顷	琼州雷州高州化州廉州等路
	广西两江道宣慰司都元帅粮兵屯田	—	4 691	753.26	上浪忠州那扶需留水口藤州等处
	湖南道宣慰司衡州等处屯田	1 509	—	310.61	衡州永州武冈等处
	共计	1 509	13 119	1 627.48	
总　计		117 323	116 690	171 577.38 又 7 567双	

资料来源:万国鼎,《中国田制史》,商务印书馆2011年版,第353—357页。

元朝屯田范围很广,由中央和地方两套机构进行管理,其具体的管理机制和经营方式比较复杂。一般来说,枢密院所管辖的军屯由在各卫内设立的专门负责屯田的千户所进行管理。侍卫亲军每卫 2 000 人，分左右手屯田千户所。其后各卫仿照执行，并根据实际人数设立若干屯田千户所，有的还设汉军、新附军千户所。地方军屯多设屯田万户府负责管理，还有一小部分归当地驻军万户府领导。民屯的管理机构更为复杂，有专门的中央管理机构，如隶属大司农司的永平屯田总管府和营田提举司、宣徽院的淮东淮西屯田打捕总管府、宁夏的营田司、陕西的屯田总管府等都属于这一类。地方管理民屯的，如南阳府民屯、四川和湖广等地的民屯部门由州府县管理。此外，还有一类专属某些机构自行设立的，如大司农司辖下的丰闰署、尚珍署的屯田和云南提举盐使司的屯田等。云南是一个特殊的地方，云南各宣慰司兼管军万户府和各路的军民混合屯，显然属宣慰司兼管军万户府或各路总管府。[①]

军屯的基层组织为千户所，民屯的基层组织为提举司或提领所。上述基层组织之下各辖有若干屯。屯一般是根据自然条件来划分，人员并不固定。现代的有些叫某某屯的地名也许就是由此得名的。“如陕西屯田总管府有终南等 4 所 48 屯，民屯户计 4 800 多户，平均每屯 100 户余；而陕西万户府各屯则为 200～900 户不等。元代把军事组织的万户府一千户府一百户一牌子头（10 户）编制运用到军屯上，设有万户、千户、百户、弹压、牌子头等军屯官，有的屯似乎也设有百户。”[②]

民屯户与军屯户有所不同。民屯户主要由签拨、强制召集，但也有招募而来，一般是全家入屯，也可能是以家庭为生产单位。

屯田的民户成分很复杂，除从民户强制签发和小部分招募外，还有相当一部分来自漏籍户、阑遗户（官府收解的流散人口）、索阑奚人户（包括失去土地的农民和逃亡的奴婢）、放良人户（自由了的奴婢）及盗贼等。从民族成分上看，则以汉人居多，其余还有蒙古、女真、合刺鲁、畏兀儿、黎等族。其中，漏籍、阑遗、索阑奚、放良人、盗贼等往往是社会不安定因素。元朝政府把这些人纳入屯田民户中，不仅增加了社会劳动力，而且减少了社会不安定因素，在一定程度上把社会的消极因素转化成了促进社会稳

---

① 张印栋：《屯田史话》，社会科学文献出版社 2012 年版，第 94 页。
② 张印栋：《屯田史话》，社会科学文献出版社 2012 年版，第 94 页。

定的积极因素。因此,屯田不仅发展了经济,也稳定了社会政治局势,是元朝政府巩固国家政权的一种有效手段。

军屯户一般是从现役军人中强制签拨而来,包括新附罕、汉军、蒙古军以及其他民族的士兵。新附军屯田集中于公元1263—1316年,尤以忽必烈时为多,其屯田点遍及元朝辖区各地。汉军屯田主要位于腹里,其次是岭北、河南和四川,其他地区的极少。蒙古军屯田的不多,主要在腹里、河南、岭北等地。

忽必烈曾经屡次下诏选调贫穷和年老不堪出征的军兵组成屯田军,但随着屯田的普及,朝廷开始调遣能征惯战的军队去屯田。随着全国的统一,元朝政府一般调遣新附军去屯田,其目的是分散原宋军的力量,防止他们大规模反抗,并可发挥其农业生产的特长。

元朝屯田军一般与作战部队相分离,专职屯田,但两者的界限又是相对的,其职责可以相互转换,基本上沿袭前朝“忙时征战,闲时种田”,且战且耕,“兵农合一”的思路。这说明屯田军具有耕战的双重职能。但是,随着全国统一,况且战争和屯田都需要相对的专业化,军人又必然出现老弱伤病人员,加上国家需要对征服地区的反抗实行控制,屯田军与作战部队的职责分离,就成为不断加强的趋势。

习惯了在马背上征战的蒙古人并不轻视土地,屯田官吏从未停止过侵占屯地的行为,与屯田无关的官吏也不能忘情于此。阿合马、桑哥是忽必烈亲信的“理财专家”,都曾侵占大量屯地,御史中丞董文用强烈言辞指责二人的行为,竟被调任他职。元成宗时,芍陂、洪泽屯田被占去3万多亩。顺帝时,上都虎贲司所属孛答、乃秃、忙兀三处屯田也被豪强势力者夺占。两淮屯田打捕总管府的屯田竟被占去35万多亩。[①] 从某种意义上讲,官田(包括屯田)如果得不到很好的管理,就很容易被兼并。

由于屯地大量被占,屯田户的负担很重,致使屯户大量逃亡。元武宗承认,天下屯田120多处,由于管理不善,都已废弛。为此,元朝政府不得不对屯田加以整顿。其措施如下:一是“经理”或“钩考”,即对各处屯田进

① 张印栋:《屯田史话》,社会科学文献出版社2012年版,第99页。

行清查，以期追回丢失的土地、劳动力、耕牛及其他财产。二是调换屯田官吏。元世祖时规定，屯官 3 年一调动，但后来竟出现 15 年不调的情况。三是赈济屯户，蠲免其地租。这些整顿措施解决不了根本问题，只能在某一时期、某些地方起一些缓解作用。根本问题是元朝中期以后社会矛盾激化、政治腐败，土地兼并日益激烈，屯户的地位与生活无法保障。因此，元中期以后，屯田制度的瓦解也就不可避免了。

第四节　明朝屯田制度

1368 年，朱元璋在南京称帝以后，逐渐把蒙古元朝势力赶回大草原，又花了十几年的时间消灭了其他割据势力，统一了全国。明初政权面临的重大问题之一，是如何恢复遭受战争破坏的社会经济，并使之迅速发展起来。朱元璋采取了一系列经济政策，屯田制是有关土地制度的又一项重大措施，其规模之庞大、制度之完备，在中国古代屯田史上“前无古人，后无来者”。明代的屯田有军屯、民屯和商屯，其中以军屯为主。军屯产生于汉代，唐以前的军屯主要存在于边境地区。随着金国向南拓展，军屯被推向内地。元朝的军屯无论是范围还是制度都超过了以往朝代，军屯制度也渐臻完备，出现了职业屯田军。军屯的作用，已从局部补助军粮发展成全国性的供应军粮。明朝的军屯较之金、元时期，也许时间相隔较近，借鉴性比较强，因此，其制度、法规和实施等各方面都十分整齐规范，较之金、元时期又有了进一步发展。

关于明初屯田制度，《明史・食货志・田制》记载：

“屯田之制：曰军屯，曰民屯。太祖初，立民兵万户府，寓兵于农，其法最善。又令诸将屯兵龙江诸处，惟康茂才绩最，乃下令褒之，因以申饬将士。洪武三年，中书省请税太原、朔州屯卒，命勿征。明年，中书省言：‘河南、山东、北平、陕西、山西及直隶淮安诸府屯田，凡官给牛种者十税五，自备者十税三。’诏且勿征，三年后亩收租一斗。六年，太仆丞梁野仙帖木尔言：‘宁夏境内及四川西南至船城，东北至塔滩，相去八百里，土膏沃，宜招集流亡屯田。’从之。是时，遣邓愈、汤和诸将屯陕西、彰德、汝宁、北平、永平,徙山西真定民屯凤阳。又因海运饷辽有溺死者,遂益讲屯政,天下卫所州县军民皆事垦辟矣。

其制,移民就宽乡,或召募或罪徙者为民屯,皆领之有司。而军屯则领之卫所。边地,三分守城,七分屯种。内地,二分守城,八分屯种。每军受田五十亩为一分,给耕牛、农具,教树植,复租赋,遣官劝谕,诛侵暴之吏。初亩税一斗。三十五年定科则:军田一分,正粮十二石,贮屯仓,听本军自支,余粮为本卫所官军俸粮。永乐初,定屯田官军赏罚例:岁食米十二石外余六石为率,多者赏钞,缺者罚俸。又以田肥瘠不同,法宜有别,命官军各种样田,以其岁收之数相考较。太原左卫千户陈淮所种样田,每军余粮二十三石。帝命重赏之。宁夏总兵何福积谷尤多,赐敕褒美。”

“又更定屯守之数。临边险要,守多于屯。地僻处及输粮艰者,屯多于守。屯兵百名委百户,三百名委千户,五百名以上指挥提督之,屯设红牌,列则例于上。年六十与残疾及幼者,耕以自食,不限于例。屯军以公事妨农务者,免征子粒,且禁卫所差拨。于是,东自辽左,北抵宣、大,西至甘肃,南尽滇、蜀,极于交阯。中原则大河南北,在在兴屯矣。”

“自正统后,屯政稍弛,而屯粮犹存三之二,其后屯田多为内监、军官占夺,法尽坏。宪宗之世颇议厘复,而视旧所入,不能什一矣。弘治间,屯粮愈轻,有亩止三升者。沿及正德,辽东屯田较永乐间田赢万八千余顷,而粮乃缩四万六千余石。”

“明初,募盐商于各边开中,谓之商屯。”①

可以看出,明朝屯田范围广泛,几无不可屯之田,制度规范严格,从中央到各省都有严格的制度安排。明朝屯田基本上归为三类:军屯、民屯与商屯。其中,明确提出何谓商屯,则是前朝所未有之事。

一是军屯。早在金国、元朝的统治者都已经意识到,利用大规模的军屯可保证国家常备军粮食供应的稳定,维持国家的统治。明太祖、明太宗同样认为,国家兴盛的根本在于强兵足食。为了避免重蹈汉、唐以来,因百姓负担过重、人户大量逃亡而造成的国家统治力量被削弱、军队败坏的

① 《明史·食货志·田制》。

覆辙，确保明朝的长治久安，他们从一开始就明确通过军户制度、军屯制度建立一支庞大的、自给自足的、维护明王朝的常备武装力量。因此，明朝的军屯达到了军屯史上登峰造极的程度，堪称“前无古人，后无来者”。

早在称帝前，朱元璋在与群雄角逐的过程中就建立了军屯制度。最初，军屯采取营田的方式。元至正十六年（公元 1356 年），朱元璋升任吴国公，设营田司和营田使。两年后，吴良、吴祯兄弟在江阴开展屯田，以补助军饷，确保了江阴的安全。与此同时，朱元璋命元帅康茂才为营田使，在南京、龙江等处修建堤防水利，开展军屯。一连数年，诸将屯田只有康茂才取得较大的成绩，获谷物 15 000 石，除满足所辖军队外，还剩余 7 000 石，康茂才因此受到嘉奖。至正二十三年（公元 1363 年），朱元璋再次申明军队屯田之令，命诸将屯田，且耕且战，以确保有充足可靠的军粮。正如《明史・食货志》记载：“边地，三分守城，七分屯种。内地，二分守城，八分屯种。”这时，军屯已成为朱元璋军政的一个重要组成部分并得到推广。至正二十五年（公元 1365 年），大将邓愈又在襄阳进行屯田。

在进行全国统一战争的过程中，朱元璋陆续在各占领区增设都司卫所，开办军屯。洪武元年（公元 1368 年），在滁州、和州、卢州、凤阳开办了军屯；占领大都后，在北平府、兀良哈地设立北平都司、大宁都司，分领若干卫所，先后在山西、贵州、河南、山东、北平、陕西、四川、重庆、辽东等地开置了屯田；又在宁夏、湖广、两浙、福建、云南设立屯田，修建水渠。各省的军屯建立后，多数在不断地扩大发展。在此期间，朱元璋两次通令卫所军开展屯田，因此，军屯发展得更快了。到洪武二十六年（公元 1393 年），明朝在全国共设都指挥使司（都司）17 个、留守司 1 个、卫 329 个、守御千户所 65 个。[①] 明永乐年间（公元 1403—1424 年），朝廷又制定了几部重要的军屯法令，军屯制度更加完备。从永乐元年到明末，又陆续添设了一些军屯点。明朝军屯到永乐皇帝时期基本上达到了顶峰。这些屯田可以归为三类：第一类位于内地，如北京附近的京军屯田、天津卫屯田等。第二类是少数民族地区新增的屯田。例如，先后在自由坝、永宁、蔺州、遵义等

① 张印栋：《屯田史话》，社会科学文献出版社 2012 年版，第 105 页。

地置卫屯田。第三类是在沿边增设的屯田。例如,在辽东、陕西、山西、北直隶、云南、贵州等地增设卫所,建立或扩大那里的屯田。

明朝如此大规模地推行军屯制度,那么,作为官田的军屯土地从何而来呢?

军屯土地的来源是多方面的。有的来自官田、没官田、废寺入官田,有的是废田、抛荒田、绝户田,有的是空地,还有少量是交换或强迫交换的民田、还官的赐田、夺回的勋贵边将的庄田、牧马草场等。内地军屯土地主要来自官田、没官田、抛荒田、绝户田等。北方各镇屯地则主要来自闲田和荒田。天津卫军屯是个例外。万历三十年(公元1602年),巡抚汪应蛟在天津购买闲地1.5万亩。天启二年(公元1622年),官府又买民田和闲田18万亩。这近20万亩田地都用于天津军屯。

明朝政府拨给卫所军屯地时,尽量照顾给予肥沃的和靠近城郭及卫所军驻扎地的土地。明朝的一些官员说,“九边各省无不屯之军”“例先择腴者以给官军”。有的地方还“以远田三亩,易城外民田一亩为屯田”。但这并不是说所有的军屯土地都是好地,其中也有不少例外。如山东、福建泉州卫、北直隶童河卫等的屯地就大多比较瘠薄,有的甚至坐落在丛山之中。同时,明朝政府不像元朝那样,把民田拨给军队屯田,因而军屯土地往往与民田犬牙交错,非常零散,有的甚至与屯军驻地相隔数百里,尤其是内地有很多类似的情况。[①]

明朝的军屯,在洪武皇帝时已奠定了其规模基础,到永乐皇帝以后又增设了一些屯田地点,扩大了屯田规模,此时屯田地点和屯田规模远超前代。可以说,明朝基本上有卫所就有屯田,卫所军驻防哪里,哪里就有屯田。军屯也随着军人的脚步从南京扩展到两京十三省,遍及明朝辖地各区,其密集程度之高、规模之大,都可称得上空前绝后。

明朝军屯开始于洪武时期,永乐年间处于鼎盛时期。当时,百万军人参加屯田,把大量抛荒地和荒闲田重新开垦成熟田,生产出大量的粮食,既满足了军队士兵粮食的供给,又创造了惊人的财富,推动了农业生产的

① 张印栋:《屯田史话》,社会科学文献出版社2012年版,第106页。

恢复与发展,为明初社会经济的恢复和发展,乃至整个明朝社会经济的发展作出了巨大贡献。

明朝统治者朱元璋建立和发展军屯,目的非常明确,就是要强兵足食。在进行统一战争的过程中,吴良、吴桢、郭景祥、康茂才等大开屯田,使他们有能力确保一方安全,既起到了军队粮食的自给自足,也为朱元璋统一全国立下了功劳。朱元璋目睹了屯田强兵足食的明显效果,使其“定伯兴王莫不由此”的信念更加坚定。因此,他称帝后,就急迫地在全国大力推行军屯。朱棣承其衣钵,健全了屯田的法律制度,使屯田取得了相当大的成就。明朝的屯田经过五六十年的兴盛后,到明宣德年间开始弛坏,其原来的作用逐渐减弱消失。

二是民屯。《明史·食货志》关于“民屯”的定义是这样解释的:“其制,移民就宽乡,或招募或罪徙者为民屯,皆领之有司。”也就是说,明朝通过招募或迁徙两种形式,组织百姓或罪犯进行的屯田就是民屯,而且其受专门的组织机构“司农司”管理。

“移民就宽乡”,迁民屯田,早已有之。明朝的民屯开始于洪武初期,相继实施于洪武、永乐年间。明朝有规模庞大的军屯,至于为何还要实行民屯,学术界也有争议。愚以为,明朝是存在民屯的,但其目的和意义与以前朝代的民屯相比既有相同之处,又有其特殊性。

其相同之处表现为:一个朝代更替之初,经过战争之后,经济凋敝,民不聊生,为了尽快恢复生产,发展经济,尽快让老百姓安居乐业,国家或分给农民田地进行耕作,或迁徙流民进行屯田。民屯的根本目的就是让农民固着于土地之上,以维护和稳固统治者的基础。这就是各朝代推行民屯的共同地方,也是民屯之普遍性特征。

经过元末明初近几十年的战争,朱元璋从元朝蒙古人手中接收的是一个破败不堪的摊子,尤其是黄淮流域受到的破坏最为严重。“放眼中原,榛草茂盛,人烟稀少,人行终日,不见烟火,有的县只剩下几百户人家,但江南、西南、东南和山西等地所遭受的破坏比较轻,人口基本无离散。”[1]因此，明朝政府为了尽快恢复和发展经济，仿照以前朝代的做法，把民户从人口多的地方迁徙到人口少的地方去耕田，实行屯田。

明朝的都城具有特殊性，“两京一都”构成了它们的特殊地位。南京是明朝发迹地。北京是朱元璋儿子朱棣定的都城。中都凤阳是朱元璋的老家。洪武三年(公元1370年)，朱元璋把苏、松、嘉、湖、杭五郡的无田百姓四千多户迁到中都凤阳屯种，由此拉开了明代民屯的序幕。他十分愿意看到故里兴旺发达，因而把大量人口迁到凤阳进行屯田。他的儿子朱棣上台后，把明朝都城从南京迁到北京，也把大量人口迁到北京附近屯田。这两次大规模的迁徙民众屯田并不切合《明史・食货志》中关于“民屯”“移民就宽乡”的定义，而是由其特殊的政治地位决定的。这既是明朝民屯相比于其他朝代的特殊之处，也是学术界切合明朝民屯的理解持不同观点的主要原因。明朝洪武、永乐时期共有49次迁徙百姓和罪犯的事件，但有些迁民并未用于屯田，有些记载则含糊不清，加上《明史》对民屯所下的定义并不明确，这也许是人们对明朝是否有过民屯的看法存在分歧的原因。

明朝民屯具有特殊性的另一面是屯田的土地性质。明朝民屯户主要是“招募或罪徙者”，因此，屯田民户还是有区别的：一类是一般屯户，即招募民众的屯田；另一类是“罪徙者”，即犯罪被流放的屯田，称之为罪屯。不管哪类屯田，其土地由国家授给，一般是按照屯户的人力财力计亩授田。但由于各地自然条件不同，授给每个屯户的田数并不一致。“罪屯户一般给50亩，可以额外多种，其他屯户则无定额，少的仅17亩，多的可达80亩、100亩，甚至有到300亩的。有的地方如故城县，允许屯户尽力开垦，不限亩数。”[2]洪武末期，朱元璋又下达“有气力的尽他种”“额外开荒，永不起科”的命令，允许屯户及编户尽力开荒。

既然屯田土地是国家授受的，那就都属官田，国家不允许屯户多占田地、据为己有而出租给贫民耕种，否则朝廷将依法加以处置。但事实上，明朝洪武初年曾数次规定，屯户把荒地开成熟田后，这块土地将永属屯户

---

① 张印栋：《屯田史话》，社会科学文献出版社2012年版，第129页。

② 张印栋：《屯田史话》，社会科学文献出版社2012年版，第134页。

所有，即不再是官田而是私有田了。罪屯的情况则有所不同，因为罪屯土地一直属于国有，除非罪犯刑满释放后，他们的身份地位发生变化。也就是说，“罪徙者”遇赦不愿还乡的，可改报民籍，其所屯种之地方可“永与为业”，屯地的性质才会由官田变为私有田。

以前的民屯，如三国时期的民屯，与军屯一样采取军事化管理，两者之间的差别不大；到唐朝，屯田已出现租佃形式；而到南宋时，民屯已基本上租佃给百姓佃户耕种，对民屯的管理日趋松懈。到了明朝，对民屯的管理更加松弛，民屯户与一般百姓一样实行里甲编制，由地方官府和五军都督府、户部合管，屯地多属私有，因而明朝的民屯从一开始就走了市场化的道路，屯户与一般编户区别不大。也就是说，明朝以前的民屯土地一般都属官田，而明朝民屯土地在经屯户开垦以后，能合法地变成他们的私有田，即使罪屯者也可以在刑满释放后改报民籍，其所屯之田也归私有。因此，明朝民屯明显带有私有化的特征。明朝民屯与前代民屯相比的这种特殊性，是与明朝时期土地私有制的进一步发展密不可分的。

以上我们分析了明朝民屯与以前民屯的区别与联系。下面来看看明朝民屯的概况。

“据统计，明初民屯主要分布在南北直隶、河北、山东、河南等地，有确切记载的有 96 个州县，其中以北直隶为最多，仅顺天府就有 306 个里，北直隶 8 府共有 751 个里；山东 10 个县有 174 个里；河南有 92 个里；南直隶的凤阳府仅在凤阳、定远 2 县中就有 40 个里。总计有民屯 1 057 个里，屯户达 116 270 户(每户以 6 口人计算)，估计有人口 697 620 人。不过，上述统计并不完整，还有一些州县确实实行了民屯，却找不到民屯里数和人口的记载。如保定府 20 个县中，有 7 个县没有屯田里数和人口的记载；常德府和归德府都有民屯，却无具体的记录。安置在凤阳的移民达 20 万，但史书中只记载了 40 个里的民屯，顶多只有 4 000 多户、20 000 多人；同时，临濠也有民屯，但数目却不清楚。还有一些地方后来归并屯社，说明那里也有屯田，但数目也不清楚。此外，洪武二十年(1387 年)，明廷选取湖广常德和辰州二府 1/3 的民丁和数万‘奸儒猾吏累犯罪人’到云南屯田。次年，命罪犯充任湖广五开至靖州驿站的驿夫，屯田自给。洪武初,曾把游忻城卫所军改为编民,进行屯田。这是云南、湖广的民屯。宁夏和宁夏到四川的船城、塔滩800里之地,兰州以及东北的定辽、沈阳、大宁等地也有民屯。若把这些民屯户都算上,张忠民估计,明初的民屯户可达15万户、100多万人,占当时全国人户的1.5%、人口的2%左右。”[①]

这些数据大致反映了明朝民屯的情况。当然,因为统计不一定全面,可能无法反映民屯的精确数字。总之,从洪武二十一年(公元1388年)朱元璋开始大规模地“移民就宽乡”屯田后,明朝民屯掀起了一次小高潮。“此后数十年间,临濠、凤阳、泗州、北平、东昌、定陶、临清、大名、广平、顺德、真定、彰德、卫辉、门德、太康、裕州、隆庆、昆山、云南、四川、湖广及其他一些地区的民屯又有了大规模的发展。”[②]明成祖朱棣发动“靖难之役”,起兵攻打建文帝,于公元1402年在南京称帝,年号永乐,并于1421年迁都北京。为了巩固北京的统治基础,全国又开始了一次规模空前的迁民屯田运动,使得明朝的民屯达到又一次高潮。

关于民屯民户的分类情况,史家也作了分析归类。《明史·食货志》中说:“或招募或罪徙者为民屯。”也就是说,屯田民户分为招募和流放犯罪人员两类。但是侯绍庄认为,可以分为三类:第一类是一般的“移就宽乡者”;第二类是“谪徙罪徒者”;第三类是“选调丁壮者”。

“移就宽乡者”乃是地狭人稠地区迁往地广人稀地区的农民。洪武三年(公元1370年),“命省臣议计口授田,设司农司开治河南,掌其事。六月谕中书省曰:‘苏松杭嘉湖五郡,地狭民众,无田以耕,……临濠(今安徽凤阳),朕故乡也,田多未辟,土有遗利,宜令五郡民无田者往开种,就以所种田为己业,给资粮牛种,复三年。验其丁力,设田给之,毋许兼并。’”[③]洪武十五年(公元1382年),又迁广东番禺、东莞、增城降民24 400余人于泗州屯田。[④] 洪武二十一年(公元1388年),“户部郎中刘九皋言:‘古者令狭乡之民得迁于宽乡,盖欲地不失利,民有恒产也,今河北诸处,兵后田荒,居民鲜少,宜徙山东西之民往就耕种。’帝曰:‘山东地广,民必不乐,迁

---

① 张印栋:《屯田史话》,社会科学文献出版社2012年版,第131页。
② 张印栋:《屯田史话》,社会科学文献出版社2012年版,第131—132页。
③ 《续通典》。
④ 《明史·食货志·人口》。

山西泽潞民无田者往业之，免其赋役三年。仍户给钞二十锭以备农具。’”[①]洪武二十三年(公元1390年)，“又命湖杭温台苏松诸郡无田之民，往耕淮南迤南、滁和等处闲田，仍蠲赋三年，给钞备农具”[②]。

“谪徙罪徒者”乃是犯有罪行的民众或官吏。例如，洪武五年(公元1372年)正月，“诏罪当戍两广者，悉发临濠屯田”，八年(公元1375年)二月，又“宥杂犯以下及官犯私罪者，谪凤阳，输作屯种赎罪”[③]。仅洪武九年(公元1376年)，“官吏有罪者，笞以上悉谪屯凤阳，至万数”[④]。

“选调丁壮者”乃是从一般农民中选调的部分丁壮。这些丁壮隶属于卫所。例如，洪武二十五年(公元1392年)，命开国公常升等往太原检阅民户，凡家有四丁以上者籍其一，免其徭役，分隶各卫，赴大同等处，开垦屯田。这种选调来的屯丁虽然隶属卫所，但不入军籍，只担负屯种，不参与作战与守城。[⑤]

三是商屯。《明史·食货志》中说：“明初，募盐商于各边开中(开中盐法)，谓之商屯。”[⑥]因运粮到边关中盐沿途损耗大，商人遂于边境召集农民开垦土地，种植谷物，就地入仓，这就叫作商屯。商屯由商人出资，雇人在边地开荒屯垦，然后将收获的谷物交当地政府或驻军，换取“盐引”，再到指定盐场领取食盐，运销贩卖，以获厚利。

商屯是明朝屯田制度的特有形式，是一种由商人雇募农民开荒屯种的经营方式，实质上是军屯的范畴。之所以把它单独列出来讨论，是因为这种现象只有明朝才有。这种形式，是从“开中”发展变化而来的。早在洪武二年(公元1369年)，明朝政府就因边境地区军粮运输不济，准许商人将粮食运往边境，交当地政府或驻军，领取相应的盐引回内地取盐，得盐多少即按所纳粮食数量及里程远近计算。如洪武三年(公元1370年)，商人在大同仓交米一石或在太原仓交米一石三斗，官给淮盐一小引(即

---

① 《续通考》。

② 《续通考》。

③ 《续通考·田赋》。

④ 《明史·韩可宣传》。

⑤ 侯绍庄:《中国古代土地关系史》，贵州人民出版社1997年版，第278页。

⑥ 《明史·食货志·田制》。

200斤领盐票据),由商人到淮海盐场领取食盐。以后,有的商人为减少运粮麻烦,即在边地雇人屯垦,就地交粮,换取盐引。这样,不但使边境的荒地得到开垦,也使军队食粮得到补充。不过,这种商屯的土地仍属国家所有,国家、商人和雇工之间是所有、领用和劳动的关系,所以这种形式只不过是军屯的辅助或补充形式而已。①

对于商屯,明朝政府不征赋税。洪武、永乐年间,根据道路的远近险易、粮价的高低和军事局势的变化,商人一般交纳10～50斗的粮食,可换回1张盐引。宣德十年(公元1435年),明朝政府重定中盐则例。此后,商人交出2.5斗粮食就能换回1张盐引,并能到指定地点提取200斤盐,然后到指定地点发卖。如发现有伪造盐引和贩私盐的,要处死刑。②

商屯兴盛于永乐到宣德时期(公元1403—1435年)。“据说,当时由于大量商屯的出现,商人交纳了很多粮食,致使北边粮价下跌到10斗0.2两白银,官府粮仓因此堆满了粮食,辽东甚至一度出现仓库奇缺、急需建造新仓的现象。”③可见,商屯无论对于戍边还是维持盐业贸易都起到了积极作用。商屯的兴与衰其实与明朝政府军事力量的盛衰有关。永乐年间,朱棣数次率领大军北征漠北,使蒙古人一度不敢南下侵扰边疆。但是,正统(公元1436—1449年)以后,宦官专权,政治腐败,军事力量日益减弱,边关多事,商屯也就随之衰落了。

明朝屯田最大的特点,是出现了一种新的屯田方式——商屯,这在以前的朝代中似乎是没有的。

第五节　清朝屯田制度

明末清初的战乱,致使社会经济遭到了极大的破坏。这不仅给普通百姓的生活带来了极大的痛苦,也给刚刚建立的清王朝造成一系列严重后果:社会极不安定,经济凋敝,政府赋税严重短缺,军粮军资供应不上,

① 侯绍庄:《中国古代土地关系史》,贵州人民出版社1997年版,第279页。
② 张印栋:《屯田史话》,社会科学文献出版社2012年版,第139页。
③ 张印栋:《屯田史话》,社会科学文献出版社2012年版,第139页。

等等。为了维护清朝统治并发展经济，清政府采取的重要措施之一就是推行屯田。

为了解决财政与军队的军饷问题，顺治十年(公元 1653 年)，清朝政府下令在直隶和各省设立兴屯道厅，专门负责屯田垦荒事宜。河南设立彰卫怀河兴屯道和开归南汝兴屯道。山东设立济东兴屯道和兖青兴屯道，其下各辖 2 个兴屯厅。陕西设立西延汉庆兴屯道和平巩临凤兴屯道，其下各有 4 个兴屯厅。湖广建立湖南(武岳等处)兴屯道和湖北(汉黄等处)兴屯道，前者下设 4 个兴屯厅。江西设立南昌等府兴屯道，下辖 7 府，设立瑞州等府兴屯道，其下设 2 个兴屯厅辖 6 府。江南省设风庐淮徐兴屯道，下开 3 个兴屯厅。山西设立宜大兴屯道。四川设四川兴屯道。每个兴屯道下还设府同知两员。各地招募屯民，单独编制，设立屯官、屯长等职进行管理，上辖于兴屯厅。兴屯道厅星罗棋布于州县之间，有着严密的组织管理。①

清政府为了加强对屯田的管理，制定了一系列屯田政策。清政府的屯田地区可以分为直省及周边地区的屯田与边疆和少数民族地区的屯田。

一是清朝政府的屯田政策以及直省与周边地区的屯田。

“世祖始入关，定垦荒兴屯之令。”世祖是指顺治皇帝。他刚刚进入关内，就采纳了大学士范文程的屯田奏章，确定了垦荒兴屯的措施。此后，康熙、乾隆、嘉庆、雍正、咸丰、同治等各个皇帝都非常重视屯田垦荒，并且制定了相应的措施。《清史稿·食货志》对此作了详细的记载。

“清自开创初，拨壮丁于旷土屯田。又近边屯处，筑城设兵以卫农人。世祖始入关，定垦荒兴屯之令。凡州、县、卫无主荒地，分给流民及官兵屯种。如力不能垦，官给牛具、籽种，或量假屯资。次年纳半，三年全纳。大学士范文程上屯田四事：一，选举得人；一，收获适宜；一，转运有方；一，赏罚必信。上是之。令凡自首投诚者，授荒田为永业。魏裔介亦请饥民转徙，得入籍占田。罪徒当遣者，限年屯垦，已事释还。其愿留占业者，听。

① 张印栋:《屯田史话》，社会科学文献出版社 2012 年版，第 142 页。

定直省屯田,官助牛种者,所收籽粒三分取一;民自备者,当年十分取一,二年、三年三分取一。初定劝惩例,限年之法甚严。康熙初,虑官吏虚报摊派,停限年令。寻御史徐旭林论垦荒三弊,言甚切至,然限年卒不可行。旋令士民垦地二十顷,试其文理优者,以县丞用;百顷以知县用。凡新垦地,初定三年起科。嗣又宽至六年后。寻令通计十年。既仍用六年例,亦有循三年旧制者。”①

“康熙中,招垦天津两翼牧地,计亩二万一千五百余。乾隆时,丈直隶马厂地振业贫民,命曰恩赏官地。在盛京者,奉天屯卫各地,八旗分作牧厂,自东迤西,本禁民垦,于定界所筑封堆制限之。然大凌河东广、西厂荒地三十一万八百余亩,养息牧余地万四千六百晌,乾、嘉中陆续放垦。后又综各城旗马厂可垦地三十八万九千余亩,悉归城旗承种,并令八旗王公及闲散宗室,于所分牧地愿垦者,得自呈报。惟松筠请于养息闲壤移驻旗人,以费绌而罢。咸丰中,以大凌西岸垦妨马政,申禁如前。而同治二年,变通锦州、广宁、义州厂荒,西广留牧,东厂招佃,其东北隅之高山子地数万亩,义州教场闲地万余亩,并行租佃,以为城兵伍田。然是时西厂有旗领旧地,久而越垦妨牧。八年,命划弃之。于是大凌河垦议遂沮。而吉、黑山荒多牧猎场,益严杜奸民揽售矣。养息牧地,初放时判东西界,置专官掌其租入。彰武本官牧,旋亦劝垦议科。于是养息牧生熟地共放六十一万八千八百余亩,其余荒八万九千六百余亩,余地三万五千三百余亩,即以为蒙、汉杂居牧佃,兼拊畜穷黎。吉林之乌拉,康熙时,于五屯分庄丁地,遂为五官牧场,颇寓零荒。”②

“雍正初元,谕升科之限。水田六年,旱田十年,著为例。当顺、康间,直省大吏以开拓为功,其报垦田总额,多者如河南,至万九千三百六十一顷,少者如山东,百二十顷有奇。世宗来年,以数多不实,严诫审核。其有浮饰,论如律。定议叙法。凡官吏召佃资垦者,按户数多寡,军民自措工本者,按亩数多寡行之。乾隆时,令官山、官地,无论土著、流人,以呈报之先后予垦。民地由业主先报。或实力绌,他人始得承之。凡屯户加垦者,

① 《清史稿·食货志·田制》。
② 《清史稿·食货志·田制》。

俱令改屯升科。又令已垦之地，宜慎防护。凡官民地，于水道蓄泄相关，毋擅行垦。傥帖已业，私垦塘堰陂泽为田，立予惩艾。”①

“当顺治初元，令山西新垦田免租税一岁；而河南北荒地九万四千五百余顷，允巡抚罗绣锦言，俾兵课垦。二年，顺天行计兵授田法，每守兵予可耕田十亩，牛具、籽种官资之。又直隶、山东、江北、山西，凡驻满兵，给无主地令种。四年，给事中梁维本请开秦、豫及庐、风荒田。六年，令各省兼募流民，编甲给照，垦荒为业，毋豫征私派，六年后按熟地征粮。”②

这里就可以看出，清政府非常重视皇城两翼地区的屯垦事务。无论是康熙、乾隆还是后来的皇帝，都很重视皇城以及环卫皇城周边的屯垦事务。至于“天津两翼”，愚以为就是现在的东三省与华北地区。既然有“两翼”，就有一体。“一体”应该就是直省（包括现在的北京、天津与辽宁部分地区）。也就是说，清政府屯田的中心地区应该就是“一体两翼”地区。这与清朝政府的政治经济中心所在地是分不开的，与《清史稿・食货志・田制》中记载的历朝屯田成绩也是相符合的。

以上文献除了反映清朝各个皇帝统治时期屯田垦荒的政策措施，还反映出清政府对“一体两翼”地区屯垦事务的重视。而从分区域来看，清朝屯田垦荒所取得的成绩也是不一样的。“今考历朝屯垦之政，首直省屯田，次新疆屯田，次东三省开垦，次蒙古开垦，及青海、热河等处垦务。”③

“历朝屯垦之政，首直省屯田。”直省就是清朝统治者的核心区域、皇室生活所在地、统治机关所在地，其屯田垦荒做得最好，成绩居首。原因主要有两方面：一方面，供应皇族以及守卫皇都军队生活的需要；另一方面，清军灭明后，大量的明朝皇庄集中于直省。为了切实推行屯田措施，清朝初期就规定，把无主荒地、未耕种纳税和已耕种而未纳税的有主荒地以及荒芜的明朝王府庄田一律没收为“官地”，交给兴屯道，并要求各边镇按兴屯之法募民垦荒。

二是有关边疆及少数民族地区的屯田。

---

① 《清史稿・食货志・田制》。
② 《清史稿・食货志・田制》。
③ 《清史稿・食货志・田制》。

清朝时期的边疆地区,是指除“一体两翼”之外的其他地区。这里主要介绍西北边疆和南方少数民族地区的屯田。

“康熙六年,定江、浙等省分驻投诚官兵屯田,人给荒田五十亩,得支饷本。其眷属众者,亩数量口递加。福建无荒,则分驻有屯诸省。七年,御史肖震疏言:‘国家岁费,兵饷居其八,而绿旗兵饷又居其八。诚屯田黔、蜀,以驻郡县之兵,耕郡县之地,则费省而荒渐辟。’下部议行。时直隶、陕西,粤、闽先后定垦荒例,而四川更立特例,官吏准立功论。于是湘、鄂、闽、鲁、晋、豫等省空荒任民播种,限年垦齐。”[①]

有关边疆地区的屯田,是从康熙二十九年(公元1690年)开始的。康熙二十九年至乾隆二十四年(公元1759年),清政府发动了平定新疆准噶尔部贵族叛乱的大规模军事行动。为了解决军队粮食供应问题,清政府在蒙古、甘肃、新疆地区开办了不少屯田;与此同时,为了加强边疆地区的管理,在南方少数民族地区也开展了一些屯田活动。由于新疆地区屯田成绩巨大,且影响深远,在《清史稿·食货志·田制》中的记载也颇详细。

“新疆屯田,始康熙之季,察罕诺尔地驻兵,因于苏勒厄图、喀喇乌苏诸处创屯种,令土默特兵千,每旗一台吉,遣监视大臣一人。而哈密、巴里坤、都尔博勒及西吉木、布隆吉尔等,咸议立屯。命傅尔丹、苏尔德、梁世勋分职其事。吐鲁番亦驻屯兵。雍正三年,命喀尔喀驻兵垦鄂尔昆田。

乾隆初,定一兵垦二十五亩,凡兵二千五百,种地三之,驻守二之。时回部如辟展各要冲,多设屯,厚兵力。逮准噶尔平,版图益廓,边防与屯政相维。七年,川陕总督尹继善请以蔡把什湖地租与回民,假赀耕种,事得允行。二十年,以伊犁西境喀尔喀东陲多闲壤,悉遣满、汉、蒙兵数千开屯,视蒙古授田例。又设额尔齐斯屯田,巴里坤亦置屯,遣甘、凉、肃屯地兵五百往种,秋收后入城,三年更迭,塔勒纳沁开田三千余亩。”[②]

“二十三年,用雅尔哈善、永贵等言,于辟展、鲁克察克、吐鲁番、乌鲁木齐、托克逊、哈喇沙尔规度官垦。是时馈饷犹亟,诚巴里坤至伊犁循序增屯,其愿挟家者,俾安业如内地村庄。初人种十五亩,令益五亩。置新

① 《清史稿·食货志·田制》。
② 《清史稿·食货志·田制》。

旧屯兵万七千，出币三百万备籽种诸用。而特纳格，昌吉、罗克伦均益兵广屯。大率乌鲁木齐增垦以来，岁获悉供伊犁饷需。伊犁垦成，又资接续，更移喀什噶尔等回众二千五百户屯阿克苏。其事则黄廷桂、杨应琚、兆惠等主之。定章百兵一屯，地亩人二十，分小麦十一、谷七、青稞豌豆各一。然吐鲁番、辟展、鲁克察克兵屯外皆兼回屯，而库车东、哈喇沙尔西、或分布多伦回人溉种。

二十五年，伊犁屯议起，于河南之海努克立回屯，察罕乌苏立兵屯。翌年，又于叶尔羌、喀什噶尔、阿克苏、乌什等城增回屯，减兵额。时戎事方息，惟阨塞留兵，余齐赴伊犁屯殖，获粟赢裕，即益屯兵。兵不供屯，则招集流人，分土任业。巴里坤饶塍壤，穆垒土沃泉滋，俱募人大开阡陌。盖舒赫德、阿桂、明瑞等所建为多。三十七年，陕督文绶以新疆余地宜推广募垦，条列五事以闻。

四十一年，令叶尔羌成丁余回，特畀耕地编户，凡千五百户为一所，三千户为一卫。初，乌鲁木齐屯地，共绿旗兵三千，二千操练，一千屯耕，番休，三岁后令移眷，官予资装。及地日廓而兵不赡，率迁甘肃贫民，不断烦赀，赤贫全给，小康半之，岁穰自愿挈家则不给。四十五年，定眷兵分编户籍，其牛籽、农具、屋价、口粮，皆官措贷，约升科时，分三年缴纳。凡承种新疆熟地，本年升科，新垦三年后升科；而商民承垦新地，户三十亩，六年升科。盖目此楚呼楚、穆垒、玛纳斯、库尔哈喇乌苏，屯务骎骎日近矣。

新疆军屯分数，人获细粮十五石至十八石。官议叙，兵丁赏一月盐菜银，二十五石倍之，十二石以上，功过半，不及，官议处。兵重责留屯，次年收足予复。乌鲁木齐但获粮十一石以上即叙赏。塔勒纳沁尤硗瘠，赏罚递降杀之。无盐菜则给口粮，其阿奇木伯克等则赏缎匹。顾伊犁额多苦累，福康安尝以为言。最后将军长庚请仿乌鲁木齐例行，然部议仍未及咸也。向例遣犯得留种新地，哈密各属截留伊、乌遣犯垦耕。年满乃各致其所，罪重勿留。又以不敷农作，仅限断洋盗而已。后令情轻者改防为眷，用羁縻之。遣犯获额兵丁，其叙赏诸事从原例。”①

① 《清史稿·食货志·田制》。

清政府在平定新疆准噶尔贵族叛乱期间,在那里实行了更大规模的屯田。叛乱被平定以后,清政府继续在新疆分驻大军,设立将军,建立军镇。驻军所需的粮食主要靠屯田供给。伊犁常驻官兵近2万人,每年需用16万多石粮食,都靠当地的回屯、兵屯供给。[①] 其他地区如塔尔巴哈台、乌鲁木齐、巴里坤、哈密、喀喇沙尔、乌什、阿克苏等地的驻军,也基本是依靠屯田来维持粮食供给的。因此,清朝政府在西北边疆屯田,在加强对新疆等边疆的控制,增强边防和抵御外来侵略能力的同时,也对边疆地区经济文化发展起到了重要的推动作用。新疆尤其是北疆的经济以畜牧业为主,农业经济发展缓慢。清朝在新疆兴办屯田后,不仅给那里带去了大批劳动力以及先进的生产工具和技术,而且使当地的农业、畜牧业、手工业都有了较大程度的发展。比如,一批新兴的城镇如乌鲁木齐、伊犁等就是在那时开始发展起来的。一批商业市镇随之兴起,成为“四达之区,字号店铺鳞次栉比,市衢宽敞,人民杂辏”“繁华富庶甲于关外”“比于吴会之盛”的区域性政治经济中心。[②] 不仅如此,由于各民族长期聚集在一起生产生活,民族之间相互交流、相互渗透,促进了各民族之间的友谊,也促进了各民族之间的融合与发展。清中后期,经过各族人民的共同开发经营,新疆的经济、文化都取得了长足的进步,新疆也进入一个新的历史发展阶段。

有关蒙古与甘肃地区的屯垦其实也是配合平定准噶尔贵族叛乱而设立的。清朝统一蒙古后,一直对蒙古采取禁垦政策。康熙时,开始禁止圈地运动后,在蒙古设立屯田庄田,令八旗兵丁耕地自我供应粮食,并允许内地流民前往蒙古垦荒谋生。康熙二十三年(公元1694年),大将费扬古从新疆回到归化城,遂在大小黑河下游的善里、归化城附近开办屯田,募民耕种。乾隆元年(公元1736年),清朝把大青山以南的萨拉齐、托克托、归化、清河和林格尔五厅土地全部纳入军屯范围,使归化屯田达到了高潮。在此之前,清朝已在阿尔泰山东北的科布多、乌兰古木、察罕叟尔、鄂勒齐图杲勒、鄂尔坤、土拉、推河、拜克达里克和吉尔玛泰等地进行屯田。

---

① 张印栋:《屯田史话》,社会科学文献出版社2012年版,第150页。
② 张印栋:《屯田史话》,社会科学文献出版社2012年版,第150页。

后来，由于屯田成绩斐然，乾隆初期，又把屯田扩大到鄂尔坤屯、胡克新等地区开辟出新的屯田点。蒙古屯田在高潮时期的屯地达到近 1 000 万亩。[①]

雍正三年(公元 1725 年)，清朝政府下令换班驻防甘肃河西地区的士兵进行屯田。随着平定准噶尔贵族叛乱战争的进一步发展，卜隆吉、双塔、柳沟、赤金、靖逆、惠回和嘉峪关以东的九家窑、清湾、柔远堡、平川堡、毛目城、双树墩、九坝、柳林湖、昌宁湖等地都开办了屯田。乾隆初，嘉峪关以西的安西镇口外、哈密蔡巴什湖也出现了屯田。这些屯田地区以柳林湖屯田规模最大，达 12 万亩，共有屯丁 2 700 人。[②]

南方少数民族的屯田活动主要包括贵州、四川、湖南以及台湾等地区。雍正以来，南方不断发生反抗清朝统治者的武装斗争。清政府平定了反抗武装以后，就地设立军屯，以期加强对当地的控制。

“初贵州屯军于古州、八寨、台拱、丹江、清江五厅，分设百二十堡，为屯八千九百三十九户。户给上田六亩，中八亩，下十亩，附近山地不限。逮乾隆中，禁止承佃屯军私鬻。嘉庆初，铜仁、石砚苗地建碉卡，置屯军，每军百名，设百户一，总旗二。每军一名予水田四亩，百户六亩，总旗五亩，皆免租。”[③]

“御史黄元善亦称山西暨江苏等省开荒，当仿双城堡旧章，令旗民移垦，顾以事体艰巨，未尽举也。十二年，台湾巡抚刘铭传筹垦内山番荒，伐木变价，以资抚恤。十六年，湖南洞庭新涨淤洲，建南洲厅治，入官佃租，共勘实民田十三万余亩，官田八万九千二百余亩。二十二年，桂抚史念祖言，粤西各属官民荒田可垦，令官力为倡，酌简屯兵，督令开熟，任民领耕，量地厚薄定科，计各属总垦荒田万四千三百余亩。”[④]

乾隆十七年(公元 1752 年)，清朝政府平定四川大渡河上游的大小金川藏民的叛乱，在那里设立杂谷厅，推行土屯制度，设立杂谷脑等 5 屯。乾隆四十一年(公元 1776 年)，清朝政府结束第二次金川平叛战争，在那

---

① 张印栋:《屯田史话》，社会科学文献出版社 2012 年版，第 148 页。
② 张印栋:《屯田史话》，社会科学文献出版社 2012 年版，第 148 页。
③ 《清史稿·食货志·田制》。
④ 《清史稿·食货志·田制》。

里设立懋功厅,设立5屯,使土屯制更加完善。参加屯田的有土著藏丁、从杂谷厅调入的屯练、绿营兵及招募来的汉民。每户兵丁、土著藏丁(番丁)、屯练、民户给田30亩,单身兵丁每人给田15亩。兵丁额定3 000名,每30亩给牛1头、农具1副,并给第一年的口粮。为加强对各屯的屯田管理,清政府在懋功厅设同知一员,总理屯政,其下设屯务、攒典、仓夫、斗级、仵作、通事、译字、差役等负责具体的屯务,与各屯的守备、千把总互为表里,构成一个严密的统治体系。①

而台湾地区的屯田也是从乾隆五十一年(公元1786年)政府镇压了台湾地区的林爽文起义开始的。为了奖赏参战有功的高山族人,并利用他们来控制“尚未归化”的高山族人,乾隆五十三年(公元1789年),清朝政府批准在台湾的凤山、彰化、淡水等县厅各地建立屯田和屯防。

湖南西部地区的屯田主要是从平定湘西苗民叛乱后开始实施的。各类屯田总计有13万亩。到嘉庆十六年(公元1811年),湘西屯地增加到15万亩。②

---

① 张印栋:《屯田史话》,社会科学文献出版社2012年版,第153页。

② 张印栋:《屯田史话》,社会科学文献出版社2012年版,第155页。

第十一章

中国古代土地租赁关系

第一节　土地租赁关系概论

中国古代的土地租赁关系十分复杂,而且不同的年代,其表现形式也是不一样的。关于中国古代土地问题的研究包括狭义和广义两个方面:狭义的土地问题多是指农地,这也是研究土地问题最为关注的,不管是古籍文献,还是当下的研究者,多是把农地研究当作土地问题研究的;广义的土地问题研究,除了农地外,还包括林地、山地以及草甸等。在浩如烟海的有关土地方面的研究文献中,对中国古代土地问题的论述多是狭义的土地问题研究。笔者认为,对中国古代土地问题的研究若只是停留在狭义层面,则既没有创新,也不符合历史史实。因此,笔者试图以本章的内容抛砖引玉,让更多的学者加入中国古代广义的土地问题研究中来,共同探讨出中国古代土地问题的发展规律。

按照广义的土地概念,中国古代土地可划分为农地、林地、山地以及草甸、湖泊、沼泽等,相应地古代土地租赁关系也应该包括这几个方面。对于农地租赁关系的讨论比较多。林地与山地似乎难以区别,林地是指具有丰富森林资源的土地,山地是指除林地之外其他山上的土地。不管是向国家(政府)租赁还是向地主租赁,林地与山地的经营也是要有租赁关系的。此外,向政府或领主租用草甸、湖泊甚至是沼泽地等都会产生租赁关系。本章所要论述的租赁关系,是指土地所有者或占有者与土地经营者或使用者因订立租赁契约而形成的关系。

限于篇幅,本章无法展开论述,只是提出这一问题,并以某一个社会发展阶段的某一种土地租赁关系,提出一个分析框架,作一次试探性的分析。如有不妥之处,就当方家批评之用。

第二节 山地租赁关系:以盐矿为例

本节主要以矿产资源的经营为例,对古代山地的租赁关系进行说明。众所周知,我国古代最为重要的资源就是盐矿和铁矿。“食肴之将”的盐与“田农之本”的铁,自古就是国家经济部门最为重要的门类和政府税赋收入的重要来源。因此,盐铁业的经营时而国有,时而放开民营。最为著名的国有民营的大争论莫过于汉武帝时期的盐铁国有论。

汉朝初期,矿山、湖海资源虽然归国家所有,但经营上国家并不垄断,只是对民营进行征税。《二年律令·金布律》所载的律文曰:“税之,县官取一、主取……采铁者五税一,其鼓销以为成器,有(又)五税一。采铅者十税一。”[①]这个时期,盐和铁分别作为百姓生活中的必需品和重要物资,利润丰厚,主要被富商、豪强所控制。

汉武帝时期,由于连年对匈奴作战,财政已经十分空虚。为了筹措经费,以满足对匈奴战争的需要,汉武帝后来实施了盐铁国有(专卖)制度。同时,汉武帝在实施盐铁专营时,还在政府统治地区的一些盐铁产区和重要中转地区设立盐官、铁官,以管理盐、铁的生产、分配和转运。

盐铁官营的根本目的在《盐铁论》[②]中讲得十分清楚。参与会议的文学士认为:“今郡国有盐铁、酒榷、均输,与民争利。散敦厚之朴,成贪鄙之化。是以百姓就本者寡,趋末者众。……愿罢盐铁、酒榷、均输,所以进本

① 张泓:《略论秦汉时期的交通与贩运商业》,《社会科学家》1998年第2期,第40—45页。

② 《盐铁论》是汉昭帝始元六年(公元前81年)召开的盐铁会议所形成的类似于纪要性文集的文字。它既生动地展现了御史大夫桑弘羊舌战群臣的辩论雄才,也保存了许多汉朝中期的经济思想史料和统治阶级关于重大问题的政治风俗,深刻揭示了当时社会的一些问题和矛盾。

退末，广利农业，便也。”参加会议的大夫则认为：“匈奴背叛不臣，数为寇暴于边鄙，备之则劳中国之士，不备则侵盗不止。先帝哀边人之患，苦为虏所系获也，故修障塞，饬烽燧，屯戍以备之。边用度不足，故兴盐、铁，设酒榷，置均输，蕃货长财，以佐助边费。”①当然，汉武帝实施盐铁官营的目的，一方面出于增加财政收入，另一方面还有防止豪强大宗利用盐铁资源以壮大经济和政治势力、对抗汉王朝的意图。这个意图在盐铁会议上的“大夫”的言论中表白得很清晰：

“大夫曰：‘家人有宝器，尚函匣而藏之，况人主之山海乎？夫权利之处，必在深山穷泽之中，非豪民不能通其利。异时，盐铁未笼，布衣有朐邴，人君有吴王，皆盐铁初议也。吴王专山泽之饶，薄赋其民，赈赡穷乏，以成私威。私威积而逆节之心作。’”②

“大夫曰：‘山海之利，广泽之畜，天地之藏也，皆宜属少府；陛下不私，以属大司农，以佐助百姓。浮食奇民，好欲擅山海之货，以致富业，役利细民，故沮事议者众。铁器兵刃，天下之大用也，非众庶所宜事也。往者，豪强大家，得管山海之利，采铁石鼓铸，煮海为盐。一家聚众，或至千余人，大抵尽收放流人民也。远去乡里，弃坟墓，依倚大家，聚深山穷泽之中，成奸伪之业，遂朋党之权，其轻为非亦大矣！’”③

“大农上孔仅、咸阳言：‘山海之利，广泽之蓄，天地之藏也，皆宜属少府，陛下不私，以属大农佐赋。原募民自给费，因官器作煮盐，官与牢盆……敢私铸铁器煮盐者，钛左趾，没入其器物。郡不出铁者，置小铁官，便属在所县。’使孔仅、东郭咸阳乘传举行天下盐铁，作官府。”④

当然，以上内容只是反映了汉武帝时期轰轰烈烈的国有运动。此后许多朝代关于矿业经营的国有或是民营都有反复。在民营矿业占上风时期，有关民间开矿、采矿以及冶炼比较发达，同时关于山地（主要是矿山）的租赁关系就非常丰富；反之，则反是。下面就以井盐为例来说明。

从现有的文献资料、考古资料和社会调查资料来看，先秦时期我国至

---

① 《盐铁论·本议》。
② 《盐铁论·本议》。
③ 《盐铁论·本议》。
④ 《汉书·食货志下》。

少已经有了海盐、池盐、井盐、石盐四种食盐生产。海盐产地有青州、幽州、吴国、越国、闽越5处,池盐产地有安邑盐池、凉州青盐池2处,井盐产地有巫载国、巴国、蜀国3处,石盐产地有凉州盐山1处,总计11处。这些食盐产地的分布为秦汉以后食盐产地的发展奠定了基础。[①] 井盐主要产自秦国蜀郡,也就是现在四川的巴蜀地区。所谓井盐,是指通过打井开采,井灶熬煮,形成井盐。《华阳国志·蜀志》记载,李冰做秦国蜀守时,不但主持修筑了闻名遐迩的都江堰水利工程,还"识察水脉,穿广都(今成都双流东南)盐井诸陂地,蜀地于是盛有养生之饶",在广都主持开凿了盐井,建立盐池,为西南地区盐业的发展作出了贡献,从而开辟了中国和世界开凿盐井的新纪元。李冰创造凿井汲卤煮盐法,结束了巴蜀盐业生产的原始状况。这也是中国史籍所载最早的凿井煮盐的记录。[②] 秦汉时期,盐业生产得到很大发展,食盐产地分布的基本格局已经形成。盐业一直成为政府财政收入的重要来源之一。在秦汉时期,盐业同冶炼一样,都是政府的支柱产业,素以盐铁并称。

四川盆地的盐业资源十分丰富。其形成于"约距今一亿八千五百万年以前的中生代三迭纪时代,是被当时沟通大西洋与太平洋的古地中海海水所淹没,形成一个具有良好封闭条件的浅海盆地,成盐条件良好,沉积下丰富的盐类物质;其后经历若干次海浸海退的作用,便产生了盐卤和盐岩,在许多地质构造上适合于集中这类盐卤和盐岩的特殊岩层,便形成了产盐区"[③]。四川的井盐,是通过凿井,采用不同的方式汲取盐卤、开凿盐岩,然后经过加工提炼而成。"除巫溪县大宁的龙池、奉节县的臭盐碛、开县的温汤井等地是卤水自然露头流出外,绝大部分盐卤和盐岩都深埋地下:大致在距地表六百公尺左右的侏罗系砂岩中,蕴藏有含盐量百分之十三以下的黄卤;在距地表九百公尺左右的三叠系石灰岩中,蕴藏有含盐量百分之十八上下的黑卤;在与黑卤深度相近的另一些三迭系石灰岩中

---

① 吉成名:《中国古代食盐产地分布和变迁研究》,中国书籍出版社2013年版,第21页。

② 谢茂林、刘荣春:《先秦时期盐业管理思想初探》,《江西师范大学学报(哲学社会科学版)》1996年第1期,第59—62页;蒋大鸣:《中国盐业起源与早期盐政管理》,《盐业史研究》1996年第4期,第4—11页;等等。

③ 自贡市档案馆、北京经济学院、四川大学:《自贡盐业契约档案选辑》,中国社会科学出版社1985年版,第23页。

蕴藏有盐岩,含盐量达百分之二十五上下,须注水溶化后始能汲取。以上所述仅就约略而言,实际各地盐卤深度差异要复杂得多。这种盐井愈深含盐量愈高的自然规律,加上人们生产技术水平高低不一、投资数额参差不齐等原因,决定了各个井盐产区生产规模的千差万别。撇开遥远古代的大口浅井不论,同是'卓筒井',富荣盐场在十九世纪中叶,除早已开凿的'井及百二三十丈而得咸者为黄水'即黄卤井外,已有'二百六七十丈'乃至三百丈深的黑卤井,'若深至三百丈而咸水不旺,谓之弃井。'"①

以上所述,是根据《自贡盐业契约档案选辑》一书中的记载,简要地把四川井盐形成的缘由以及井盐开采一般情况作一介绍。四川自贡,自古就有盐都之称。"四川自流井(后同贡井合称自贡)盛产井盐,便有盐都之称。"②

下面以四川自贡盐业的租佃契约来分析其租赁关系。

四川自贡盐业租佃契约主要分为四个方面:开凿盐井约,井灶租佃约,井灶买卖约,其他契约。

一是开凿盐井约。它是指凿井投资者与土地所有者之间签订的一种契约关系。开凿盐井约开始于哪个朝代,已无从查考了。但是,从逻辑和历史上来说,开凿盐井的契约应该是在私有制经济十分发达,商品经济相当活跃,民间凿井日益频繁,有地者没有资金,有钱者却没有土地的情况下大量出现的。如前所述,中国古代社会土地私有制正式确立是在唐朝,而土地私有制的大发展是在宋朝,且土地租佃关系在宋朝十分普遍。根据这样的逻辑推断,凿井大约应该不晚于宋朝开始盛行。宋朝井盐开采已经发明并广泛使用顿锉式冲击凿井法的"卓筒盐井"。"盐井较过去的大口浅井为深,盐卤浓度相应提高,产量迅速增长,'利之所在,人无不知',遂使民间'私井'大量涌现。"③

"《图经》云:惠泽庙在监郭下井,地主金川神姓王,井主梅泽神姓梅。——梅本夷人,在晋太康元年因猎,见石上有泉,饮之而咸,遂凿石至

---

① 自贡市档案馆、北京经济学院、四川大学:《自贡盐业契约档案选辑》,中国社会科学出版社1985年版,第23页。

② 自贡市档案馆、北京经济学院、四川大学:《自贡盐业契约档案选辑》,中国社会科学出版社1985年版,第1页。

③ 自贡市档案馆、北京经济学院、四川大学:《自贡盐业契约档案选辑》,中国社会科学出版社1985年版,第29页。

三百尺,咸泉涌出,煎之成盐,居人赖焉。梅死,官为立祠。”[①]

在这段记载四川盐井的文字中出现了“地主”和“井主”,这就说明当时的四川井盐是通过一定方式把“地主”和“井主”结合起来,这种方式称为开凿盐井约。开凿盐井约的内容和形式摘录如下:

开凿盐井约之一[②]:

立凿井合约人蔡灿若等,今凭中佃到王静庵名下已填如海井大路坎上地基壹埠,平地捣凿同盛井壹眼。比日言定,王姓出地基,蔡姓出工本,井出之日,地主每月煎烧柒天半昼夜,蔡姓每月煎烧贰拾贰天昼夜。倘井出腰脉水壹、贰口,以帮捣井人用费;如出壹、贰口外,地主愿分班,同出工本,以捣下脉。俟井出大水之日为始,蔡姓等煎烧拾壹年为率;倘若出火,亦照股均分。共有天地二车、灶房,廊厂,报开呈课,照股摊认。蔡姓满年份,天地二车、廊厂尽归地主;至于家具物用,验物作价。恐口无凭,立合约二纸为据。

咸　泉　上　涌　凭中　杨念兹　王圣泽　同在

代笔　李叔培

乾隆四十四年十月二十一日立佃井合约人　蔡灿若　万丹亭

博—1

开凿盐井约之二:

立退还井约人蔡先年五房人等,情因乾隆四十四年先祖蔡灿若在仙骡垱珍珠冲王静庵业内,捣凿同盛井眼,蔡姓名下占每月客日份二十二天半,地主名下占地脉日份七天半,以井见大功为始,十二年为满。因无力承办,转顶与万丹亭、谢玉符;又顶与寇恒丰;寇姓又顶与喻义和;喻姓等

① 《宋史》卷二〇四《艺文志》载:“李宗谔《图经》九十八卷,又《图经》七十七卷。”李焘《续资治通鉴长编》卷七四真宗大中祥符三年十二月丁巳条则作:“翰林学士李宗谔等上新修诸道图经千五百六十六卷”。转引自自贡市档案馆、北京经济学院、四川大学:《自贡盐业契约档案选辑》,中国社会科学出版社1985年版,第29页。

② 以下两份开凿盐井约均来自自贡市档案馆、北京经济学院、四川大学:《自贡盐业契约档案选辑》,中国社会科学出版社1985年版,第309—311页。

竟将井停废多年。地主王晓亭凭众照厂规将井接回;喻姓甘愿将井交还蔡姓,蔡姓亦愿出退字,将原佃井合约一纸交还地主。比日凭众言明,地主王晓亭愿与蔡姓提留工本每月昼夜净日份三天半,以井见大水、火起班之日为始,年限十二年为满。年满以后,将日份全归地主。其余转顶后客万、谢、寇、喻等姓,所有工本字约,一力有蔡姓承认。蔡姓应还后客工本银钱,在提留日份内偿还,均不得问及地主。至于井见大功,修造廊厂,仍照三十班认修,年满概归地主,亦不得言及顶打。恐口无凭,立退字存据。

水 火 既 济 凭中 蔡占春

王建中 笔

咸丰四年甲寅四月二十一日立退还井约人 蔡先年 蔡庭三

蔡新亭 蔡喜亭 蔡友源

博—17

以上两份开凿盐井合约均订立于清朝时期,其合约内容不仅有"井主"和"地主"字样,反映了出佃和租佃的土地关系,同时还涉及立约双方的利益分配和租约的时间。它们已具有了现代契约的精神和实质。

二是井灶租佃约。关于井灶租佃约,吴天颖先生认为,可以分为两种租佃形式——以"以灶统井"和"以井统灶"。"如果从租佃关系、支付手段、补偿范围及主佃义务等方面所反映的生产关系性质而言,同凿井约一样,以富荣场发展最高,犍、乐等场次之,川北等场则较为原始。"[①]从反映租佃之间社会关系的先进程度而言,四川地区的井灶租佃以富荣场发展程度最高,川北地区的则相对落后一些。下面摘录的两份井灶租佃约可以显露出部分端倪。

① 自贡市档案馆、北京经济学院、四川大学:《自贡盐业契约档案选辑》,中国社会科学出版社1985年版,第311页。

井灶租佃约之一:[1]

立出顶井字约人龙仕德、陈纪、陈在学等,先年在马冲口王绥来业内,相邀众伙等平地凿淘柏林井一眼,余甲戌年四月初一日起班推煎,到庚辰年四月初一日以满。前六年众伙协同商议,无力推办,愿请凭中证将后六年全眼井份二十三天,出顶与地主王绥来二公名下推煎。比日凭中三面言明:议定顶价丝银三百二十二两正九七平,牛只、家具外作价银四十两,其银当日亲收明白,并无少欠分厘。自顶之后,在凭王姓推煎,伙内人等不得生端异说。恐后无凭,立出顶约永远为据。

凭证 钟仁义 余成章 李荣宽 陈纪泰 同在

邓开元 笔

立出顶井字约人 王恕礼 喻体元 杨于才 邓洪泰 陈纪 龙仕德 陈在学 邓朝桂 傅一宁 张鉴 余丰额 喻汉章 田纯盛 张福兴 罗维古 陈思龙 刘元荣 陈思贤 罗在学

嘉庆二十五年四月初一日立

井灶租佃约之二[2]:

立杜卖地脉井日份基址契约人王伯超,情因负债无偿,愿将地名周家冲公共业内派分盐井基址贰眼,弟兄串名王三福,出佃与颜永庆捣锉海源井、海流井贰眼,每眼基址横宽拾贰丈,顺宽拾陆丈为界。其井份按每月叁拾天分派:颜姓每眼每月占昼夜水火井份贰拾肆天,弟兄三福每眼每月占地脉日份陆天,以弟兄三人分派,两眼井份伯超名下应占地脉日份肆天,主、客均系子孙永远推煎管业。自去岁两井弟兄公共出卖叁天,已项下应派壹天;后伯超名下两井又出卖日份壹天。兹将两井地脉日份又摘卖壹天,并基址股份在内,自央中证,壹并出卖与颜永庆名下承买锉办推煎管业。比日凭中议定:时值买价纹银九七平伍拾两正,并书画在内,其银当即亲收明足,并无准折、短少分厘。自卖之后,并见大功,王姓并无异

[1] 自贡市档案馆、北京经济学院、四川大学:《自贡盐业契约档案选辑》,中国社会科学出版社1985年版,第469页。

[2] 自贡市档案馆、北京经济学院、四川大学:《自贡盐业契约档案选辑》,中国社会科学出版社1985年版,第480页。

言。此井牛马出路、抬锅运炭、开沟放卤及窑风篾桩，界外公项人等不得阻滞。此系自愿，并无勉强。恐后无凭，立杜卖一纸为据。

凭中　张以诚　宋原庵　颜诏堂　同在

陈九皋　笔

同治三十年甲子岁六月初□日立杜卖地脉井日份基址契约人　王伯超

三是井灶买卖约。由于四川地区的盐业发展的不平衡性，井灶买卖约也表现出不同的形式，既有单纯的盐井买卖，也有所谓的“井灶全业”买卖，还有井灶和土地合在一起出卖的。下面摘录两份井灶买卖约。

井灶买卖约之一[①]：

立杜卖井份文约人王宝斯，情因胞弟西帆身故后，葬具无措，甘愿将西帆项下分受新垱周家冲泩洪井全井昼夜水火日份半天，出卖与王味经名下，子孙永远管业，佃办推煎。当议卖价银十五两正，九七平兑交，当即亲收入手明白，并无少欠分厘。其有界址及一切规矩，均照王桂高等已前所卖契约管理，并无异言。恐后无凭，立杜卖一纸存据。

凭证　王嵩龄　周研民　程绍安　同在

王雨辰　笔

光绪二年丙子岁九月初九日立杜卖井份文约人　王宝斯

博—32

井灶买卖约之二：

立杜卖井份文约人王宝斯，情因母病，医药无措，甘愿将胞弟西帆项下分受新增周家冲泩洪井全井昼夜水火日份半天，出卖与王味经名下，子孙永远管业，佃办推煎。当议卖价银十五两正，九七平免交，即日亲收入手明白，并无少欠分厘。其有界址及一切规矩，均照王桂高等已前所卖契约管理，并无异言。恐后无凭，立杜卖一纸为据。

---

① 自贡市档案馆、北京经济学院、四川大学：《自贡盐业契约档案选辑》，中国社会科学出版社1985年版，第486页。

凭证　程少安　邹玉峰　萧丹岩　同在

王雨辰　笔

光绪二年丙子岁十二月二十六日立杜卖井份文约人　王宝斯

博—33

四是其他契约。这是指除以上三个方面以外的租佃和买卖关系。在四川盐场的经营中,涉及的社会关系是方方面面的,除了井主与地主的关系,还有井灶关系,还有灶房、机车、道路以及码头等等。这类租佃或买卖关系很常见,因此,此类契约也是十分普遍的,这里就不一一列举。

本节附图[①]:

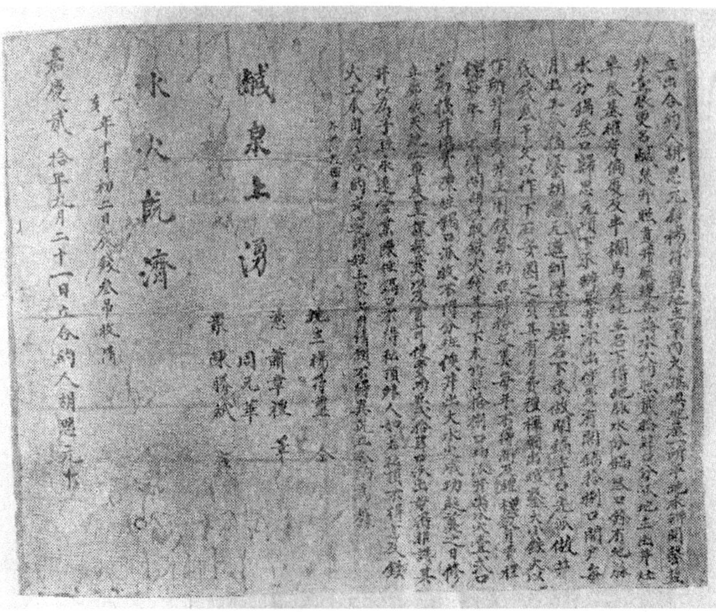

图 11—1　咸泉井集资凿井约

① 本节附图全部来自自贡市档案馆、北京经济学院、四川大学合编的《自贡盐业契约档案选辑》(中国社会科学出版社1985年版)。

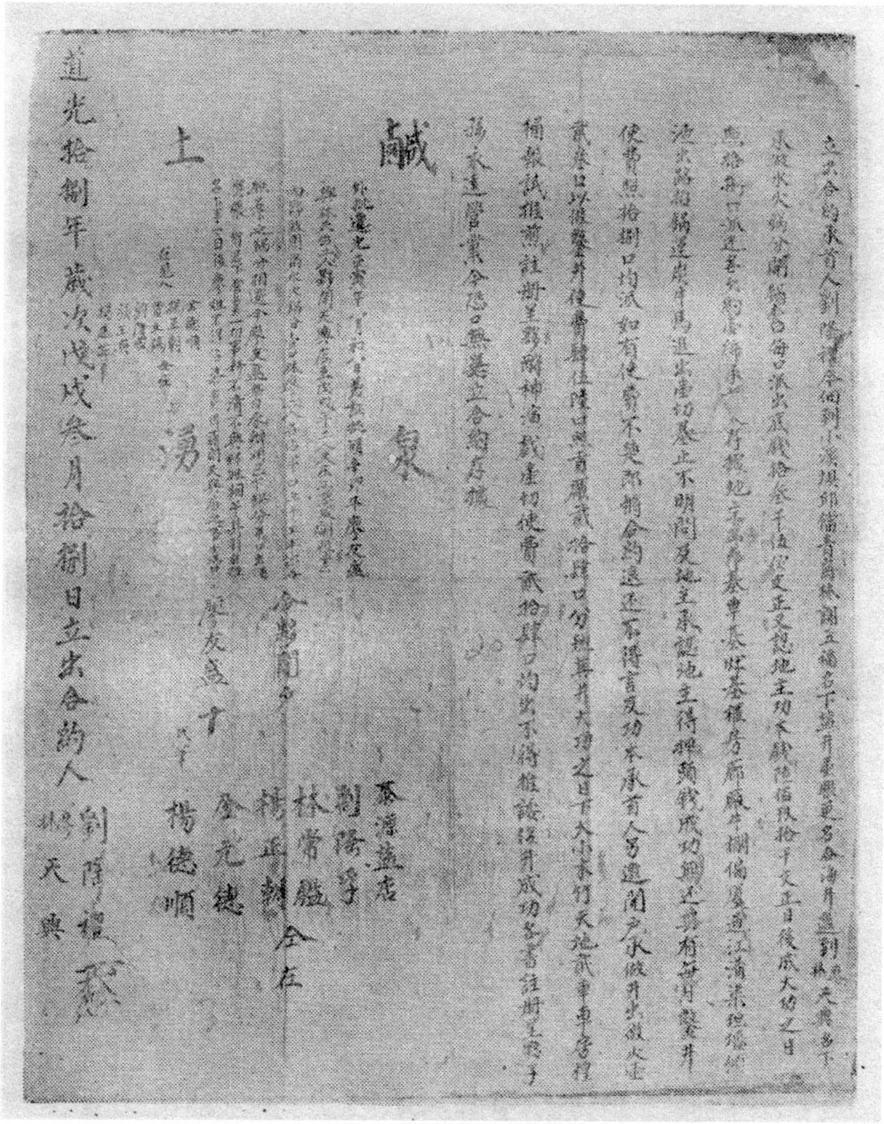

图 11－2　合海井集资凿井约

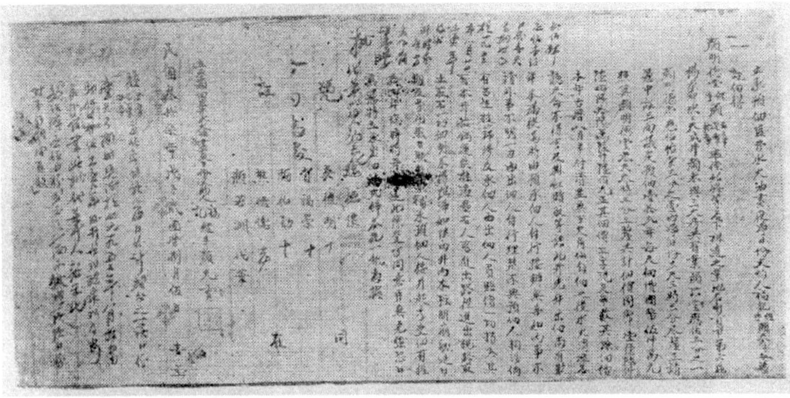

图11—3　天成井承预佃约

图11—4　自贡盐场现存最早的小桥井

图 11－5　天成井出预佃约

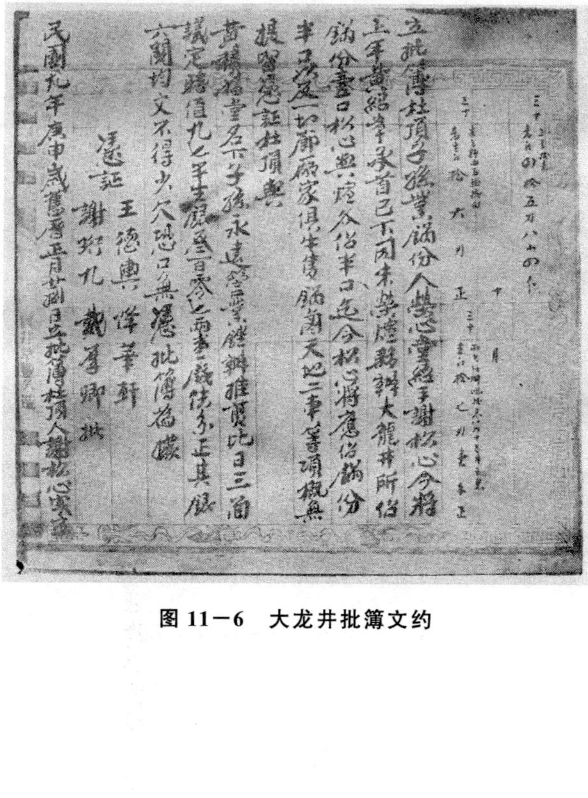

图 11－6　大龙井批簿文约

图 11—7 乐犍盐场示禁碑文拓片

图 11－8　犍为县示禁碑文拓片

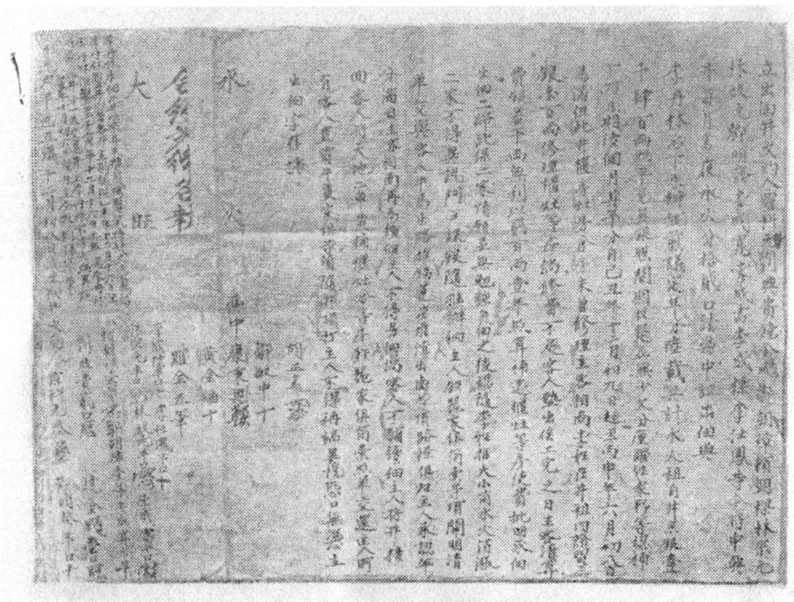

图11—9　中兴井出佃日份约

第三节　农地租赁关系:以宋朝农地租佃契约为例

农地的租赁关系也许很早就有发生,但是最具特色、最有普遍性的是宋朝的租佃契约。这里选取宋朝的租佃契约来说明中国古代的农地租赁关系有其社会历史背景。前面的论述就已经提到唐朝是我国古代历史的重要转折时期,无论是政治还是经济,抑或是思想文化。在经济上的最重要的特征是土地所有制的变化,也就是说,均田制在晚唐时期已经彻底崩坏,私人土地所有制从法的意义上正式确立,从而形成了土地所有制的“二元结构”——王朝土地所有制和私人土地所有制并存的局面。而历经晚唐和五代十国的社会动荡之后,宋朝的社会经济又有所发展,且私人土地所有制进一步发展,市场经济表现出前所未有的繁荣。因此,以租佃契约为表现形式的农地关系也就具有典型性和代表性。

这是宋朝农地租佃契约普遍出现的制度根源,也是我国历经千年田制变迁的必然结果。

我国土地制度历经几千年的变迁，到唐宋时期是一个重要的分水岭（转折时期），如果单纯从田制的角度来分析，可以将其概括为两大类：

第一类：从商周时期到唐代中期，实行井田制①、名田制、占田制、屯田制、均田制等。当然，夏商之前的传说中三皇五帝时期的土地所有制是一种什么样的形式，是难以查考的。② 在这一阶段，共两千多年的时间，尤其是秦国统一全国，建立起强大的统一的秦王朝帝国后，田地都是受王朝政府控制的，除了官府授受田地外，私人买卖土地也在控制之中，而且私人买卖土地并非买卖土地所有权。这类田制，是由王朝政府控制农田"授受"，田亩能满足一家人（最低五口之家）的生活和"耕三余一"的备荒粮，否则就无法执行下去，社会就会动荡不安，一旦遇到重大的灾荒，极有可能激起农民起义。中国古代社会演变的历史逻辑就是如此。

第二类：唐朝中叶以后经宋朝一直到清朝末年，土地所有制"二元结构"并存，私人土地所有制一直成为常态，土地能够真正地自由买卖。从宋朝开始，私人土地所有制进一步发展，市场经济进一步繁荣，土地经常"自由流动"。土地所有制"二元结构"经历了约一千年的洗礼。在这一时期，农地的租赁关系是以租佃契约关系为主，农业或广大农村经济就分成地主经济和自耕农经济。这两种经济成分在长期的此消彼长的动态运行中，不断地打破平衡又取得平衡。地主经济和自耕农经济的平衡有时以王朝政府的土地政策来调整平衡，有时也会以激进的方式——造反（农民起义）建立新的王朝政府来调节。

"自景德以来，四方无事，百姓康乐，户口蕃庶，田野日辟。仁宗继之，益务约己爱人。即位之初，下诏曰：'今宿麦既登，秋种向茂，其令州县谕民，务谨盖藏，无或妄费。'上书者言赋役未均，田制不立，因诏限田：公卿以下毋过三十顷，牙前将吏应复役者，毋过十五顷，止一州之内，过是者论

① 井田制开始于哪个朝代，其实无法查考，甚至有些学者认为，我国古代的井田制根本就不存在，比如万国鼎(《中国田制史》，商务印书馆 2011 年版)。但是，我国大多数学者还是认为，我国古代不仅存在井田制，而且其影响很深远，以至于在唐宋以后讨论田制问题时有恢复井田制的呼声。

② 本书也只是从逻辑上认为夏商之前的土地所有制是一种氏族部落土地所有制，也就是大多数学者所认为的原始公社土地公有制。

如违制律,以田赏告者。既而三司言:限田一州,而卜葬者牵于阴阳之说,至不敢举事。又听数外置墓田五顷。而任事者终以限田不便,未几即废。”①

从以上记载可知,宋朝依然延续并推进了唐朝中晚期以来的土地私有化进程。“田制不立,因诏限田。”“任事者终以限田不便,未几即废。”

“不设田制,不抑兼并”是宋朝政府常态化的土地政策。宋朝的私人土地所有制的发展,促进了土地租佃契约的普遍使用。这就是以宋朝农地租佃契约为例来说明我国古代租佃契约的主要缘由。

要分析农地关系的租佃契约,先要弄清楚租佃制的形成与发展过程。所谓租佃制,是指地主给农民(佃农)土地,佃农把土地收成按地租比例交给地主的制度。

地租制度是古代社会的一项根本制度,无论是欧洲还是中国。但在欧洲和中国,同是地租制度,却各具特点。在欧洲,地租制度主要是封建主给农奴部分耕地,由农奴耕种土地,农奴则每年要用一定时间在封建主自营的土地上进行无偿的劳动,这就是传统史书中所说的力役地租制。中国则具有自己的特色。从中国几千年古代社会农地发展史来看,类似欧洲的力役地租制也有,但主要的形式是实物地租制。中国古代社会的实物地租制在唐朝发生了明显的变化,即定额地租制被广泛采用,分成地租制有逐渐被取代的趋势。根据史料记载,从汉代开始,中国民间的地租制度是分益制的地租制度。所谓“或耕豪民之田,见税什五”②,“汉氏减轻田租,三十而税一,常有更赋,罢癃咸出,而豪民侵陵,分田劫假,厥名三十,实什税五也”③,这些说法均是说汉代的民间地租是一种分益制地租,其租率在50%左右。此外,《文献通考》记载的“井田废,田非耕者之所有,而有田者不耕也,耕者之田资于富民,富民之家地大业广,阡陌连接,募召浮客分耕其中,鞭笞驱役,视以奴仆,安坐四顾,指于其间……而田之所入,己得其半,耕者得其半”,也是例证。《隋书·食货志》中关于品官佃

① 《宋史·食货上一·农田》。

② 《汉书·食货志》。

③ 《汉书·食货志》。

客的记载也是一个例证："官品第一、第二，佃客无过四十户。第三品三十五户，第四品三十户，第五品二十五户，第六品二十户，第七品十五户，第八品十户，第九品五户。其佃谷，皆与大家量分。"[①]所谓的"其佃谷"，就是指佃客耕种品官土地后的收益，"皆与大家量分"的"大家"是指品官，"量分"就是收益的分成。这个史料证明品官把土地出租给佃客耕种后，把土地收益的一定比例作为地租收入。"品官"实行分益制地租制，那么民间的地租制大概也应该是这种形式。时至唐朝，民间的地租制较多采取定额租制。据敦煌吐鲁番出土的八件私人租契分析，"有两件明确记载地租额是每亩一石二斗。另有一件天宝五年吕才艺的租契言明视口分常田两亩，租金肆佰五拾文，合每亩二百五十文。据判断，均田制下之租佃关系采用定额租制，甚至采用定额现金制"[②]。这就是说，唐朝民间的地租制度比之唐朝以前有了明显的不同。这种不同表明了一种方向性的变化，即中国古代社会的实物分益的地租制度将被实物定额的地租制度所代替。这一变化，对于中国的农业生产乃至整个经济的发展产生了较大的影响。因为在中国古代社会，农业是国民经济的基础，国民经济的发展有赖于农业。农业提供全国的粮食，农村是城市手工业品的重要市场，农业收入是国家财税的主要来源。而农业的发展有赖于从事农业的农民的生产积极性。中国古代社会的农民主要有两种类型：一种是自己占有土地自己耕种，农业收益归自己支配的自耕农；另一种是租种别人土地，收益要在交纳地租后才归自己支配的佃农。对于后一种农民来说，其生产积极性的高低就取决于其农业收益减去地租以后归自己支配部分的多少。较之分益制地租来说，定额制地租对佃农生产积极性的激励作用更大。因为在分益制地租形态下，地租无定额，随收益多少而变化，所以佃农在农业生产上自己追加劳力和投资所获得的收益要和出租土地的人分享。而在定额租制形态下，佃农在农业生产上追加劳力和投资所获得的收益在租期内均属于佃农所有。这样，佃农在租佃土地的有效期内就愿意追加劳力、追加资本，以兴修水利，增加肥料，精耕细作。这自然会促使

① 《隋书·食货志》。

② 赵冈、陈钟毅：《中国经济制度史论》，(台北)联经出版实业公司 1987 年版。

农业生产进一步发展。

租佃制是一种经过长期多方博弈而形成的符合各方利益的农田经营制度安排。这种制度是在地主与佃农(佃客)的长期磨合中逐步产生的,是一种经济手段而不是人为的强加。它是业主、佃客双方在“自由”的选择中,加上政府强有力之手,在三方合力下最终形成的一种制度。这种选择不一定是最优选择,却是三方都能接受的制度选择。中国古代土地租佃制起源于春秋战国时期,历经秦汉、魏晋南北朝、唐朝几个阶段的发展,到宋朝已经发展到了相当成熟的阶段,并对以后朝代的农田经营产生了深远的影响。

如上所述,这里对宋朝土地经营方式——租佃制进行分析,是因为到了宋朝,租佃制已经很盛行,而且其形式出现了创新——租佃契约。宋朝时期,农业土地经营由于社会经济出现了新的变化而发生了深刻的变革。这些社会经济新变化如下:

一是民不聊生,赋税繁重。此其社会经济现象之一。“豪右占田甚多,已如前述。赋重役繁,民不聊生,势必卖其田业,以救目前。或献其产于巨室,以规免役。小民田日减而保役不休,大官田日增而保役不及。贪官暴吏,复往往估籍民产。”①

《宋史·食货志》记载:

“淳祐十一年。九月敕曰,监司州县不许非法估籍民产,戒非不严,而贪官暴吏往往不问所犯轻重,不顾同居有分财产,一例估籍,殃及平民。或户绝之家,不与命继。或经陈诉,许以给还,辄假他名支破,竟成干没。或有典业,不听收赎,逐使产主无辜失业。违戾官吏,重置典宪。”

二是政府大量官田“召民佃种”,土地不断集中于大地主手中。此其社会经济现象之二。“政府亦有大宗官田,援私租例召民佃种,俨然一大地主。田既集中于少数人之手,而小民泰半无田,则租田制度之盛行,乃为必然之结果。佃户劳动所得,半入地主,生活甚苦。官田之租,尤为苛重。至若佃户身分,必有若干不自由,亦在意料之中。甚者至役属全家,

---

① 万国鼎著:《中国田制史》,商务印书馆2011年版,第314页。

田卖而不准离业，身故而其妻不得自由改嫁，其女亦不听自嫁，则直同奴隶矣。”①

《宋史·食货志》记载：

“宁宗开禧元年。夔路转运判官范荪言，本路施、黔等州荒远，绵亘山谷，地旷人稀。其占田多者，须人耕垦，富豪之家，诱客户举室迁去，乞将皇祐官庄客户逃移之法校定。凡为客户者，许役其身，毋及其家属。凡典卖田宅，听其离业，毋就租以充客户。凡贷钱，止凭文约交还，毋抑勒以为地客。凡客户身故，其妻改嫁者，听其自便。女听其自嫁。庶使深山穷谷之民，得安生理。刑部以皇祐逃移旧法轻重适中，可以经久，淳熙比附略人之法太重，今后凡理诉官庄客户，并用皇祐旧法。从之。”②

这几则文献记载说明了宋朝租佃制盛行是有一定的社会经济基础的。其表现如下：

一是社会经济的发展。自从唐朝中叶均田制被破坏以后，以“王权”为代表的封建国家土地所有制日趋衰落，尤其是经过晚唐与五代十国的社会动荡以后，原来均田制下的农民失去了土地而成为流民，不得不租种地主的土地而成为佃户。

二是日益严重的土地兼并。土地兼并越来越严重，导致土地越来越被大地主占有，而无地或少地的农民越来越多。两宋时期，土地兼并情况很严重，土地所有权集中在地主尤其是大地主手中。“宋代的地主在全国总户数中只占10%，其中官户、形势户以及富商大贾一类的大地主，在总户数中不过占2%左右，甚至不足2%。但是这少数的大地主和地主，在全部耕地面积中却占有70%—80%。南宋真德秀在《申尚书省乞拨和籴米及回籴马谷状》中，论及潭州的情况称：‘本州管下名为产米之地，中户以下，输赋之余，仅充食用，富家巨室，所在绝少。’”③

三是私人土地所有制的发展。前面已经论述了，唐朝时期，尤其是唐朝中后叶，私人土地所有制进一步发展。而到了宋朝，私人土地所有制的

① 万国鼎著：《中国田制史》，商务印书馆2011年版，第315页。
② 《宋史·食货志》。
③ 郦家驹：《宋代土地制度史》，中国社会科学出版社2015年版，第82页。

发展更加成熟,土地买卖现象更加普遍,甚至官田也可以买卖,官田买扑制虽说发端于北宋,但南宋已经很普遍。这些都说明了宋朝私人土地所有制的发展已经很成熟了。

四是严格的户籍登记制度。两宋政府为了征收赋税和轮派差役,在全国范围内重新建立并加强了户籍登记。“凡是城区居民,根据有无物业财产,区分为坊廓户的主户和客户。乡村户口则根据是否占有土地和是否承担国家的土地税,区分为乡村主户和客户。又根据土地、财产的多少,把主户区分为五等。与此同时,按照政治身份地位的不同,区别为官户和民户,还有形势户和平户之分。”[①]

乡村的主户和客户在身份地位上相对而言是平等的。主户要承担更多劳役,而客户本无土地,这样主户和客户之间形成了一种“交相生养”的关系。如果没有主户的土地,客户则无处耕作。主户把土地出租给客户,客户在为主户劳动的过程中获得收入。主户提供土地,有时候还要负担照顾佃户生活的义务,而佃户也必须凭借自己的力气来为主户耕作,以获得收获物,两者通过土地结合在一起。“南北风气虽殊,大抵农户之食主租,已居其力之半,主户奉公上之余,诚能复损其二以益之,则所得佃租,视采地之禄,亦略相当矣。”[②]洪迈曾经指出:“言下户贫民自无田,而耕垦豪富家田,十分之中以五输本田主。今吾乡俗正如此,目为主客分云。”[③]“募人耕田,十取其五,而用主牛者,取其六。”[④]佃户承租主户之田,要在名义上缴纳50%的收获物给田主。“乡墅有不占田之民,借人之牛,受人之土,佣而耕者,谓之客户。”[⑤]这些文献资料记载大体说明了宋朝时期,不管南北农民,耕种土地的主要经营方式,除了自耕以外,还有租佃方式,无论是出租土地还是租佃土地,收取的租物比率就是一半左右。客户就

① 郦家驹:《宋代土地所有制史》,中国社会科学出版社2015年版,第28页。

② 熊禾:《勿轩集》卷一《农桑辑要序》,景印文渊阁四库全书第1188册,台湾商务印书馆1983年版,第768页。转引自郦家驹:《宋代土地所有制史》,中国社会科学出版社2015年版,第179页。

③ 洪迈著,孔凡礼点校:《容斋随笔》续笔卷七《田租轻重》,中华书局2005年版,第297页。转引自郦家驹:《宋代土地所有制史》,中国社会科学出版社2015年版,第179页。

④ 洪迈著,孔凡礼点校:《容斋随笔》续笔卷七《田租轻重》,中华书局2005年版,第297页。转引自郦家驹:《宋代土地所有制史》,中国社会科学出版社2015年版,第179页。

⑤ 石介著,丛书集成初编:《石徂徕集》卷下《录微者言》,商务印书馆1939年版,第88页。转引自郦家驹:《宋代土地所有制史》,中国社会科学出版社2015年版,第179页。

是主户的"佃客"。

除了乡村农民租佃土地以外，宋朝官员田产也主要是采用租佃方式来经营。《续资治通鉴长编》记载了在京做官的吕惠卿的田产情况。吕惠卿在京为官，其田产远在苏州，不可能亲去管理，只能分佃给小农。"苏州，臣等皆有田在彼，一贯钱典得一亩，岁收米四五六斗，然常有拖欠，如两岁一收，上田得米三斗，斗五十钱，不过百五十钱，而令一亩田率二百钱，有千亩即出钱二百千，如何拼得此钱?"[①]有许许多多的吕惠卿们在外地做官，往往在家乡购置田产，都是采用租佃方式交给农户经营。

既然宋朝时期租佃制已经很普遍了，那么租佃契约也就随之诞生且普遍地使用于农地的租赁关系中了。

契约，又称合约，是两个或两个以上的当事人为设立、变更或终止法律权利和义务而达成的协议。契约与其他协议的区别在于法院承认契约能够影响当事人之间的法律权利和义务。一份契约包含一项或数项许诺。通常，契约责任是以自由同意为基础的(契约自由原则)。双方合意签订具法律效力之契约的法律行为称为契约行为。

经济学上的契约与法律意义上规定的契约概念，既有联系又有区别。经济学上的契约概念要比法律上的契约宽泛许多，它不仅包括具有法律意义的契约，还包括一些当事人双方默认的契约。

租佃契约就是指在拥有土地者与租佃土地人之间设立的一系列租佃权利与义务。两宋时期，无论是国家土地所有者还是私人土地所有者，与租佃土地的农民之间建立的契约就是租佃契约。租佃契约诞生于唐朝，发展于宋朝。私人土地所有制及其发展是租佃契约诞生与发展的基础。

有关宋朝土地租佃契约的文献记载如下：

宋太宗太平兴国七年(公元 982 年)十二月诏令全国各地，将闲置的国有土地分给农民耕种，规定："明立要契，举借种粮，及时种莳。俟收成，依契约分，无致争讼。"[②]"明立要契"实际上就是订立租佃契约。土地出租者无论是国家还是地主，依据契约规定，获得向土地佃种者收取地租的

① 《续资治通鉴长编》。

② 《宋会要辑稿·食货》。

权利。土地租佃者即佃农或客户依照契约规定,以缴纳地租作为条件,取得土地的耕作权,或者是土地的使用权或佃权。宋朝官田中的学田,多数来自捐献或购置的私人土地。从关于学田的文献中,可以了解租佃契约的有关情况。《江苏金石志》卷十四《吴学续置田记一》有如下一段记载:“……已上田共上租米七十七硕九斗六升,系一百三十合斗。连前陶氏妆奁田一契,系租户吴七十五等立契,租在名下布种。前细数并有租契,抄上田籍记。”“诸州县应干租斗,止于百合,如过百合以上,并赴所属毁弃,佃户租契,并仰仍旧。”[①]日本已故学者周藤吉之的《中国土地制度史研究》一书的附录收有一篇论文,记录了有关元代租佃契约的内容。该书是元泰定元年(公元1324年)重刊本,原刊本理应更早,因此,该书所记录的租佃契约的格式和内容,应当与南宋时的租佃契约大体近似,可以印证宋代的租佃契约。元刊本《新编事文类聚启札青钱》记载的租佃契约和周藤吉之所引用的相似:“某里某都住人姓某,今托得某人作保,就某里某宅,承佃得晚田若干段,坐(按:原缺二字)名佃处,计几亩,前去耕作管得,不致抛荒,逐年到冬实供白米若干,挑赴某(按:原缺三字)交纳,不敢少欠,如有此色,且保人甘当代还为词,今立佃榜为用者。年月佃人。”[②]

这些文献记载大体上反映了宋朝租佃契约的各项内容:佃种田亩所在的具体地段,田亩的“四至”和田亩的数量,向地主所佃田亩的类别,例如是水田或是旱地,等等;还有契约应当明确每一单位面积的地租额以及全部田亩地租总额,某些地区甚至要注明地租缴纳时量器的大小,如上文所引《吴学续置田记一》就写明“系一百三十合斗”,其意就是每交租一石,实际应当缴纳一石三斗;再有契约应写明佃客应当向何处交租;最后要有立租佃契约的年、月、日,承租人签名、保人姓名。遗憾的是,今人没有查找到反映宋朝租佃契约的原始文物。

宋朝租佃契约的发展为无地或少地的农民提供了耕种地主土地的便捷性和合法性。这种合法性就是通过建立土地租佃契约关系而实现的,所以说契约精神并非舶来品。虽然佃客不可能真正摆脱地主的各种剥

① 《宋会要辑稿·食货》。

② 郦家驹:《宋代土地制度史》,中国社会科学出版社2015年版,第89页。

削，但是有了契约关系，就必须遵守契约精神，双方不是强迫关系，而是你情我愿的。它为维系农地的租赁关系，甚至对稳定和发展农业经济具有非常重要的意义。宋朝的佃客根据契约的规定，可以从地主手中取得土地的耕作权，也就是佃种权或土地使用权与经营的自主权，佃客已经不再是没有户籍的受官僚大地主荫庇的私属。这种租佃契约关系在宋朝的盛行，应该说是历史的进步。佃农提高了农业生产的积极性，有利于宋朝社会经济的发展。宋朝在中国古代史上具有很高的地位，无论是对于文化繁荣还是对于科技进步，都具有不可磨灭的贡献。这是否与农地租佃契约的普遍流行有直接关系，虽然无法从数据上来考证，但是从逻辑上来看，应该是成立的。宋朝土地私有制的发展催生了租佃契约的普遍流行，而农地租佃契约又进一步巩固了土地私有制。土地关系的租佃契约不仅使佃农与地主之间的生产关系得到解放——佃农不再是大官僚、大地主荫庇的私属，而是具有甲乙契约关系的双方，而且大大地解放了农业劳动力，为农业科技的发展提供了源源不断的动力。这也许是宋朝能成为我国古代文化、科技繁荣朝代之一的重要原因。

第十二章

古代自耕农地位与人身依附关系解除

中国是一个有着五千年农耕文明的古老的国家。从三皇五帝开始，土地与农业、农民就是相生相伴的关系。农业与农民对中国古代国家的重要性无论怎么强调都不过分。古代朝代的更迭，要么是外族入侵引发农民起义，要么就是农民起义导致外族入侵而形成的。对于“农民”一词的称呼，也是随着社会经济的发展不断演变而成的。农奴、佃农、半自耕农、自耕农、农民等，不一而终。本章就我国古代自耕农的发展演变及其人身依附关系的变化作一探讨。

第一节　古代自耕农的发展演变

中国几千年的古代社会，始终是一个传统的农业社会。传统农业是在自然经济条件下，采用人力、畜力、手工工具、铁器等为主的手工劳动方式，靠世代积累下来的传统经验发展，以自给自足的自然经济居主导地位的农业。传统农业社会一个重要的经济特征就是自给自足的自然经济。舒尔茨认为，“完全以农民世代使用的各种生产要素为基础的农业，可称为传统农业”[①]。从事传统农业的劳动力就是普通意义上说的农民。但

① 舒尔茨著，梁小民译：《改造传统农业》，商务印书馆2010年版，第4页。

是,“农民”在中国几千年古代农业经济发展过程中,其本质含义在不同的阶段是不一样的。在长期的古代社会中,随着土地制度的变迁,“农民”有称佃农或佃客的,有称自耕农的。在中国古代广袤的乡村,存在着大量的小农户,这些小农户中有相当数量的农民就是自耕农。自耕农是一个相对的概念,它是与佃农相比较而言的。自耕农在不同的朝代所占农业生产人口的比重也许不同,但始终存在是毫无疑义的。自耕农与佃农一样,是一个规范性“标准”,它既是社会生活水平标准,也是行为规范标准。在古代朝代更迭中尤其是唐朝以后,任何一个朝代在进行经济政策尤其是土地制度的改革时,自耕农是否愿意承受都是政府必须首先考虑的问题。一般来说,自耕农都有自己的生产工具,有自己的土地,他们与佃农的根本区别是拥有自己的土地。佃农也拥有自己的生产工具和房屋,但是佃农租佃田主的土地进行耕种。可以说,自耕农在自己耕种的土地上具有最大的权限,可以自己独立决定进行何种耕种活动。

学术界对自耕农的定义还是有分歧的,但有一点是达成共识的,即拥有自己的土地资源是根本特征。有学者在分析欧洲 18 世纪的自耕农标准时,明确了自耕农的两个特征:一是拥有自己的土地;二是亲自经营,独立耕作,属于家庭式经济。[①] 金陵大学的卜凯教授于 20 世纪 30 年代在中国进行了广泛深入的农村调查后认为,“自耕农是完全耕种自己田地的场主”[②]。史建云认为,自耕农是既不租入又不租出土地,依靠家庭成员劳动进行农业经营,必要时使用雇佣劳动作补充的这部分农民。[③] 苑书义等认为,土地是否自行耕作并维持生活看做自耕农的判断标准,但是自耕农的拥有土地值得商榷。[④]

判断是否为自耕农的标准有两条:一是是否拥有一定数量土地;二是是否主要依靠自己或家庭成员进行耕作。但是,有一部分农户既拥有自己的“一亩三分地”,同时还租佃田主的土地,那这样的农户应该被称为“半自耕农”,因为农户自耕自己拥有的土地无法养活整个家庭,只好再去

① 徐奉臻:《关于英国“自耕农”的再研究》,《世界历史》2000 年第 3 期。
② 卜凯著,张履鸾译:《中国农家经济》,商务印书馆 1937 年版,第 32 页。
③ 史建云:《近代华北平原自耕农初探》,《中国经济史研究》1994 年第 1 期。
④ 苑书义、董丛林:《近代中国小农经济变迁》,人民出版社 2001 年版,第 6 页。

租佃别人的土地了。

自耕农在乡村所占比例由于人口统计问题是无法知晓的,但是,可以肯定的是,随着社会经济不断发展,以及土地作为国家调节社会矛盾的重要资源,自耕农的占比越来越高。自耕农的发展是随着土地资源的不断被私有化占有的发展而发展的。

早在春秋战国时期,自耕农也许就存在了。这一时期的一部分自耕农是由农村公社的成员演变而来的。但是,他们所占有的耕地却不是由他们原先占有的公社份地或共耕地转化过来的。不管这些自耕农的前身是什么,他们对于土地都是没有所有权的。他们耕种的土地都属于王朝政府所有。由于社会生产力发展,以及为了争夺其他诸侯国的人口,不少诸侯国实行了任民所耕,不计多少和“赏田以众”的办法,以吸引民众或奋力开垦或作战有功而从诸侯国政府那里获得耕地,从而成为自耕农。

秦汉时期,僇力垦荒,培植自耕农就已经成为国家的政策导向了。秦始皇东临碣石,刻碣于石门,其中提到:“男乐其畴,女修其业,事各有序。惠被诸产,久并来田,莫不安所。”[①]秦始皇描绘了一幅古代社会“男耕女织”的美好农村景象。所谓“男乐其畴”者,就是对农耕生活的向往。“畴”字,从田,大意指农耕。这是最早的对农耕生活赞赏的文字记载,虽然不一定是对自耕农生活的真实写照,但是从中明显可以看出秦始皇对“男耕女织”生活的赞赏,这也是国家政策上对自耕农者的褒扬。在有关汉朝的文献中也有反映自耕农生活状况的记载。“高祖为亭长时,常告归之田。吕后与两子居田中耨,有一老父过请饮,吕后因餔之。”[②]这说明汉高祖早年间也是自耕农身份,还没有脱离亲身劳作。所谓“告归之田”,说明还很难脱离亲身劳作,可见其为自耕农。而且,其妻、子均要亲身劳作,可见其是过着自给自足的农耕生活。在其他史料中,也有关于自耕农的记叙。如徐稺,“家贫,常自耕稼,非其力不食”[③];高凤,“少为书生,家以农亩为

① 《史记·秦始皇本纪》。
② 《史记·高祖本纪》。
③ 《后汉书·徐稺传》。

业”[①]；庞公，“释耕于垅上，而妻子耘于前”[②]。这些人只是《后汉书》记载的极少部分人，但是，他们可能是中国汉朝时期各个郡县数以千计的自耕农代表人物。这里旨在说明汉朝时期自耕农就已经存在了。汉代自耕农的比例到底有多少，无从查考。

魏晋南北朝时期，自耕农仍然有其存在的社会基础。一方面，北魏开始推行均田制，有相当一部分人获得了土地；另一方面，随着南北民族的大融合，自耕农的地位也得到了一定程度的提高。

唐宋时期，随着唐朝均田制的普遍实施以及唐朝中后期和宋朝私人土地所有制的诞生与发展，自耕农无论是人口比例还是生活水平，都有大幅度的提升。

唐朝建立之初，一方面继续推行均田制，另一方面大力鼓励小农土地所有制发展，私人土地所有制随着唐中后期的均田制崩坏而形成。贞观年间，因为粮食收成较好，“天下粟价率计斗直五钱，其尤贱处计斗直三钱”，所以，太宗在和侍臣谈话的时候说：“朕常欲赐天下之人，皆使富贵，今省徭赋，不夺其时，使比屋之人，恣其耕稼，此则富矣。”[③]“比屋之人，恣其耕稼”，就是大力保证私人土地所有制，而且促使小农亲身耕作。唐朝鼓励发展私人土地所有制，而且从法律上承认他们对土地的占有权。特别是在大乱之后，土地空荒，无主之地甚多，这些土地落入普通农民之手。同时，农户在田令的鼓励下，开垦荒地，这些土地也成为他们自己的私有土地。较多的普通农户成为一般意义上的自耕农。唐玄宗时期，曾颁布诏书，其中提到：“游食之徒未尽归，生谷之畴未均垦，以是轸念，临遣使臣，恤编户之流亡，阅大田之众寡。……其先是逋逃，并宜自首。仍能服勤垄亩，肆力耕耘，所在闲田，劝其开辟。逐土任宜收税，勿令州县差科，徵役租庸一皆蠲放。”[④]诏令之意，乃是保护自耕农的土地收入，稳定社会经济。

到了宋朝，私人土地所有制形式进一步发展，自耕农获得了很大的发

① 《后汉书·逸民传·高凤传》。
② 《后汉书·逸民传·庞公传》。
③ 吴兢：《贞观政要集校》卷八《务农》，谢保成集校，中华书局2003年版，第427页。
④ 《全唐文》卷二九《置劝农使诏》。

展。尽管租佃经营在宋朝获得空前发展，无论是官田还是私人土地都在更大范围内采用租佃方式来经营，但是，由于私人土地所有制的发展，自耕农在土地经营中的比例越来越大。宋朝政府比唐朝更加重视与扶持自耕农的经营，尤其尽力扶持所谓五等户中的中下等户，一般称为"中下人家"。"中下人家"实质上就是指自耕农。建隆三年，赵匡胤曾发布诏书："民生在勤，所宝惟谷……矧农桑之业，为衣食之原……诸州长吏等任居牧守，职司劝课，所宜敦率黎庶，勉厉农功，俾比屋之人，服劳于南亩。"[①]这就是在宋朝政府层面上，极力鼓励的自耕农耕作土地。欧阳修曾对小土地所有者自耕经营有一个形象的说明："民有幸而不役于人，能有田而自耕者，下自二顷至一顷，皆以等书于籍。而公役之多者为大役，少者为小役，至不胜，则贱卖其田，或逃而去。"[②]"民有幸而不役于人，能有田而自耕者"就是典型的一家一户式的自耕农。

唐宋时期，尤其是宋朝，自耕农仍然是社会农业生产的主要耕作力量，更是社会经济与政府财税收入的重要来源。

宋朝以后的明清时期，私人土地所有制日趋成熟。王朝土地所有制和私人土地所有制并行存在，私人土地所有制从法律层面获得保障，国家对私人土地重视程度也是空前的。由此，自耕农的人数占比越来越高，自耕农的地位也越来越受到政府的保护，这里不再赘述了。

第二节　自耕农土地权属问题

前面已经论述自耕农定义的标准是：是否拥有属于农户的土地与是否以家庭成员来耕种。那么，自耕农所拥有的土地是否有所有权呢？这一问题在学术界一直争论不休。长期以来，对中国古代社会自耕农土地权属问题，学术界有这样一种看法，即"自耕农"所耕种的小块土地属于自耕农所私有，自耕农对于所耕种的土地不但有占有权，而且有所有权。因

① 《宋大诏令集》卷一八二《政事三十五·田农》。转引自耿元骊：《中国帝制时代土地制度研究》，经济科学出版社2012年版，第203页。

② 《欧阳修全集》卷六〇《原弊》。

此，他们的社会身份既不同于佃耕地主占有的土地的佃农，也不同于明文规定的耕种“官田”的国家佃农。国家佃农包括“假”公田而耕的农民、耕种屯田的农民，以及耕种官庄土地的农民等。自耕农是以耕种自己所私有的小块土地为基础的独立劳动者。笔者认为，在中国古代社会相当长的一段时期里，自耕农对所耕种的土地只拥有占有权，而没有法律意义上的土地所有权。

中国古代社会自耕农的土地所有权及其社会身份问题的核心是，自耕农对于所耕种的土地有没有所有权的问题。我们在探讨这个问题时，不仅需要探讨自耕农和其他单个的人对于自耕农耕种的土地所具有的不同权利，而且还必须深入分析自耕农和封建国家这两个方面对于自耕农所耕种的土地的权利。

下面我们从三个方面来论述中国古代封建国家和自耕农之间的土地关系。

第一，在中国古代社会的一个很长的时期，自耕农所占有的土地，是王朝政府所“给予”的。前面说过，自耕农也许最早产生于春秋战国时期。战国以后的历代王朝，反复出现了一种大同小异的现象：一个王朝兴起后的最初一段时间里，自耕农的人数会增加。以后，随着时间的推移，以王朝政府为代表的官僚荒淫无度，鱼肉百姓，横征暴敛，导致土地大量被兼并，自耕农又逐渐失去了耕地，变成佃耕地主土地的佃农或流民，或者小商小贩和手工业者，因此，自耕农的数量大为减少。一个王朝兴起后的最初一段时期里，自耕农为什么突然增多？他们又是怎样占有耕地的？从已知的史料来看，他们的耕地多数并非购买来的。尽管在中国古代，土地买卖的现象出现较早。如《汉书·食货志》说：“至秦则不然，用商鞅之法，改帝王之制，除井田，民得卖买。”这段史料表明，从理论上讲，自耕农也是可以购买土地的。但是，从总体上来说，中国古代社会的自耕农所占有的耕地主要不是通过购买而获得的。这些自耕农所占有的耕地主要是在封建王朝允许下，或由封建王朝组织移民迁徙开垦“官田荒地”，或由封建王朝进行有组织的屯垦“官田荒地”后才占有土地的。例如，《汉书·武帝纪》说，元朔二年，“募民徙朔方十万口”。元狩四年，关东贫民徙陇西、北地、西河、上郡、会稽共725 000口。元狩五年,徙奸猾吏民于边。元鼎六年,分武威、酒泉地置张掖、敦煌郡,徙民以实之。元朔二年和元狩四年,迁徙之民合计已达82万余口。这82万余口的迁徙之民中自然有不少人成了自耕农。这些自耕农所占有的耕地的所有权必然归属于国家。因为只有这些耕地属于封建国家所有,这82万余口的移民迁徙到达以后才可以占有这些耕地。汉朝如此,唐宋以后也出现了同样的情况。例如,宋太宗时,就曾下诏鼓励垦荒,而且允许所垦之田即为永业,官不收其租。垦田为“永业”的诏令一下,就必然使得相当一部分原来没有耕地的佃农和流民占有了耕地,从而佃农或流民变成了自耕农。这些自耕农的耕地,同样是在封建统治者的允许下占垦“官田荒地”的结果。明朝初期,统治者也曾实行了奖励垦荒的政策,结果使不少无地之民变成了自耕农。例如,朱元璋在洪武元年就曾下令奖励农民垦荒,并明令规定所垦土地不论有无原主,都归垦荒人所有,并且作为永业。洪武二年,又下令把北方各城市附近的荒闲土地分给无地的人耕种,人给15亩,另给菜地2亩,有余力的还可以多垦,不加限制。在这样的政策下,必然会使许多人变成自耕农。这些自耕农所占有的耕地,同样也是由封建国家“给予”的。

这里还需要特别说一说唐中叶以后的大部分自耕农。这些自耕农的前身,是北魏开始实行“均田”政策以后的授田农民。在“均田”政策下,从法律上来讲,均分给农民的耕地,无论是北魏时期“均田”给农民的桑田和露田,还是唐初“均田”给农民的口分田和永业田,都是封建国家给予的土地。因此,唐中叶以后由“均田”农民转化成的自耕农的所有耕地也都是封建国家“授予”的。

这些现象说明,中国古代社会在相当一段时期或在一些王朝的某项政策实施过程中,自耕农的耕地,从其占有的第一天起,就和王朝政府有着不可分割的关系。这些耕地都是王朝政府所有,只是由于王朝政府允许和组织开垦,这些土地才成为自耕农的“永业”田。

第二,古代王朝政府之所以允许和组织农民开垦官田荒地,并且明令允许成为农民的“永业”田,其目的是为了利用农民来耕种这些官田荒地,从而向农民征收赋税和征调徭役。明朝成化年间的一道法令充分说明了这一点。据史籍记载，明朝成化年间，统治者曾允许当时的一些流民"自占旷土，官为计丁口限给之，令开垦为永业，以供赋役"；反之，开垦旷土的农民如不向封建政府"供赋役"，那么，统治者是不会允许农民开垦荒地的，即使开垦了，也要被重新没收。这种情况是秦汉以后历朝历代政府的共同现象。例如，宋朝绍兴十二年诏曰："人户田产多有契书，而今来不上砧基簿者，皆没官。"[①]如果说这条史料还不能很清楚地说明王朝政府允许和组织农民开垦官田荒地的目的，那么，下面一条史料则是最清楚不过了。"浙西提举师颜鲁奏：'今乡民间于闲旷磽確之地，积日累月，垦成田园，用力甚勤，或未能以自陈起税，为人告首，即以盗耕罪之，给半充赏，其何以劝力田者哉？'上曰：'农民开垦旷土，岂可以盗耕之法治之！可止，令打量起税。'"[②]这条史料虽然讲的是宋朝之事，但反映的是中国古代社会的一般现象。

从历史的实际情况来看，不仅古代王朝政府允许农民垦种官田荒地的目的是为了征收赋役，从而使政府向自耕农征收的赋役具有地租的性质，而且政府向自耕农征收的赋役的数量也与佃农向地主缴纳的田租以及屯田农民向封建国家缴纳的田租差不多。在古代社会里，佃农向地主缴纳的地租占农业产量的50％左右，所谓"或耕豪民之田，见税什五"就是这样。而屯田农民向王朝政府缴纳的田租也是农业产量的50％左右。自耕农向王朝政府缴纳的赋役，据有些学者研究，也占农业产量的50％左右。[③] 自耕农所遭受的剥削率和佃农所遭受的剥削率大抵相同，这不是偶然的巧合，也不是统治者的任意决定，而是由社会的经济条件所决定的，是由当时的社会经济关系所制约的。在当时的社会经济关系中，既有地主和佃农的关系，有王朝政府和"假"公田的农民的关系，也有王朝政府和耕种屯田的农民（有时是耕种营田的农民）的关系，还有王朝政府和自耕农以及封建国家和地主之间的关系。因为无论封建国家剥削"假"公田的农民，还是剥削耕种屯田的农民，或是剥削自耕农，其基本的依据是王

① 《文献通考·田赋五》。

② 《文献通考·田赋五》。

③ 谢天佑、王家范：《中国古代社会的个体农业经济和赋税、地租剥削率》，《上海师范大学学报》1980年第2期。

朝政府的官田荒地被他们耕种了。王朝政府对于耕种官田荒地的不同类型的农民的剥削率也基本一致。从这种社会现象来看,自耕农在本质上和“假”公田的农民,或者和耕种屯田的农民相似,只是形式上不一致而已。

第三,王朝政府不仅向自耕农征收赋税,而且仍然可以任意处置自耕农的“永业”田。

从历史来看,王朝政府任意处置自耕农的“永业”田,而不管自耕农个人意志如何的情况是常见的,主要有以下两种情况:

一种情况是统治者认为需要时,可以随时把这些“永业”田重又宣布为“官田”。这说明“永业”田并非农民的真正的“永业”田,只是政府给农民佃耕而已。《汉书·王莽传》说:“令更名天下田曰王田,……不得买卖,其家口不盈八而田过一百者,分余田于九邻乡党。故无田,今当受田者,如制度。”[①]王莽把当时所有的田都更名为“王田”,当然包括所有的自耕农的耕地在内。王莽的“王田”令虽然在颁布三年后就废止了,但这个法令颁布的本身就表明了古代封建国家对于自耕农的“永业”田有任意支配处置的权利,而自耕农则无法依照个人意志来处置这些“永业”田。另一个明显的例子就是从北魏开始直到唐朝初期一直实行的“均田”政策。按照“均田”政策,“均田”给农民的耕地,无论是露田还是口分田,也无论是桑田还是永业田,都是封建国家政府“均分”授予的。封建国家政府对于这些土地都拥有法令上规定的所有权。然而,当时实际的经济状况表明,有些“均田”给农民的耕地是“授”自封建国家政府的,如按政策规定由狭乡迁往宽乡的农民所耕种的土地。此外,也有一些“均田”给农民耕种的土地,是这些农民早在“均田”政策颁布以前就已经占有了。唐初许多“均田”给农民的土地,实际上是这些农民在隋末唐初“均田”令颁布以前,在农民起义的过程中就已经占有了。但是,在封建政府的“均田”政策下,这些土地都变成了封建国家政府所“授予”的了,自耕农个人的意志完全被排斥了。

---

① 《汉书·王莽传》。

另一种情况是封建国家的王权可以随时把自耕农的“永业”田封赐给臣僚亲信，自耕农则由此变成了封建君主的臣僚亲信的佃农。这方面的例子历代王朝均有发生。明朝万历二十九年，明神宗封第三皇子为福王，欲封赐给福王河南庄田四万顷，遭到了反对。有人提出，河南已有八个藩王的庄田，若再将4万顷土地赐给福王，则河南藩王的庄田就会占垦田之半。在这一半垦田中，有许多自耕农的“永业”田被占了。占有“永业”田的自耕农也变成了藩王的佃农。封建国家的统治者不仅可以把自耕农的“永业”田任意封赐给臣僚亲信，甚至可以任意把一些自耕农的土地明令规定为另一些自耕农的“永业”田。前述朱元璋的“所垦土地不论有无原主，都归垦荒人所有”的规定就是这样的例子。这说明自耕农对于所占耕地在一定的条件下没有市场意义上的处置权，所以自耕农根本没有土地所有权。

封建统治者可以任意处置自耕农所占有的“永业”田的原因是什么？这当然和封建统治者作为封建国家的代表所拥有的政治权力有关，而传统、习俗及其反映的观念也是重要的因素。在中国古代社会里，“溥天之下，莫非王土；率土之滨，莫非王臣”。这种传统观念，使推翻旧统治者的农民起义军也好，想取代旧统治者的官僚大臣也罢，都把争夺土地资源和附着在土地上的农民作为重要的政策手段。当新统治者坐稳江山以后，同样把争夺土地资源和附着在土地上的农民作为维护统治的重要途径。汉初的刘邦在夺得天下、当上皇帝以后，曾对他的老子夸耀自己的“家业”；元世祖则公开说出打天下的目的就是为了占有土地和人民。既然统治者之间的争夺是为了占有土地和人民，那么，在统治者眼里，自耕农的“永业”田当然属于王权所有。自耕农对于自己所谓的“永业”田并没有真正的所有权。在“王权神受”的封建思想里，所有统治区域内的人都是其子民，所有统治区域内的土地莫非“皇土”。因此，在一定的条件下，自耕农就失去了对土地的所有权，自耕农的土地权属由此也变成了占有权。

综上所述，自耕农对其他私人来说，对“永业”田拥有所有权。但是，从自耕农和王朝政府的关系来说，一些自耕农对“永业”田就不拥有所有权，王朝政府才是这些自耕农的“永业”田最终的土地所有者，“永业”田属于王朝政府所有,这些自耕农不过是可以在一定条件下世袭占有罢了。因此,就自耕农和王朝政府的关系来说,自耕农的社会身份是王朝政府的佃农。当然,自耕农这一类型的王朝政府佃农,与"假"公田的王朝政府佃农以及耕种屯田的王朝政府佃农还是有所不同的。

第三节 "摊丁入亩"与农民土地人身依附关系的解除

"摊丁入亩"是清朝初期统治者在一定的政治、经济条件下,历经康、雍、乾三代而实施的重要经济政策。清王朝不再单独按人丁征税,而是把对人丁所征之税纳入地亩征收。

清朝统治者在入关之初,曾明令免除明末的一切杂派和"三饷"。但是,由于军需开支巨大,清统治者常常横征暴敛,杂派无常。其经济政策仍按地、丁分别征收赋税或徭役。一些有地无丁的人虽被编为下户,但仍纳丁银。康熙时,农民的丁银负担仍很沉重。比如,山西等地每丁纳银至四两,甘肃巩昌至八九两。于是农民时有逃亡,以躲避丁银负担,各地官吏又惧于上司催逼,往往少报多留。"或言户有五六丁,止纳一丁","或言户有九十丁,止纳二三丁","以致丁额无定,丁银难征"。[①] 为了稳定税收数额,确知人丁实数,特别是稳定像山西、陕西一带因赋役逼迫四出流亡"任意行走,结成党类"的部分农民,康熙五十一年(公元1712年)宣布,即以康熙五十年全国丁数2 462万余口,丁银335万余两,作为以后全国征收的定额,以后额外添丁,不再加征,即所谓"盛世滋丁,永不加赋"[②]。

"康熙五十一年,谕曰:'海宇承平日久,户口日增,地未加广,应以现在定册为常额,自后所生人丁,不征收钱粮,编审时,止将实数查明造报。'廷议:'五十年以后,谓之盛世滋生人丁,永不加赋。仍五岁一编审。'"[③]

"盛世滋丁,永不加赋"只是在清朝政府的赋税计征总额中不再增加丁银数量,丁银原有定额并未免除。由于地主豪绅勾结胥吏规避差役,大

① 《熙朝纪要》。
② 《清实录·圣祖康熙实录》。
③ 《清史稿·食货志·赋役》。

量的赋税负担依然沉重地落在少地或无地的贫民身上。这种情况恰如山西布政使高成龄所说:“富者田连千亩,竟少丁差,贫民无地立锥,反多徭役。”①

到了雍正王朝时,为了改变这种现状,雍正皇帝又进一步采取了制度改革,实施了“地丁合一”,又称“摊丁入亩”的办法,即把原定康熙五十年(公元 1711 年)的丁银数额平均摊入各地田赋中,一起征收,故又称“地丁制”。从此,丁银完全随粮起征,成为以后划一的赋役制度。

“雍正初,令各省将丁口之赋,摊入地亩输纳征解,统谓之‘地丁’。先是康熙季年,四川、广东诸省已有行之者,至是准直隶巡抚李维钧请,将丁银随地起征,每地赋一两,摊入丁银二钱二厘,嗣后直省一体仿行。于是地赋一两,福建摊丁银五钱二厘七毫至三钱一分二厘不等;山东摊一钱一分五厘;河南摊一分一厘七毫至二钱七厘不等;甘肃,河东摊一钱五分九厘三毫,河西摊一分六毫;江西摊一钱五厘六毫;广西摊一钱三分六厘;湖北摊一钱二分九厘六毫,江苏、安徽亩摊一厘一毫至二分二厘九毫不等;湖南地粮一石,征一毫至八钱六分一厘不等。自后丁徭与地赋合而为一,民纳地丁之外,别无徭役矣。惟奉天、贵州以户籍未定,仍丁地分征。又山西阳曲等四十二州县,亦另编丁银。”②雍正四年,“以各色丁粮均派入各邑地粮之内,无论绅衿富户,不分等则,一例输将。又匠价向系另征,乾隆三年奉旨均摊入本邑地粮之内,无论绅衿富户,不分等则,一例输将。由是地丁、匠价统归一则”③。

“地丁制度”是中国古代社会历史上的又一次重大制度改革,其实行的结果使两千年以来古老的人头税基本上被废除了。虽说“摊丁入亩”看起来只是赋税缴纳方式的改革,但是,其推动的却是土地制度的巨大变革;虽说“摊丁入亩”只是清朝赋税制度的变革,但是,它标志着封建国家对农民人身束缚的进一步削弱,从而提高了农民生产的积极性,促进了社会经济的巨大变革。无地的“市民”“乡民”“佃民”不再纳丁银,纳丁银者

① 《清实录・世祖顺治实录》。
② 《清史稿・食货志・赋役》。
③ 翦伯赞、郑天挺:《中国通史参考资料》(古代部分)第八册(本册主编郑天挺),中华书局 1966 年版,第 109 页。

也不再服徭役,而“官有兴作,悉出雇募”[①]。这不止在一定程度上减轻了人民的赋役负担,使封建的统治秩序暂时得到稳定,正如时人所说,“保甲无减匿,里户不逃亡,贫民免敲扑”[②],更使“自耕农”“佃农”“佃客”等延续了上千年的不同称呼终于可以统一为“农民”了,其历史意义无疑是巨大的。这种影响直接导致了农民、工匠人身依附关系的解除,从而为后来资本主义生产关系的发展奠定了人力资源的基础。

我国古代农民对土地的人身依附关系源远流长。历朝历代的王朝统治者总是希望农民附着于土地上,这样才能稳固其封建统治地位。但是,随着社会经济的不断发展,农民的人身依附关系却在不断松弛。尤其是唐宋以后,随着土地私人所有制的诞生以及不断深化,以商品经济为代表的市场经济逐渐深入,农民的人身依附关系开始松弛。当然,农民的人身依附关系的松弛并非一蹴而就,它是一个缓慢的发展过程。

综观整个古代社会的生产关系,其主要特征就是劳动者和封建主之间的人身依附关系。先看看西欧的一些封建国家,其劳动者和封建主之间的人身依附关系表现为农奴对封建主的人身依附关系。“压在农民头上的是整个社会的上层阶级:王室、诸侯、官吏、贵族、僧侣、城市贵族。无论农民是属于一个主教,或是属于一个寺院,抑或是属于一个城市,总之到处都被当作牛马,甚至比牛马还不如。如果他是一个农奴,那么他就完全听从主人支配。如果他是一个依附农,那么契约规定的法定负担已经压得他透不过气了,可是这些负担还在一天天加重。他必须以绝大部分时间在主人的田庄劳作,剩下来自己支配的有限几个钟点的劳动所得还得用来缴什一税、地租、杂捐、赋税、远征税(战争税)、本邦税等不一而足。农民若不向主人送钱,非但不能娶妻,连死也不行,除常规徭役外,农民还得为尊贵的主人采集干草、草莓、覆盆子、蜗牛壳,驱赶野兽以供打猎,为主人砍柴等等。……主人可以像处理财产一样任意处理农民的人身,任意处理农民的妻女,主人有初夜权。主人一时高兴,就可把农民投入监

① 《熙朝纪要》。

② 《熙朝纪要》。

牢，主人可任意把农民打死，或者把农民斩首。……”[①]“在农奴制度下，农民没有地主许可是不敢结婚的。……在农奴制度下，农民在总管指定的日子一定要替自己的老爷干活。……在农奴制度下，农民没有得到老爷的许可就不敢离开村子到别的地方去。”“在农奴制度下，农民没有得到老爷许可就不敢置财产，不敢买土地。……在农奴制度下，地主可以对农民实行体罚。”[②]西欧封建制度下的这种人身依附关系是比较容易破除的。恩格斯在《共产主义原理》中已经说得很清楚了。恩格斯说，西欧的农奴“拥有并使用生产工具和小块土地。为此他要交出自己的一部分收入或者服一定的劳役。……农奴是交出东西，无产者是得到报酬。农奴生活有保障，无产者生活无保障。农奴处在竞争之外，无产者处在竞争之中。农奴可以通过以下各种道路获得解放：或者是逃到城市里做手工业者；或者是把他们的封建主赶走，自己变成私有者。总之，农奴可以通过不同的办法加入有产阶级的队伍进入竞争领域而得到解放”[③]。这就是说，西欧的农奴可以用不同的办法去谋取自身的解放，而一旦农奴的多数获得自身的解放以后，封建的人身依附关系也就被破除了，原先的农奴变成了自由人，封建主也因为没有了农奴而变成不是封建主的自由人。这样，资本主义生产关系所需要的历史条件也就形成了。也就是说，劳动者自由得像鸟儿一样，他们没有任何生产资料可被利用来生产满足自己生活需要的生活必需品，同时他又是自身劳动力的所有者，他可以出卖自己的劳动力。而有钱者也可以自由地投资于任何一个生产部门。两者的结合就产生了资本主义生产关系。[④]

而中国古代社会的人身依附关系和西欧古代社会的人身依附关系虽然实质是一样的，但是表现形式不一样。在中国古代社会里，人身依附关系表现在两个层面：一个层面是佃农对地主的人身依附关系；另一个层面是全体臣民对以皇帝为代表的国家的人身依附关系，即所谓“率土之滨，

① 郭庠林：《中国封建社会经济研究》，上海财经大学出版社 1998 年版，第 246 页。
② 《给农村贫民》，见《列宁选集》第 1 卷，人民出版社 1960 年版，第 382 页。
③ 《共产主义原理》，见《马克思恩格斯选集》第 1 卷，人民出版社 1972 年版，第 213 页。
④ 郭庠林：《中国封建社会经济研究》，上海财经大学出版社 1998 年版，第 247 页。

莫非王臣”。这就是马克思在《资本论》中所说的:“如果不是私有土地的所有者,而像在亚洲那样,国家既作为土地所有者,同时又作为主权者而同直接生产者相对立,那末,地租和赋税就会合为一体,或者不如说,不会再有什么同这个地租形式不同的赋税。在这种情况下,依附关系在政治方面和经济方面,除了所有臣民对这个国家都有臣属关系以外,不需要更严酷的形式。在这里,国家是最高的地主。在这里,主权就是在全国范围内集中的土地所有权。但因此那时也就没有私有土地的所有权,虽然存在着对土地的私人的和共同的占有权和使用权。”①正由于中国古代社会的人身依附关系表现在这两个层面,因此,中国古代社会的人身依附关系破除的道路就不是恩格斯在《共产主义原理》中所分析的农奴获得解放的道路,即不是农奴所能办到的,而是要由政府行为来最终决定。这就是中国古代社会经济发展的特色。

农民人身依附关系的松弛,是一个缓慢的发展过程。下面先分析中国古代社会人身依附关系的第一个层面——佃农对地主的人身依附关系。从中国古代社会的纵向历史来看,佃农对地主人身依附关系比较强的时候是农民向地主租佃土地,而以实物分成制的地租形式向地主缴纳地租的时候。在时间跨度上大约始自秦汉,到唐朝时渐趋松弛。自秦汉至唐朝的这段时间里,农民为获得地主土地的耕种权,不得不向地主缴纳实物地租。这时的实物地租采取分成制的办法,即农民把租佃地上收获物的一定比例数作为地租交给地主。在这种地租制形式下,土地收获的多少不仅直接关系着佃农,也直接关系着地主的经济收益。因此,这一时期的地主常常直接干预佃农的农业生产过程。特别是自西汉以后,伴随古代社会经济的发展,逐渐形成了一些世家大族,出现了一些地方割据势力,二者的结合导致西汉以后出现战争频繁的严重局面。由于战争频繁,一些世家大族为了保持和扩大自己的土地,采取种种办法强使一些租地农民变为自己的附庸,强迫一些兵丁战时打仗,平时从事农耕生产。也由于战争频繁,一些农民为了保障自己的身家性命,不得不依靠世家大族以

① 《资本论》第三卷,见《马克思恩格斯全集》第25卷,人民出版社1972年版,第891页。

求得保护。正是由于地主和农民双方的需要,租地农民和地主之间的人身依附关系就变得十分强烈了,甚至一些佃户变成了主户的“附籍”,非经地主许可不能离开地主。唐朝以后,租佃农民对地主的人身依附关系逐渐松弛。①

这种现象的出现至少有以下三方面原因:

一是定租制出现,并成为地租的主要形式。所谓定租制,就是佃农租佃地主土地后,按亩规定固定的地租量,丰年不增,灾年不减。这样,无论遇到什么年成,即使遇到最坏的年成,地主的地租总是有保证的,因而地主就无须干预整个生产过程。

二是契约租佃关系开始出现。所谓契约租佃关系,是指地主把土地出租给农民,农民租种地主土地时,双方要共同订立一个文据。这个文据就是租佃契约。在租佃契约上,一般都要写明田主、租田人和中介人姓名,土地亩数以及每亩土地每年应交租额,每年共应交租额、租种期限等。这种租契当然是地主强制农民的文据,但是从农民对地主的人身依附关系来说,在租佃期限内,农民对地主有一定的人身依附关系,但租佃期限一满,农民和地主之间的人身依附关系就立即解除了。因此,在租佃契约制度下,农民对地主的人身依附关系是相对的,农民的自由与不自由也是相对的。尤其是到了宋朝及其以后朝代,租佃契约制度已经成为普遍的农耕生产制度,租佃农民和地主的人身依附关系就进一步松弛了。

三是王权干预。唐朝中叶以后,租佃地主土地的农民对地主的人身依附关系在松弛,他们不再是“主户”和“簿籍”的情况与王权的干预也是有关的。例如,宋仁宗天圣二年十一月诏书中说,两浙、江淮、荆湖、福建、广南州军,“自今客户起移,更不取主人凭由……如是主人非理拦阻,许经县论详”。这就是说,两浙、江淮、荆湖、福建、广南州军的佃户在宋仁宗天圣二年十一月的诏书下达之前要离开地主他去,须由地主签具允准离开的文书才行。现在则规定,这几个地方的佃户离开地主他去,不需要由地主出具允准离去的证明了。这就是说,佃农想离开地主就可以离开,表明

---

① 郭庠林:《中国封建社会经济研究》,上海财经大学出版社 1998 年版,第 248—249 页。

了这时的农民对地主的人身依附关系已经以皇帝诏书的形式松弛了。皇帝下诏当然有皇帝下诏的理由,他的诏书当然也不是从松解农民对地主的人身依附关系的角度出发的,而是生产关系与生产力发展的内在要求。无论是君主的诏书还是封建政府颁布的法令和政策,都只是表明或者反映了经济关系的内在要求而已。宋仁宗的诏书是现实经济生活中既成事实的反映和承认。现实经济生活中的既成事实在皇帝诏书中有反映,这绝不是当时偶然发生的个别事件的反映,而是已有较长时间的发展,并且是较为普遍的事实了。农民地位改变的根本原因是社会经济发展和农民长期斗争的结果,王权只是在一定的限度内起了一定的促进作用而已。从古代社会来说,王权无疑是地主阶级的权力。王权从根本上说是为维护地主的利益服务的,王权无疑得到地主的拥护,而地主也依恃了王权。王权和地主的根本利益是一致的。但是,王权和地主之间在一定的历史经济条件下也是有矛盾的。当许多农民成为大地主的佃客、“附籍主户”时,会直接影响王朝的赋役收入。正是在这样的背景下,王权在一定的条件下是可以支持农民有较多的人身自由的。①

正因为如此,中国古代社会的佃农对地主的人身依附关系自唐朝以后就逐步松弛了。

但从中国古代社会的具体情况看,并不只是有佃农对地主的人身依附关系,因为佃农从对地主那里自由后,或者变成自耕农后,他仍然有人身依附关系,那就是前面所说的人身依附关系的另一层面,即全体臣民对以皇帝为代表的封建国家的人身依附关系。我们以为,中国古代社会里,全体臣民对封建国家来说都有人身依附关系,或者说,封建国家对全体臣民都有人身束缚。其在经济上的标志就是封建国家向全体臣民征收人头税,或者强制服役(如明代的匠班制度等)。因此,只要封建国家仍然向全体臣民征收人头税,或者强制服役,全体臣民和封建国家之间就有一种人身依附关系。或者说,全体臣民就其与封建国家的关系来说,都是不自由的,不管是地主还是不再租种地主土地的农民,都是一样的。这样一种全

① 郭庠林:《中国封建社会经济研究》,上海财经大学出版社1998年版,第249—250页。

体臣民和封建国家之间的人身依附关系，自秦汉开始，一直延续到清朝前期，而到了清康熙年间，因为“地丁合一”制度的实行而发生了巨大的变化。那就是康熙皇帝规定“滋生人丁，永不加赋”，雍正王朝时期于全国推行“摊丁入亩”制度，以及乾隆时期清匠价并入“本邑地粮之内”。“摊丁入亩”制度的实行，结束了自秦汉以来延续了两千年左右的人头税制度，标志着全体臣民不再依附于封建国家。① 到了公元 1740 年，户口编审制度也被取消，农民可以自由地离开乡村了。从此以后，中国的雇佣劳动的性质发生了根本变化。因为这时的劳动者是失去了生产资料的，身份上是自由的劳动者。他们出卖的是存在于他们活的身体中的劳动力本身，而且他们只是让雇佣者在一定期限内支配他的劳动力，使用他的劳动力。这时的雇主也是自由的人。雇佣劳动力的性质发生了变化。在这样的历史条件下，手工业中雇佣劳动，只要雇工者能垫支使自己过上资本家生活，资本主义生产关系也就出现了。②

可以说，清朝“摊丁入亩”在全国的推行，标志着农民人身依附关系的彻底解除，它为以后的资本主义萌芽与资本主义发展奠定了人力资源的基础。

① 郭庠林、彭连港：《中国近代经济史简明教程》，吉林人民出版社 1988 年版，第 17 页。

② 郭庠林著：《中国封建社会经济研究》，上海财经大学出版社 1998 年版，第 251 页。

参考文献

[1]钱穆:《中国历史研究法》,三联书店 2001 年版。

[2]郭庠林:《中国古代宏观经济管理》,上海财经大学出版社 2001 年版。

[3][日]长野郎著,强我译,袁兆春点校:《中国土地制度史》,中国政法大学出版社 2004 年版。

[4]万国鼎:《中国田制史》,商务印书馆 2011 年版。

[5][荷兰]何・皮特(Peter Ho)著,林韵然译:《谁是中国土地的拥有者:制度变迁、产权和社会冲突》,社会科学文献出版社 2014 年版。

[6]郭庠林、张立英:《华夏经济春秋》,安徽人民出版社 1986 年版。

[7]李朝远:《西周土地关系论》,上海人民出版社 1997 年版。

[8]侯外庐:《中国封建社会土地所有制形式的问题——中国封建社会发展规律商兑之一》,《历史研究》1954 年第 1 期。

[9]侯外庐:《中国封建社会史论》,人民出版社 1979 年版。

[10]胡如雷:《魏晋南北朝时期的封建土地所有制形式》,见《隋唐五代社会经济史论稿》,中国社会科学出版社 1996 年版。

[11]胡如雷:《中国封建社会经济形态研究》,生活・读书・新知三联书店 1979 年版。

[12]孔经纬:《关于唐朝土地所有制形式的发展变化问题》,《新史学通讯》1955 年第 7 期。

[13]耿元丽:《唐宋土地制度与政策演变研究》,商务印书馆 2012 年版。

[14]李锡厚:《均田制兴废与所有制变迁》,社会科学文献出版社 2016 年版。

[15]金宝祥:《论唐代的土地所有制》,见《唐代史论集》,甘肃人民出版社 1982 年版。

[17]李如钧:《唐宋土地交易法律变革初探——由〈天圣・田令〉说起》,见台湾师范大学历史系等主编《新史料・新观点・新视角:〈天圣令论集〉》上册,(台北)元照出版有限公司 2011 年版。

[18]韦森:《观念体系与社会制序的生成、演化与变迁》,《学术界》2019 年第 5 期。

[19]王家范:《中国传统社会农业产权“国有”性质辩证》,《华东师范大学学报(哲学社会科学版)》1999 年第 3 期。

[20]程念祺:《论中国古代土地国有制基础的不稳定性》,《史林》1998 年第 2 期。

[21]李维森:《“硬化”企业的财产关系是建立完备的市场机制的先决条件》,《东岳论丛》1987 年第 1 期。

[22]《马克思恩格斯全集》第 25 卷,人民出版社 1974 年版。

[23]侯外庐:《中国思想通史》第四卷,人民出版社 1959 年版。

[24]龙登高:《地权市场与资源配置》,福建人民出版社 2012 年版。

[25]赵冈、陈钟毅:《中国经济制度史论》,(台北)联经出版事业公司 1997 年版。

[26]赵俪生:《中国土地制度史》,齐鲁书社 1983 年版。

[27]李埏、武建国:《中国古代土地国有制史》,云南人民出版社 1997 年版。

[28]郭庠林:《中国封建社会经济研究》,上海财经大学出版社 1998 年版。

[29]程憬:《商民族的氏族社会》,《中山大学语言历史研究所周刊》1928 年第 4 集第 40 期。

[30]恩格斯著,张仲实译:《家庭、私有制和国家的起源》,人民出版社 1955 年版。

[31]《孟子》。

[32]史延庭:《国语・周语》,吉林人民出版社 1996 年版。

[33]恩格斯:《德国古代的历史和语言》,人民出版社 1957 年版。

[34]《马克思恩格斯选集》第 2 卷,人民出版社 1995 年版。

[35]赵一红:《马克思的“亚细亚生产方式”理论与东方社会结构》,《马克思主义研究》2002 年第 5 期。

[36]习近平:《在哲学社会科学工作座谈会上的讲话》,人民网,2016 年 5 月 17 日。

[37]习近平:《习近平致中国社会科学院中国历史研究院成立的贺信》,新华网,2019 年 1 月 3 日。

[38]《通典》。

[39]顾炎武:《日知录》,转引自徐喜辰《井田制研究》,吉林人民出版社 1984 年版。

[40]刘正山:《大国地权:中国五千年土地制度变革》,华中科技大学出版社 2014 年版。

[41]张岂之:《中国历史(先秦卷)》,高等教育出版社 2011 年版。

[42]《史记》。

[43]石磊译注:《商君书・徕民篇》,中华书局 2009 年版。

[44]《过秦论》。

[45]韩国磐:《北朝隋唐的均田制度》,上海人民出版社 1984 年版。

[46]陈守实:《中国古代土地关系史稿》,上海人民出版社1984年版。

[47]《晋书》。

[48]王子英、孙翊刚、门志注释:《中国历代食货志汇编简注》上,中国财政经济出版社1987年版。

[49]郭庠林:《试论"均田之制"的缘起及其弛坏的根本原因》,《复旦学报(社会科学版)》1981年第3期。

[50]《魏书》。

[51]武建国:《均田制研究》,云南人民出版社2011年版。

[52]《洛阳伽蓝记》卷四《法云寺》,文从范祥雍校注本。

[53]《北齐书》。

[54]《北史·王崇传》。

[55]《周书》。

[56]陈寅恪:《隋唐制度渊源略论稿》,商务印书馆2016年版。

[57]《隋书》。

[58]《贞观政要·论务农》。

[59]《旧唐书》。

[60]《唐会要·移户》。

[61]《册府元龟》。

[62]范文澜、蔡美彪等:《中国通史》十卷本,人民出版社1994年版。

[63]《全唐文》。

[64]《唐律疏议》。

[65]《新唐书》。

[66]《大学衍义补·制民之产》。

[67]《太平广记·王叟》。

[68]《宋史》。

[69]《大学衍义补》。

[70]杨永兵:《宋代买扑制度研究》,人民出版社2012年版。

[71]《长编》。

[72]《宋会要辑稿》。

[73](宋)陈傅良:《淳熙三山志》卷一一。

[74][美]道格拉斯·C.诺斯著,李志宏译:《制度》,《东南学术》2006年第4期。

[75](宋)魏泰著,李裕民点校:《东轩笔录》卷八。

[76]王玉茹:《中国经济史》,高等教育出版社2008年版。

[77]郦家驹:《宋代土地制度史》,中国社会科学出版社 2015 年版。

[78]《欧阳文忠公文集》卷五九《原弊》。

[79]《古灵先生文集》卷一三《论役法状》。

[80]《续资治通鉴长编》。

[81]《建炎以来系年要录》卷九一。

[82]侯绍庄:《中国古代土地关系史》,贵州人民出版社 1997 年版。

[83]《辽史》。

[84]《金史》。

[85]《明史》。

[86]沈榜:《宛署杂记》卷八《宫庄子粒》。

[87]《明实录》。

[88]《续文献通考》。

[89]王俊:《中国古代赋税》,中国商业出版社 2015 年版。

[90]王昉:《中国古代农村土地所有权与使用权关系:制度思想演进的历史考察》,复旦大学出版社 2005 年版。

[91]《清实录》。

[92]戴逸:《简明清史》上册,人民出版社 2004 年版。

[93]《熙朝纪政·纪圈地》。

[94]翦伯赞、郑天挺:《中国通史参考资料》古代部分第一至八册,中华书局 1962 年版。

[95]《清史稿》。

[96]《畿辅通志》。

[97]《清圣祖实录》卷一八。

[98]秦佩珩:《明清社会经济史论稿》,中州古籍出版社 1984 年版。

[99]《上谕旗务义覆》。

[100]武建国:《五代十国土地所有制研究》,中国社会科学出版社 2002 年版。

[101]翦伯赞:《秦汉史》,北京大学出版社 1983 年版。

[102]陈捷先、成崇德、李纪祥:《清史论集》,人民出版社 2006 年版。

[103]《清通典》。

[104]《东华录》。

[105]《汉书》。

[106]孙文政、高月:《中国屯垦研究史》,中国社会科学文献出版社 2017 年版。

[107]张君约:《历代屯田考》,商务印书馆 1939 年版。

[108]唐启宇:《历代屯垦研究》上册,正中书局1944年版。

[109]王毓铨:《明代军屯制度的历史渊源及其特点》,《历史研究》1959年第6期。

[110]于省吾:《略论西周金文中的“六自”和“八自”及其屯田制》,《考古》1964年第3期。

[111]高敏:《论曹魏屯田制的历史渊源》,《东岳论丛》1980年第2期。

[112]于干千:《唐代国家土地政策变迁与土地制度演进》,经济科学出版社2007年版。

[113]《简牍研究译丛》第一辑,中国社会科学出版社1983年版。

[114]于省吾:《从甲骨文看商代的农田垦殖》,《考古》1973年第4期。

[115]张君约:《历代屯田考》,知识产权出版社2015年版。

[116]《淮南子·人间训》。

[117]缪启愉辑释:《四民月令辑释》,农业出版社1981年版。

[118]《宋书·刘道怜传》。

[119]《左传·哀公九年》。

[120]刘光华:《汉代西北屯田研究》,兰州大学出版社1988年版。

[121]马端临:《文献通考》卷二,中华书局1986年版。

[122]张印栋:《屯田史话》,社会科学文献出版社2012年版。

[123]田方、陈一筠:《中国移民史略》,知识出版社1986年版。

[124]张泽咸、郭松义:《中国屯垦史》,文津出版社1997年版。

[125]刘继光:《中国历代屯垦经济研究》,团结出版社1991年版。

[126]李积新:《垦殖学》,商务印书馆1935年版。

[127]李宝通:《唐代屯田研究》,甘肃人民出版社2001年版。

[138]吴存浩:《中国农业史》,警官教育出版社1996年版。

[129]王毓铨:《明代军屯制度的历史渊源及其特点》,《历史研究》1959年第6期。

[130]曾雄生:《中国农业通史·宋辽夏金元卷》,中国农业出版社2014年版。

[131]王永兴:《唐代土地制度研究:以敦煌吐鲁番田制文书为中心》,兰州大学出版社2014年版。

[132]臧知非:《秦汉赋役与社会控制》,三秦出版社2012年版。

[133]谢茂林、刘荣春:《先秦时期盐业管理思想初探》,《江西师范大学学报(哲学社会科学版)》1996年第1期。

[134]蒋大鸣:《中国盐业起源与早期盐政管理》,《盐业史研究》1996年第4期。

[135]自贡市档案馆、北京经济学院、四川大学:《自贡盐业契约档案选辑》,中国社会科学出版社1985年版。

[136]赵冈、陈钟毅:《中国经济制度史论》,(台北)联经出版事业公司 1987 年版。

[137]熊禾:《勿轩集》卷一《农桑辑要序》,(新北)台湾商务印书馆 1983 年版。

[138]洪迈著,孔凡礼点校:《容斋随笔》续笔卷七《田租轻重》,中华书局 2005 年版。

[139]石介著,丛书集成初编:《石徂徕集》卷下《录微者言》,商务印书馆 1939 年版。

[140]舒尔茨著,梁小民译:《改造传统农业》,商务印书馆 2010 年版。

[141]徐奉臻:《关于英国“自耕农”的再研究》,《世界历史》2000 年第 3 期。

[142]卜凯著,张履鸾译:《中国农家经济》,商务印书馆 1937 年版。

[143]史建云:《近代华北平原自耕农初探》,《中国经济史研究》1994 年第 1 期。

[144]苑书义、董丛林:《近代中国小农经济变迁》,人民出版社 2001 年版。

[145]吴兢著,谢保成集校:《贞观政要集校》卷八《务农》,中华书局 2003 年版。

[146]《宋大诏令集》卷一八二《政事三十五 · 田农》。

[147]《欧阳修全集》。

[148]谢天佑、王家范:《中国古代社会的个体农业经济和赋税、地租剥削率》,《上海师范大学学报》1980 年第 2 期。

[149]邹昌林:《晋国土地制度》,社会科学文献出版社 2014 年版。

[150]赵冈:《永佃制研究》,中国农业出版社 2005 年版。

[151]耿元骊:《中国帝制时代土地制度研究》,经济科学出版社 2012 年版。

[152]上海师范大学、华东师范大学古籍研究所点校:《文献通考 · 田赋考》,中华书局 2011 年版。

[153]戴逸:《简明清史》,人民出版社 2004 年版。

[154]郭庠林、彭连港:《中国近代经济史简明教程》,吉林人民出版社 1988 年版。

[155]谭光豫:《均田制之研究》,(台北)台湾中国文化学院出版部 1965 年版。

[156]李剑农:《魏晋南北朝隋唐经济史稿》,(台北)华世出版社 1981 年版。

[157]李剑农:《宋元明经济史稿》,(台北)华世出版社 1981 年版。

[158]李剑农:《先秦两汉经济史稿》,(台北)华世出版社 1981 年版。

[159]伍丹戈:《明代土地制度和赋役制度的发展》,福建人民出版社 1982 年版。

[160]伍丹戈:《鸦片战争前中国社会经济的变化》,上海人民出版社 1959 年版。

[161]冀朝鼎:《中国历史上的基本经济区》,商务印书馆 2014 年版。

[162]臧知非:《秦汉土地赋役制度研究》,中央编译出版社 2017 年版。

[163]姜密:《宋代“系官田产”研究》,中国社会科学出版社 2006 年版。

[164]张传玺:《契约史买地券研究》,中华书局 2008 年版。

[165]徐喜辰:《井田制研究》,吉林人民出版社 1982 年版。

[166]盛洪、沈开举总主编,本辑主编杨俊峰:《土地制度研究》第一辑,知识产权出版

社2012年版。

[167]钟怀宇:《中国土地制度演变的历史与逻辑》,西南财经大学出版社2014年版。

[168]赵云旗:《唐代土地买卖研究》,中国财政经济出版社2002年版。

[169]张履鹏、孙陶生、李扬、张翔迅:《中国农田制度变迁与展望》,中国农业出版社2009年版。

[170]陈伯瀛:《中国田制丛考》,山西人民出版社2014年版。

[171]陈寅恪:《隋唐制度略论稿》,商务印书馆2015年版。

[172]傅依凌:《明清社会经济史论文集》,商务印书馆2017年版。

[173][日]掘敏一:《均田制的研究》,福建人民出版社1984年版。

[174]乌廷玉:《中国历代土地制度史纲》,吉林大学出版社1987年版。

[175]赵淑德:《中国土地制度史》,(台北)三民书局1988年版。

[176]樊树志:《中国封建土地关系发展史》,人民出版社1988年版。

[177]钟祥财:《中国土地思想史稿》,上海社会科学院出版社1995年版。

[178]林善浪:《中国农村土地制度与效率研究》,经济科学出版社1999年版。

[179]钱忠好:《中国农村土地制度变迁和创新研究》,中国农业出版社1999年版。

[180]王景新:《中国农村土地制度的世纪变革》,中国经济出版社2001年版。

[181]郭庠林:《中国封建社会“自耕农”的土地所有权及其社会身份》,《学术月刊》1981年第12期。

[182]田泽滨:《汉唐间的土地买卖——兼论封建土地所有权》,《学术月刊》1980年第2期。

[183]张传玺:《论中国封建社会土地所有权的法律观念》,《北京大学学报》1980年第6期。

[184]郦家驹:《两宋时期土地所有权的转移》,《中国史研究》1988年第4期。

[185]钟祥财:《中国古代田制及其政策思想的演变》,《江淮论坛》1993年第2期。

[186]巫宝三:《中国古代地租与田赋思想的演进》,《南京社会科学》1998年第8期。

[187]张金光:《试论秦自商鞅变法后的土地制度》,《中国史研究》1983年第2期。

[188]杨国宜:《从元朝的法令看当时的土地制度》,《安徽师范大学学报》1984年第3期。

[189]董咸明:《试论中国封建土地制度的特点》,《云南民族学院学报》1987年第2期。

[190]张守军:《中国封建时代解决土地问题的三个基本理论模式——限田 井田 均田》,《辽宁师范大学学报》1991年第6期。

[191]莫家齐:《南宋土地交易法规述略》,《法学季刊》1987年第4期。

[192]李民立:《中国封建社会自耕农的土地所有权问题》,《史学月刊》1987 年第 5 期。

[193]杨生民:《汉代土地所有制两重性诸问题试探》,《中国史研究》1990 年第 4 期。

[194]孔泾源:《中国农村土地制度:变迁过程的实证分析》,《经济研究》1993 年第 2 期。

[195]陈润田:《我国古代授田制探析》,《中国农史》1994 年第 4 期。

[196]葛金芳:《论五朝均田制与土地私有化的潮流》,《社会科学战线》1990 年第 4 期。

[197]唐任伍:《论唐代的均田思想及均田制的瓦解》,《史学月刊》1995 年第 2 期。

[198]唐任伍:《论唐代的土地租佃关系》,《史学月刊》1996 年第 4 期。

[199]郭东旭:《宋代买卖契约制度的发展》,《河北大学学报》1997 年第 3 期。

[200]陶磊:《试论春秋列国的土地所有制》,《徐州师范大学学报》1997 年第 3 期。

[201]董蔡时:《永佃制研究》,《苏州大学学报》1995 年第 2 期。

[202]周诚:《论我国土地产权构成》,《中国土地科学》1997 年第 3 期。

[203]栾成显:《明代土地买卖推收过割制度之演变》,《中国经济史研究》1997 年第 4 期。

[204]钱忠好:《关于中国农村土地市场问题的研究》,《中国农村经济》1999 年第 1 期。

[205]姚恩权:《论元代江南土地租佃权的变化及其影响》,《财经问题研究》1996 年第 2 期。

[206]赵云旗:《论隋代土地制度的改革与财政的关系》,《学术界》1998 年第 1 期。

[207]杨国桢:《论中国永佃权的基本特征》,《中国社会经济史研究》1988 年第 2 期。

[208]武建国:《论唐朝土地政策的变化及其影响》,《社会科学战线》1992 年第 1 期。

[209]武建国:《略论东晋南朝的土地国有制》,《思想战线》1994 年第 4 期。

[210]武建国:《论五代十国的封建土地国有制》,《中国经济史研究》1996 年第 1 期。

后 记

掐指一算，从开始构思中国古代土地所有制变迁这一研究思路，到完成书稿，历时四年有余。其间写作的艰辛，自不待说，但有很多题外话还是不吐不快。

尽管我的专业是中国经济史，但由于当时世俗的观念，我对经济史的研究并未深入，以至于读研期间写了几十篇文章，竟没有一篇与经济史有关。好在研究生论文题目蹭了一个跟经济史专业相关的时髦话题——中国近代证券市场变迁研究，总算蒙混毕业了。

说起这些“陈谷子烂芝麻”的事儿，一来表达本书写作的艰苦，是因为我自觉经济史学的功底不扎实，自从开始做课题后，才亡羊补牢，查阅了二百余部经济史学著作；二来说明其实我对中国现代经济管理还是十分感兴趣的，当时发表的《核心竞争力：企业理论的新发展》（载《上海经济研究》1999年第6期）引用转载率排名同类文章前茅，还写了几十篇经济管理方面的文章。

研究生毕业留校在出版社工作的初衷，就是想“近水楼台先得月”继续实现自己的理想，但是“理想是丰满的，现实却很骨感”，不但未能如愿，反而陷入迷茫找不到归路。只留下悲怆的嗟叹：没有“初衷”的坚持，哪有“始终”的获得呢。

历史可以观照现实。要想获得对现实中国社会经济问题的理解，必先要研究中国几千年来的社会经济文化发展变化的脉络，这样才不至于隔靴搔痒，而能洞若观火。因此，在做了15年编辑之后的2015年，我“重操旧业”，开始中国经济史的研究，就当“亡羊补牢”，管他晚不晚呢。

好在有一位如慈父般的导师——郭庠林教授。郭老经常叮嘱我，做一个编辑不但要有广博的知识，而且更要有扎实的专业理论基础，一个优秀的编辑既是“杂家”又是“专家”。郭老师是中国经济史尤其是中国古代经济史研究的大家,其谆谆教诲和耳提面命,既使我如芒刺在背,又让我醍醐灌顶,不敢在编辑工作之余忘记加强专业理论知识的学习。同时,我开始参加一些课题的研究工作,以锻炼自己的研究与分析能力。我能有今天的收获,师恩浩荡,没齿难忘。

我要感恩这个伟大的时代。要实现中华民族伟大复兴中国梦,就必须要加强中华民族经济文化的研究与挖掘,是这个时代给了我研究的动力和不竭的源泉。政府不仅给予本书“十三五”国家重点出版物规划项目的荣誉,还给予2020年度国家出版基金项目资助。

感谢母校——上海财经大学,感恩每一个教育、关心和帮助过我的老师们。本书得到了上海财经大学的资助出版,入选上海财经大学“中央高校建设世界一流大学学科和特色发展引导专项资金资助项目”和“中央高校基本科研业务费资助项目”。作为一个上财人,我有责任和义务为母校的发展壮大增砖添瓦。

感谢上海财经大学出版社的领导和同事们。上海财经大学出版社是我人生工作的第二站,如今为之奋斗了20年。这里有我尊敬的领导和友爱的同事。领导的帮助与关心,给了我努力工作的动力;没有他们的指导与直接关心,本书很难入选“十三五”国家重点出版物规划项目和2020年度国家出版基金资助项目。

感谢同室编辑们的大力支持,使我闲暇之余能够做一些研究工作,尤其是同室共事二十余年的编辑江玉老师,平时工作就给予了大力的支持与帮助。而作为本书责任编辑,其认真负责的工作态度和精益求精的敬业精神,令我十分感动。“庚子疫情”亲人都无法相见,而她为了能够尽快完成书稿的编辑任务,与我在新市路出版社的铁门外守候刘兵主任隔门传送书稿。那份情谊,将永生难忘。

感谢上海财经大学2018级学生李诗璟、赵笑笑、马松滢为本书收集部分资料。

当然,我得感谢我的家人,尤其是我的爱人罗冬梅。如果没有她的支持,要完成本书的出版是不可能的。因为我连续60天去单位,连续6年国家法定假日都没有陪她出去玩一次。而她,都毫无怨言,且成年累月、任劳任怨地包办了家务。说她居功至伟,一点儿都不过分。

还要感谢上帝给了我一个优秀的女儿王怡宁:她从小就很独立,且善解人意。小学四年级就开始放学独自回家,上大学几乎只有开学和放假行李多才需要接送,一个人可以独自出国留学。她的独立自主,使我能有很多空余时间思考与写作。

感谢所有关心和帮助过我的人,感恩万事万物。尽管研究之路才刚刚开始,但“不畏将来,不念过往”(丰子恺),如此,我们才能一切安好。

庚子疫情之际,谨记于家中。